# 重庆市2017年学校体育工作年度报告蓝皮书

重庆市教育委员会　组编

重庆大学出版社

**图书在版编目(CIP)数据**

重庆市2017年学校体育工作年度报告蓝皮书 / 重庆市教育委员会组编. -- 重庆 : 重庆大学出版社, 2021.6
ISBN 978-7-5689-1975-3

Ⅰ. ①重… Ⅱ. ①重… Ⅲ. ①学校体育—体育工作—研究报告—重庆—2017 Ⅳ. ①G807

中国版本图书馆CIP数据核字(2021)第072861号

**重庆市2017年学校体育工作年度报告蓝皮书**

重庆市教育委员会　组编
策划编辑:陈一柳
特约编辑:王洪鸣
责任编辑:姜　凤　　版式设计:陈一柳
责任校对:谢　芳　　责任印制:赵　晟
*
重庆大学出版社出版发行
出版人:饶帮华
社址:重庆市沙坪坝区大学城西路21号
邮编:401331
电话:(023) 88617190　88617185(中小学)
传真:(023) 88617186　88617166
网址:http://www.cqup.com.cn
邮箱:fxk@cqup.com.cn (营销中心)
全国新华书店经销
重庆市正前方彩色印刷有限公司印刷
*
开本:787mm×1092mm　1/16　印张:28　字数:533千
2021年6月第1版　2021年6月第1次印刷
ISBN 978-7-5689-1975-3　定价:69.00元

---

# 目 录

# 重庆市中小学校
# 体育工作专项评估
# 2017年度报告

根据《国务院办公厅关于强化学校体育促进学生身心健康全面发展的意见》(国办发〔2016〕27号)、《重庆市人民政府办公厅转发市教委等部门关于进一步加强学校体育工作意见的通知》(渝府办发〔2013〕137号)等文件精神以及《重庆市教育委员会办公室关于做好2017年学校体育工作评估工作的通知》(渝教办函〔2017〕228号)的要求,重庆市教育评估院受重庆市教育委员会委托,负责开展全市中小学校体育工作评估。现报告如下。

## 一、评估工作概况

### (一)评估设计

根据评估任务要求,本次评估的总体设计为专业引领、多元整合、点面结合。

1. 专业引领

鉴于体育工作的高度专业性,我们将评估的专业性保障放到首要的位置。首先,发挥自身在教育评估方面的专业优势,为评估设计了详细的工作流程、评估工具包,将每一项指标落实到评估工作中。其次,我们高度重视专家组的专业化组成结构,聘请了重庆市学校体育工作研究、管理、指导、实践各领域的顶级专家,共同参与评估工作。

2. 多元整合

评估必须具有多元的信息来源。

第一,强化信息化平台的应用,增加系统逻辑审核功能,使区县和学校上报到平台的自评数据的异常值大幅度减少。

第二,充分发掘了自评信息。评估院组织专业人员,对自评报表数据进行了全面的清理,形成标准化数据库,并进行了深入的统计分析,对各区县和学校的自评报告进行了逐项阅读,将文本编码进行深入分析。

第三,充分发挥了专家队伍的价值判断作用,将专家组在材料审查、现场测查、现场访谈中形成的意见和数据进行了整理、录入和分析。

第四,充分发挥了市级平台数据的作用,对学生身体形态、身体机能和运动能力等情况进行分析。

3. 点面结合

体育工作评估涉及全市40个区县的数千所中小学,在较短时间内完成全面评估是一项非常艰巨的任务,因此,我们点面结合开展评估。首先,在自评材料、基础数据的分析中,调取了全口径的材料进行分析,我们保证将每一个区县、每一所学校纳入关注范围,共计涉及中小学校 3 399 所。其次,抽取具有代表性的样本区县、样本学校进行现场检查。在区县中,结合自评材料分析的情况,我们按 30% 的比例抽取了 12 个区县进行抽查。在学校中,按城乡结合、大小结合、远近结合的要求,每个区县抽取了 1 所高中、2 所初中、3 所小学进行抽查。

(二)评估实施

1. 自评、复核

2017 年 11 月 30 日前,各区县及其学校完成了自评、复核两道程序,区县和学校均已上报自评材料到"重庆市学生运动与体质健康监测管理平台"。

2. 材料审查

12 月初,重庆市教育评估院组织人员对各区县自评数据进行全面审核,共退回近 300 所学校的不合格数据,并督促错报数据的学校及时校正、重新填报数据。其中,146 所学校的数据显示体育经费支出总额大于 1 亿元或体育工作经费大于 1 000 万元,32 所学校的数据显示体育教师数大于教学班数,10 所学校的数据显示体育教师参训人数或受县级以上表彰人数不符合逻辑,82 所学校的数据显示体育场地不符合逻辑,26 所学校的数据显示自评课时数或自评学生数不符合逻辑等。

12 月中旬,重庆市教育评估院组织专家对各区县自评材料进行网络评审。材料审查时,专家组主要针对自评材料的信度、主要成绩、主要问题和工作建议提出自己的意见。参加评审的专家由市内相关学校体育学院院长、市级教研机构体育工作负责人、研究员级体育教师等组成,保障了评审的准确性、客观性。

3. 现场抽查

12 月 18—21 日,重庆市教育评估院组织专家组对大渡口区、江北区、沙坪坝区、南岸区、北碚区、渝北区、巴南区、永川区、荣昌区、武隆区、两江新区、万盛经济技术开发区 12 个区县进行了体育工作抽查。抽查中,专家组听取了区县教委体育工作汇报,查阅了各项体育工作指标的印证材料,并到学校进行实地考察。

在学校中,专家组为验证各个学校对组织管理、教育教学、条件保障和学生体质各项指标的自评信度,查阅了活动资料、教学资料;核实了体育教师待遇落实情况、体育活动开展情况,考察了体育教师业务素质和教育理念;根据现场对体育场地和设施的考察,评判了条件保障落实情况;根据财务资料查证了 2017 年的体育设施建设经费投入情况。

为验证学生体质健康监测的信度，专家组对学生体质健康监测状况进行了现场抽测。抽测时，每校随机抽取了5名男生和5名女生，选取了身高和体重两项必测项目，并在立定跳远和1分钟跳绳中选取一项作为选测项目，进行现场测查，并将测查结果与学校原有体质健康监测数据进行一致性比对。

4. 评估反馈

专家组根据评估数据及现场核实情况，从中小学体育工作健康发展的角度出发，对区县体育工作提出了中肯的工作建议。其建议集中在加强体育师资队伍建设、加强体育场地和器材建设以及重视学生体质健康测试工作等方面。这些意见对区县体育工作的进一步发展起着重要的引导作用。

## 二、学校体育工作全市自评情况

### (一)中小学校体育工作评估自评结果

本部分数据来源于各中小学、中等职业学校对照《中小学校体育工作评估指标体系》完成自评后上报的《中小学校体育工作评估自评结果报表》。全市有3 399所具有独立法人资格的中小学(村校等非独立法人资格中小学参加所在学区中心校评估)参加了学校体育工作评估。其中，普通小学2 290所，普通初中802所，普通高中255所，中职学校52所。

1. 学校体育工作自评等级结果总体情况良好

2017年重庆市体育工作评估各等级学校比例如图1所示。自评为优秀等级的学校2 800所，占参评学校的82.38%；自评为良好等级的学校533所，占参评学校的15.68%；自评为合格等级的学校66所，占参评学校的1.94%；无不合格学校。全市2017年学校体育工作评审结果总体情况良好。

2017年全市体育工作加分学校1 851所，占参评学校的54.46%。其中，普通高中加分学校比例最高，为70.59%；普通小学加分学校比例最低，为52.10%，如图2所示。

各学段优秀等级学校比例差距较大。各类别学校中，优秀等级学校比例最高的是普通高中，优秀比例为94.51%；其次是普通初中和中职学校，优秀比例分别为86.03%、84.62%；最低为普通小学，优秀比例为79.69%，如图3所示。

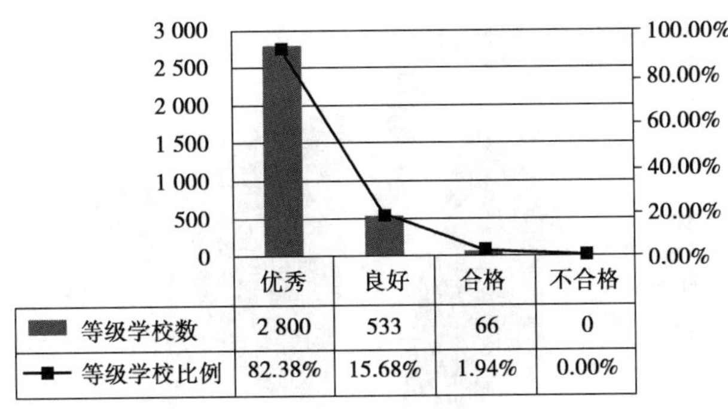


图 1　2017 年重庆市体育工作评估各等级学校比例

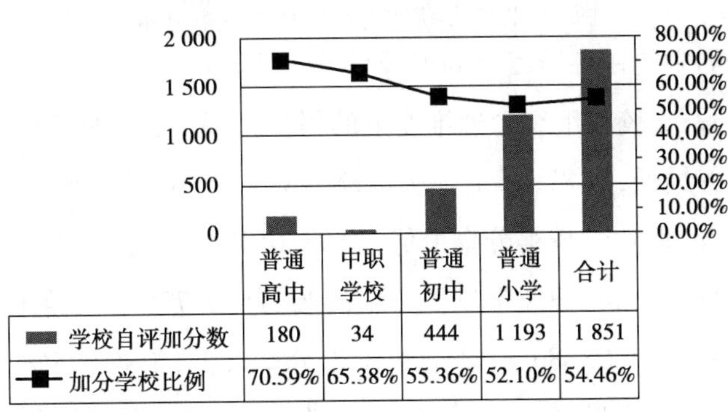


图 2　2017 年各类型学校加分学校比例

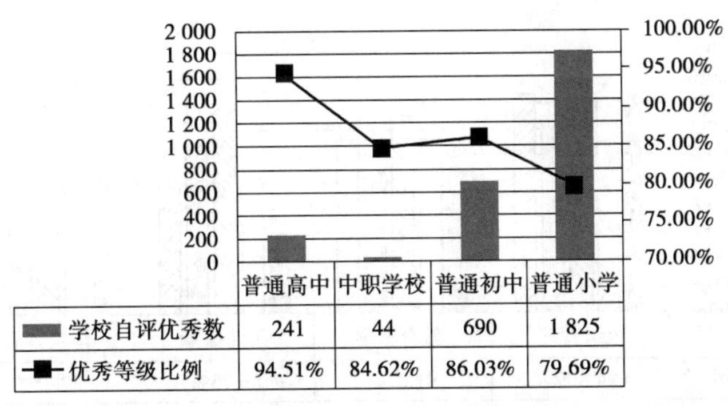


图 3　2017 年各类别学校中优秀等级学校比例

各区县优秀等级学校比例差距明显。各区县中，优秀等级学校比例最高的为100%，最低的为 11.36%，差距非常明显。优秀比例超过 90% 的有 19 个区县，其中有 9 个是主城区；优秀比例小于 60% 的有 2 个区县，占总区县的 5%。各优秀等级学校比例段的区县数如图 4 所示，呈现明显的两极分化形态。

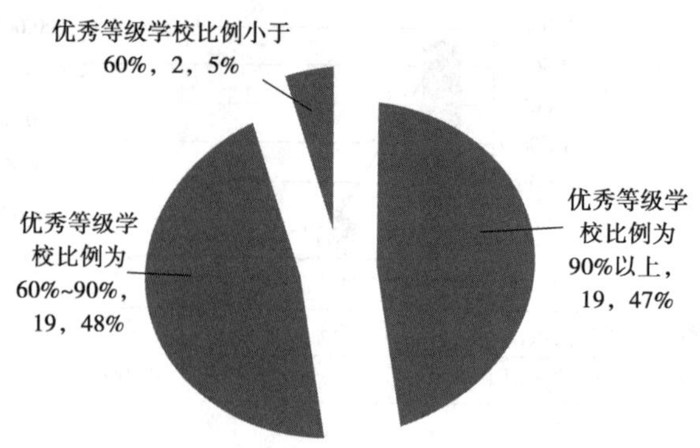


图 4　2017 年优秀等级比例区县数分布

2. 不同学段的学校在各维度上的得分呈显著差异

从各维度来看，学校在组织管理维度上的得分率最高，为 94.75%；学校在条件保障维度上的得分率最低，为 87.75%。从学校类型来看，组织管理方面，普通高中得分率最高，为 95.95%，职业学校得分率最低，为 93.05%。从教育教学方面来看，普通高中得分率最高，为 93.13%，职业学校得分率最低，为 88.77%。从条件保障方面来看，普通高中得分率最高，为 93.85%，普通小学得分率最低，为 86.75%。从学生体质方面来看，普通小学得分率最高，为 89.75%，职业学校得分率最低，为 84.55%，如图 5 所示。

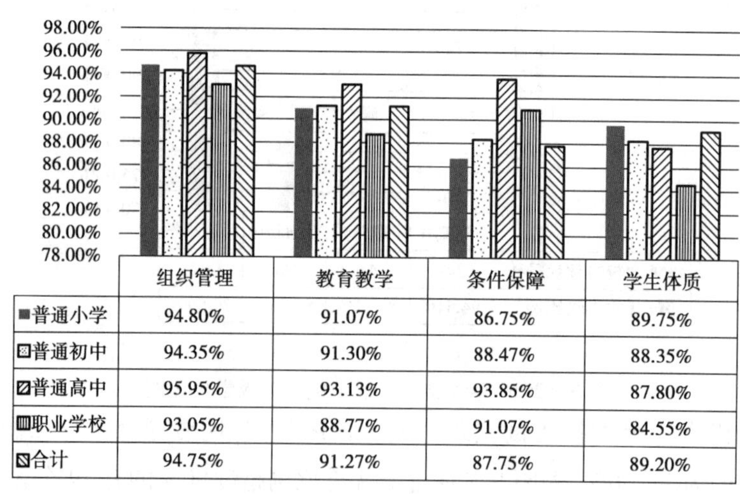


| | 组织管理 | 教育教学 | 条件保障 | 学生体质 |
|---|---|---|---|---|
| 普通小学 | 94.80% | 91.07% | 86.75% | 89.75% |
| 普通初中 | 94.35% | 91.30% | 88.47% | 88.35% |
| 普通高中 | 95.95% | 93.13% | 93.85% | 87.80% |
| 职业学校 | 93.05% | 88.77% | 91.07% | 84.55% |
| 合计 | 94.75% | 91.27% | 87.75% | 89.20% |

图 5　不同学段的学校在各维度上的得分率情况

3. 各单项指标得分率差异明显

组织管理各项指标得分率如图 6 所示。全市学校组织管理基本到位，管理机制基本健全。95.8%的学校设立了体育工作领导小组,负责具体组织实施学校体育工作;99.3%的学校建立了校园意外伤害事故应急管理机制,制订和实施体育安全管理工作方案,明确职责,落实分工,确保了学校体育工作正常有序开展。但是校领导还须进一步重视,认真落实每学期体育课次数;监督检查还须进一步落实,每学期应通报一次学生体育活动情况。

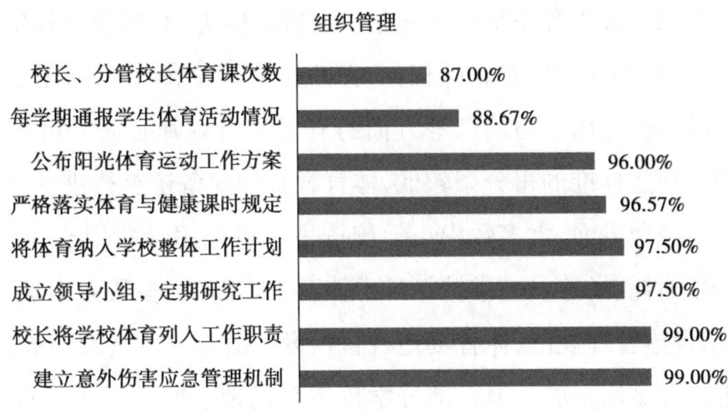


图6　组织管理各项指标得分率

教育教学各项指标得分率如图7所示。课程教学方面,绝大部分中小学校都能严格执行国家规定的体育课程计划,排齐体育课,认真执行《重庆市中小学体育教学指导纲要及评价标准》和《重庆市中小学体育学科课堂教学常规》,做好备课、上课、训练、辅导、考勤、考核等各教学环节工作,做好体育与健康课程学年计划、学期计划、单元计划、课时计划等记录,确保了课程的教学质量。

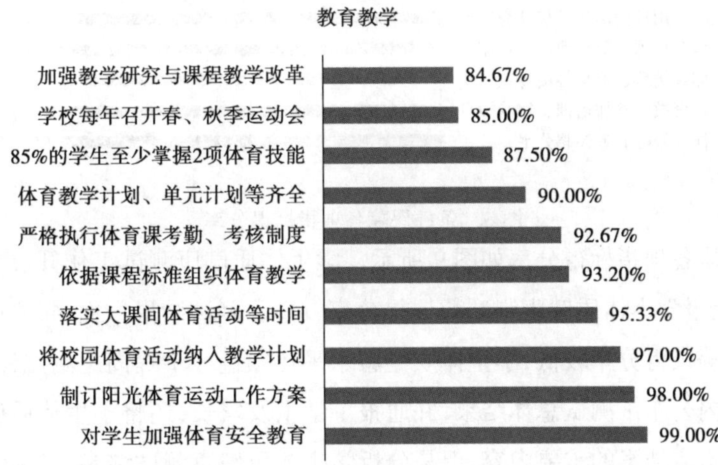


图7　教育教学各项指标得分率

校园体育活动方面，学校根据学生年龄、季节等特点，举办了形式多样、内容丰富、普及性强的大课间体育活动，并且有的学校在内容、形式、管理等诸多方面大胆尝试，将民族和地方特色融入大课间活动中，风格独特，效果明显，成为重庆地区的一道亮丽风景线。但是学校在召开运动会方面以及大力开展专项技能运动教学、促使85%的学生至少掌握2项体育技能等方面还须进一步加强。

条件保障各项指标得分率如图8所示。教师队伍方面，多数学校依法落实了体育教师地位和待遇，切实维护体育教师权益，保障了体育教师在职称评定、福利待遇、工作量计算、评优评先、外出学习培训等方面与其他学科教师有同等待遇。但是体育教师数量达到国家规定标准的得分率较低，体育教师的配备还有待进一步加强。

场地器材与经费方面，大多数中小学校按规定将公用经费用于体育教学支出，能够满足教学用品消耗、场地设施维护等日常体育工作需要；多数中小学体育场地平整、整洁，体育场馆设施管理规范，体育场地、器材、设施由专人负责管理等，保证了学校体育各项工作正常有序地开展。但是部分学校体育场地、器材、设施达标方面还须进一步加强，课余和节假日体育场馆还须向学生全面开放。

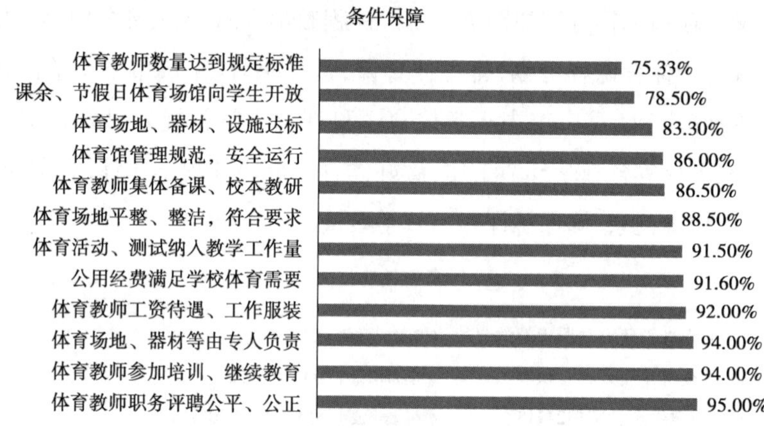


图8　条件保障各项指标得分率

学生体质各项指标得分率如图9所示。学生体质健康测试工作开展方面落实较好，保存和上报学生体质健康测试数据得分率较高。测试结果方面，40%以上学生达到标准良好等级得分率较低，学生体质健康水平还须进一步提高。测试评价方面，多数学校在校内公布了测试总体结果，并通报了学生及家长，还将学生体质健康水平作为学生综合素质档案的重要内容，但是分析学生体质健康测试结果，把握学生体质健康发展趋势得分率较低，学生体质健康测试结果还须有效运用。

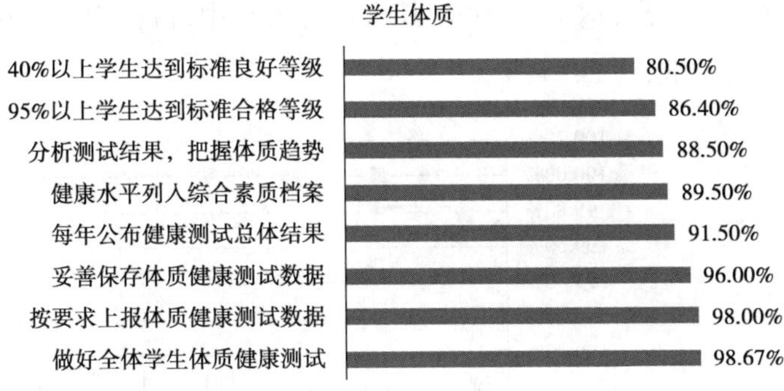


图9　学生体质各项指标得分率

(二)中小学校体育工作年度报告情况

本部分数据来源于各中小学、中等职业学校上报的《学校体育工作年度报告学校报表》。全市有3 333所中小学校上报了学校体育工作年度报告数据。其中,普通小学2 248所,普通初中588所,普通高中50所,九年一贯制学校196所,十二年一贯制学校7所,完全中学244所。

1.学校体育活动开展较好

2017年全市体育课开足的学校比例达到99.64%;落实每天一小时体育锻炼的学校比例为99.82%;组织大课间体育活动的学校比例为99.85%,如图10所示。许多区县开展了大课间活动展演,使大课间体育活动成为各学校的一大亮点。

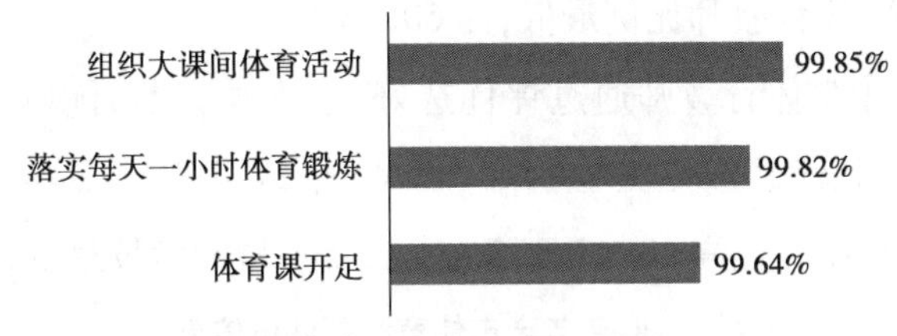


图10　2017年体育教育教学情况

各类别学校的体育教育教学情况如图11所示,普通高中和十二年一贯制学校的体育课开足率、落实每天一小时体育锻炼比例、组织大课间体育活动比例均为100.00%。完全中学、九年一贯制学校、普通初中,尤其是普通小学的体育教育教学情况还有待进一步加强。

2.体育教师队伍建设有待加强

2017年全市体育教师队伍信息见表1和如图12所示。2017年全市专职体育教师13 618人,占68.86%;兼职体育教师6 158人,占31.14%。其中,十二年一贯制学校专职体育教师占比最高，达100.00%；其次是普通高中，占比为99.56%；普通小学专职体育教师占比最低，为54.54%。

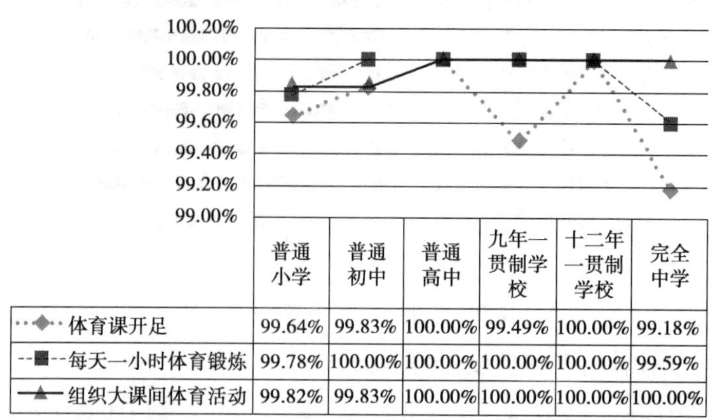


图11　各类别学校体育教育教学情况

2017年全市体育教师缺额数为2 990人，缺额比为13.13%。其中，普通小学体育教师缺额比最高，为16.29%；其次是九年一贯制学校，缺额比为16.13%；完全中学体育教师缺额比最低，为4.43%。

2017年全市中小学体育教师通过专项培训计划、全员培训计划、远程教育培训计划等，参与县级以上培训人数达13 373人次，占67.62%。其中，完全中学参与县级以上培训的体育教师比例最高，为81.72%；其次是普通初中，占比为80.36%；普通小学参与县级以上培训的体育教师比例最低，为60.33%。

2017年全市中小学体育教师通过评优选好、基本功大赛、优质课展示、优质论文评选等，受到县级以上表彰的人数为4 866人次，占24.61%。其中，普通高中受县级以上表彰的体育教师比例最高，为47.85%；十二年一贯制学校最低，为16.95%。

**表1　2017年全市体育教师队伍信息**

| 学校类别 | 专职/人 | 兼职/人 | 缺额/人 | 县级及以上培训/人 | 受县级以上表彰/人 |
|---|---|---|---|---|---|
| 普通小学 | 6 343 | 5 287 | 2 264 | 7 016 | 2 166 |
| 普通初中 | 2 694 | 341 | 305 | 2 439 | 1 003 |
| 普通高中 | 672 | 3 | 39 | 520 | 323 |
| 九年一贯制学校 | 740 | 425 | 224 | 732 | 270 |
| 十二年一贯制学校 | 59 | 0 | 9 | 41 | 10 |
| 完全中学 | 3 110 | 102 | 149 | 2 625 | 1 094 |
| 合计 | 13 618 | 6 158 | 2 990 | 13 373 | 4 866 |

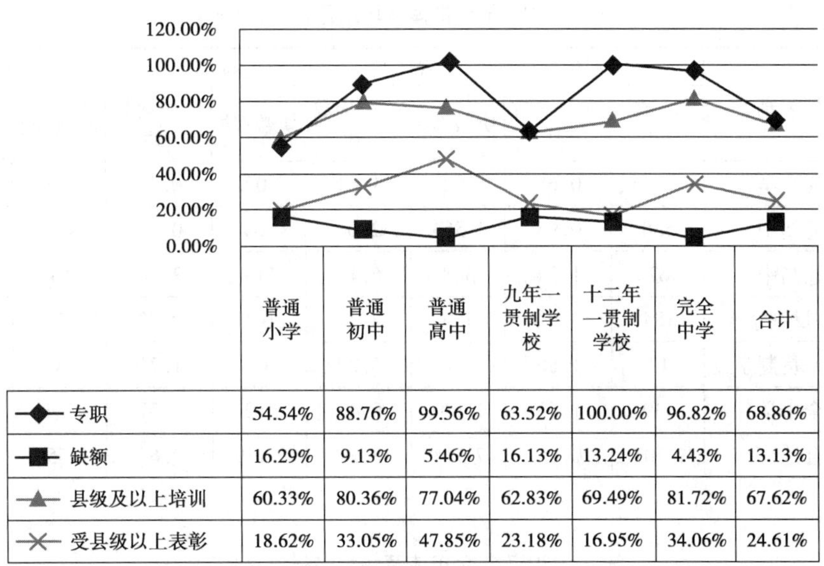


| | 普通小学 | 普通初中 | 普通高中 | 九年一贯制学校 | 十二年一贯制学校 | 完全中学 | 合计 |
|---|---|---|---|---|---|---|---|
| 专职 | 54.54% | 88.76% | 99.56% | 63.52% | 100.00% | 96.82% | 68.86% |
| 缺额 | 16.29% | 9.13% | 5.46% | 16.13% | 13.24% | 4.43% | 13.13% |
| 县级及以上培训 | 60.33% | 80.36% | 77.04% | 62.83% | 69.49% | 81.72% | 67.62% |
| 受县级以上表彰 | 18.62% | 33.05% | 47.85% | 23.18% | 16.95% | 34.06% | 24.61% |

图 12　2017 年全市各类体育教师比例

3. 体育场地设施建设仍需完善

2017 年全市体育场地器材信息见表 2 和表 3。2017 年全市中小学校共有田径场 2 707 块(200 米田径场 1 960 块,300 米田径场 296 块,300～400 米田径场 163 块,400 米田径场 288 块),平均每校田径场的数量为 0.81 块。其中,十二年一贯制学校每校田径场数量最大,为 1.86 块;普通小学最小,为 0.68 块。

全市中小学校共有篮球场 7 314 块,平均每校篮球场的数量为 2.20 块。其中,十二年一贯制学校和普通高中每校篮球场数量较大,分别为 6.29 块、6.16 块;普通小学最小,为 1.61 块。全市中小学校共有排球场 2 139 块,平均每校排球场的数量为 0.64 块。其中,普通高中每校排球场数量最大,为 2.36 块;普通小学最小,为 0.45 块。

全市中小学校共有学生体质测试室 2 555 间,平均每校学生体质测试室的数量为 0.77 间。普通小学、普通初中和九年一贯制学校的校均学生体质测试室均不足 1 间。

全市中小学校共有体育馆 405 所,配有体育馆的学校比例为 12.15%;共有游泳池 82 个,配有游泳池的学校比例为 2.46%。全市中小学体育器材达标的学校有3 205 所,达标学校比例为 96.16%。其中,十二年一贯制学校体育器材达标学校比例最高,为 100%;普通高中最低,为 94%。

**表2　2017年全市体育场地器材信息(一)**

| 学校类别 | 田径场 | | 篮球场 | | 排球场 | | 学生体质测试室 | |
|---|---|---|---|---|---|---|---|---|
| | 块数/块 | 校平均数/块 | 块数/块 | 校平均数/块 | 块数/块 | 校平均数/块 | 间数/间 | 校平均数/间 |
| 普通小学 | 1 536 | 0.68 | 3 623 | 1.61 | 1 022 | 0.45 | 1 635 | 0.73 |
| 普通初中 | 558 | 0.95 | 1 564 | 2.66 | 464 | 0.79 | 444 | 0.76 |
| 普通高中 | 67 | 1.34 | 308 | 6.16 | 118 | 2.36 | 54 | 1.08 |
| 九年一贯制学校 | 184 | 0.94 | 455 | 2.32 | 141 | 0.72 | 150 | 0.77 |
| 十二年一贯制学校 | 13 | 1.86 | 44 | 6.29 | 12 | 1.71 | 8 | 1.14 |
| 完全中学 | 349 | 1.43 | 1 320 | 5.41 | 382 | 1.57 | 264 | 1.08 |
| 合计 | 2 707 | 0.81 | 7 314 | 2.20 | 2 139 | 0.64 | 2 555 | 0.77 |

**表3　2017年全市体育场地器材信息(二)**

| 学校类别 | 体育馆 | | 游泳池 | | 体育器材达标 | |
|---|---|---|---|---|---|---|
| | 所数/所 | 比例/% | 个数/个 | 比例/% | 学校/所 | 比例/% |
| 普通小学 | 194 | 8.63 | 38 | 1.69 | 2 165 | 96.31 |
| 普通初中 | 70 | 11.90 | 11 | 1.87 | 558 | 94.90 |
| 普通高中 | 20 | 40.00 | 9 | 18.00 | 47 | 94.00 |
| 九年一贯制学校 | 19 | 9.69 | 2 | 1.02 | 192 | 97.96 |
| 十二年一贯制学校 | 4 | 57.14 | 2 | 28.57 | 7 | 100.00 |
| 完全中学 | 98 | 40.16 | 19 | 7.79 | 236 | 96.72 |
| 合计 | 405 | 12.15 | 82 | 2.46 | 3 205 | 96.16 |

## 三、学校体育工作现场评估情况

### (一)现场评估总体情况

1. 现场评估审核结果

2017年重庆市体育工作现场评估审核结果如图13所示。本次现场评估学校共计72所。专家核实为优秀等级的学校有54所,占75%,比2015年增长18.66个百分点,比2016年增长22.06个百分点,如图14所示;专家核实为良好等级的学校有17所,占23.61%;专家核实为合格等级的学校有1所,占1.39%,比2015年降低5.65

个百分点，比 2016 年降低 10.37 个百分点，如图 14 所示；无不合格学校。

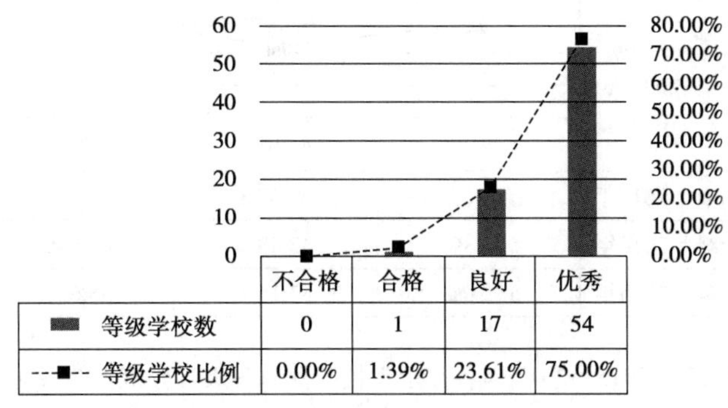


图 13　2017 年重庆市体育工作现场评估审核结果

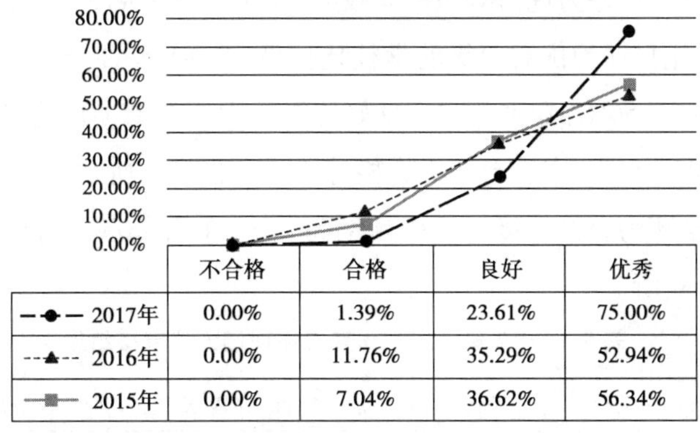


图 14　2015—2017 年重庆市体育工作现场评估审核结果对比

（1）各学段优秀等级学校比例有所提高。由表 4 和图 15 可知，本次现场评估小学共有 36 所，专家核实为优秀等级的学校有 26 所，占 72.22%，比 2016 年增长 16.34 个百分点，比 2015 年增长 17.93 个百分点。共评估初中 23 所，专家核实为优秀等级的学校有 16 所，占 69.57%，比 2016 年增长 26.09 个百分点，比 2015 年增长 12.43 个百分点。共评估高中 13 所，专家核实为优秀等级的学校有 12 所，占 92.31%，比 2016 年增长 28.67 个百分点，比 2015 年增长33.69个百分点。

**表 4　2017 年各类别学校体育工作现场评估审核结果**

| 学校类别 | 合计/所 | 核实等级 | | | |
|---|---|---|---|---|---|
| | | 不合格/所 | 合格/所 | 良好/所 | 优秀/所 |
| 小学 | 36 | 0 | 1 | 9 | 26 |
| 初中 | 23 | 0 | 0 | 7 | 16 |
| 高中 | 13 | 0 | 0 | 1 | 12 |
| 合计 | 72 | 0 | 1 | 17 | 54 |

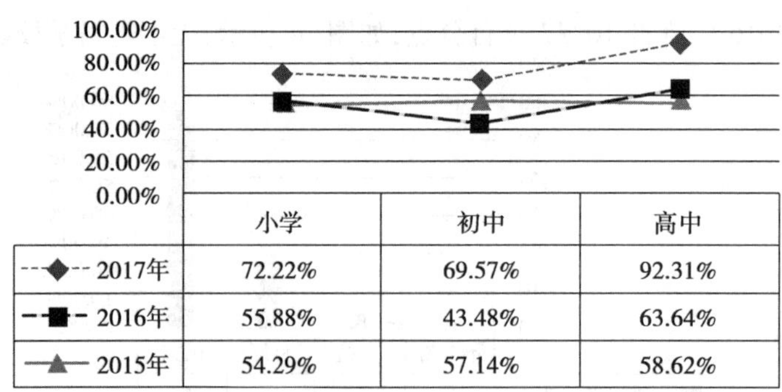


图 15　2015—2017 年各类别学校中优秀等级学校审核结果对比

(2)学校自评结果与现场评估结果差异较大。由表 5 和图 16 可知,本次现场评估学校共计 72 所。自评为优秀等级的学校有 68 所,占 94.44%;专家核实为优秀等级的学校有 54 所,比自评为优秀等级的学校比例低 19.44 个百分点。自评为良好等级的学校有 4 所,占 5.56%;专家核实为良好等级的学校有 17 所,比自评为良好等级的学校比例高 18.05 个百分点。自评为合格等级的学校有 0 所,专家核实为合格等级的学校有 1 所,比自评为合格等级的学校比例高 1.39 个百分点。自评与专家核实为不合格的学校均为 0 所。

**表 5　2017 年重庆市体育工作现场评估审核结果**

| 方式 | 不合格学校/所 | 合格等级学校/所 | 良好等级学校/所 | 优秀等级学校/所 |
|---|---|---|---|---|
| 核实 | 0 | 1 | 17 | 54 |
| 自评 | 0 | 0 | 4 | 68 |

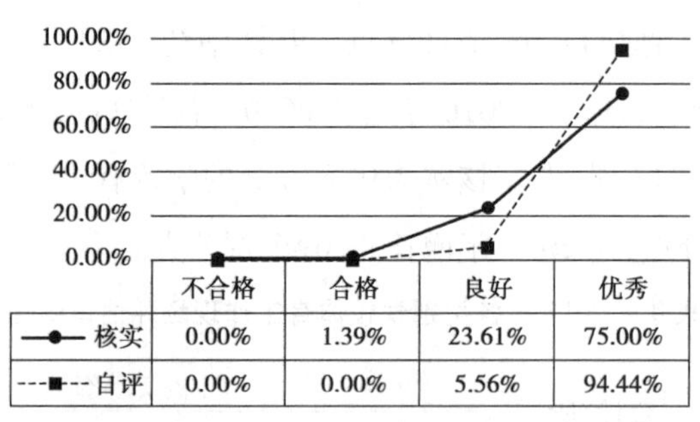


图 16　2017 年重庆市体育工作现场评估自评等级和核实等级学校比例

2. 学校自评总分可信度

2017 年全市抽查区县学校自评总分可信度为 95.91%。其中,全市抽样区县中小学校体育工作的组织管理、教育教学、条件保障和学生体质方面的自评信度分别为

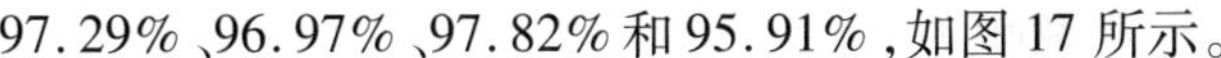

97.29%、96.97%、97.82%和95.91%，如图17所示。

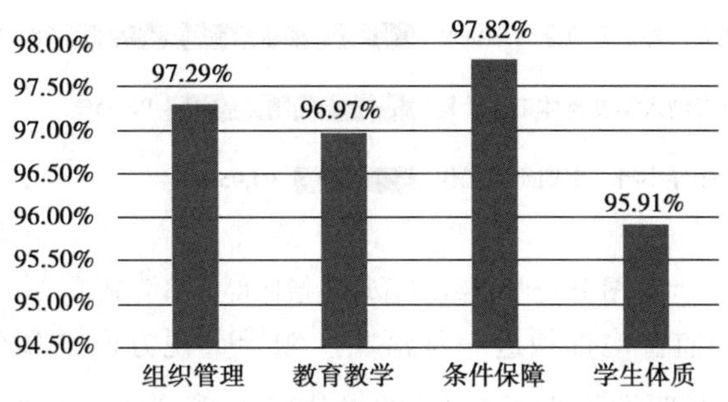


图17　2017年全市抽样区县体育工作各项指标自评信度

3.专家核实得分率

2017年全市抽样区县组织管理指标的得分率最高，为93.63%；其次是教育教学和条件保障，得分率分别为90.70%、90.67%；学生体质指标的得分率最低，为86.98%，如图18所示。

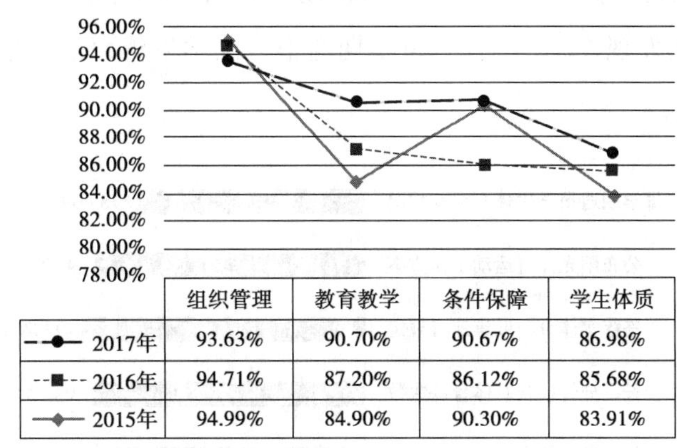


| | 组织管理 | 教育教学 | 条件保障 | 学生体质 |
|---|---|---|---|---|
| 2017年 | 93.63% | 90.70% | 90.67% | 86.98% |
| 2016年 | 94.71% | 87.20% | 86.12% | 85.68% |
| 2015年 | 94.99% | 84.90% | 90.30% | 83.91% |

图18　2015—2017年全市抽样区县体育工作各项指标得分率

（二）学校体育工作开展情况

本部分数据来源于专家现场对照《中小学校体育工作评估指标体系》核实学校组织管理、教育教学、条件保障和学生体质各项指标的得分数据。现场评估专家共核查了12个抽样区县、72所抽样学校的体育工作评估指标的得分情况。

1.组织管理：机制基本健全，执行须进一步落实

（1）组织管理机制基本健全。专家核实发现，组织管理方面，“学校成立领导小组，定期研究工作”“将体育纳入学校整体工作计划，定期组织检查和考核”“学校建立意外伤害应急管理机制”三方面落实较好，得分率较高，如图19所示。

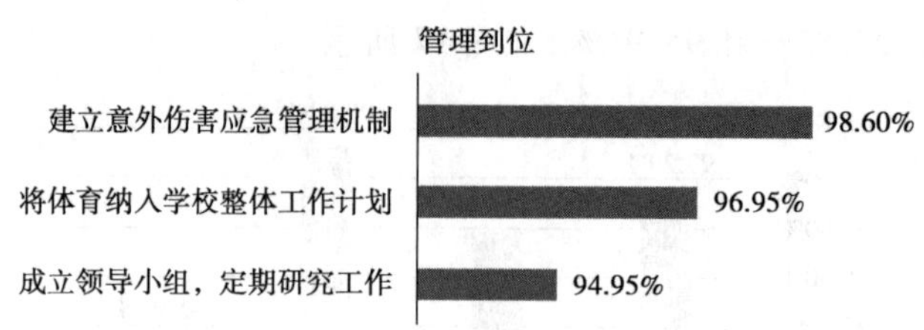


图 19　学校组织管理各指标得分率情况

(2)领导重视和监督检查须进一步落实。领导重视方面,"每学期校长听体育课不少于 4 次,分管校长听课不少于 6 次"的得分率较低,为 93.75%;专家核实发现,72 所学校中校长和分管校长听体育课次数没有达到标准的学校有 10 所,占 13.89%。"严格落实国家体育与健康课时规定"的得分率为 97.59%,未达 100%。学校还应严格按照规定,小学 1—2 年级每周安排体育与健康课 4 课时,小学 3—6 年级和初中每周安排 3 课时,高中每周安排 2 课时,切实减轻中小学生课业负担。

监督检查方面,"每学期通报学生体育活动情况"的得分率较低,为 78.60%,如图 20 所示,专家核实发现,72 所学校中每学期通报一次学生体育活动情况的学校仅有 46 所,占 63.89%。

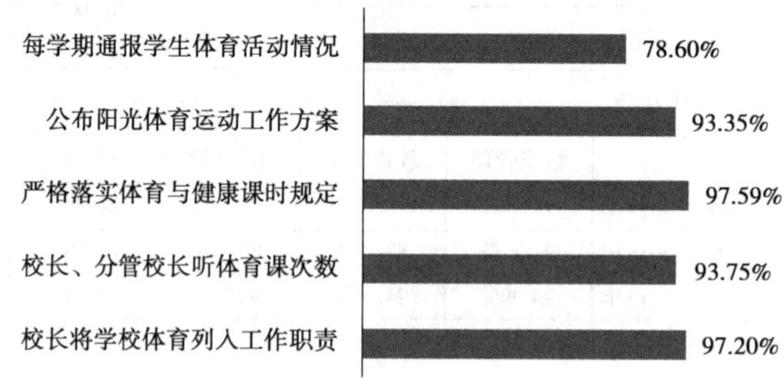


图 20　学校领导重视和监督检查各指标得分率情况

2. 教育教学:活动基本开展,研究提升略有不足

(1)校园体育活动基本开展。校园体育活动方面,"学校对学生加强体育安全教育"方面落实最好,得分率达 100%。"制订阳光体育运动工作方案""将校园体育活动时间和内容纳入教学计划""每天上午安排大课间体育活动"三方面落实较好,得分率较高,如图 21 所示。

"学校每年召开春、秋季运动会"和"85% 以上的学生至少掌握 2 项日常锻炼的体育技能"的得分率较低,分别为 86.53%、84.73%,如图 21 所示。专家核实发现,72 所学校中每年召开春、秋季运动会的学校有 56 所,占 77.78%,部分学校每年只召开一次运动会;72 所学校中 85% 以上的学生至少掌握 2 项日常锻炼的体育技能的学校仅有 33 所,占 45.83%。

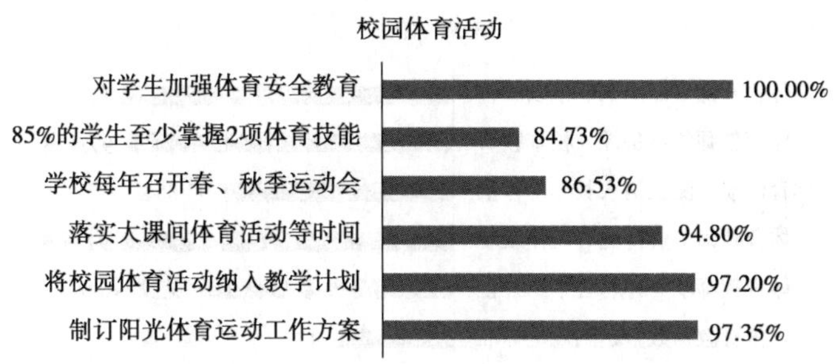


图 21　校园体育活动各指标得分率情况

(2)课程教学研究有待提升。由图 22 可知,在课程教学方面,“体育与健康课程教学计划、单元计划、课时计划齐全”“依据课程标准组织体育教学”“严格执行体育课考勤和考核登记制度,并将结果放入学生档案”三项指标的得分率较高。“加强教学研究与课程教学改革,提高教学效果”的得分率较低,为 84.17%。专家核实发现,37.5% 的学校没有加强教学研究与课程教学改革,这表明部分学校课程教学研究有待提升。

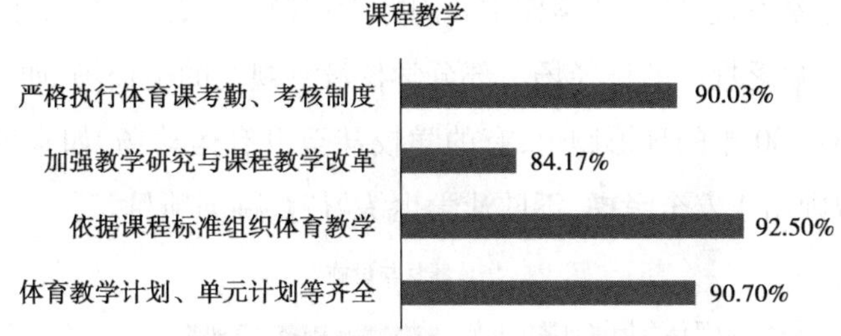


图 22　课程教学各指标得分率情况

3. 条件保障:基本保障改善,场地器材达标还须提高

(1)体育教师队伍须进一步完善。由图 23 可知,教师队伍方面,体育教师职务评聘、工资待遇、集体备课、校本教研、教育培训方面落实较好,得分率较高。但是体育教师配备还有待加强。《国家学校体育卫生条件试行基本标准》中规定:小学 1—2 年级每 5 ~ 6 个班配备 1 名体育教师,3—6 年级每 6 ~ 7 个班配备 1 名体育教师,初中每 6 ~ 7 个班配备 1 名体育教师,高中(含中等职业学校)每 8 ~ 9 个班配备 1 名体育教师。专家核实发现,72 所学校中体育教师数量达到国家规定要求的学校有 52 所,占 72.22%;体育教师数量没有达到国家规定要求的学校有 20 所,占 27.78%。通过实

地考察，专家也发现部分学校体育专职教师为0，如北碚区龙车寺小学、荣昌区保安中学等。

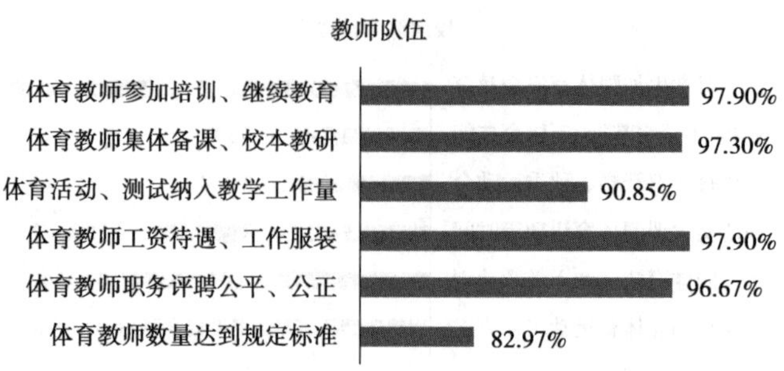


图23　体育教师队伍各指标得分率情况

(2)体育场地、器材、设施达标程度还须提高。体育场地器材与设施方面，“体育场地器材由专人管理”“体育场馆规范安全”“体育场地平整整洁”三方面落实较好，得分率较高，均大于90%。但是“体育场地、器材、设施达标”和“课余和节假日体育场馆向学生开放”的得分率相对较低，分别为82.60%、80.90%，如图24所示。专家核实发现，72所学校中体育场地、器材、设施均达标的学校仅有35所，占48.61%；72所学校中课余时间和节假日体育场馆均向学生开放的学校有46所，占63.89%。

专家实地考察发现，城区的学校主要因办学规模过大，田径场大小不符合规格，边远农村的学校则缺乏规范的田径场。部分学校没有规范的田径场，如巴南区双河口镇中心小学校只有100米的环形跑道；有的学校甚至没有运动场，如永川区大磨初级中学校等，体育教师出于安全考虑，不敢让学生练习跑、跳等项目。

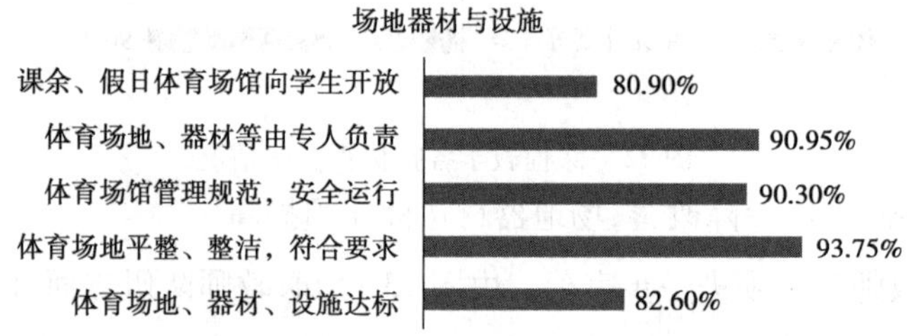


图24　体育场地器材与设施各指标得分率情况

(3)体育经费保障须进一步加强。体育经费方面，“公用经费按规定用于体育支出，满足学校体育工作需要”的得分率较低，为91.38%。专家核实发现，72所学校中体育经费满足体育工作需要的学校有49所，占68.06%。全市应坚持把完善学校体育场地设施建设作为学校标准化、教育现代化的基本要求纳入年度经费预算，使体育经费与教育经费同步增长。

4. 学生体质:组织基本到位,测试结果须有效运用

(1)学生体质健康测试开展良好。根据《国家学生体质健康标准》,“做好全体学生体质健康测试”“保存学生原始数据”和“按要求上报测试数据”三方面落实较好,得分率较高,如图 25 所示。

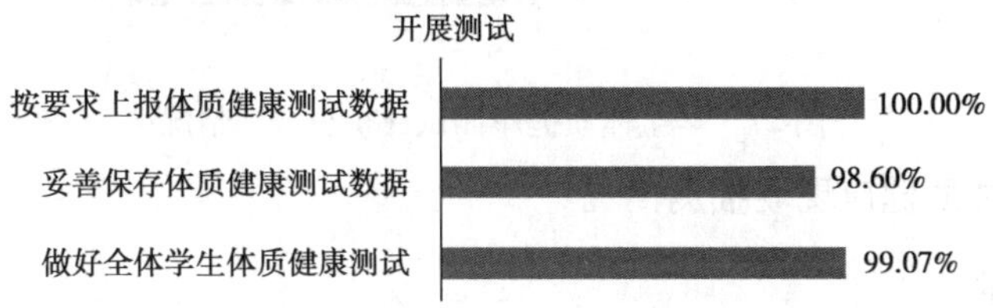


图 25　学生体质健康测试各指标得分率情况

(2)学生体质健康有待加强。学生体质健康还有待进一步加强。“95% 以上的学生达到《国家学生体质健康标准》合格以上等级”的得分率为 83.33%;“40% 以上的学生达到《国家学生体质健康标准》良好以上等级”的得分率较低,为 78.60%,如图 26 所示。专家核实发现,72 所学校中 95% 以上的学生达到标准合格以上等级的学校有 37 所,占 51.39%;72 所学校中 40% 以上的学生达到标准良好以上等级的学校仅有 29 所,占 40.28%。

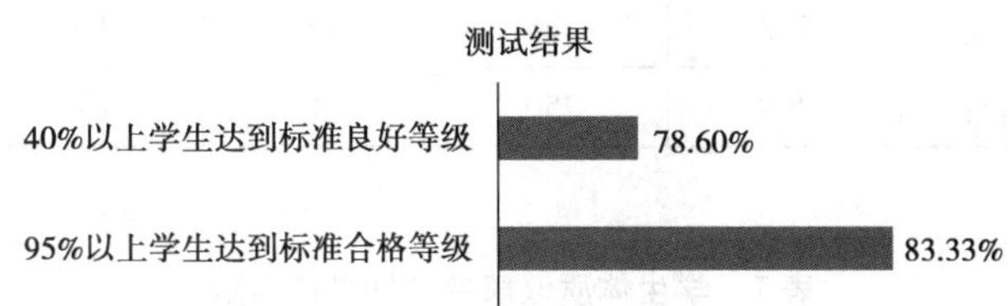


图 26　学生体质健康测试结果得分率情况

(3)学生体质健康测试结果须有效运用。学生体质健康测试评价方面,“每年在校内公布学生测试总体结果,并通报学生及家长”的得分率相对较高,为 89.60%。“学生体质健康水平作为学生综合素质档案的重要内容,并形成制度”和“分析学生体质健康标准测试结果,动态把握学生体质健康发展趋势”两个指标的得分率较低,分别为 80.95%、80.90%,如图 27 所示。专家实地考察发现,有的学校没有将学生体质健康水平纳入学生综合素质档案,如渝北区玉峰山中学;有的学校没有分析学生体质健康测试结果并形成报告,如江北区第十八中学校等。

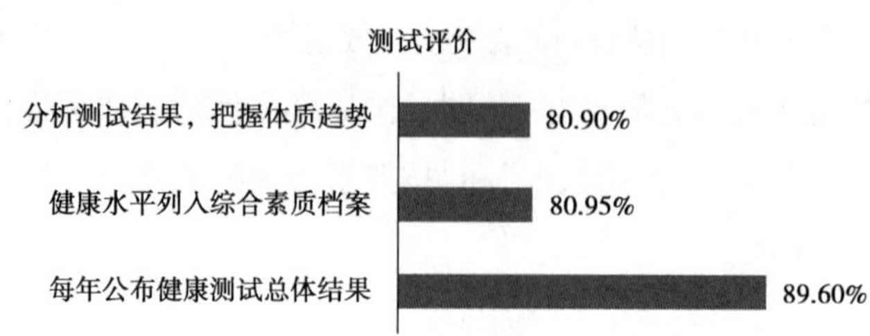


图27　学生体质健康测试评价得分率情况

(三)学生体质健康现场抽测情况

1. 抽样数量

本次现场评估共抽测了72所学校709名学生的体质健康情况。其中,小学369人,初中250人,高中90人,见表6。检测时,身高和体重两项是必测项目,一分钟跳绳和立定跳远是选测项目,专家可根据学段和具体情况选择选测项目中一项进行检测。其中,348名学生参加了一分钟跳绳测试,359名学生参加了立定跳远测试,见表7。

表6　各学段学生体质健康抽测样本数

| 性别 | 小学/人 | 初中/人 | 高中/人 | 合计 |
|---|---|---|---|---|
| 男 | 181 | 124 | 45 | 350 |
| 女 | 188 | 126 | 45 | 359 |
| 合计 | 369 | 250 | 90 | 709 |

表7　学生体质健康单项抽测样本数

| 性别 | 身高和体重/人 | 一分钟跳绳/人 | 立定跳远/人 |
|---|---|---|---|
| 男 | 350 | 172 | 177 |
| 女 | 359 | 176 | 182 |
| 合计 | 709 | 348 | 359 |

2. 学生体质健康测试可信度

将现场抽查测试数据与学校上报测试数据进行一致性比对,得出全市学生体质健康测试上报数据的可信度,为80.82%,比2016年增长7个百分点,比2015年增长10.58个百分点,比2014年增长11.12个百分点,如图28所示。

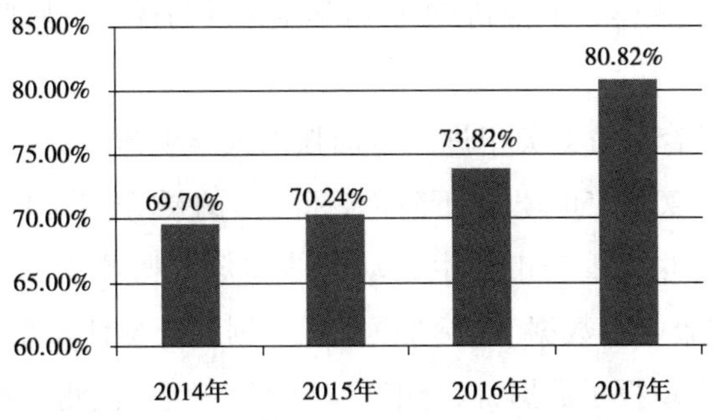


图 28　2014—2017 年学生体质健康测试可信度

学生体质健康测试可信度为 100% 的学校有 28 所，如大渡口区陈家坝小学、钢花小学、重庆市第九十五初级中学校，江北区两江国际鱼嘴实验小学、和济小学校、华新实验小学、徐悲鸿中学、观音桥中学、第 18 中学，沙坪坝区阳光家园小学、西永中学、土主中学，南岸区川益小学、辅仁中学，北碚区重师大初教院附小、三圣学校，渝北区玉峰山中学、两江中学，巴南区双河口小学、全善学校，永川区红旗小学、万寿小学，武隆区渝港小学、长坝中学，两江新区白马小学、翠云小学、礼嘉中学、天宫殿学校。

学生体质健康测试可信度大于等于 80% 的学校有 52 所，占 73.22%，如图 29 所示。学生体质健康测试可信度不超过 50% 的学校有 13 所，占 18.06%，如南岸区城南家园小学、迎龙小学，北碚区龙车寺小学、静观镇中心校、重庆市 122 中学校，渝北区兴隆中心小学、大湾镇明德小学，永川区第十二中学校，荣昌区铜鼓中心小学、双河中心小学、石河中心小学，武隆区实验中学，万盛经济技术开发区鱼田堡小学。

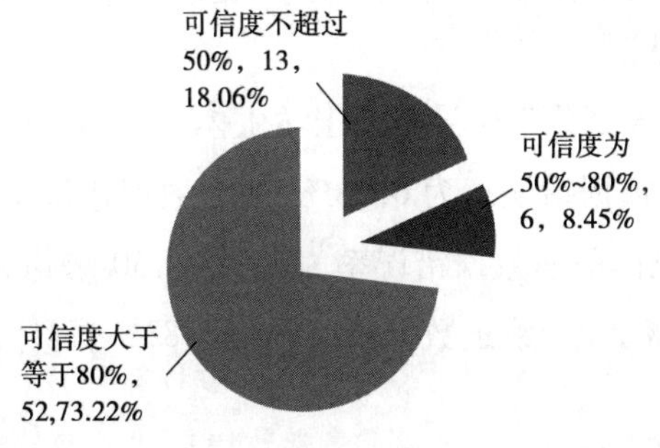


图 29　学生体质健康测试可信度学校分布

## 四、学生体质健康监测情况

2014—2016 年全市学生体质健康测试数据均来源于“学生体质健康网”。截至目前，“学生体质健康网”上 2017 年的学生体质测试数据不能查看和下载，因此本部分数据来源于重庆市监测学校上报到“重庆市学生运动与体质健康监测管理平台”的体检体测数据。

根据《重庆市教育委员会关于进一步加强国家学生体质健康标准测试工作的通知》(渝教体卫艺发〔2016〕50号,以下简称《标准》)的要求,部分区县监测学校已完成学生体质健康测试,并在重庆市学生运动与体质健康监测管理平台上报送了学校2017学年度学生健康体检数据和《标准》测试数据。经统计发现,全市共28个区县102所学校在平台上填报了数据,而全市共261所《标准》监测学校,数据填报率约为40%。全市《标准》监测学校抽测样本学生数共计241 889人。各年级抽测样本学生数如图30所示。

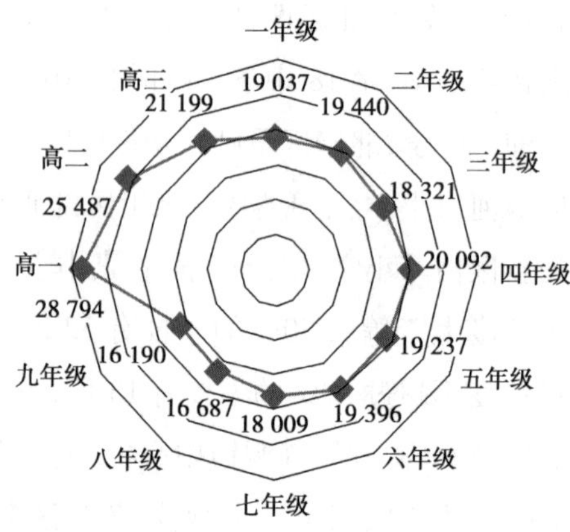


图30 全市《标准》监测学校学生体质健康抽测样本数(单位:人)

1. 监测数据异常状况

清理数据发现,绝大部分学校没有上报学生体检数据,且学生《标准》测试数据有效率较低。其中,身高数据错误率为0.28%,体重数据错误率为1.04%,肺活量数据错误率为0.06%,坐位体前屈数据错误率为0.99%,50米跑数据错误率为3.4%,跳绳数据错误率为4.22%,立定跳远数据错误率为1.83%,引体向上或一分钟仰卧起坐数据错误率为1.99%。

《标准》监测学校填报数据时,出现异常值的状况主要如下。

(1)填错单位,如系统要求以厘米为单位,填报时以米为单位。

(2)填错项目,如将坐位体前屈的成绩填到了跳绳、50米跑的项目里,以至于跳绳和50米跑的成绩里出现了负数。

(3)填报的数据不符逻辑,如身高为13,填报的肺活量为19 878,填报的跳绳数据里有负数和小数点等。

(4)填报时带了单位,如135 cm,35 kg。

(5)没有打小数点,如填报的身高为1 605、1 615,填报的体重为496、504等。

(6)多打了小数点,如填报的身高为12.3.5。

(7)将小数点打成其他符号,如填报的身高为146'5,填报的体重为42,7,填报的50米跑为11·23、10″25、10'7、6'8等。

(8)在数字后面多加了符号,如填报的体重为49.8等。数据异常值多,异常状况较复杂,造成数据清理较困难。

2.身高和体重测试情况

下面选取五年级和八年级学生的身高、体重、肺活量、坐位体前屈等项目数据进行清理、统计和分析。

(1)五年级和八年级抽测男女生的平均体重指数均在标准体重范围内。五年级和八年级抽测学生体形情况见表8。五年级学生平均身高为1.41米,平均体重为35.35千克;八年级学生平均身高为1.58米,平均体重为48.03千克。随着年龄的增长,学生的身高和体重均有所增长。从性别来看,各年级的男生和女生的平均体重指数都在标准体重范围内。

**表8　五年级和八年级抽测学生体形情况**

| 年　级 | 性　别 | 身高/米 | 体重/千克 | 体重指数 | 标　准 |
|---|---|---|---|---|---|
| 五年级 | 男 | 1.41 | 35.80 | 18.10 | 14.4~21.4 |
| | 女 | 1.41 | 34.86 | 17.47 | 13.8~20.5 |
| | 合计 | 1.41 | 35.35 | 17.80 | |
| 八年级 | 男 | 1.59 | 48.92 | 19.26 | 15.7~22.5 |
| | 女 | 1.56 | 47.1 | 19.40 | 15.3~22.2 |
| | 合计 | 1.58 | 48.03 | 19.33 | |

(2)五年级和八年级男生低体重比例均显著高于女生。五年级和八年级学生体形发展状况如图31所示。五年级和八年级男生低体重的比例均显著高于女生;五年级和八年级学生超重和肥胖的比例均为13%左右。

3.单项体质健康测试情况

通过对五年级学生部分《标准》测试数据清理和统计分析得出,男生平均肺活量为1 792毫升,坐位体前屈6.40厘米,一分钟跳绳108次;女生平均肺活量为1 676毫升,坐位体前屈9.55厘米,一分钟跳绳115次。从城乡来看,城市学生肺活量和坐位体前屈项目指数均高于乡村,见表9。

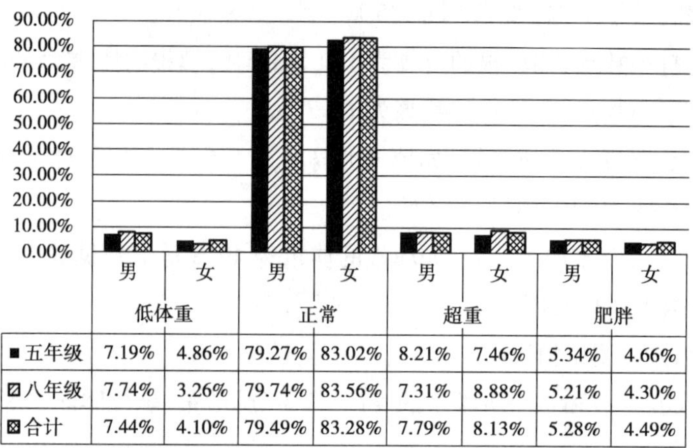


| | 低体重 男 | 低体重 女 | 正常 男 | 正常 女 | 超重 男 | 超重 女 | 肥胖 男 | 肥胖 女 |
|---|---|---|---|---|---|---|---|---|
| ■五年级 | 7.19% | 4.86% | 79.27% | 83.02% | 8.21% | 7.46% | 5.34% | 4.66% |
| ▨八年级 | 7.74% | 3.26% | 79.74% | 83.56% | 7.31% | 8.88% | 5.21% | 4.30% |
| ⊠合计 | 7.44% | 4.10% | 79.49% | 83.28% | 7.79% | 8.13% | 5.28% | 4.49% |

图 31　五年级和八年级学生体形发展状况图

**表 9　五年级学生单项体质健康测试情况**

| 项　目 | 男 | 女 | 城市 | 乡村 |
|---|---|---|---|---|
| 肺活量/毫升 | 1 792 | 1 676 | 1 761 | 1 627 |
| 坐位体前屈/厘米 | 6.40 | 9.55 | 8.08 | 7.44 |
| 一分钟跳绳/次 | 108 | 115 | 110 | 112 |

五年级学生单项体质健康抽测的等级比例如图 32 所示。男生肺活量和一分钟跳绳项目的不及格率均高于女生，女生坐位体前屈项目不及格率高于男生。

| 项目 | 性别 | 不及格 | 及格 | 良好 | 优秀 |
|---|---|---|---|---|---|
| 一分钟跳绳 | 女 | 7.62% | 58.75% | 16.71% | 16.92% |
| | 男 | 10.63% | 59.28% | 11.12% | 18.97% |
| 坐位体前屈 | 女 | 12.21% | 61.38% | 18.12% | 8.29% |
| | 男 | 5.08% | 66.73% | 19.26% | 8.93% |
| 肺活量 | 女 | 8.33% | 60.05% | 14.75% | 16.87% |
| | 男 | 15.04% | 67.24% | 14.56% | 3.16% |

图 32　五年级学生单项体质健康抽测的等级比例图

通过对八年级学生部分《标准》测试数据清理和统计分析得出，男生平均肺活量为2 527毫升，坐位体前屈 6.94 厘米，立定跳远 191 厘米；女生平均肺活量为 2 145 毫升，坐位体前屈 11 厘米，立定跳远 164 厘米。从城乡来看，城市学生肺活量、坐位体前屈和立定跳远项目指数均低于乡村，见表10。

**表10　八年级学生单项体质健康测试情况**

| 项　目 | 男 | 女 | 城市 | 乡村 |
|---|---|---|---|---|
| 肺活量/毫升 | 2 527 | 2 145 | 2 280 | 2 312 |
| 坐位体前屈/厘米 | 6.94 | 11.00 | 8.16 | 9.50 |
| 立定跳远/厘米 | 191 | 164 | 175 | 182 |

八年级学生单项体质健康抽测的等级比例如图33所示。男生肺活量和立定跳远项目的不及格率均高于女生，女生坐位体前屈项目不及格率高于男生。

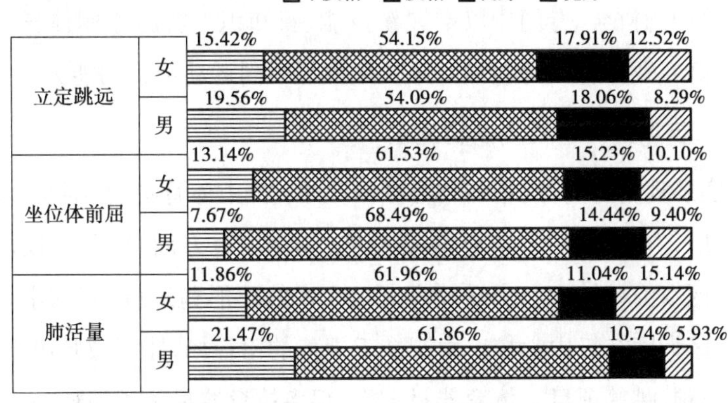


图33　八年级学生单项体质健康抽测的等级比例图

## 五、存在的问题和工作建议

### （一）进一步加强体育师资队伍建设

在体育师资队伍方面，一是体育教师缺额比例较高。2017年全市应配中小学体育教师22 766人，实有体育教师19 776人，尚差2 990人，缺额比为13.13%。且专家核实发现，72所学校中体育教师数量没有达到国家规定要求的学校有20所，占27.78%。二是兼职体育教师比例较高。全市有兼职体育教师6 158人，占31.14%，小学段兼职体育教师比例最高，达45.46%。三是体育教师配备不平衡，一些偏远的农村中小学没有专职体育教师。专职体育教师配备不足，很多学校体育课不能正常开设，一般由兼职教师授课或由各班语数老师代上。

体育师资的短缺不只体现在数量上，也体现在质量上。由于缺乏培训进修，部分体育教师专业素质老化，跟不上当前体育教学、体育运动发展的态势，面对新的教学内容无法胜任。

师资是提升教育发展水平的关键力量。据此，建议如下。

(1)教育部门要会同相关部门，按照各校的实际情况，逐步配备体育专职教师。

(2)完善中小学校体育教师补充机制，利用"特岗计划"和农村小学全科教师培养计划，为农村和贫困地区学校培养合格体育教师。

(3)构建"以老带新、新人领航"的体育教师专业成长模式，着力打造优秀的体育教师团队。

(4)进一步加大体育师资培训力度，应确保每位体育教师每3年有1次以上县级以上规范化培训的机会，专门用以掌握新技能、新知识。实施兼职体育教师专项培训制度，普遍提高专业体育教师教学基本功和教授不同运动项目的能力。

### (二)进一步加强体育场地器材建设

专家核实发现，在体育场地器材方面，72所学校中体育场地、器材、设施均达标的学校仅有35所，占48.61%。实地考察发现，体育场地方面，部分学校没有规范的田径场，如巴南区双河口镇中心小学校只有100米的环形跑道；还有的学校甚至没有运动场，如永川区大磨初级中学校。由于缺乏规范的田径场，体育教师出于安全考虑，不敢让学生练习跑、跳等项目。体育器材方面，很多体育器材属于消耗品，由于追补资金不到位，得不到及时补充。

体育场地器材是学校体育工作的基础，因此，建议如下。

(1)大力加强学校体育场地、设施建设，把学校体育经费纳入教育公用经费并逐步加大投入，在农村义务教育薄弱学校改造、义务教育学校标准化建设等项目和工程中加大学校体育场馆设施建设力度。将体育场地、器材、设施达标率提升列入区县学校体育工作和教育工作考核的重要指标。

(2)建立损耗器材追补的机制并形成制度，使学校生均公用经费定额用于体育器材追补、专项教育经费用于体育器材追补和体育器材损耗管理考核相结合。

(3)建立健全学校体育场地维护机制和设施更新机制，场地器材的安全检查要常态化，要写进教学计划中，分管校长要严格督查。

### (三)进一步重视学生体质健康测试工作

学生体质健康测试方面如下。

(1)学生体质健康水平有待提高。专家核实发现,72 所学校中 95% 以上的学生达到标准合格以上等级的学校有 37 所,占 51.39% ;72 所学校中 40% 以上的学生达到标准良好以上等级的学校仅有 29 所,占 40.28% 。

(2)学生体质健康监测数据错误率高。一方面,体检机构体检失误率高,如身高体重体检失误;另一方面,数据填报错误率高,如填错项目、填错单位、填报的数据不符合逻辑等。

(3)学生体质健康未认真监测,存在弄虚作假现象。现场抽测学生体质健康情况发现,虽然学生体质健康测试可信度逐年增长,但是仍有部分学校弄虚作假,将其学生体质数据与现场测查结果进行一致性比对,发现较多明显差异或完全错误。如荣昌区石河中心小学 1 名五年级女生的身高原记录为 121 厘米,专家抽查核实记录为 145 厘米,原记录与核实数据相差 24 厘米;又如武隆区实验中学的 1 名八年级男生的身高原记录为 165 厘米,专家抽查核实记录为 155 厘米,核实身高记录比上一次体测的身高原记录减少了 10 厘米等。

(4)学生体质健康测试结果没有得到有效运用。实地考察发现,有的学校没有将学生体质健康水平纳入学生综合素质档案,如渝北区玉峰山中学;有的学校没有分析学生体质健康测试结果并形成报告,如江北区第十八中学校等。

学生体质健康测试是促进学生体质健康发展、激励学生参加身体锻炼的教育、评价和反馈手段,填报学生体质健康监测数据是掌握学生生长发育水平和健康状况的重要途径。为此,建议如下。

(1)强化课程体系建设,严格执行国家体育课程方案和课程标准,开足开好体育课程,大力开展专项技能运动教学,切实提高学生的基本运动技能和专项运动能力。鼓励学生积极参加校外全民健身运动,确保课外锻炼时间,提高学生体质健康水平。

(2)中小学生健康体检方面,教育行政部门应加强中小学生健康体检工作的督导考核,统一协调,规范要求,避免卫生检查机构敷衍了事。学生体质健康数据填报方面,各区县和学校应对数据填报的重要性和必要性提高认识,进一步加强学校体质健康测试数据填报培训,帮助学校准确录入数据,妥善保存数据,进一步挖掘和发挥各项数据的应用价值。

(3)各区县应加大对所辖区域中小学生体质健康抽查复核的力度,督促学校认真监测学生体质健康状况,确保测试数据的真实性、完整性和有效性。还应将学生体质健康监测评价工作作为对各级各类学校进行评优、表彰的基本依据,对弄虚作假、徇私舞弊者,给予通报批评。

(4)学生体质健康测试以后,各学校应及时分析测试结果,深度查找影响因素,科学预测变动走向,开展体质健康预警,完善学生体质健康改善措施。另外,小学应将体质健康测试情况列入学生成长记录或素质报告书,初中以上学校应列入学生档案,作为学生综合素质评价和学业水平考试的重要指标和内容。

### (四)进一步关注体育竞技与体育教学的平衡问题

由于体育竞赛活动对学校提升办学声望、干部教师考核都有重要作用,因此,各区县和学校对体育竞赛活动给予了高度关注。这些竞赛活动也对学校体育工作起到了推动作用。但是,在部分区县和学校,出现了专职教师带运动队,长期准备竞赛活动,不上或少上体育课,兼职教师反而成为体育课教学主力等情况。体育竞赛活动是学校体育工作的重要抓手,但活跃在体育竞赛活动中的总是少数学生。体育课堂则是学校体育工作的主战场,课堂教学是学校体育工作的中心环节,是真正针对全体学生的。

为促进体育工作的均衡发展,以专业化发展提升体育工作效益,建议如下。

(1)将体育课的教学工作、教学质量作为专职体育教师工作考核的主要内容。

(2)进一步促进学校发展特色体育项目,推广和加强全体学生参与的体育项目,丰富中小学体育活动的内容。

# 万州区

为了认真贯彻落实国务院办公厅《关于进一步加强学校体育工作的若干意见》(国办发)和《重庆市教委、市发改办、市财政局、市体育局关于进一步加强学校体育工作的意见》(渝府办发〔2013〕137 号)精神,切实加强我区学校体育工作,促进学生身心健康发展,全面实施素质教育。按照重庆市教育委员会印发的《重庆市教育委员会关于启动学校体育工作专项评估的通知》(渝教体卫艺〔2014〕39 号)文件要求,我区结合实际情况,开展了中小学校体育专项评估工作。各学校对照《中小学校体育工作评估指标体系》开展了自评工作,区教委成立了督查组,对部分学校进行了复查。现将自查情况汇报如下。

## 一、万州区学校基本情况

万州区现有中小学 119 所,其中小学 61 所,单设初中 22 所,九年制学校 14 所,十二年制学校 1 所,普通中学 17 所,高级中学 2 所,中等职业学校 2 所。教学班 3 248 个,在校学生 14.3 万名。

## 二、区级自评情况

我委于 2017 年 10 月 15 日召开了万州区学校体育工作会,对学校体育工作专项评估自评工作进行了布置。会后,辖区学校均按要求进行了自评并上报材料。区教委对学校自评工作进行了检查,并进行汇总,达到优秀等级学校有 115 所,占全区学校的 96.6%;达到良好等级学校有 4 所,占全区学校的 3.4%。

## 三、主要措施与经验

1. 组织机构健全、发展规划清晰、管理制度规范

万州区教委一贯重视学校体育工作，自 1992 年 12 月 28 日区教委成立体卫艺科以来，始终有 1 名教委副主任分管，现配备了 1 名体育专干和 2 名专职体育教研员。区教委年度工作计划和年终总结都有体育工作板块，每年都制订全年工作计划和年度学生体育竞赛计划，按照相关法律法规和上级文件要求，做到了学校体育工作有规划、有落实、有总结。全区每年至少召开一次体育工作会议，定期组织专题教学研究活动，研讨体育教育教学工作，总结先进经验，解决体育工作中的实际问题。区教委在对学校进行综合评估时，加大体育工作权重。在加强学校体育工作时，注重与体育部门之间协调工作，开展体育竞赛活动和体育特色项目建设工作。各级各类学校体育工作制度健全，建立了体育设施器材管理制度、教师继续教育制度、体育大课间及课外体育活动制度、体制健康检测和安全管理制度，并定期检查。

2. 落实体育课程、强化课堂教学、加强队伍建设

严格按教学计划开足体育课、健康教育课，保证学生每天有 1 小时体育活动时间。各学校依据《课程标准》，结合学校实际，制订了体育教学学年计划、学期计划、单元计划、课时计划，规范体育课堂教学，实施效果良好。区教师进修学院加强体育课题研究、加强体育教学指导，定期开展体育教学交流，定期举办体育优质课竞赛，学校建立了促进学生身体素质和健康素质协调发展的评价体系，建立了促进教师综合素质提高的考核评价体系，建立了推进课程建设与改革发展的评价体系。我区十分重视体育师资队伍建设，现有体育专职教师 542 名。组织在职业务培训，鼓励教师学历进修，不断提高教师素质。近年来，区教委加大投入对学校体育工作经费，完成了全区近 85% 的学校塑胶运动场建设，每年投入近 100 万用于区级学生体育竞赛活动。各学校坚持从每年的公用经费中抽出一部分作为体育经费，用于场地、设施的维修改善，器材、教具、挂图的购置，体育教师业务培训及劳保待遇的落实等，体育工作经费被纳入预算，并得到保障，基本保证了体育教学、课外体育活动和课余体育训练的进行。

3. 深入推进校园足球，积极创办体育特色

2015 年起，万州区大力普及和发展校园足球，先后举办教练员培训和裁判员培训，并多次选送教师参加市级以上的专业培训。学校纷纷开展足球训练，足球进入课堂。

2017 年 5—6 月，万州区校园足球联赛成功举办，参赛队多达 84 支，比赛 135 场。9 月下旬校园足球“送教下乡”活动开展，优秀教练员罗永胜和邓宇明用 5 天时间为 9 个片区送去了理论教学和训练示范课，获得好评。

万州区各级各类学校积极创办体育特色，万州二中等 4 所学校获得教育部“全国校园足球特色学校”殊荣，万州区现有教育部命名的全国校园足球特色学校 17 所；电报路小学等 3 所学校已经申报教育部“全国校园网球特色学校”；评选出新田中学等 8 所区级体育特色学校。

4. 加强学生体质监测，开展体育活动、提高学生身体素质

全区学校严格实施《国家学生体质测试标准》，坚持对学生进行体质健康测试，规范报送测试数据，施行面达 100%，小学生合格率为 98.64%、初中生合格率为 96.9%、高中生合格率为 93.25%。坚持一年一次学生健康体检，定期向社会公布。各学校制订了“学生阳光体育运动”方案、“体育、艺术、科技‘2 + 2’项目”工作方案，积极创建“体育特色学校”，坚持每天的两操和大课间活动，坚持一年开展春、秋两季的体育竞赛活动，近年来，区教委每年都要单独或与区文化委联合主办田径、足球、篮球等 10 余个综合性或单项区级学生运动会，各学校组队参加市教委举办的各种体育竞赛活动。通过一系列竞赛活动，学校体育竞赛水平与成绩逐年提高，学校体育竞赛活动不断扩展，内容不断创新。

2017 年 9 月，万州区特教中心足球队参加全国残疾人足球争霸赛，获得特奥融合组冠军，获得聋人组第五名；11 月参加全国残疾人柔力球比赛获得团体第一名。汶罗小学、外国语学校参加重庆市中小学生跳绳比赛均获得团体一等奖。

## 四、存在的主要问题

近年来，万州区学校体育工作在区委、区政府和市教委的正确领导和体育部门的大力支持下，取得了很大的进步，但还存在不足。

一是部分学校对体育工作认识不足，重视不够。

二是全区体育教师有缺口，部分学校体育专职教师配备不足，甚至还有少数学校没有专业体育教师。体育教师教学水平有待提高。

三是学生良好的体育锻炼习惯还没完全形成，学生自主锻炼的积极性不够。

四是学校体育场地特别是标准足球场有待改善和补充。

# 黔江区

根据《重庆市教育委员会办公室关于做好2017年中小学校体育评估工作的通知》(渝教办函〔2017〕228号)精神,我区在学校自评的基础上,对区内各校体育工作自评情况进行了复核,现将有关情况报告如下。

## 一、加强组织领导,明确职责分工

学校体育工作评估和年度报告制度,是教育部为贯彻落实党的十八届三中全会精神,加强学校体育工作,促进青少年身心健康、体魄强健而推出的一项新举措。为了确保全区学校体育工作评估和年度报告工作有序开展,我委成立了专门的领导小组,由主要领导任组长,分管副主任任副组长。领导小组在体卫艺科下设办公室,由体卫艺科科长任办公室主任,其余同志为成员,办公室负责领导小组交办事项落实、具体任务布置、工作检查、过程督查、复核验收等工作。各学校成立了以校长为第一责任人、分管副校长为直接责任人的工作机构,分解工作任务,落实工作责任,适当投入经费,保障学校体育工作顺利发展。

## 二、强化工作措施,扎实开展工作

### (一)组织管理到位

各学校高度重视学校体育工作,牢固树立"健康第一"的育人理念,把学校体育作为实施素质教育的重要突破口。成立体育工作领导小组,制定学校体育工作细则,明确职责、落实分工,定期研究工作,定期组织检查、考核。强化制度建设,落实安全责任,建立安全预警和应急机制,防止意外事故发生。

（二）教育教学到位

把增强学生体质作为学校教育的基本目标之一，保证体育课时和活动时间。各学校严格执行国家课程标准，依据《重庆市中小学体育课程》组织教学，加强教学研究与课程教学改革，提高教学效果。扎实开展体育、艺术“2＋2”项目，全年组织体育比赛包括田径运动会、足球比赛、篮球比赛、乒乓球比赛、羽毛球比赛、游泳比赛。注重培养学生良好的体育锻炼习惯和生活方式，各学校组织了丰富多彩的体育比赛活动，大胆创新活动内容和形式，形成独特的活动项目和品牌特色。新华小学致力于跳绳特色发展，不仅普及跳绳运动，创编跳绳教材，而且组成“黔江土家花样绳”特色表演队，创新跳绳花式，实现了民间运动和竞技跳绳的完美结合。

（三）条件保障到位

城区各中小学体育教师数量基本达到国家规定要求，乡镇学校的体育教师数量不足，村小和完小几乎没有专职体育教师。体育教师与其他任课教师在职称评聘、工资待遇、校本教研、继续教育等方面同等对待，开展课外体育活动、组织学生体质健康测试均被纳入教学工作量。各学校公用经费按规定用于体育场地、器材、设施设备的维修和添置，基本满足学校体育工作需要，确保体育工作安全执行。

（四）足球活动开展到位

我区制定《黔江区关于加快发展校园足球的实施意见》，明确校园足球五年发展规划，建立工作制度，切实稳步推进；落实足球经费，配齐配足设施设备，确保各学校足球活动的开展；加大培训力度，采取“请进来、走出去”的方式培训足球教师50人次；组织班级、校级、片区、区级四级联赛。

（五）学生体质健康测试、上报到位

各学校认真组织实施《国家学生体质健康标准》，做好学生体质健康测试、记录、整理、分析、归类、存档、上传工作，2016年上报率达100%。各学校将学生体质健康测试结果纳入学生综合素质评价，做到学生体质健康监测评价常态化、规范化。

## 三、严格落实要求，务实推进评估

我区严格按照相关文件要求，拟定工作措施，要求各学校对照《中小学校体育工作评估指标体系》完成自评，填写《中小学校体育工作评估自评结果报表》《学校体育工作年度报告学校报表》，撰写自评报告，收集相关佐证材料，形成评估档案。我委组织专门的评估组对全区各中小学体育工作自评情况进行了复核。

# 涪陵区

2017 年我区全面贯彻党的教育方针，根据《国务院办公厅关于强化学校体育促进学生身心健康全面发展的意见》（国办发〔2016〕27 号）和市政府办公厅转发了市教委、市发改委、市财政局、市体育局《关于进一步加强学校体育工作的意见》（渝府办发〔2013〕137 号）、国务院办公厅《中小学校体育工作评估办法》、《学校体育工作年度报告办法》和市教委《关于做好 2017 年中小学校体育评估工作的通知》文件精神，结合我区一年来的体育工作实际，现将工作开展情况汇报如下。

## 一、组织领导

我区高度重视学校体育工作，区政府有关部门认真履行职责，发展学校体育教育，并将学校体育教育纳入政府和部门的年度工作计划，建立健全的学校体育教育工作联络机制并由政府分管负责人牵头、有关部门分工负责。区教委将体育纳入全区学校整体工作计划，认真抓好体育计划的制订和落实等工作，定期组织检查。成立了我区学校体育工作领导小组，由主要领导负总责、分管领导主要抓、相关部门具体抓、全校齐抓共管。

我区以科学发展观为指导，制定了学校体育工作发展规划，做到了目标明确、思路清晰、措施得力，严格按照上级部门的总体工作部署及要求，大力推进体育工作。学校领导坚持定期深入体育课堂听、评课，深化体育课堂教学改革，加强体育教师专业发展，推进体育场地设施建设，严格落实国家课程方案，开足开齐体育课程，切实减轻学生课业负担，为促进学生的全面、健康成长和体育工作的规范、有序进展发挥了引领作用。

## 二、体育教学实施情况

学校严格执行国家课程标准，开足开齐了各个年级的体育课，体育教师按照体育课教学的规律和特点，按照教学计划，认真组织每一节体育课。严格按照国家课程设置方案要求开设体育课程，义务教育阶段学校每周4节体育课，鼓励有条件的学校执行国家课程设置方案的上限(总课时的11%)。普通高中每周3节体育课，中等职业学校每周3节体育课，严禁以任何理由挤占、挪用体育课。老师们课前准备充分，课堂设计符合各年级学生的特点，形式多样，活动量适中，体育课成为学生最喜欢上的课之一。在此基础上，学校加强对体育教学的检查与指导，保证了体育课堂教学的质量，充分发挥了体育课堂的主阵地作用。

学校建立了体育工作网络，按照分工负责的原则，进行学校的体育教学管理。学校认真贯彻落实国家《学校体育工作条例》及国家体育教学工作的有关政策和法规，始终把体育教学工作纳入学校整体工作计划，学校体卫艺处在学校计划的基础上制订翔实的专项工作计划，为顺利开展体育教学工作奠定了坚实的基础，提供了可靠的保障。

学校要求每一位体育教师在认真理解和把握体育新课标的基础上，不断地更新教育观念，结合教学实践，认真进行反思提升，结合学生的身心发展规律，积极采用科学、合理的教学方式及方法，增强学生对体育的兴趣，提高体育运动技能。

## 三、体育活动开展情况

涪陵区各学校认真贯彻落实"健康第一""每天锻炼一小时，健康工作五十年，幸福生活一辈子"的现代健康理念，遵照学生身心发展规律，结合实际，制订了《大课间体育活动实施方案》，调动学生参与体育活动的积极性，让学生享受体育的快乐。每天安排不少于20分钟的大课间体育活动，全面实行大课间体育活动制度，将大课间体育活动时间列入课程表，保证大课间操内容丰富活泼，形式多样。我区组织城七校、十五中两所学校参加市教委组织的《中小学阳光体育大课间展评活动》，并荣获优异成绩。

根据市教委要求，各学校将每年10月定为全区学生体育活动月，每年举办一届全校性综合学生运动会，坚持以丰富多彩、形式多样的体育活动为载体，坚持课内与课外、普及与提高相结合，让每个学生都能根据自身的兴趣爱好自愿选择参加，并形成本地、本校学生体育活动的特色和传统。区教委根据实际情况每两年举办一次中小学生田径运动会，每年开展一次全区中小学生体育赛事，包括足球联赛、高中篮球比赛等14项。

## 四、体育教师师资建设情况

### （一）多渠道充实体育教师队伍

我区落实“全科教师”“双特教师”培养计划，定向为结构性缺编矛盾突出的学校招聘专职体育教师。依托办学模式改革，加大合作学校体育教师交流力度。推行农村体育教师“走教”制度，支持学校采用转岗体育特长教师、外聘兼职教师等方式补足体育教师。加强教育实习基地建设，积极引入在涪高校体育专业学生到区内学校顶岗实习。

### （二）多形式培养培训体育教师

我区定期举办体育教师专业能力提高培训，逐步加大体育教师国培、市培份额。发挥骨干教师示范引领作用，通过专业技能辅导、教学能力培训、优质课观摩等方式，使全区体育教师业务水平提升。鼓励体育教师开展课题研究，定期举办体育教师业务技能竞赛，积极为体育教师专业发展搭建平台。

### （三）多方面落实体育教师待遇

我区在职务评聘、学习交流、评优表彰等方面，切实保障体育教师与其他学科教师享有同等待遇，合理计算体育教师组织课外活动的工作量，提供体育教师所需的必要设备和教育教学、活动开展、学习提高等必需品。

## 五、条件保障

### （一）保障经费投入

区财政局将学校体育艺术教育发展的基本需求纳入学校正常经费保障范围，统筹资金支持开展大型校园体育艺术教育活动，支持社会资本投资学校体育艺术教育，提供专业化服务，并以多种形式筹措资金，增加学校体育艺术教育投入。

### （二）健全评价制度

建立健全了学生体质健康监测制度、中小学学生艺术素质评价制度、学校体育艺术教育工作自评公示制度和年度报告制度。

一是每年根据教育部最新修订的《国家体质健康标准》和《学生艺术素质评价标准》开展面向全体学生的体质健康测试和艺术素质评价，将测试结果纳入学生综合素质评价体系以及教育现代化和教育质量评估体系；二是区教委制定了辖区内学校体育艺术培养特色化实施意见和考评制度，制定出了评估细则，并开展“达标校”“示范校”的评选活动；三是区教委将各中小学体育、艺术培养特色化工作纳入了年度考核；四是建立了教师主动发展工作机制和考评机制，引导体艺教师主动思考、规划、发展本专业特色教学及活动；五是建立了多元化的学生发展评价机制，注重学生情感与技能的过程性评价，引导学生努力实现“2 + 1”的发展目标；六是学校依据区教委制定的实施意见和相关考评细则，开展了校级体育、艺术培养情况自查自评，并成功申报市级体育艺术特色学校。

（三）加大督导评估和宣传力度

5 月 15—25 日，按照市教委、市政府教育督导室文件要求，区教委、区政府教育督导室组织开展了 2017 年春季中小学体育工作专项督导工作。督导室从区教委、学校共抽调 12 名体育管理、体育教学骨干人员，分成 6 个小组，对全区 79 所中小学进行了实地现场督导。督导组到校后，主要采取听学校领导简短汇报，查阅相关资料，到操场听课，看课间体育活动，与教师、学生访谈，现场交流反馈情况，提交问题清单等方式开展工作。区教委每年对体育艺术教育工作先进集体、先进个人进行表彰奖励。

## 六、学生体质健康状况

根据上级要求，区教委结合实际，建立、完善了《学生体质健康监测实施方案》，明确规定了职责分工、监测目标及监测内容，高质量地完成了《国家学生体质健康标准》的测试及相关数据的上报等工作。全区 97.44% 的学生达到了合格以上标准，学生视力不良率低，并逐年下降。各项工作扎实开展，我校学生的身心健康发展，这为学生的全面发展提供了保障，奠定了基础。

## 七、校园足球运动发展情况

涪陵区教委根据国家体育总局、教育部《关于加强全国青少年校园足球工作的意见》和市教委《关于大力开展校园足球·啦啦操试点活动的通知》精神，结合实际，于2015年3月制订并下发了《2015年涪陵区青少年校园足球活动实施方案》。方案明确指定了我区有条件开展足球运动的34所学校为校园足球布点学校。布局全面，重点突出，为开展校园足球运动打下了坚实的基础。

根据《2017年涪陵区青少年校园足球活动实施方案》要求，我区各布点学校于3—4月，采用班级、年级比赛的方式开展了校内联赛，选出优秀运动员代表本校参加区级联赛。同时，区教委要求各学校要搞好校园足球训练，要将班级联赛常态化。要求学校广播站、宣传栏和班级黑板报都对学校校园足球进行大量宣传，营造“懂足球、爱足球”的校园足球文化氛围。

5月19—21日，我区足球联赛在涪陵体育场、涪陵五中、实验中学同时举行。此次比赛是涪陵区举办的首届大规模校园足球联赛，由涪陵区教委和区文化委主办，全区34所校园足球布点学校全部参赛，参赛的中小学生共计500余名。

为使校园足球运动在我区广泛而持久地开展，涪陵区教委、区文化委联合成立涪陵区青少年校园足球工作领导小组。在职责分工上，区文化委负责专业技术训练及比赛的指导，负责足球训练和比赛场地的协调和落实。区教委则负责师资培训、竞赛组织，组织学校开展各种形式的校园足球活动和比赛，组队参加市级小学、初中和高中足球联赛，参赛运动员的学籍及注册管理，制定校园足球教学大纲和教材等。两个部门协同配合，紧密合作，为全区校园足球运动提供了坚强的组织保障和后盾。

在今后的工作中，我区将进一步学习学校体育工作有关法律法规政策和加强组织领导，开展丰富多彩的体育活动和体育赛事，继续做好对学生的体质健康查验工作，不断改进工作，努力使我区学校的体育工作再上台阶，再创佳绩。

# 渝中区

2017年，渝中区进一步贯彻落实《学校体育工作条例》及《中共中央国务院关于加强青少年体育增强青少年体质的意见》（中发〔2007〕7号）和《教育部关于印发〈学生体质健康监测评价办法〉等三个文件的通知》（教体艺〔2014〕3号）的精神，全面推进学校的体育工作，增进学生的身心健康，促进学生全面、健康、和谐发展，认真落实学校体育工作评估和年度报告制度，全区中小学生体质健康水平明显提升。2017年度，全区中小学体育工作评估审核，职业学校、普通高中优秀率达100%，普通小学优秀率为90%，普通初中优秀率为66.67%。完全中学优秀率为83.33%，加分学校共29所（职业中学1所，完全中学5所，初中2所，小学21所），占64.44%。

根据《关于做好2017年学校体育工作评估和年度报告的通知》要求，现将我区学校体育工作自查如下。

## 一、基本情况

截至2017年底，全区有45所中小学，其中，完全中学6所，职业学校2所，普通初中6所，普通高中1所，小学30所。全区有在校学生共52 100名，1 304个教学班。在师资配备方面，共有专职体育教师308名，兼职38名，体育教师缺额11名，体育教师师生比1∶150，缺额比为3.08%。其中，小学缺9名，完全中学缺2名。全区45所中小学开足了体育课，所有学校满足了每天一小时的体育锻炼，45所中小学开展了大课间活动。在体育场馆的基础设施方面，全区共有400米田径场地1块（29中分部），400米以下田径场地26块；篮球场83块、排球场41块；器械体操及游戏区面积共63 319平方米；体育馆18所，总面积21 503.12平方米；游泳池8个，总面积3 745平方米；学生体质测试室24间。44个学校体育器材达标。受历史因素影响，渝中区地域面积狭小，中小学生生均校地、生均校舍和生均体育场馆不足，学校体育工作的开展受到制约。但我区高度重视学生体育工作,委属中小学努力克服困难,严格按照课程标准要求,开足开齐体育课程。

## 二、主要工作与成效

### (一)高度重视,组织领导更加到位,投入加大

区教委高度重视学校体育工作,坚持将体育工作纳入全区教育发展规划及全年工作要点。成立以区教委主任为组长,区教委分管副主任为副组长,体卫艺科科长及体卫艺科体育专干、体育教研员为成员的体育工作领导小组,指导全区体育工作。领导小组定期召开工作会,制订工作计划,研讨工作事项,及时总结反思,确保各项体育工作落实到位。把学校体育工作、学生体质健康纳入学校考评指标体系。切实加强体育工作经费保障力度,逐年提高体育工作专项经费投入,2017 年共投入经费 788.334 6 万元。其中,投入场地经费 325.091 2 万元,投入器材经费107.945 5万元,投入体育工作经费 334.827 4 万元,体育器材达标学校达到 44 所。中小学运动塑胶场地全覆盖,满足体育教学工作需要。

### (二)课程教学更加落实

加强学校体育课程教学、确保学生每天一小时体育锻炼,是培养学生终身锻炼习惯、提高学生身体素质、促进学生健康成长、提高学生运动素养的主渠道,是全面实施素质教育,培养全面发展人才的重要途径。渝中区教委始终把强化和规范体育课程教学作为强化学校体育的重要抓手,规范教学行为、实施高中课程改革等,落实了体育课规定课时的要求。各校严格执行市教委制定的《重庆市中小学体育教学指导纲要及评价标准》和《重庆市中小学体育学科课堂教学常规》,确保了课程的教学质量。从全区参与评估的学校来看,全部学校按照国家课程设置要求开齐开足了体育课,保障了每天一小时的体育锻炼。

### (三)深入进行课程改革

按照学校体育发展规律和学生身心健康成长规律,我区建立了逐级递进、科学衔接的中小学课程体系,积极探索小学体育兴趣化、初中体育多样化、高中体育特色化的国家、地方、学校三级课程实施体系,加强校本教研,在高中实施走班教学试点,总结经验加以推广。避免了初中教学走入中考项目应试教学。分类教学,分层教学,确保学

生个性、特长得到良好发展，增强体育课程教学的趣味性和吸引力，让每个学生在校能学会至少两项终身受益的体育锻炼项目。以科研为引领，以活动为推手，组织推进高中体育课程改革，课改实施率全市领先。将体育课程改革纳入全区教育科研总体规划，坚持每年进行科研论文评比。2017 年组织渝中区体育教师参加重庆市大、中、小学体育科学论文报告会获得一等奖 10 人次，2 等奖 6 人次，3 等奖 4 人次。目前，渝中区中学在研立项体育课题有 7 项：市级重点体育课题 1 项，区级体育课题 6 项（进修学院 1 项；高中 5 项，初中 1 项），开展大型研讨活动 3 次。其中，2017 年 5 月 16 日在重庆市第 30 中学开展“重庆市高中体育课改现场观摩研讨会”1 次，得到全市与会高完中体育教师和市教科院专家的高度肯定。

（四）强化特色、体育活动更加丰富

多年来，我区坚持每学年开展中小学田径运动会、篮球联赛、排球联赛、校园足球联赛、乒乓球联赛、游泳比赛、跆拳道锦标赛、健美操比赛、三跳比赛、射击比赛等学生赛事，并将赛事常态化、长效化，有力推动了学校体育工作。各中小学依托自身优势，大力发展特色、传统体育项目，如 42 中的男篮，求精中学的女排、健美操，大田湾小学的足球，大坪中学的女足，29 中的女足、健美操，实验中学的乒乓球，复旦中学、66 中的跆拳道等特色项目，都在全市乃至全国有一定影响，多次在各层级竞赛中获得优异成绩。

2017 组队参加市级及全国比赛获奖情况如下。

1. 国家级团体名次

重庆 29 中学啦啦操队 5 月在 2017 年全国啦啦操锦标赛中获技术等级组少年乙组（初中）大集体自选花球冠军、公开少年乙组大集体自选花球冠军、公开少年乙组 2016 版规定花球冠军；7 月，在全国啦啦操联赛总决赛中获公开少年甲组集体自选花球冠军、公开少年甲组集体规定花球冠军、学校俱乐部少年甲组集体自选花球冠军；7 月，在第四届中国（南京）啦啦操公开赛中获公开组集体自选花球冠军；7 月，在 2017 年中国（日照）啦啦操国际精英赛中获公开组集体自选花球冠军。9 月，啦啦操队代表重庆参加第十三届全国学生运动会，获第五名。

2. 市级团体第一名

29 中女足 1 月在重庆市青少年足球锦标赛中获女子甲组第一名。大坪中学女足 4 月在 2017 年重庆市青少年足球锦标赛中获冠军；7 月，在“瓦屋山杯”中国国际友好城市青少年足球邀请赛中获女子第一名；8 月，在全国校园足球夏令营华东地区协作赛中获女子乙组第一名。重庆市实验学校5月在中国体育彩票2017年重庆市青少年乒乓球锦标赛中获得女子乙组团体第一名。66中在2017年重庆市跆拳道锦标赛中获女子甲组团体总分第一名;女子乙组团体总分第一名;男子乙组团体总分第一名;在2017年中国中学生跆拳道联赛西南分站赛中获高水平初中组团体总分第一名。

3. 市级团体第二名

复旦中学4月在2017年重庆市青少年跆拳道锦标赛中获男子乙组团体第二名。大坪中学8月在全国校园足球夏令营华东地区协作赛中获女子甲组第二名。66中在2017年重庆市跆拳道锦标赛中获女子丙组团体总分第二名。42中在2017年耐克三对三西部大区篮球赛中获男子第二名。求精中学在重庆市2017年中学生排球锦标赛中获高中女子组第二名、初中女子组第二名。组队参加了2017年重庆市中小学生跳绳比赛,获中学组集体长绳二等奖。

4. 市级团体第三名

复旦中学4月在2017年重庆市青少年跆拳道锦标赛中获男子甲组团体第三名;女子乙组团体第三名。重庆市实验学校5月在中国体育彩票2017年重庆市青少年乒乓球锦标赛中获得男子乙组团体第三名。42中3月在阿迪达斯三对三篮球比赛中获得第三名。在2017年重庆市青少年篮球锦标赛中获乙组第三名;在2017年肯德基三对三篮球比赛中获高中组第三名。组队参加了2017年重庆市中小学生跳绳比赛,获小学组集体长绳三等奖。

(五)加强培训,打造队伍

我区注重加强对中小学校长的培训和指导,进一步统一思想认识,明确体育工作在学校素质教育工作中的重要性。制订并完善体育教师研修计划,切实加强体育教师培训,着力打造一支优秀的体育教师队伍。2017年3月和5月,区教委分别邀请了华东师大体育学院教授、博士生导师、高中课标研制组组长季浏教授、中国教育科学院体卫艺教研室研究员于素梅老师到渝中区做专题报告。区教师进修学院每年暑期对全区体育教师进行为期一周的全员集中培训,采用专题培训、远程式教育、专题研讨、学术交流等方式,全面提高了我区体育老师师德修养和专业技术水平。同时,区教委还有计划地选派各校青年骨干教师参加国家级、市级培训。全区289名体育教师参加各级培训,其中,104人受到了县级以上表彰。体育教师队伍整体素质得以提升。体育老师与其他学科老师同待遇得到进一步落实,区教委落实了委属学校体育教师每年

400 元的服装费，并保证在评优评比与工资待遇、职务评聘等方面享受同等待遇。

（六）加强督查，落实计划

建立专项督导制度，区教委督导室牵头，会同各科室和科教中心等直属单位，积极督导义务教育学校六大功能室应用管理工作，督促学校切实加强体育保管室的规范管理和功能室的建设。体卫艺科每学期对各中小学体育教学常规、课程安排、阳光体育落实情况进行检查，对各校在体育教学工作中遇到的问题提出解决方案，推动学校体育工作，使其顺利开展。区教师进修学院就体育课堂教学、中招体考、小学毕业生身体素质测试开展专项调研，召集体育学科中心教研组成员和各校体育教研组长，进行专题研究，替体育教师出主意、想办法，提高体育教育教学质量。

区教委督促各中小学严格执行教育部、市教委有关课程计划管理的相关规定，按照课程教学要求，根据本校场地和设施情况，因地制宜落实课时计划，没有挤占、挪用体育课现象。全区 45 所中小学坚持每天开展半小时大课间活动，活动内容丰富，形式多样，确保学生每天锻炼一小时，保证阳光体育运动的开展。

（七）重视体测，减少伤害

区教委每年坚持定期召集保健医生对学生进行体检，监控学生身体形态及机能状况，及时发现不适合运动的学生并反馈给学校和体育老师，减少体育课中的意外伤害事故，也为区教委和上级部门制定相关政策提供参考。同时，区教委每学年都按照教育部要求，对全体在校学生进行体质健康测试，及时、准确地将结果上报国家体质健康测试数据中心。为加强工作预见性，我区完善意外伤害与应急处理预案，建立相应报送制度，强化学生意外伤害与应急管理，做到各项细节考虑周全，安全措施落实到位。购买学生意外伤害保险，力争将损失和负面影响降到最低。

（八）校园足球工作得到加强

我区开展校园足球所遇到的最大问题是体育师资不足，我们选拔了思想政治素质好、工作责任心强、道德品质好、具有良好的教育理论知识和体育教学实践能力的足球教师，让他们远赴国外进修，鼓励、支持教师参加各级各类培训并给予经费支持，聘请专家对区内体育教师进行培训。除此之外，区教委通过媒体招募、广泛发动等，积极建立校园足球骨干教师队伍，选拔了一批工作热情高、有足球运动经历、有较强组织能力的基层教师，让其作为骨干力量，打造了一支数十人的助力队伍。在此基础上，发动各级社会组织、青少年体育俱乐部，开展丰富多彩的服务，针对校园足球薄弱学校，以“优秀教师 + 基层教师”“先进学校 + 零基础学校”等方式，开展结对接力服务。近几年来,发放宣传资料600余份,开展活动10余场。

健全校园足球管理体制,以“政府主导、学校为主体、企业支持、社会参与”为原则,我区建立由教育部门主管,教育、体育部门结合,其他相关部门、单位以及社会组织共同参与的校园足球管理体制。依托全区12个校园足球特色学校主阵地,同时发挥多个体育特色学校、体育机构、培训学校等平台优势,通过资源共享、阵地共用,建立各类站点20余个,并在此基础上建立考核机制,将校园足球工作纳入学校综合目标考核,使各学校、各组织等力量积极开展活动。在2017年校园足球特色学校复查中,我区学校全部合格。

## 三、存在的问题与改进措施

一年来,我们做了大量工作,但距离上级和家长的要求还有一定差距。在本次学校体育工作评估中,个别学校体育活动支撑材料上传不足,教研活动需要加强;受渝中区地域限制,大部分学校体育场地未达标,部分学校场地出现了破损,需要修复;学生视力不良率上升,需要引起重视;体育教师教育培训工作有待进一步加强,体育教育教学质量有待进一步提高等。下一步,我们将以此次体育专项评估工作为契机,按照各位领导、专家提出的意见和要求,针对存在的问题认真对照标准,细化工作措施,强化整改落实,从区教委管理层面进一步突出体育工作的重要性,从以下几方面改进工作。

(1)进一步强化组织领导。按照《意见》《条例》的要求认真履行职责,统筹中小学校体育工作。

(2)进一步完善体育教师选培机制。不断引进专业体育教师,优化体育教师结构,强力推行体育教师教学技能提升计划,努力培养一大批优秀的体育教师。

(3)强化督导检查。严格落实学校体育工作专项督导制度,完善学生体质监测制度,为学生健康成长保驾护航,进一步提升渝中区学校体育工作水平。

# 大渡口区

为深入贯彻落实《国务院办公厅关于强化学校体育促进学生身心健康全面发展的意见》(国办发〔2016〕27号),根据市教委《关于做好2017年中小学校体育评估工作的通知》(渝教办函〔2017〕228号)精神,大渡口区于2017年11月启动全区中小学体育评估工作,成立评估领导小组,印发了《关于做好2017年大渡口区中小学校体育评估工作的通知》(渡教发〔2017〕122号),经过1个多月的指导自评、现场评估,完成了全区学校体育评估工作。

## 一、基本情况

2017年,大渡口区有中小学校27所参加了体育评估,比2016年增加1所,增长3.6%,有在校学生35 992人,比2016年增加814人,增长2.3%;有专职教师148人,兼职教师17人,体育教师缺额为9.34%;优秀等级学校18所,占参评学校的66.67%,比2016年增加55.13%;良好等级学校9所,占参评学校的33.33%,无不合格学校,2017年全区学校体育评审结果总体情况相对良好。

## 二、主要亮点

### (一)制度完善、管理到位

1.建立区、校两级体育管理架构

区教委建立由分管教育教学的委领导为组长,体艺科人员、各校分管校长为成员的区级体育工作领导小组;各校建立校长为组长,分管副校长为副组长,教务处、德育处主任为成员的校级体育工作领导小组。

2. 强化统筹规划和过程管理

区教委常态开展体育工作专题研讨会、工作会，制定了中小学校体育工作实施意见，规划学年度体育工作要点，明确目标、细化措施。各中小学将体育工作纳入学校整体工作统筹规划，制订翔实的实施计划，细化过程检查与考评。

3. 严格考核制度

区教委把中小学体育评估和学生体质健康状况纳入学校年度考核指标体系，对学生体质健康水平持续三年下降的中小学实行“一票否决”。开展中小学体育工作先进单位和个人的表彰。各校严格规范校园体育课程、活动的组织实施，定期考评，并将考评结果与绩效挂钩。

4. 构建开放的运行机制

以政府购买体育服务为依托，探索社会力量，支持学校体育发展，今年区级体育竞赛均采用第三方购买服务。实施体育工作评估报告、公示制度。向社会公示中小学体育开课率、阳光体育运动、体育经费投入、教学条件改善、教师队伍建设和中小学生体质健康状况等。

5. 健全体育运动伤害风险防范机制和保险赔付管理制度

各校每年为学生购买校方责任险和运动员意外伤害险，依法妥善处理学校体育意外伤害事故。依托校园网、微信、QQ 等新媒体和国旗下的讲话、室内体育课等渠道，对学生经常开展体育安全教育，培育学生自我保护意识和能力。

（二）保障有力，条件改善

1. 夯实师资力量

制订中小学体育教师配备计划，逐年配齐体育教师，保障课程教学。目前，我区共有小学 380 个教学班，17 429 名学生，配备 71 名专职体育教师、13 名兼职体育教师；共有初中 96 个教学班，4 209 名学生，配备 24 名专职体育教师、1 名兼职体育教师；共有职业学校 124 个教学班，5 008 名学生，配备 13 名专职体育教师、3 名兼职体育教师；共有九年一贯制学校 71 个教学班，2 816 名学生，配备 17 名专职体育教师；共有完全中学 131 个教学班，6 530 名学生，配备 23 名专职体育教师。实施中小学校体育教师培训计划，以教研活动、技能比赛、同课异构赛课等平台，培养专职、兼职体育教师，让体育课任课教师更专业、更优质地发展，弥补专业师资不足。目前，小学中专科及以上学历的体育教师达 87.34%，中学达 86.75%。

2. 健全激励机制

遵照相关文件，落实中小学体育教师待遇。体育教师课程教学、课外体育活动开展、学生体质健康测试均被纳入教学工作量；体育教师职称评聘、工资待遇与其他学科教师享有同等待遇。

3. 加强体育设施建设

制定中小学校体育设施建设规划，逐年增加中小学校体育场馆和设施设备。目前，我区 27 所中小学共有 200～250 米田径运动场 18 个，300～400 米田径场 1 个，400 米田径场 2 个。所有田径场全部完成塑化，体育教学、运动训练条件优质。依照教育部、卫生部、财政部关于印发《国家学校体育卫生条件试行基本标准》的通知精神，我区各中小学均配齐了常规体育器材。同时，各校均配备专职、兼职体育保管室管理员进行规范管理，茄子溪中学、37 中学、钢花小学的体育保管室受到区内外同行一致好评。

4. 保障经费投入

明确中小学公用经费中体育经费的支出比例，并随公用经费标准提高逐步增加。区教委将学校体育场地、设施建设、器材配备、体育活动经费等纳入年度财政预算。2016—2017 年，投入近 2 000 万用于改造 37 中学、马王小学、大堰小学等学校的运动场地；投入 200 余万用于配备中小学体育器材；2017 年保障 144 万元的体育工作专项经费；落实体育教师每年 400 元体育服装费。

（三）教学规范，实效提高

1. 抓牢课程教学

执行国家中小学校课程标准，严格落实小学每周 4 课时、初中每周“3＋1”课时、高中每周 2 课时的国家体育与健康课时规定。严格执行《体育与健康新课程标准》和《重庆市中小学体育教师指导纲要及评价标准》，实施体育与健康课程方案，督促每位体育教师按要求实施体育与健康课程教学计划、单元计划、课时计划，杜绝无教案上课现象。实施体育课考核登记制度、课堂教学巡查制度，抓牢课程教学。

2. 抓实阳光体育运动

以增强学生体质、培育运动兴趣、发展运动能力为宗旨，统筹规划体育活动时间、内容、形式，严格落实中小学生每天一小时的体育活动。一是抓实健身运动。各校结合“一校一品”“一校多品”，创造性地开展大课间活动。茄子溪中学“玄度瑜伽健身操”、民族中学“最炫民族风摆手操”、钰鑫小学“花样跳绳操”、区实验小学“少儿武术操”、育才小学“拉丁舞”、钢花小学“啦啦操”、茄子溪小学“拳击操”、新工小学“快乐宝贝韵律操”等一批自编操深受师生喜爱。2017 年 5 月下旬,开展第二届中小学大课间操评比,各校高度重视,其质量较去年有质的提升。从今年下半年开始,各校将耐力跑列入课间操,区教委也在全区开展耐力素质测试,并列入对学校绩效考核的依据。二是抓实兴趣培育。各校依托课辅活动、乡村少年宫、课外兴趣活动、校园体育节、田径运动会等培育、发展学生兴趣特长,让每个学生都能掌握一至两项运动技能。三是抓实技能提升。依托各校品牌项目、特色项目,组建体育竞技团队,让有天赋的学生得到专业发展。

3. 抓亮运动竞技

一是建立中小学生体育竞赛机制,常态举办区级竞赛活动。以 10 月体育活动月为契机,举办体育节,组织田径类竞赛和普及、健身类运动。全年组织校园足球联赛和篮球、乒乓球、跳绳、游泳、羽毛球比赛。二是组队参加市级学生常规赛事。2017 年,钰鑫小学获得重庆市中小学篮球比赛小学女子组第二名。区武术套路队伍代表市教委参加全国第十三届学生运动会,获得 2 枚金牌、4 枚银牌、1 枚铜牌,成为重庆代表团唯一夺金的参赛队,同时,在重庆市青少年武术套路和散打锦标赛中,荣获集体基本功项目第一名,获得单项金牌 28 枚、银牌 23 枚、铜牌 18 枚;由 37 中、茄中、95 中、钢实学生组成的大渡口区田径队获重庆市中学生田径运动会初中组团体总分第 9 名,高中组团体总分第 12 名,获得金牌 2 枚。37 中初中男女足球队、高中女队都打入了重庆市校园足球赛总决赛,初中女队获得季军,高中女队获得冠军。

4. 抓严体质健康测试

建立《国家学生体质健康标准》实施机制,建立领导工作组,落实人员职责,规范监督测试过程,严格运用结果。全区各中小学按时完成测试、上报工作,学生测试面达 100%。

5. 抓严中招体考

精心组织、周密安排 2017 年体育中招,确保体考公开、公平、公正、准确、安全。2017 年 2 805 名初三毕业生参考,满分 1 086 人,满分率 38.71%,比去年提高 9%。

6. 提升教师素养

教师素养是教育教学质量的关键。以教学评优、技能竞赛、学术交流等活动为依托,提升教师专业教学技能,提高课程教学质量。2017 年,全区共有 165 名体育教师,其中,专职体育教师有 148 人,兼职体育教师有 17 人,体育教师缺额比例为 9.34%,低于重庆市平均水平，以上数据表明，大渡口区体育教师配备充足。除此以外，教师素养是教育教学质量的关键，我区以教学评优、技能竞赛、学术交流等活动为依托，提升教师专业教学技能，提高课程教学质量。2017 年，我区在区级教师教学技能比赛的基础上遴选 8 名教师，积极备战市级比赛，获重庆市团体一等奖、6 项个人一等奖、2 项个人二等奖。2017 年 11 月举办了大渡口区中小学体育教师优质课比赛，评选出一等奖 9 名。2017 年，我区 3 篇论文被推选参加全国体育论文评选。为突破学校体育教学难题，打造体育工作亮点，各校广泛开展小课题研究，民族中学《民族特色体育融入学校体育中价值研究》获市级专家好评，已编撰出版，出版物为《民族体育简明教程》；钢城实验学校与商务学校为主研单位的《拓展示范体验活动在德育教学中的实践应用》课题获市一等奖。

## 三、存在的问题

### （一）部分学校生均标准体育活动面积不足

我区近几年接收了大量流动人口子女，占全区义务教育阶段学生总人数的 36%，导致学校生均标准体育运动面积不足。目前，全区学校器械体操及游戏区面积共计 27 995.75 平方米，学生人数 35 992 人，生均标准体育活动面积不足 1 平方米。

### （二）体质健康达标还有差距

2016 年，我区学生国家体质健康达标率 92.22%，其中，小学 94.10%、初中 93.01%、高中（职高）87.00%。与义务教育均衡督导评估检查要求的 95% 以上还有差距。

### （三）体育教师配置尚未完全达标

根据目前我区中小学生班额比例，小学还差 17 名教师，总缺额 17 名。

### （四）体育馆等室内运动场所不足

目前，全区 27 所学校中，体育馆共计 14 个，其中体育馆面积共计 15 979 平方米，所占比例为 51.9%，其余学校无法保障室内体育教学的正常进行。

### （五）体育评估时间太靠前

体育评估上报数据是 2017 年 1 月 1 日—12 月 31 日的数据，10 月学校开展体育评估，时间太靠前，导致数据不能真实反映本年度情况，主要表现在经费和国家学生体质健康标准上。

（六）上报人员不仔细

一方面主要表现在上报人员没有在各处室仔细核对数据，凭估计上报；另一方面表现在不认真，数据上报错误。

## 四、改进举措

（一）提升学生体质健康

一是提升学生体质健康，以耐力跑为重点，强化阳光体育运动。二是分析体质健康测查困难学生情况，针对体质测查不达标学生和异常体质或智障残疾学生开展专项训练。三是进一步强化考核，以 2017 年数据为基础，2018 年严格考核各校学生，对学生体质健康不达标学校施行“一票否决”。四是改善营养，对不同人群的不同营养问题采取针对性干预，切实加强营养知识宣教，结合学生营养改善计划，合理改善学生的膳食结构，加强体育锻炼，使学生得以健康成长。

（二）推进运动场馆建设

在改扩建项目学校的规划中，专设体育场馆建设规划，建成后，生均标准运动场地将达到要求。

（三）因地制宜开展适宜的运动项目

学校因地制宜，充分利用休闲长廊、文化广场、宽阔通道等场地，开展跳绳、立定跳远、身体素质练习、体操技巧练习等适宜的运动项目，对标准场馆不足进行弥补。

（四）加强工作人员的责任心教育

加强指导培训，认识体育督导评估的重要意义，要本着对工作负责、对岗位负责、对单位负责的态度，认真履行职责。

# 江北区

根据市教委的工作安排和相关要求，我委结合实际，认真组织开展了2017年全区中小学校体育工作专项评估，现汇报如下。

## 一、指导思想

以邓小平理论和“三个代表”重要思想为指导，坚持科学发展观，坚持以人为本，全面树立“健康第一”的理念，认真贯彻《中共中央国务院关于加强青少年体育增强青少年体质的意见》（中发〔2007〕7号）、《国务院办公厅转发教育部等部门关于进一步加强学校体育工作若干意见的通知》（国办发〔2012〕53号）和习近平总书记在全国卫生与健康大会的重要讲话精神，把学校体育作为贯彻落实党和国家教育方针、促进教育事业科学发展的重要内容来抓，不断提高学校体育工作水平，促进学生的健康成长。

## 二、中小学校基本情况

江北区共有55所中小学校，其中有小学35所，初中5所，九年一贯制学校6所，完全中学7所，职业中学2所，在校中小学学生79 571人。

## 三、主要工作

### （一）全面开展学校体育督导评估工作

学校体育工作评估和年度报告，是全面加强学校体育、促进学生身心健康和体魄强健的一项长期而艰巨的工作，是区教委对学校督导考核的重要内容。2017年以来，区教委先后启动学校体育工作专项督导、学校体育工作年度报告等工作。根据相关要求，区教委总负责，区教师进修学院体育教研员和学校体育骨干教师组成专家团队，通过实地查看、查阅资料、听取汇报等到校督导评估，并完成了《关于江北区2017年中小学校体育工作专项督导的自查报告》。

（二）切实加强体育常规管理

各学校将体育工作纳入学校年度整体工作计划，制定具体措施并认真组织实施。全面落实体育课程，开齐开足率达100%。学校体育场地、器材、设施由专人负责管理，各项设施达标情况较好，课余和节假日，体育场馆向社会免费开放。各学校建立校园意外伤害事故的应急管理机制，制订了体育安全管理工作方案，责任明确。

（三）有力保障师资强化培训

通过公招、外聘等配齐体育教师。据统计，全区共有专职、兼职体育教师268人（两年以上教龄，不包含足球教师等聘用教师）。2017年以来，我区近60余名体育教师参加国家、市区等各级各类培训。其中，两名体育教师先后在美国、法国等地参加专项培训。

（四）常态化开展阳光体育活动

各学校根据学生年龄、季节等特点，举办形式多样、内容丰富、普及性强的文体活动。学校每天坚持体育大课间活动和课外体育锻炼，不仅保证了中小学生每天一小时校园体育活动，还让85%的学生掌握1～2项运动健身技能。

（五）全面实施《国家学生体质健康标准》

2017年，全区中小学全面实施了《国家学生体质健康标准》。10月下旬，接受国家的复核，我区玉带山小学、同创小学、鲁能巴蜀中学、宏帆八中等4所学校接受了抽测。

（六）规范实施中招体育考试

今年4月，区教委组织了江北区中招体考工作，全区18所中学（含九年一贯制学校）参加考试的考生共计7 500人左右，考试项目全部使用专用电子设备，考试质量提高，考试更加公平公正。全区平均成绩为46.64分。

（七）校园足球蓬勃发展

本届校园足球联赛的赛制得到创新，小学、初中不同年龄阶段设置了甲乙丙组，这更加有利于梯队建设。全区中小学59支队伍共计600余人参赛，在石子山体育公园、十八中铁山坪校区、长安工人广场三大赛场，历时16天，进行比赛146场。最终米亭子小学获得小学男子甲组、乙组双料冠军，和济小学获得小学女子组、小学混合组双料冠军，字水中学获得初中男子组冠军，十八中学获得高中男子组冠军，鲁能巴蜀中学获得初中、高中女子组双料冠军。在中小学篮球比赛中，新村同创国际小学、雨花小学分获小学男子、女子组冠军；鲁能巴蜀中学、十八中学分获初中男子、女子组冠军；字水中学、十八中分获高中男子、女子组冠军。

（八）举办丰富多彩的体育竞赛活动

2017年以来，区教委先后承办了重庆市中学生田径锦标赛、重庆市跳绳比赛。同时，进一步加强体教结合，与体育局共同举办了江北区中小学生田径、足球、篮球、游泳、网球、铁人三项等竞赛活动，完善学生运动会竞技平台，丰富学生课余生活。

（九）继续实施营养改善计划工作

截至2017年11月，我区营养改善经费投入1 303万余元，其中市级补助57万余元，区级投入1 246万余元。学生饮用奶计划实施163天，投入经费约为1 227万元，每月惠及学生6.4万余人；爱心午餐计划实施163天，投入经费约为75万元，每月平均惠及学生1 400余人。

（十）支持学校参加各级各类体育竞赛活动

在市中学生田径锦标赛中，区教委组织的代表队连续九届夺得高中甲组团体总分冠军。港城小学参加全国跳绳比赛获得2金5银4铜。在全国少儿游泳分区赛中，十八中学代表队获得20金9银5铜，雨花小学代表队获得13金12银12铜，以新村小学游泳队班底为主组建的江北区体校代表队获得17金9银18铜，列重庆市所有参赛队第一名。在12月上旬结束的重庆市校园足球联赛总决赛中，我区米亭子小学男子足球队获得亚军，和济小学女子足球队获得第五名；十八中学男子足球队获得高中组亚军，鲁能巴蜀中学女子足球队获得高中组亚军。

## 四、今后工作打算

一是以强化体育课程管理为重点，提高课堂教学效果，加强体育大课间活动管理，保证学生每天一小时的体育锻炼时间，加强《国家学生体质健康标准》管理工作，确保全区学校全部完成数据测试和上报工作，不断提高全区中小学生的身体机能、运动能力和健康水平，让学生健康成长。

二是以学校体育工作年度评估为契机，进一步完善体育工作机制，强化意识，加强督导，充分调动各学校领导、体育教师的积极性，形成人人重视体育、支持体育的良好氛围，共同推动学校体育工作。

# 沙坪坝区

2017 年我区学校体育工作认真贯彻落实《国务院办公厅转发教育部等部门关于进一步加强学校体育工作若干意见的通知》(国办发〔2012〕53 号)精神,继续实施《学校体育工作条例》,全面树立"健康第一"的指导思想,始终以终身体育理念为导向,以开展群体活动为基础,以竞技体育和群众体育工作为突破口,以培育学校体育特色为重点,以激励性评价为手段,不断加大学校体育工作力度,凸显普及中有特色、普及中有提高的理念,注重提高学生的体质健康水平,切实推进我区学校体育工作的健康发展。

## 一、加强指导,统筹规划,不断提高管理的实效性

### (一)注重政策的学习和宣传

《国务院办公厅转发教育部等部门关于进一步加强学校体育工作若干意见的通知》和教育部关于印发《学生体质健康监测评价办法》等三个文件的通知,是当前学校体育工作的重要文件,为使我区学校领导和学科体育教师了解文件内容的重要性,区教委专题转发了文件,要求学校组织领导和教师集中进行学习研讨,掌握精神实质,并结合学校特点按文件要求贯彻落实,通过学习,领导和教师开阔了视野,丰富了知识,进一步增强了依法治教的意识和能力。

### (二)落实《中小学校体育工作评估》

按照中小学校体育工作评估办法,区教委在 10 月下发了关于开展学校体育工作专项评估的通知。目前各学校已经按照《中小学校体育工作等级评估指标体系》进行了自评,11 月中旬教委将组织评估部门进行现场复查。

## 二、求实进取，开拓创新，努力提高学校体育工作质量

区教委依据年初工作计划要点，围绕教委中心工作，结合学校体育工作实际，坚持面向全体学生，注重发挥课堂教学主渠道作用，以学生活动为载体，积极实施《国家学生体质健康标准》，有效开展学生阳光体育运动，积极为学校搭建项目展示平台，调动学校参与各种活动的积极性，不断提高学校体育工作水平。

### （一）常规工作稳步推进

一是举办区中小学生春季长跑比赛、区第37届中小学生田径比赛、区中小学校园足球班级联赛初赛及总决赛、区校园足球联赛片区赛及总决赛。二是与体育局共同举办乒乓球锦标赛、篮球锦标赛、象棋等级赛等12项赛事。三是组队参加市中小学生田径、跳绳、健身操舞等各项比赛，参赛学校在各项比赛中取得优异成绩。据不完全统计，上半年组织参加全国市区级体育比赛参赛学生有近1万人次。四是取得“区域促进中小学生体质健康的实践研究”课题的阶段成果，两篇论文参加第十三届全国学生运动会科学论文报告会，获一等奖大会交流和二等奖。

### （二）重点工作重过程求实效

一是体育考试规范高效。组织2017年初中毕业生体育考试，高质量完成6 057余名初中毕业生体育考试，实现全电子化考试，做到考场规范、考试流程规范、监考教师规范。二是校园足球蓬勃开展。举办沙坪坝区第二届青少年校园足球班级联赛，50所校园足球学校积极开展校内班级联赛，区级总决赛小学五年级组27支队伍，小学六年级组24支队伍，初一年级组11支队伍，初二年级组9支队伍，共进行185场比赛；举办2017年沙坪坝区青少年校园足球联赛，全区分9个组按主客场赛制进行片区赛，小学组37支参赛队伍，初中组9支参赛队伍，共举行46场比赛，区级总决赛小学甲组16支参赛队伍，小学乙组16支参赛队伍，初中组8支参赛队伍，高中组5支参赛队伍，共进行110场比赛。三是教师队伍茁壮成长。组队参加重庆市第五届中小学体育教师技能比赛获得团体一等奖和民族民间集体展示一等奖，参赛10名体育教师全部获得个人一等奖。

### （三）竞赛活动成绩显著

重庆七中获重庆市青少年足球锦标赛（男子甲组）冠军；高滩岩小学足球队获市青少年足球锦标赛U10组冠军；重庆沙外参加2017重庆市射箭冠军赛荣获1银3铜；

重庆七中学生李江锐代表中国队赴印度新德里参加世界中学生武搏会跆拳道选拔赛获 59 kg 级世界亚军；实验一小女子排球队荣获 2017 年重庆市小学生排球比赛冠军；重庆大学城人民小学 Type Vigour · 啦啦操队斩获中国少儿啦啦操（超级杯）暨中国宝贝选拔大赛儿童丙组技巧啦啦操、爵士啦啦操四项冠军；南开中学参加 2017 年全国中学生足球锦标赛获高中组亚军；高滩岩小学张林和南开中学杨陈硕璨入选校园足球全国夏令营总营最佳阵容；沙坪坝区代表重庆市组队参加第十三届全国学生运动会田径和女子篮球比赛，取得田径单项女子 100 米栏亚军、男子 400 米第四名、女子 4 × 400 米接力第四名和女子篮球第四名的历史最好成绩，获沙坪坝区教委“特别贡献奖”；树人小学艺术体操队员王籽涵同学入选国家队；南开中学唐子婷同学入选 2017 年国家 U18 女篮队，为全国唯一输送的中学生。

## 三、注重反思，做好服务，保障学校体育工作健康发展

总体来讲，我区学校体育工作发展态势良好，取得了阶段性明显进步，但还存在着以下几个问题：一是部分学校领导依然存在重智轻体的错误意识；二是部分教师尤其是青年教师由于课时工作重等客观因素，缺乏工作进取心，工作热情不高，工作效率偏低；三是青年教师的教学基本功和运动技能相对较差，工作创新意识不强；四是“每天一小时”的时效性还须进一步提高，学校特色还不够鲜明，区域内传统体育项目挖掘利用还不够；五是学生体质健康的测试工作还有待加强。从主观上看，个别学校领导重视程度不够，客观上大部分体育教师疲于应付测试数据，为完成数据上报而测试，数据存在“水分”。

针对以上问题，我们将在 2018 年及今后管理工作中采取针对性措施，不断提升我区学科体育教师整体素质，提高学校体育工作质量。

# 九龙坡区

为了认真贯彻落实《国务院办公厅转发教育部等部门关于进一步加强学校体育工作若干意见的通知》(国办发〔2012〕53 号)、《重庆市人民政府办公厅转发市教委等部门关于进一步加强学校体育工作意见的通知》(渝府办发〔2013〕137 号)等文件精神,我区教委在要求学校逐条进行体育工作年度自查的基础上,对区内 77 所中小学的体育工作进行了全面、细致的评估、复核,现将我区学校体育工作评估情况做如下汇报。

## 一、基本情况

九龙坡区位于重庆市都市功能核心区南区,是中国教科院基础教育改革试验区,常住人口 120 万。现有中小学 77 所,其中,普通高中学校 2 所、完全高中 8 所、中等职业教育学校 2 所、初中学校 14 所、九年一贯制学校 6 所、小学 45 所;有在校学生 14 万余人,在编教职工 7 589 人,其中体育专职、兼职教师 706 名;2017 年我区体育工作专项评估审核结果优秀率为 97.4%、良好率为 2.59%。各校按照市体育工作专项督导考评相关条例,严格执行体育课程计划,全区各学校体育课开足开齐率达 100%。各校认真落实《国家学生体质健康标准》测试工作,积极按时上报相关数据,全区中小学学生体质健康及格率达 100%。同时,我区积极开展阳光体育运动,大力推行大课间体育活动,开展丰富多彩的师生体育运动,我区体育教育教学工作得到有效推动,学生的身体素质有了进一步的提高。

## 二、主要工作

(一)加强组织领导,明确分工职责

为了确保全区学校体育工作评估和年度报告工作有序开展,我委成立了专门的领导小组,由德体艺卫科负责交办事项落实、过程督查、复核验收等工作,同时安排了体育专干专项,由其负责落实和指导开展体育各项工作。各学校以校长为第一责任人,分管副校长为直接责任人,确保学校体育工作和专项评估工作顺利进行。

(二)强化管理措施,工作落实到位

1.组织管理

各学校高度重视学校体育工作,成立了专门的体育工作专项评估领导小组,由体育工作的专管干部指导和协调学校体育工作。重庆市实验外国语学校、育才中学、铁路中学等中学均设立了艺体部,细化体艺完成具体工作。各学校牢固树立"健康第一""以人为本"的指导思想,把加强青少年体育工作摆上重要议事日程,并制定了有力的实施措施。各学校均制定了符合本校实际和特点的学校体育工作细则,明确职责、落实分工,定期研究工作方法,定期督导体育教育教学工作,周例会向全体教职工公布考核工作情况。学校还建立健全了体育办公室管理制度、体育教师管理制度、体育保管室管理制度、体育器材借还制度和体育活动安全制度等制度,并规范上墙,既落实了体育教师的安全责任,又避免了体育课和体育活动中的意外事故。

2.教育教学

各学校严格执行国家体育课程计划,认真落实《体育与健康课程标准(新)》,严格依据新课程标准组织体育与健康课程教育教学,圆满完成教育教学任务,努力提高教育教学质量,注重培养学生良好的体育学习习惯、科学的锻炼方法和终身锻炼的体育意识。按照课程设置要求,区内各中小学都按课程计划每周开足3~4课时体育课,并保证课程计划的实施。

3.体育活动

在区教委要求下,各校将体育活动的时间和内容纳入学校每天的课程计划管理,积极推广"阳光体育大课间活动",活动内容做到丰富多彩,各校还积极开展了体育、艺术"2+2"项目,确保每生每天一小时的体育活动时间,在保证锻炼时间的同时让学生掌握多种技能。全区中小学每年坚持定期召开春、秋两季运动会,将此作为学校的一项常规制度和大型活动,鼓励和引导学生积极参与,基本保证全员参与、人人运动。体育教师充分利用体育与健康课和课外体育活动课,对比赛项目进行专门指导,确保体育活动实效、安全。

4. 业余训练

学校根据自身的实际和场地器材情况,成立了专门的运动代表队,有传统项目的布点校,有特色项目的布点校,有全区必须开展的项目训练。各学校由专人定期进行科学的训练,并建立运动员的档案材料,积极组队参加市、区教委和体育局举办的各类比赛、活动。做到了训练计划、训练总结、过程性资料、经费保障以及荣誉称号有记载。

5. 体育教研、科研

我区现有706名体育专职、兼职教师,学历合格率100%。为提高体育教师专业理论水平,区教师进修学院每月开展一次中小学体育教研活动,进行教学观摩、课例研究。同时我区举办了每年一次的体育教师基本功比赛,促进体育教师相助成长。在重庆市第五届中小学体育教师技能比赛中,我区代表队荣获团体一等奖和民族民间体育集体项目一等奖,8名参赛教师荣获个人一等奖。

6. 体质健康

全区所有学校全面实施《学生体质健康标准》,逐步建立和完善了《学生体质健康标准》测试结果记录体系,每年把测试结果上报到国家学生体质健康网,近5年我区学校测试数据上报率均达到100%。学校将课外体育活动、学生体质健康测试均纳入教学工作量,并将测试结果纳入学生的综合素质评价,使学生体质健康监测评价成为学校常态化的工作。

(三)后勤保障得力,经费使用规范

2017年,全区体育经费共计投入5 003.8万元,其中,体育场地经费支出3 472.3万元用于新建运动场地建设及维护,近915.6余万元用于添置体育器材,学校体育运动设施设备明显改善。各学校的公用经费按规定用于维修和添置体育场地、器材、设施设备,完善了体育硬件设施建设,确保了体育教育工作正常运行,学校体育教学条件得到了有效改善,基本满足了学校体育工作需要。我区各中小学体育教师数量基本达到国家规定要求,体育教师与其他任课教师在职称评聘、工资待遇、校本教研、继续教育等方面享有同等待遇。学校体育教研组坚持做好集体备课,积极参加培训和继续教育。

(四)自查寻求问题,评估推动改进

各学校领导高度重视学校体育工作督导评估工作,严格按照考评条例和细则实事求是、科学客观地逐条进行自我评估,准确、细致地统计评估分值,查找自身的不足,提出整改意见,写出翔实的评估工作报告向我委进行汇报。有一些工作薄弱的学校,主动到周边做得好的兄弟学校虚心请教,取长补短,从而改进自身学校的体育工作。我委为了使此项工作落到实处,分片区派专人到校进行评估,主要通过问卷调查、听取汇报、查阅课表、查阅资料、个别询问、座谈询问(教师、学生和家长)、实地查看、现场听课、随机抽测等,根据评估情况面对面与学校交换意见,并将评估结果纳入学校办学水平评价。

(五)开展和承办各级体育赛事活动

为激励学校积极开展体育业务训练,为我区体育事业挖掘、培养和选拔后备人才,区教委联合区体育局在 2017 年组织开展了田径、足球、篮球、排球、乒乓球、游泳、武术、跳踢和国际象棋等 16 项体育赛事活动,即"九龙杯"中小学生田径运动会、"活力九龙"杯校园足球联赛、中小学生乒乓球比赛、小学生排球比赛、中小学生国际象棋比赛、中学生篮球比赛、中小学生游泳比赛、中小学生武术比赛、中小学生跆拳道比赛和中小学生跳踢比赛。

(六)全面发展,成绩喜人

2017 年是我区体育工作发展的一年,也是我区体育工作收获的一年。在区教委大力推进体育工作的政策下,各校积极落实了"阳光体育锻炼"及"2 + 2"工作,全区中小学生参与面达 100%,学生每天锻炼一小时得到了充分保证,学生体质较去年有了较大提高。区教委被国家体育总局评为全国群众体育先进单位,育才中学夏清文老师被评为全国先进个人。我区被教育部认定并命名为"2017 年全国青少年校园足球试点县(区)",杨家坪小学被教育部认定并命名为"2017 年全国青少年校园足球特色学校",目前共有 23 所中小学被认定命名为全国足球特色学校;西彭一小参加 2017 年亚洲跳绳锦标赛再创辉煌,共斩获 3 项冠军、4 项亚军、4 项季军;华润谢家湾小学获得全国青少年棒球俱乐部锦标赛冠军;职教中心获 2017 年全国软式棒垒球锦标赛高中男子组冠军;育才中学获得第五届国际学生运动舞蹈大赛中国赛区第一名、市校园足球联赛初中男子冠军,在第十三届全国运动会上作为重庆代表队之一斩获男排第三名,获得整个重庆代表团球类比赛中最好的名次;在重庆市校园足球联赛总决赛中,我区铝城小学、育才中学包揽了小学男子、初中男子冠军,铝城小学还荣获小学女子组季军;重庆市外国语学校参加市中学生健美操比赛获得 4 项冠军;区实验二小获市五运会青少年足球男子丙组冠军;铁路中学获得市中学生游泳比赛团体亚军;辰光学校获得市第八届体育舞蹈锦标赛团体一等奖。

## 三、存在的问题

尽管我区一直注重体育常规工作方面的管理并做到有效落实，体育工作得到有效发展，但仍存在以下问题。

（一）体育场地不足

由于历史原因及学校周边环境限制，小部分学校体育课堂教学和体育活动场地受到制约，学生体育活动场地较小，学生活动空间狭窄，体育场地不够规范，设计不够合理，部分体育项目无法开展。

（二）专职教师不足

《国家学校体育卫生条件试行基本标准》明确规定：小学1—2年级每5～6个班配备1名体育教师，3—6年级每6～7个班配备1名体育教师；初中每6～7个班配备1名体育教师；高中（含中等职业学校）每8～9个班配备1名体育教师。我区部分学校，结构性缺编的情况仍然严重。

（三）体育器材不足

因学校增添的器械有限，体育用品器械和场地损耗较大，政府采购的设备不能完全及时到位，我区部分学校体育器材配置略显不足。

## 四、下一步工作思路

（一）提高认识，加强领导，扎实推进学校体育工作

继续贯彻落实“健康第一、以人为本”的指导思想，把增强学生体质作为素质教育的根本目标，建立健全机制，加强领导，完善制度，充分保障学校体育课和学生课外体育活动的时间和内容，广泛开展群众性青少年体育活动和竞赛，培养青少年良好的体育锻炼习惯和健康的生活方式，形成青少年热爱体育、崇尚运动、健康向上的良好风气和全社会重视健康、重视体育的浓厚氛围。努力使我区中小学生普遍达到《国家学生体质健康标准》的基本要求，使耐力、速度、力量等体能指标明显提高，使营养不良、肥胖和近视的发生率明显下降。

（二）创新机制，强化保障，加强体育师资队伍建设

一是加大体育教师培训力度，举办培训、派遣教师外出学习等，促进体育教师掌握体育教育新知识和新技能，探索体育科研方法，熟悉相关学科知识。二是加强转岗教师职业素养和职业技能的培养和培训工作，提升此类教师的体育教学水平和能力。三是用好政策，逐步配齐、配强中小学体育教师。四是落实体育教师室外工作的劳保待遇，妥善解决体育教师的职业装备和室外工作补贴。保障体育教师在职务评聘、绩效考核、评优表彰等方面与其他学科教师同等待遇。将体育教师组织学生开展课外体育活动以及组织学生体质健康测试等工作纳入教学工作量。五是实施体育教师全员培训，着力培养一大批体育骨干教师和体育名师等领军人才，科学、合理地确定体育教师工作量，把组织开展课外活动、学生体质健康测试、课余训练、比赛等工作纳入教学工作量。组织参加各类体育赛课活动，为体育教师业务素质的提高搭建平台。加强体育干部教师学习培训，组织干部教师赴杭州等教育发达地区实地考察、学习学校体育教学改革先进经验。

（三）尊重规律，形式多样，确保每生每天锻炼时间

一是严格按照国家课程设置要求，开齐、开足体育课，充实学生课余时间，在保证学生每天锻炼一小时的基础上，创新锻炼方法和内容，根据学生需求和兴趣特长，因材施教、因需定项，组织和开展形式多样、内容丰富的体育活动项目，进一步保障学生体育锻炼的时间，增大学生对体育运动的兴趣和取得的效果。二是深入体育、艺术“2 + 2”项目，开展兴趣小组、社团活动、校外实践等活动，寓德育、生活、技能于体育，让每个学生学习、至少掌握 2 项体育健身技能，提升学生体育技能和运动水平，提高学生体质，使其健康发展，为学生的终身幸福奠定良好的基础。

（四）坚持标准，改革评价，全面检测学生体质健康

区教委全面开展学生体质健康测试工作，建立测试报告制度，及时掌握学生体质健康情况，定期上报和公布学生体质健康状况。测试报告书要作为中小学生成长记录或中小学生综合素质报告书的重要内容。学校体育和学生体质健康水平被纳入学校工作考核指标体系，作为学校领导、干部业绩考核的重要内容，加强学校体育工作绩效评估和行政问责。区教委将通过政府向第三方机构购买服务，开展中小学体育教育教学改革试点和开发大数据平台，对学生体质进行全方位监测试点，改革中小学运动会和体育竞赛计划，优化体育质量监测方案等帮助和督促学校扎实有效地开展体育教育教学活动，切实提升学生体质健康水平和运动能力。

（五）多措并举，盘活政策，加大体育设施设备投入

在推进义务教育学校标准化建设中，结合农村义务教育薄弱学校改造项目，重点建设和改造学校运动场地，逐步使中小学体育设施设备配备达到国家基本标准，满足教育教学的基本需要。要按照“学校年度体育工作经费占学校公用经费的比例不低于10%”的要求，保证用于体育工作的资金充足，要多渠道筹措资金加大体育工作投入，购置必要的体育活动器材。

（六）结合实际，优化完善，针对性地开展竞赛活动

根据市教委对体育比赛活动的总体安排和要求，结合区域和学校实际，区教委组织开展适宜于不同年龄段、不同组别的中小学生体育锻炼活动和比赛，在面向全体学生开展内容丰富、形式多样的体育运动的基础上，有针对性地组织和安排体育竞技性比赛，提升学生对体育运动的兴趣，培养体育特长生。充分发挥区域各级各类体育特色示范学校、训练基地学校和试点校的示范引领作用，通过专家讲座报告、实地操作培训、教练员交流、片区体育联盟发展等，培育体育教练员队伍并促进其发展，搭建区域竞技性体育项目的交流和学习平台，在以赛促训的基础上实现以点带面和以训促长。

（七）健全机制，加大投入，大力推进校园足球工作

去年成功开展校园足球，区教委在此基础上，一是要制定和完善适宜于区域校园足球发展的管理工作办法，在组织、管理、培训、引进、协作、投入、梯队建设和输送、评价评估等方面细化工作要求，形成长期有效的青少年校园足球管理机制，促进全区青少年校园足球稳步、健康、和谐发展。二是要积极争取市区级足球专项资金，加大对各级校园足球特色学校的投入和支持。三是要加强教练员、裁判员队伍建设。四是分级打造校园足球特色学校和试点校，做好资源储备。五是进一步完善“活力九龙杯”校园足球联赛、啦啦操比赛、书画比赛、征文比赛、小记者播报等校园足球系列活动，发挥学生各类特长，提高校园足球人口，在普及体育运动、足球知识和技能的同时，进一步打造校园足球文化。

学校体育工作事关学生健康成长。它既是常规工作，又是长期工作。我们将以这次评估为契机，全力以赴做好学校体育工作，确保学生身体健康发展。

# 南岸区

持续开展对学校体育工作开展情况的评估和年度报告，是科学收集、汇总、研判学校体育工作开展效能的重要抓手，能有效衡量和评估年度体育工作进展，为下一阶段工作的科学规划提供依据，进一步推进学校体育深入发展。南岸区严格按照国务院办公厅《转发教育部等部门关于进一步加强学校体育工作若干意见的通知》（国办发〔2012〕53 号）、市政府办公厅《转发市教委等部门关于进一步加强学校体育工作的意见》（渝府办〔2013〕137 号）的要求，严格、认真地组织区内各中小学进行学校体育工作评估，具体实施办法将以《中小学校体育工作评估办法》和《学校体育工作年度报告办法》（教体艺〔2014〕3 号）为依据，对照《重庆市普通高等学校体育工作考核指标体系》（渝教体卫艺〔2013〕5 号），区域开展了深入务实的自评工作，现将自评工作总结并报告如下。

## 一、基本情况

### （一）委属学校基本情况

南岸区委属学校（幼儿园、特教中心、中职学校、教师进修学院）共有 70 所。2017 年 9 月，重庆市南岸区野猫溪小学校合并到重庆市南岸区龙门浩小学校，重庆市南岸区南坪实验融创小学校、重庆市南岸区南坪实验外国语小学校、重庆市南岸区御峰小学校 3 所新建小学校投入使用，重庆市第十一中融创学校、重庆市南岸区观塘初级中学校、西南大学重庆市江南中学校（民办）3 所新建初级中学校投入使用。现我区共有小学 41 所，单办初中 13 所，九年一贯制学校 6 所，完全中学 7 所，中职学校 1 所，特教中心 1 所，教师进修学院 1 所，在校学生 8.5 万人，共有教学班 2 057 个（其中小学 1 233个，初中 567 个，高中 266 个，特教中心 19 个），龙职中 5 081 人，在职专任教师 6 592人，其中体育专职教师 366 人。

### （二）自评相关指标概况

2017 年我区体育工作评估审核结果优秀率为 95.5%、良好率为 4.5%。各校严格按照相关条例开课，学校体育课开足开齐率达 100%。各校积极落实《体质健康标准》，积极按时上报相关数据，学校学生体质健康按时上传率达 100%。阳光体育深入推广，课程改革推进，学校对体育工作重视力度不断加大，学生体质连续三年上升。

## 二、持续优化专项工作机制

### （一）高度重视，统筹部署

为了顺利开展全区学校体育工作评估和年度报告工作，我区教委成立了以教委主任包茹华为核心的领导工作小组，由区教委副主任唐文担任组长，南岸区教委体艺卫科科长傅平、南岸区体卫艺科科室负责人李明祥担任副组长，小组负责统筹规划，交办事项落实、过程督查、复核验收等工作。各学校以校长作为工作组成员，根据相关文件要求制订了翔实的计划、方案，根据制订的方案、计划，由校长担任学校评估工作的第一责任人，分管副校长为直接责任人，保证学校体育工作专项评估工作顺利进行。

### （二）建章立制，务求实效

各校都建立了以校长为核心的体育工作领导小组，推行校长、分管领导、主管处室、教研组、体育教师层级清晰的管理制度，制订详细的体育工作计划，明确分工与职责，做到专项管理，专人负责，规范体育工作。在参加每一次区内外比赛前，区教委都要与各学校及各校领队、教练签订责任书，明确职责，严格管理，让教师对学校体育工作提高认识，从而顺利开展学校体育工作。

## 三、不断强化队伍建设

### （一）紧抓青年骨干教师队伍梯队建设

近年来，区域师资配备有较大提升，南岸区引入众多名校毕业的大学生以及专业队的运动员，教育专业和体育竞技等方面得到极大补充。在南岸区教师继续教育培养体系和工作实践中，一批年轻的体育教师正逐渐成为新的主力军，逐渐进入教学队伍、体育竞技教练员队伍和裁判员队伍。区教委高度重视年轻体育教师的培养，不断加大培训、培养力度，每年都输送优秀教师到国内外进行学习、培训，今年江南小学的王航老师赴法国进行长达三个月的学习。区教委科学引导学校，不断加大学校体育重视程度，提升体育教师业务素养，更好地服务于学校体育工作。

（二）依托赛事发现并培养拔尖人才

一直以来，区域常态化开展学生各项目竞赛活动，每年在田径、足球、篮球、羽毛球等10项赛事活动中发现拔尖苗子，并重点关注、建档、培养。赛事组织呈现出“教体合办”的特点，区教委和区体育局根据各自特点，分别主办部分赛事，区教委对学校参赛进行积分制评价管理，促进学校全面育人，鼓励体育教师带队并参与到各项体育活动中。针对区域拔尖苗子的遴选、培训工作，区域专门建立了人盯人机制，落实学校、教练相关责任任务，开展不定期抽检、跟踪分析反馈，确保好苗子能发现、有任务、留得住，为区域体育工作夯实基础。

## 四、创新推动民族体育进校园

传统体育在我区校园蓬勃开展，同时，民族传统的体育项目也走进校园，深受学生们的喜爱。去年我区开展了首届中小学生武术套路比赛和首届中小学生围棋比赛，今年参与两项比赛的人数大幅度增加，全区21所中小学校的23支队伍，共258名运动员参赛，围棋比赛也有215名选手参赛。部分学校在大课间引进了武术操，学生参与学习民族传统体育的热情被极大调动，学校体育氛围良好，学校体育活动内容的广度和深度得到拓展。

## 五、亮点工作

（一）校园足球，国内受关注

南岸区是重庆市校园足球试点区，我区的校园足球工作开展得扎扎实实，在抓普及的同时，我们抓尖子、选苗子参加各种高规格的比赛和训练。结合学校实际，制订校园足球活动方案与教学计划，在体育课上开设足球专修课，做到体育课堂与足球相融合。区教委安排专项经费和人员编制予以充分保障。建立小学中学衔接的基地培养制度，形成了区域内资源共享、优势互补、渠道畅通的良好发展局面。我区张晨同学入选本届中国国家女子足球队，杨翼璇、谢杰、雷欣洋同学入选了2017年全国青少年校园足球欧洲训练营。我区学校力压长春亚泰、广州恒大、上海申花等知名职业俱乐部,推选的7名足球特长生全部入选新一届U14国家队,成为入选人员最多的单位,受到教育部、中国足管中心的高度赞扬和嘉奖。

(二)武术比赛,夺得金牌

近5年来,先后从各大院校优招了多名高水平的武术教练,开展各种武术交流活动,在各个学校推广武术操,让更多家长、学生了解我国传统武术,自觉地练习武术,喜爱上我们中国的传统体育文化。区教委连续开展了2届中小学生武术套路比赛,为练习武术的学生提供展示的平台,也给开展此项运动的各个学校一个交流的契机,让各教练员在众多学生当中选拔武术人才,进行更高层次的训练。功夫不负有心人,在全国第十三届学生运动会上,11中的武术健儿就崭露头角,为我市代表队夺得一金一银,这是教练员、运动员刻苦训练的成果,也是南岸区推进民族传统体育项目进校园的成果。

## 六、努力的方向

虽然区域学校体育在每年不断的努力中得到发展,教师专业素养不断提升,学生身体素质也逐年上升,但对照国家对基层体育工作开展的质量要求,我们的工作仍然有努力改进和持续优化的空间。

(1)场馆设施有待强化。由于历史原因及学校周边环境限制,小部分学校体育教学和体育活动场地受到制约,生均体育场地未完全达标。

(2)肥胖率上升。虽然我区学生身体素质在逐年提高,但高中学生肥胖率仍有小幅度增加。根据分析,可能由于初中和高中阶段受各种因素的干扰,学生的课余锻炼、活动时间大大缩减。

(3)运动器材有待更新。因学校增添的器械有限,体育用品器械和场地损耗较大,政府采购的设备不能完全及时到位,极个别学校体育器材配置略显不足。

## 七、持续改进的工作思路

一是继续抓好硬件设施建设,加大校园体育场地改善和设施设备的添置力度,监督各校对体育设施的保管和维护。逐年加大投入,提高学校体育条件。

二是学习先进地区的理念。采用走出去、请进来等方法，深入开展各类培训，转变学校、教师在体质健康测试、中招体考、区质量监测过程中的应试观念，抓好教育、竞技两队的建设，提升体育教师课程意识，提高课堂教学质量，服务于学生，使其体质健康发展。

三是建立输送机制。完善区域内高、初、小的体育后备人才输送体系和倒查机制，扩大高中特色学校的输送渠道，为运动员提供多种进入高校的渠道。

四是加强硬件，提高保障。进一步加大对体育经费投入力度，缩短体育场地、器材、设施设备的维护和更换周期，完善体育硬件设施建设，确保体育教育工作高效开展。保证体育教师与其他任课教师在职称评聘、工资待遇、校本教研、继续教育等方面被同等对待。

# 北碚区

在市教委的关怀指导下，北碚区2017年体育评估工作顺利完成，现汇报如下。

## 一、加强组织管理

（1）成立领导小组。我区成立北碚区2017年体育评估领导小组，分工明确，责任落实到位。

（2）下发文件。根据市教委《关于做好2017年中小学校体育评估工作的通知》，我区结合实际情况，印发北碚区《关于做好2017年中小学校体育评估工作的通知》，明确了2017年体育评估工作的目标和要求。

（3）复核学校自评情况。我区组织专家组对全区各中小学体育评估材料进行复核，指导学校进行问题整改。

## 二、加强教育教学管理

（1）开展体育教学抽查。以区教师进修学院为依托，区教委组织专家团队抽查全区体育教学情况，严格核实体育课程标准落实情况。

（2）开展体育大课间巡查。区教委组织巡查小组对全区中小学体育大课间开展巡查，严格落实30分钟大课间时间，保证全员参与。

（3）加强教学研究。以西南大学体育学院、区教师进修学院、各体育联盟为依托，区教委开展各类体育教学研究活动，推进体育课程改革。

（4）落实体育家庭作业。区教委严格落实体育家庭作业制度，坚持对学生体育家庭作业完成情况进行记载，培养学生主动参与体育锻炼的习惯。

## 三、加强条件保障

(1)保障体育经费。除生均公用经费外,保障每年50元生均易耗器材经费,满足体育教学和运动训练器材需要。

(2)购买学生运动意外伤亡保险。为每位学生购买运动意外伤亡保险,为体育教师解决后顾之忧。

(3)落实体育联盟经费。拨付100万元体育联盟工作经费,充分发挥体育联盟的引领作用,保障体育联盟各项体育活动有序开展。

(4)加强体育场馆建设与维修。2017年为西大两江实验学校、思源还建房小学等学校新建体育场馆,维修改造朝阳小学等学校的运动场。

## 四、加强学生体质

(1)召开专题会议。区教委主要领导召集、组织、召开提升中小学生体质专题研讨会,明确学校体育工作的主要目标和任务。

(2)加强统筹管理。印发北碚区《关于提升中小学生身体素质三年行动计划的通知》,将提升中小学生身体素质列为重要目标,提供具体行动措施与参考办法。

(3)加强体质健康监测。聘请第三方机构,对北碚区中小学进行体质健康抽测,通过横向与纵向对比分析,形成分析报告,该报告作为学校体育工作的重要参考。

# 渝北区

为了认真贯彻落实《重庆市人民政府办公厅转发市教委等部门关于进一步加强学校体育工作若干意见的通知》(渝府办发〔2013〕137 号)及其他国家有关加强学校体育工作文件精神,全面、深入开展学校体育运动。根据《重庆市教育委员会关于做好 2017 年中小学校体育评估工作的通知》(渝教办函〔2017〕228 号)要求,对照《重庆市中小学体育工作评估指标体系》,我区在要求学校逐条进行自查的基础上,组成以教委分管领导为组长的体育工作评估小组,对区内 81 所中小学的体育工作进行了全面、细致的检查,现将我区体育工作自查情况汇报如下。

## 一、基本情况

我区现有公办中小学 81 所,其中高完中 8 所、中职学校 2 所,单设初中 17 所、普通小学 51 所、九年一贯制学校 3 所。2016 年至今,全区共有体育专职教师 374 名,其中小学有 262 名,中学有 112 名,另有兼职教师 207 名,配备率达 100%。

一年来,在区委区政府的正确领导、各级各部门的支持下,渝北区学校体育工作稳步提升。全区学校严格执行国家课程标准,体育课开课率达 100%,积极推进阳光体育运动,全部落实每天一小时体育锻炼,大力推行大课间体育活动。每年坚持举办中小学生体育运动会,认真组织实施《国家学生体质健康标准》,按时上报相关数据,上报率达 100%,建立了初中毕业升学体育考试制度。有效地推动了全区学校体育工作,学生的身体素质有了稳步的提高。

## 二、主要工作

### (一)切实加强体育工作管理

学校体育工作是基础教育的重要组成部分。全区教师统一思想,达成共识,牢固树立体育教育和人才培养新理念。区委教育工委专职副书记负责分管学校体育工作,成立了体卫艺科,由其具体负责学校体育工作,并在区教研室配备了2名体育教研员,具体指导学校体育工作。学校每学期都将体育工作纳入党政工作的议事日程,做出翔实的、切合实际的校园体育活动安排。为了使体育工作开展得扎实有效,学校成立了德体处,定期组织体育活动。

### (二)严格执行国家课程标准

区内各中小学校严格执行国家课程标准,全区体育课开课率达100%。为了提高体育教师的专业理论水平,教研室定期组织体育教研活动,组织体育教师学习现代教育理论,学习新课程标准等课改方面的资料,开展教学观摩、课例研究,大力推行教师基本功竞赛等。

### (三)扎实开展学生阳光体育运动

各校均分别制定了适合晴天和雨天的“大课间”活动方案,和“2+2”活动方案,认真组织了丰富多彩的大课间体育活动,确保了学生每天锻炼一小时。全区全部学校组织大课间活动和落实每天一小时体育锻炼。全区各校每年举办1~2次校运会,区教委今年高质量承办了重庆市2017年中小学校园足球联赛主城片区赛,先后成功举办了渝北区首届教师体艺节、渝北区2017年中小学田径运动会、渝北区中小学生篮球比赛、渝北区2017年中小学校园足球联赛、渝北区2017年中小学“2+2”项目及大课间活动展示,协助市政府成功举办了第十一届亚洲U18女子排球锦标赛。积极参加各项比赛,成绩优异。在全市大中小学体育科学论文报告会中,我区推选的20篇参赛论文全部获奖,5篇获一等奖,其中华蓥中学的1篇论文荣获全国第十三届学生运动会科学论文报告会一等奖;在全市第五届中小学体育教师技能大赛中,渝北区获团体总分一等奖和民族民间舞蹈项目团体一等奖,参赛的8名选手中7人获个人一等奖、1人获个人二等奖;在全区第二届全民运动会中教育系统获得足球比赛冠军、田径比赛团体总分第一名。华蓥中学赴韩国参加第九届亚洲跳绳锦标赛,打破男子15岁以上30秒单摇亚洲纪录并获冠军;渝北实验小学获第29届一汽大众“苗苗杯”全国小篮球赛女子篮球全国冠军；重庆八中女排获全国 U16 排球锦标赛总成绩、比赛成绩和身体素质三项冠军和重庆市青少年排球锦标赛冠军；重庆八中田径队获全国中学生田径锦标赛女子乙组团体总分第四名、重庆市青少年田径锦标赛金牌 13 枚、重庆市田径冠军赛金牌 11 枚、重庆市中学生田径锦标赛初中团体第一名；南华中学武术队获重庆市青少年武术散打锦标赛甲、乙两组团体第一名，其中 1 名队员被招入国家泰拳队；暨华中学男排获重庆市青少年排球锦标赛甲、乙两组团体第二名；在全市中小学生跳绳比赛中，空港新城小学获花式跳绳一等奖，汉渝路小学获集体长绳一等奖和 4 ×1 分钟跳绳第一名。

（四）认真组织实施体育考试制度

中招体考是一次重大的国家考试，是全社会的焦点，是家长、媒体注视的目标。面对渝北和两江新区的近万名考生，渝北区成立以区教委一把手为组长的体考队伍，把考生安全管理作为重中之重，提前认真研究交通、饮食、疾病预防，制定了预案，明确了人员、责任和任务，规范布置考场、医务点、饮水点，积极开展考风考纪教育，组织全区考生参加考试，杜绝了安全事故。

## 三、存在的问题

尽管我区一直注重体育常规工作方面的管理并有效落实，体育工作得到发展，但一些问题仍制约着学校体育工作。

（1）少数学校体育场地严重不足。由于历史原因及学校周边环境限制，部分学校校园场地不足。

（2）专职体育教师亟待补充。《国家学校体育卫生条件试行基本标准》明确规定：小学 1—2 年级每 5 ~6 个班配备 1 名体育教师，3—6 年级每 6 ~7 个班配备 1 名体育教师。照此计算，补充专职体育教师是我区目前亟待解决的问题。

（3）专项经费严重不够，尤其是国家级、市级足球等各种体育特色学校，在被确定为特色学校后，只有第一年得到了专项经费，后续没有经费支撑，在学校经费统一上缴财政后，特色项目难以推进。

## 四、今后努力的方向

（1）更新观念，认真贯彻课改精神。继续以《中共中央国务院关于加强青少年体育增强青少年体质的意见》《重庆市人民政府办公厅转发市教委等部门关于进一步加强学校体育工作若干意见的通知》为指导，对照《重庆市中小学体育工作评估指标体系》，有组织、有计划地开展教育教学、教研教改活动。坚持“健康第一”“以人为本”理念，遵照学生身心发展规律，调动学生参与体育教学的积极性。

(2)抓好硬件设施建设。改善、添置校园体育场地和设施设备，逐年加大投入，提高学校体育条件。

(3)加强体育师资队伍建设，不断争取支持，配齐配足专职体育教师。

(4)以专业的教育教学为基础，以深入的教研成果为指引，以科学有效的训练为目标，全面育人，全面提高体育教师专业知识和教学教研能力。

# 巴南区

2017 年,巴南区学校体育工作在市教委的关心、支持和指导下,在区委、区政府的正确领导下,取得了显著发展。一是大力加强全区学校体育设施设备建设,累计投入 1 100 多万元新建了 5 块、改建了 5 块塑胶(塑草)运动场,为落实体育课程,广泛开展阳光体育活动提供了基本的物质保障。二是坚持开展了体育、艺术、科技“2 +2”项目实验,确保了学生每天体育锻炼一小时,发展了学生的体育技能,提高了学生的身体素质。三是积极推进了体育大课间活动改革,将接龙民间吹打、小观梆鼓舞、花溪歌舞、木洞山歌等巴渝特色文化有机融入学生体育活动。通过加强学校体育设施建设和深化体育改革,我区学校体育工作出现了可喜局面,一是青少年学生身体健康水平显著提升,全区中小学生《国家学生体质健康标准》合格率逐步提高;二是尽力打造体育特色学校。接龙中学成功创建全国和市级校园足球特色学校,我区全国青少年校园足球特色学校接受市级复核,位列全市第五,融汇小学以 99.5 分获全市第一名。

2017 年,我区共有中小学校 96 所,其中小学 58 所、初中 18 所、普通高中 3 所、职业学校 3 所、九年一贯制学校 8 所、十二年一贯制学校 1 所、完全中学 5 所。根据《重庆市教育委员会办公室关于做好 2017 年学校体育评估工作的通知》(渝教办函〔2017〕228 号)要求,经严格的自评和区教委复核评估,74 所学校达优秀级,21 所学校达良好级,1 所学校达合格级。现将我区中小学体育工作评估情况报告如下。

## 一、强化学校体育工作组织管理

### (一)制度健全

制度健全是开展学校体育工作的先决条件。为加强对学校体育工作的领导,区教委主要领导亲自过问,分管领导亲自抓,业务科室具体实施,各中小学校体育工作也建章立制,有序推进,各校均设立了由校长任组长、分管副校长和德体卫艺处主任为成员的学校体育工作领导小组，小组负责具体组织实施学校体育工作；各中小学均建立校园意外伤害事故的应急管理机制，制订和实施体育安全管理工作方案，明确职责，落实分工，确保了学校体育工作正常有序开展。

(二)领导重视

领导重视是搞好学校体育工作的必备条件。区教委高度重视学校体育工作，分管领导全面抓，责任科室具体抓，相关科室通力合作。各中小学校也高度重视开展学校体育工作，把学校体育工作纳入议事日程，定期研究工作，解决工作中疑难问题。各学校分管领导均能深入到体育工作中，联系教研组，走进体育课堂，走向运动场，扎实开展各项工作。

(三)监督到位

监督到位是搞好学校体育工作的有效措施。区政府教育督导室建立了学校体育工作专项督导制度，健全了目标考核机制，制定了学校体育工作督导评估办法，2017年4—10月，区教委、区人民政府教育督导办公室牵头，联合有关科室开展了全区学校体育工作专项督导，并将督导情况及时予以公告，在此基础上，区教委又印发了《重庆市巴南区教育委员会关于认真做好2017年学校体育工作评估和年度报告的通知》(巴南教委发〔2017〕221号)。全区中小学校不断加强和完善体育教师工作要求及考核，从参加教研组活动到上课、课间操，再到训练体育特长生，进行各方面过程监督和考核，促进体育教师更严、更高要求自己，不断提高体育教师职业素养和专业水平，全面完成体育教育教学任务。

## 二、狠抓学校体育教育教学工作

(一)体育课程教学规范

全区各中小学校都能严格执行国家规定的体育课程计划，排齐体育课，认真执行《重庆市中小学体育教学指导纲要》，做好了备课、上课、训练、辅导、考核等各项教学环节工作。其中，学年计划、学期计划、单元计划、课时计划和成绩考核都有记录，并被纳入了学校各项评估检查内容。区政府教育督导室、区教委相关职能部门适时加以督查，学校教务处、德育处及管理人员经常检查，及时反馈，防止体育课程、体育活动时间被挤占、挪用。同时，各中小学努力提高体育课堂教学质量，切实提高学生健康水平。如重庆市实验中学在学校“六个一”课程理念的指导下，利用学校有限的师资，开展丰富多彩的选修课程，让学生在完成基本的体育教学内容的前提下，充分发挥自身优势与兴趣爱好，开设了足球、篮球、排球、羽毛球、乒乓球、棒球等选修课，采用学分制计入学生的综合素质档案。姜家中学等学校要求每位体育教师在每学年至少承担一节研讨课和一节反思课，这样既增强了教师的科研意识，又使教师经常性地对教学工作和公开课进行反思总结，又如花溪中学的乒乓球校本教材等，为学生个性发展提供了很好的帮助，提高了学生的运动技能。

（二）校园体育活动丰富

全区各中小学校在大课间体育活动和校园活动改革上狠下功夫，重庆市接龙中学成功创建全国和市级校园足球特色学校，充分发挥学校特色体育在促进学生阳光体育运动中的引领、示范作用，在内容、形式、管理等诸多方面大胆尝试，将民族和地方特色融入其中，学校成立了监督“两活动”的学生会，做到定人定班定时间，督促活动的正常开展，并落实了体育检查结果每周点评制度。如鱼洞中学的跑操、巴南中学的排舞操、跳石中学的竹竿舞、全善学校的棒鼓舞、鱼洞四小的篮球运动、花溪小学的花溪歌舞、行为习惯操、姜家小学的扁担龙健身操和新屋小学的足球操等大课间活动内容，特色各异，风格独特，效果明显，有的已成为我区乃至重庆地区的一道亮丽的风景线。我区鱼洞四小和巴南中学参加重庆市中小学阳光体育大课间展评活动，分获二、三等奖。

各中小学校“2＋1”项目和每天一小时校园体育活动时间内容丰富。据统计，全区中小学共成立了篮球、足球、排球、乒乓球、羽毛球、棒球等体育社团约 1 500 个，每学年开展田径运动会、长跑比赛、短跳比赛、篮球赛、游泳比赛、趣味运动会、广播操比赛、自编操比赛等各类竞赛 700 余场次。学生体育特长和运动能力得到培养和提升。

（三）注重体育后备人才基地建设

区教委十分注重体育后备人才基地建设，与区体育局密切配合，不断加强学校青少年体育俱乐部、学生社团、运动队及重点项目的布局工作，学生社团活动内容丰富、开展有序，业余体育训练工作常抓不懈。本着“人人参与、人人健康、全面普及”的原则，开展了班级、年级、校级、区级等多层级的体育竞赛及展演活动。区教委举办了 3 000余名中小学生参加的田径、篮球、足球、乒乓球、羽毛球、跆拳道和体育舞蹈等项目比赛。该项工作极大地提高了我区体育竞技水平，并取得了可喜的成绩。鱼洞二小围棋队荣获 2017 重庆市围棋锦标赛男子 1—3 段组团体第一名，李家沱小学足球队在 2017 年重庆市青少年足球锦标赛 U-13 男子组比赛中，以全胜战绩夺得冠军，并获得体育道德风尚奖，鱼洞四小女篮获重庆市 2017 年小学生篮球锦标赛亚军，区实验中学代表巴南区参加全国阳光体育大会（重庆赛区）获一等奖，市实验中学获重庆市2017年青少年篮球锦标赛乙组（初中组）冠军，世贸小学获重庆市2017年中小学生跳绳比赛小学组长绳比赛一等奖，恒大城小学足球队夺得2017年重庆市校园足球联赛主城赛区亚军，在2017年中国乒乓球协会会员分赛暨重庆市乒协第二届少儿乒乓球比赛中，龙洲湾小学二年级学生陈雷旭喜获男子单打第一名，大江中学年仅14岁的残疾运动小将文勃森在2017年全国残疾人游泳锦标赛SB14级100米蛙泳决赛中获得冠军，重庆市实验中学高2019级3班学生秦奥在2017年全国体育传统项目学校联赛中荣获甲组男子跳远冠军，同时，该校初2017级7班学生廖应龙获得甲组男子800米决赛、甲组男子1 500米决赛2块铜牌，在重庆市2017年中学生篮球比赛中，市实验中学获高中男子亚军，全善学校获初中女子季军，融汇清华中学男篮获亚军，巴南中学排舞队参加2017“舞动中国—排舞联赛（重庆赛区）”比赛，再次获得市中学组规定曲目第一名，重庆市实验中学和鱼洞四小组队参加2017年重庆市青少年围棋团体赛，分获高中组和小学组团体冠军，巴南中学女足在重庆市2017年校园足球联赛市级总决赛中获高中组第四名。

## 三、学校体育工作保障有力

### （一）加强教师队伍建设

区教委在每年教师招聘指标中增大了体育教师数量，本学年，新招体育教师20多名，选派了50多名体育教师参加国家级、市级培训，10多名体育教师实施支教和互派计划，开展了全区中小学校园足球和篮球教练员培训，通过公开课、示范课、研究课、观摩课和外派学习等不断加强体育教师队伍建设，提高体育教师的职业道德修养和教育教学水平。如很多学校开展的学校与学校、教师与教师间“一帮一”“多帮一”的结对帮扶活动，有计划、有目的地开展相互听课，以及课前课后体育教学的讨论与经验交流，提高了年轻教师的体育教育教学能力和水平。针对体育教师专业特长及体育项目开设情况，有的学校不断强化体育教师的专业培训，选派体育教师参加各种类别的专业培训，如选送了清华中学任航教师参加教育部组织的足球教练员出国留学培训，参加重庆市健身操、排舞培训，参加国家级、市级篮球、田径教练员和一级裁判员培训等，很好地提升了体育教师的专业水平。市实验中学万黔川老师获第七届全国中小学优秀体育课教学观摩展示活动一等奖。市实验中学参加重庆市第五届中小学体育教师技能比赛,4 人获全能一等奖、4 人获全能二等奖,并荣获团体一等奖。

同时,按照《巴南区深化教育体制改革的实施意见》,我区及各中小学校依法落实了体育教师地位和待遇,切实维护体育教师权益。保障了体育教师在职称评定、福利待遇、工作量计算、评优评先、外出学习培训等方面与其他学科教师同等待遇。妥善解决了体育教师的运动装备。体育教师组织大课间体育活动、课外体育活动、课余训练、体育竞赛和《国家学生体质健康标准》的项目测试、报送工作,均被计入工作量。区教委进一步加强了体育教师工作要求及考核,从参加教研组活动到上课、课间操,再到训练体育特长生,不断加强工作要求和过程考核,使体育教师更严、更高要求自己并不断提高专业水平。

### (二)保障场地、器材经费

去年以来,在区财力的大力支持下,区教委加大了对各中小学校场地、器材经费的投入,保证了体育各项工作正常有序地开展。各中小学校按规定使用公用经费,经费用于体育教学支出,能够满足教学用品消耗、场地设施维护等日常体育工作需要,如融创中学、昕晖小学、树人立德小学、珠江城中小学校等 5 所中小学新建运动场馆,小观小学、惠民小学、恒大城小学和鱼洞中学等学校改建了 5 块运动场地等。学校体育教学、训练及活动得以开展,学校体育场馆设施向社会开放的硬件环境得到了显著的改善,学校体育的各项工作得以顺利推进。

## 四、努力提升学生体质

### (一)规范开展学生体质健康测试

为认真做好《学生体质健康标准》测试报送和数据统计工作,区教委每年下发相关文件通知,提出具体要求。各中小学校均成立了以校长任组长的《国家体质健康标准》测试工作领导小组,制订工作方案,督促、指导体育教师严格测试,学校、相关处室、班主任、体育教师、校医(保健教师)等齐抓共管、共同组织实施,操作规范,做到了公平、公正和真实,巴南中学、南温泉小学等 6 所中小学接受了市级复测工作,各中小学严格按要求上报体质健康测试数据,报送工作在全市名列前茅,同时认真做好原始资料的收集和归档工作。

### (二)学生体质健康测试结果良好

由于领导重视,措施得力,师生共同参与,学生体质健康测试工作取得了良好效果,上报率为100%,合格率为96.54%,上报工作处于全市领先地位,本年度数据上报任务较好地完成。

(三)学生体质健康测试评价有序

各中小学校在认真做好学生体质健康测试工作后,结合区中小学生卫生保健所的《重庆市巴南区学生体质健康监测报告》,及时对每个学生的体质健康进行评价,在校内公布了测试总体结果,并通报了学生及家长,还将学生体质健康水平作为学生综合素质档案的重要内容,形成制度,分析学生体质健康标准测试结果,动态把握学生体质健康发展趋势,真正把提高学生体质健康水平做细、做实,以求起到预期效果。

今后,我们将继续加大学校体育经费投入,保障各项体育工作顺利开展。进一步提升学生体质健康水平和社会适应能力,全面达到学校体育的育人目的。

# 长寿区

根据《重庆市教育委员会办公室关于做好 2017 年中小学校体育评估工作的通知》(渝教办函〔2017〕228 号)文件精神,对照中小学校体育评估的《指标体系》各项要求,我委认真地自查中小学体育工作,现将自查情况汇报如下。

## 一、基本情况

我区共有面积 1 424 平方公里,人口 90 余万,辖 7 个街道、12 个镇,全区共有中小学 67 所,其中完全中学 10 所,初级中学 13 所,九年一贯制学校 7 所,小学 37 所,在校学生 72 041 人,教学班 1 597 个,体育教师 492 人(其中兼职 137 人)。体育器材配备按照国家标准要求基本达标,全区基本做到了校校有操场(包括简易操场),有活动器械,学生体质定期检测,所有寄宿制学校学生食堂均有卫生许可证,学校体育教学工作正常开展。

## 二、主要工作

### (一)提高认识,加强领导,推动学校体育教育工作使其快速健康发展

我委积极推进素质教育,全面提高教育质量,坚持把学校体育工作作为教育工作的重点。印发《重庆市长寿区教育委员会关于减轻义务教育阶段学生过重课业负担深入推进素质教育十项规定的通知》。要求各校深入推进素质教育,高度重视学生体质健康,切实减轻学生课业负担。积极宣传中小学校体育工作的政策规章,总结交流典型经验和有效做法,传播科学的教育观、人才观和健康观,在区域内营造了全社会关心、重视和支持中小学校体育的良好氛围,通过《长寿日报》等媒体宣传报道小学体育工作 40 次。

2017 年区教育工作要点专门提出要全面推进体卫艺科教育，长教发〔2016〕71 号区教育综合督导及长教发〔2015〕179 号将中小学校体育工作的开展和中小学生体质健康状况纳入对学校的综合考核，分别占 4 分和 7 分。长教工委发〔2016〕164 号及长教工委发〔2016〕168 号将中小学校体育和中小学生体质健康水平作为领导干部个人考核的重要内容(2 分)，把中小学校体育和中小学生体质健康水平作为中小学校评优评先、合格性评估检查的指标(督导考核占个人考核分的 60%)，对中小学校体育工作成绩突出的单位和个人定期进行表彰，对中小学生体质健康水平持续三年下降的学校，在教育工作评估和评优评先方面实行"一票否决"。我委设立了举报监督电话(40244575)，接受群众监督。

(二)加强师资队伍建设，提高学校体育教育工作的教育教学质量

建设一支数量足够、质量合格而稳定的师资队伍，是全面推进素质教育，加强学校体育工作的基本保证。目前我区共配备体育专职教师 355 人，兼职体育教师 137 人。为了使体育师资队伍能够更好地适应新形势体育教学的发展要求，提高教育教学质量，更新教师教育理念，搞好新课程改革实验和学校体育卫生艺术的配套改革工作，我区加大了师资培训力度。积极参加各级举办的中小学体育与健康教学大纲培训、体育与健康新课程标准培训等相关培训，主动接受新的体育教学思想和理论，引导教师比业务、比技能，全年有 365 人参加了区级以上的专业培训并取得合格证书。参加重庆市第五届中小学体育教师技能比赛，荣获团体总分二等奖，民族民间或新兴体育项目以全市第五名的好成绩荣获团体一等奖，8 名教师全部荣获个人二等奖。

(三)加大经费投入，努力改善学校体育工作办学条件，保证学校体育活动的正常开展

我委将学校体育卫生工作经费纳入年度教育经费预算，加大学校田径场的建造、添置大型体育设施设备、体卫活动经费、奖励经费等的投入，体育卫生工作的长效保障机制逐步形成。不断增加投入，使我区中小学体育教学场地不足的情况得到了改善，学校体育活动场地得到扩大，学校体育教学活动正常开展。另外，为保证体育教学课健康、安全进行，各学校都配备了专人对体育器材进行管理、维护，经常检查体育器材的完好性和安全性，确保了我区没有因体育器材不安全而造成的学生伤害事故。

(四)抓学校体育特色，普及体育运动项目，健全体育竞赛制度，提高了体育竞赛水平

根据各学校特点，抓特色、促普及、育精英，我委在全区中小学成立了田径、游泳、射击、射箭、摔跤、柔道、跆拳道、散打、举重、羽毛球、网球、乒乓球、篮球、排球、足球、艺

术体操、体育舞蹈、中国象棋、围棋(今年新增)等 19 个项目的运动队 108 支,配备教练员 118 名,注册登记的在训队员有 1 520 名。狠抓校园足球的普及和推广工作,以 19 所各级"青少年校园足球活动学校"和 5 所"青少年业余体校"为辐射点,在全区学校积极开展校园足球工作。各学校广泛开展了丰富多彩的校园足球推进活动。同时,各学校结合实际,自行研发跳绳、滚铁环、踢毽子等传统体育项目的校本课程,深入开展阳光体育运动,形成了"人人有体育项目,班班有体育活动,校校有体育特色"的浓厚氛围,推选 3 所学校阳光体育大课间活动参加市级评比,获市一等奖 1 项,二等奖 1 项,三等奖 1 项。建立健全了中小学生体育竞赛活动制度,积极组织开展篮球、羽毛球、足球、象棋、乒乓球等竞赛活动,组织开展了中小学生田径运动会,增强了学生的体质,长寿区向体育强区不断迈进。在全国全市中小学生各种比赛中,我区运动员成绩优异。2017 年,我区运动员参加各级体育比赛,共获得国家级团体第三名 1 次,市级团体第一名 3 次,团体第二名 13 次,团体第三名 7 次,团体第四名 1 次,团体第六名 1 次,市级二等奖 1 项,三等奖 6 项,道德风尚奖 2 项,运动员个人获得国家级金牌 7 枚,银牌 8 枚,铜牌 3 枚;市级金牌 83 枚,银牌 76 枚,铜牌 86 枚,长寿中学黎立同学在市田径冠军赛中打破少年组男子 110 米栏市纪录。特别是在重庆市第五届运动会中,我区青少年取得了团体总分2 944.5 分的良好成绩,共获得金牌 38 枚、银牌 41 枚、铜牌 40 枚,在全市青少年组成绩中排第三名,取得新突破。今年十月,参加校园足球渝东南片区联赛,高、初中女子足球队均获得冠军,长寿中学男足获第五名。被确认为摔跤、田径、柔道、拳击、跆拳道五个项目市体育后备人才基地。

我委严格执行国家规定的中小学校课程计划,落实体育与健康课程方案和标准,严格按照课程设置标准,每周开足了体育课,做到师资、课时、教材、教案"四落实"。体育后备人才培养有措施,36 人考上体育单招重点本科。开展了中小学校教学评优一次,技能竞赛活动一次,学术交流活动两次,指导中小学校实施体育课程,提高教学质量。制订并实施中小学校体育考试工作方案,中学考试成绩计入升学总成绩(50 分),小学成绩计入学校素质目标考核(4 分)。

(五)认真实施《国家学生体质健康标准》,做好全体学生体质健康测试工作

区保健所积极测试学生的体质健康。要求各学校按照《标准》要求,将体质健康数据及时上报,区保健所对各校上报的数据进行统计、分析,根据本区学生的体质状况有针对性地进行指导。学生对自身健康的关注程度逐步增强,有针对性的自觉锻炼意识和习惯逐渐被养成,学生参与体育活动的主动性、积极性和体质都有了不同程度的

提高。2016 学年度，我区所有学校成功上报《国家学生体质健康标准》数据，及格率为 64.8%，良好率为 23.6%，优秀率为 3.1%。

我区学校体育工作取得了一些成绩，但农村学校体育教师中兼职教师还比较多，体育教师的培养、培训工作还需要加强。在今后的工作中，我们要进一步管理和指导学校体育工作，依照有关法律法规规范学校体育工作，不断提升我区中小学校体育卫生工作水平。

# 江津区

为认真贯彻落实《国务院办公厅转发教育部等部门关于进一步加强学校体育工作若干意见的通知》(国办发〔2012〕53号)、《重庆市人民政府办公厅转发市教委等部门关于进一步加强学校体育工作的意见》(渝府办发〔2013〕137号)、《学校体育工作条例》、《学生体质健康标准》等文件精神,全面深入开展学生阳光体育运动,根据《重庆市教育委员会关于启动学校体育工作专项评估的通知》(渝教体卫艺〔2015〕52号)文件精神,对照《中小学校体育工作评估指标体系》,我区在要求学校逐条进行自查的基础上,组成以分管副主任为组长的体育工作督导小组,对区内137所中小学的体育工作进行了认真督导和检查,现将我区体育工作自查情况汇报如下。

我区现有中小学137所,其中完全高中10所、普通高中1所、普通小学93所、普通初中18所、小学93所、九年一贯制学校13所、中职学校2所,在校学生163 524人,体育专职教师578名,兼职教师265名。近年来,在区委区政府的正确领导和各级各部门的支持下,全区上下始终牢固树立"以人为本,健康第一"的指导思想,积极贯彻面向全体学生的原则,以《学校体育工作条例》为工作依据,以新课程改革为核心,深入进行课堂教学改革;以"阳光体育运动"为主题,大力推行大课间活动,积极落实《国家体质健康标准》和学生体能素质测试工作,全面实施初中毕业升学体育考试制度,扎实开展丰富多彩的特色体育活动,不断强化足球、乒乓球、田径、篮球等各种体育运动团队的训练,全面提高学生的身体素质;各校高度重视体育工作,不断引进体育专业人才,强化培养中青年体育教师,明确教师成长目标规划,开发与实践好校本课程,建立了完善的管理制度和奖惩条例,从而全面开展学校体育工作,形成了自身的办学特色。

## 一、坚持“首在体育”，完善体育保障机制

### （一）政策保障，政府统筹

区委区政府高度重视体育工作，把加强全区中小学校体育作为贯彻党的教育方针、推进素质教育的重要工作，把增强学生体质作为中小学校教育的基本目标之一，定期召开会议专题，研讨工作，认真部署、狠抓落实。区级各部门严格按照区委、区政府要求，大力支持中小学体育工作。区发改委把提高中小学生身心健康水平纳入经济社会发展规划；区财政局制定和完善了相关政策措施，逐步建立起社会力量支持学校体育发展的长效机制；区体育局把学校体育工作作为全民健身计划的重点，在技术、人才、设施和组织建设方面为学校体育工作提供了大量的支持；区新闻媒体积极宣传学校体育工作，传播科学的教育观、人才观和健康观，在全社会营造出关心、重视学校体育工作的良好氛围。

### （二）组织保障，合理规划

区教委每年都把学校体育工作纳入教育发展计划，制订中小学体育工作年度计划、实施意见、工作方案等，规定了学校体育工作的地位、实施办法、奖惩措施等，每年召开会议，专题研究中小学体育工作，认真听取基层学校体育工作汇报，及时解决学校体育工作中的突出问题。区教委配备了体育专干一名，区教科所配备了初中、小学体育教研员各一名；各学校成立了体育教育工作领导小组，都由一名校级领导和一个部门具体分管体育工作，分工明确、职责到人。各学校每学期都把体育教育纳入正常工作计划，并利用校务会、行政会、备课会等研讨体育工作，总结先进经验，解决实际问题，学校体育工作不断得到加强和改进。

### （三）师资保障，建设队伍

我区现有578名体育专职教师，学历合格率达100%，部分学校配备的体育兼职教师学历均达到标准。为了提高体育教师的专业理论水平，区教委高度重视体育教师继续教育，定期组织体育教师学习现代教育理论，支持体育教师参加各级体育教研、培训活动，选送较优秀的教师参加高规格培训；认真落实中小学体育教师待遇，将体育教师从事相关工作计入教学工作量；关注体育教师道德修养，严禁体罚或变相体罚行为，要求各校每学期结束前根据《学生体质健康标准》对学生进行体育测试，我区体育教师师德修养、教学业务水平、学生体质健康水平测试情况三位一体全面提高。

(四)经费保障,改善条件

区教委按照教育部教体艺〔2008〕5 号文件规定配足配齐体育设施、器材,努力改善学校办学条件。千方百计筹措资金,不断加大投入,建设体育硬件设施,确保了体育教育工作正常运行,如为学校建塑胶运动场,添置室内外运动器材等;将中小学体育场地建设、体育活动经费纳入财政预算和基建投资计划,加大中小学校体育设施建设力度;区内公共体育设施向中小学生免费开放,鼓励和引导社会资金,支持和发展中小学体育,多渠道增加中小学校体育投入;学校的场地、器材由专人负责管理,公用经费按规是用于体育支出,场地、设施得到维修改善,购置器材、教具、挂图,落实体育教师业务培训及劳保待遇,基本保证了体育教学、课外体育活动和课余体育训练的进行。

(五)安全保障,关注健康

健全学校体育运动伤害风险防范机制,健康有序开展学校体育工作;健全了中小学校安全教育培训、活动管理、保险赔付管理等制度,完善校方责任险;建立校园意外伤害事件应急处理机制,建立与公安、卫生、交通等部门的配合协作机制,依法妥善处理中小学体育意外伤害事故。学校建立了《体育工作安全制度》,加强对师生的安全教育,完善了学校体育设施、体育课程和活动的各项管理体系,进一步明确了安全责任,制定安全措施,做好防范工作,确保师生安全。

(六)制度保障,狠抓落实

为了保证学生每天参加一小时体育锻炼,让“每天锻炼一小时,健康工作五十年,幸福生活一辈子”的理念深入人心,我们拟定了各种制度对学校体育工作进行督导和评估。一是把中小学体育工作和中小学生体质健康状况纳入部门年度工作考核指标体系,把中小学校体育和中小学生体质健康水平作为领导干部业绩、部门工作考核的重要内容。二是把中小学校体育和中小学生体质健康水平情况与学校评先评优挂钩,每年都要评选体育工作先进集体和先进个人。三是把中小学校体育重点工作和中小学生体质健康状况纳入教育督导评估检查指标,并制订体育工作专项督导评估方案,对督导评估结果实行公示、整改、问责制度。四是认真落实阳光体育活动,通过家长会、校讯通等向社会公布举报监督电话,逐级上报区内中小学校体育工作落实情况,建立公示制度,利用校园网络、宣传栏、文化橱窗等对体育经费投入情况、教师队伍建设情况、中小学生体质健康状况等予以公示。

## 二、坚持“以人为本”，切实抓好体育教学工作

### (一)以新课标为准则，规范开齐开足课程

严格执行国家规定的中小学校课程计划，开齐开足体育课，落实体育与健康课程方案和标准。每学年各校体育教研组根据区教科所体育工作计划和学校工作计划，结合体育课标要求和学生实际，制订出学校体育教学计划，确保每堂体育课都有计划、有组织、有重点，坚决杜绝“放羊式教学”。在课堂教学中，各校体育老师精心备课，使学生全面掌握新课程所规定的各项健康常识及体育技能，以改革教学方法和组织形式为基本途径，不断优化课堂教学，保证每位学生都能学到体育知识、掌握锻炼技巧、提高身体素质。为了检查与督促体育课教学效果，学校制定了听课制度，规定校长和分管校长每学期坚持听体育课 4 ~ 6 节，定期开展“优质课”“达标课”“示范课”“随堂课”等。

### (二)以新课标为动力，提高课堂教学水平

区教科所每年都制订体育教师培训计划，定期开展教学观摩、课例研究，大力推行教师基本功竞赛等活动，定期到校督导体育教学工作，指导学校体育课程。学校有重点地加强了教师对新课标学习的要求，教师们积极落实新课标的精神，用创新的思维改革课堂教学的模式，逐步认识和掌握新课程标准下体育教学的新规律，以“健康第一、兴趣为主、发展为中心、差异为保障”为体育教学目标，逐步建立了充分体现“尊重、民主和发展”精神的新型师生关系，形成了以“自主学练、合作学练和探究学练”为主的小组合作教学模式，使学生学习的主动性和创造性得以充分发挥。

### (三)以新课标为导向，改进学生评价系统

区教委制订并实施了中小学校体育考试工作方案，考试成绩计入升学总成绩。在工作中，我们以新课标为准绳，根据学生的身体和心理特点，改进学生评价系统，从学生的自身条件出发，因材施教，对学生进行正确的、“四位一体”的评价，考查学生自觉锻炼身体的意识和习惯、特长项目的熟练程度和身体素质状况，做到过程评价与终结评价相统一、动态评价和绝对评价相统一、学生评价和教师评价相统一、定量评价与定性评价相统一。实践证明，学生的身体素质和课堂效率显著提高，学生的积极性和兴趣得到了保护，学生自觉锻炼的意识增强，学生的活动意识、竞赛意识以及竞赛的观赏性、竞赛水平都得到了提高。

## 三、坚持"以校为本",切实推动体育活动开展

### (一)让课间操成为校园亮丽的"风景线"

我区继续积极推广大课间活动,要求各校制订适合校情的组织方案,确保学生每天锻炼一小时。同时,加强体育工作检查,定期检查学校体育教学、"两操"和大课间活动开展情况,经常组织教师相互观摩和交流,认真落实两操和"大课间"制度。全区各中小学基本实现了"五化",即号令音乐化、内容校本化、动作整齐化、队形多样化、管理自主化,让大课间体育活动的整体性、趣味性、实效性和特色性得到发展。经过几年的努力,课间操已经成为我区体育特色的一部分,成为校园最亮的一道风景线。

### (二)让特色活动成为学校体育的"名片"

我区大力推广校园足球、啦啦操活动,举办了区内足球联赛和健身操比赛,我区西城小学女队、实验小学男队、吴滩中学女队、双福育才初中男队、田家炳中学高中男队、江津八中高中女队参加校园足球渝西片区赛(江津赛区)比赛,西城小学女队、双福育才男子、江津八中高中女子进入市级总决赛,其中西城小学女子获第七名,双福育才中学获第六名。区内各学校也结合校情,开展了各具特色的"2+2"体育、艺术活动,如四面山小学门球、龙门小学排球、大桥中学花式跳绳等,这些特色活动成为我区体育工作的一大"名片"。

### (三)让兴趣社团成为课外活动的"轻骑兵"

各校积极开展课余体育训练工作,因地制宜成立了各种兴趣小组,开展社团活动,选拔体育苗子。这些社团有的利用早晚课余时间、寒暑假时间,带领运动员坚持不懈地进行日常训练,做到科学训练、重点培养,为高考升学打下良好基础;有的积极组织开展课外体育活动,带领学生参加各类比赛;有的创新工作,主动承担夏令营、冬令营训练任务,为学校体育工作注入了无尽活力,成为引领学校体育工作的健康、快速发展的"轻骑兵"。

### (四)让运动会成为孩子们向往的"体育节"

区教委建立健全了中小学生体育竞赛活动制度,每年都要定期举行中小学生田径运动会及各种球类比赛,以此推动学校的体育工作。每学年,区内各校根据实际情况开展一些传统体育竞技项目,包括春(秋)季田径运动会、广播操以及拔河、乒乓球、跳

绳、篮球、足球、排球等比赛。各项活动都先由学校领导亲自挂帅,体育教研组制定出竞赛规程、比赛规则、活动安排等,然后由体育教师利用体育课和课外活动时间对比赛项目进行专门指导。每次活动都做到了赛前有计划、过程有记载、赛后有总结,确保获得实效。

## 四、坚持“健康第一”,促进学生体质健康发展

推行《国家学生体质健康标准》是促进学生体质健康发展、激励学生积极进行身体锻炼的教育手段。我区全面实施《国家学生体质健康标准》,学校一直把体育达标作为一项重要工作去抓,按《国家学生体质健康标准》制订了实施计划,建立健全了相关测试制度。每年学校都组织体育教师认真测试学生体质健康,建立了《学生体质健康标准》信息库,科学分析中小学生体质健康状况,规范档案管理,并按要求公布结果、上传数据和纳入学生综合素质档案。全区中小学实施面达 100% ,中小学生测试面达 100% ,测试合格率达 95% 以上。

## 五、存在的不足

尽管我区一直注重体育常规工作方面的管理并有效落实,体育工作得到有效发展,但一些问题仍制约着学校体育工作。

### (一)少数学校体育场地严重不足

由于历史原因及学校周边环境限制,部分学校校园场地受到制约,我区农村学校学生运动场地基本达标,但城区学校达标率略低。

### (二)专职体育教师亟待补充

现在全区共有专职、兼职体育教师 843 名。部分学校体育教师的工作量较大,一定程度影响了课外体育活动的开展,尤其缺少足球专项体育教师。

### (三)运动器材不足

一些农村学校由于受到资金的限制,增添的器械有限,加上破损、政府采购的设备还未能及时到位,我区部分学校体育器材数量对照新标准还略有差距。

# 合川区

根据《重庆市教育委员会办公室关于做好2017年中小学校体育评估工作的通知》(渝教办函〔2017〕228号)要求,对照《学校体育工作评估指标体系》,我区在要求学校逐条进行自查的基础上,成立了以分管副主任为组长的体育工作督导小组,由小组对区内150所中小学的体育工作进行了全面细致的检查,现将我区体育工作自查情况汇报如下。

## 一、基本情况

我区现有中小学150所,其中小学116所、初级中学20所,九年一贯制学校4所、普通高中1所,职业教育学校1所,完全中学8所;在校学生127 657人,体育专职、兼职教师687名,配备率达100%。近年来,在区委区政府的正确领导、各级各部门的支持下,合川区学校体育工作有所提升。各校严格按照相关条例,严格执行体育开课率标准,学校体育课开课率达100%。我区积极推进阳光体育运动,认真推广《体育、艺术、科技"2+2"班级展示活动》,大力推行大课间活动,积极落实《国家学生体质健康标准》测试,积极按时上报相关数据,全面实施初中毕业升学体育考试制度,开展丰富多彩的师生体育运动,有效地推动了体育教育工作,学生的身体素质有了稳步的提高。

## 二、学校体育工作开展情况

体育教育是基础教育的重要组成部分。我区全面树立健康第一思想,提出了"健康第一""我运动、我健康、我快乐"等口号,全区教师统一思想,形成共识,牢固树立体育教育和人才培养新理念。

（一）以完善机制为保障，确保体育工作落到实处

一是由区教委副主任任组长，定期召开联席会议，研究学校体育工作。区教委德体卫艺科副科长负责分管学校体育工作，体育教研员负责学校体育工作。学校每学期都将体育工作纳入党政工作，成立了以校长为组长的学校体育工作领导小组，定期进行讨论研究。

二是每年初期，各校体育教研组根据《合川区 2017 年中小学生体育竞赛通知》和《学校工作计划》，结合体育课标要求和学生实际，制订出学校《体育教学计划》。坚决杜绝放羊式教学，确保每堂体育课都有计划、有组织、有重点；保证每位学生都能学到一点体育知识、掌握 2 项锻炼技巧、得到科学有效的锻炼。

按照课程设置要求，区内各中小校都按计划每周开 2 ~4 课时体育课，并保证课程计划的实施，开课率达 100% 。在课堂教学中，各校体育教研组老师精心备课，使学生全面掌握新课程所规定的各项健康常识及体育技能，改革教学方法和组织形式，不断优化课堂教学，努力提高体育教学质量。

三是充分发挥《国家学生体质健康标准》的导向作用。将千万学生阳光体育运动与贯彻《国家学生体质健康标准》相结合，配备必要的测试仪器，杜绝敷衍了事等行为，促使学生积极参加体育锻炼。各学校建立了《国家学生体质健康标准》测试报告制度，将小学生的测试成绩记入成长记录或学生素质报告书，初中及以上学生记入学生档案（含电子档案）。学生只有测试成绩达到良好及以上才能参加三好学生等评选。普通高中、中等职业学校学生毕业时，测试成绩达不到 50 分者按肄业处理。学校严格执行体育教学考勤制度，每天严格做好教师上课和学生参加体育活动的情况记载，督促学生积极参加体育活动。建立了《国家学生体质健康标准》通报制度，定期向社会和家长通报实施情况和测试结果，同时加强数据分析，逐步实现《国家学生体质健康标准》工作的规范化、制度化和科学化。

（二）以基础建设为抓手，确保体育工作顺利实施

一是加强师资建设。我区现有 521 名体育专职教师，学历合格率达 100%；部分学校缺乏体育教师，通过转岗培训得到了兼职体育教师，学历也均达到标准。二是配备管理队伍。为了提高体育教师的专业理论水平，教科所把全区 30 个镇街辖区内学校和直属学校分成 8 个片区，确定中心组，认定教研组组长，定期组织体育教研活动，组织体育教师进行专业化培训，学习新课程标准等课改方面的资料，开展教学观摩，大力推行教师基本功和体育教师基本素质竞赛等活动。同时关注体育教师道德修养，严

禁体罚行为。三是加快硬件建设。在财政十分紧张的情况下，千方百计筹措资金，不断加大投入，建设体育硬件设施，确保了体育教育工作正常运行，各校的体育教学条件也得到改善。

（三）以丰富活动为载体，确保体育工作取得实效

体育改革创新的宗旨，就是增强学生体质，就是营造寓教于乐、趣味健身、陶冶情操的教学氛围。近几年来，在各级各部门的领导和支持下，我们在落实阳光体育号召、加强两操、创新校园体育活动形式方面不懈努力，全区体育教学质量有了很大提高。

一是广泛开展“大课间”活动。各中小学合理调整作息时间，将每天上午课间操时间延长到35～40分钟，大力倡导、推行课间操和校园啦啦操及地方民族舞。二是深入实施“体育、艺术、科技‘2＋2’”项目，使学生至少掌握2项以上科学健身的体育项目，并养成良好的体育健身习惯。三是广泛开展体育课外活动。各校都成立了体育活动兴趣小组，组建了班级代表队、校级代表队，组织有运动天赋和体育特长的学生坚持常年系统训练，培养优秀体育后备人才，形成学校体育特色。四是开设足球课，要求全国校园足球特色学校开设1节足球课，有条件的学校可开设足球专业课。今年我区全国校园足球特色学校从14所增加到15所。五是坚持举办全区性体育活动。每年年初与区体育共同制订全年体育赛事计划，坚持每年春期举办全区中小学篮球赛、中小学生乒乓球赛、中小学生跳绳比赛、中小学生跆拳道比赛，秋期举行全区性的中小学生田径运动会、中小学生羽毛球比赛、中小学生足球联赛，各镇街根据辖区内特色学校的项目，组织参加区级赛事，做到每校有特色，每校有项目。六是以区第一、第二业余体校的运动项目为依托，在区内部分学校布点实施区内重点项目，培养和输送更多体育人才。

## 三、存在的问题

尽管我区一直注重体育常规工作方面的管理并做到有效落实，体育工作得到有效发展，但一些问题仍制约着学校体育工作。

（一）少数学校体育场地严重不足

由于历史原因及学校周边环境限制，部分学校校园场地受到制约，我区个别农村学校学生运动场地基本达标，但城市学校达标率略低。

（二）专职体育教师紧缺

《国家学校体育卫生条件试行基本标准》明确规定：小学1—2年级每5～6个班配备1名体育教师，3—6年级每6～7个班配备1名体育教师。照此计算，我区小学体育教师严重紧缺，专职体育教师亟待补充。

（三）学校体育工作发展不平衡

主要表现在城镇学校和农村学校的不平衡，优质学校和薄弱学校的不平衡，学校教学中体育学科和其他学科发展的不平衡，学生教育中面向全体学生和针对少数学生的不平衡。种种不平衡制约着城乡教育均衡发展，制约着面向全体学校、全体学生的素质教育的实施，不能不引起我们的忧虑。为了改变这种状况，我们一方面要求各级各类学校更新观念，提高认识，树立新的教育观、质量观、人才观，坚持面向全体学校和学生，把体育作为学校教育工作的重点强力推进，尽快解决农村学校体育教学的薄弱状况；另一方面，要开展农村学校体育实验工作，通过实验，在农村学校体育观念、教育管理、教学内容和形式、师资培养培训以及教育教学评价等方面，总结探索出一些切实可行的农村学校体育教育改革与发展的路子。同时，我们要求所有学校坚持科学发展观，重视每一个学生的全面发展。学校体育工作的主要阵地在课堂，我们必须要深化教育教学改革，加强科学研究，向课堂要质量，不断提高教育教学水平，使学校体育工作真正落实在每一个学生身上，促进学生全面发展，全面提高学生素质。

## 四、今后努力的方向

更新观念，认真贯彻课改精神。我区继续以中共中央国务院《关于加强青少年体育增强青少年体质的意见》《学校体育工作条例》为指导，贯彻《重庆市教育课程改革实验纲要》精神，结合体育与健康课标的要求，有组织、有计划地开展教育教学、教研教改活动。坚持“健康第一”“以人为本”理念，遵照学生身心发展规律，调动学生参与体育教学的积极性。

抓好硬件设施建设。改善校园体育场地和投入设施设备，提高学校体育条件。

加强体育师资队伍建设，不断争取政府支持，配齐配足专职体育教师。

以专业的教育教学为基础，以深入的教研成果为指引，以科学有效的训练为目标，全面育人，全面提高体育教师专业知识和教学教研能力。

# 永川区

为贯彻《国务院办公厅关于强化学校体育促进学生身心健康全面发展的意见》(国办发〔2016〕27 号)、市政府办公厅转发了市教委、市发改委、市财政局、市体育局《关于进一步加强学校体育工作的意见》(渝府办发〔2013〕137 号)精神,我区全面树立"健康第一"的指导思想,始终以终身体育理念为导向,以推进素质教育为抓手,以培育学校体育特色为重点,注重提高学生的体质健康水平,扎扎实实推进中小学体育工作,取得明显成效。按照《重庆市教育委员会办公室关于做好 2017 年中小学校体育评估工作的通知》(渝教办函〔2017〕228 号)要求,全区中小学于 2017 年 11 月 10 日前完成了自评工作。区教委组织基教科、督导室、教科所、卫保中心等科室对各校的自评情况进行了抽查复核,现将我区中小学 2017 年度体育工作报告如下。

## 一、基本情况

全区共有中小学 125 所,民办学校 3 所,在职教职工 9 070 人,在校学生 13.91 万人。区教委对学校体育工作专项评估进行了复核,复核结果为优秀 38 所,占30.65%;良好 57 所,占 45.97%;合格 29 所,占 23.39%;有加分的学校 32 所,占 25.81%。

## 二、主要工作

### (一)强化组织建设,健全体育工作管理机制

一是成立领导小组。由区教委主任担任组长,分管领导担任副组长,基教科、计财科、人事科、卫保中心、教科所等科室负责人为成员,基教科确定专人主抓体卫艺工作。区教委多次召开学校体育工作专题会,听取学校体育工作汇报,研究部署全区学校体育教育工作。分管领导深入学校,及时为学校解决学校体育工作方面的各种问题。区

教委将体育工作纳入年度计划,把“每天体育锻炼一小时”、阳光体育运动、“2+2”项目、“1+5”行动计划等实施情况列入学校综合督导考核内容。区教委建立了全区中小学校园意外伤害应急管理办法,制定并实施体育安全管理制度,确定校长为第一责任人。

二是学校职责明确。各中小学校长负总责、分管教学副校长具体负责体育工作,将体育工作列入校长工作职责。要求校长、分管校长深入体育课堂、教研组开展教学研究。全区中小学按市教委课程计划开足开齐体育与健康课程,创新形式与内容,开设体育课程辅助活动。

三是建立公示报告制度。各中小学因校制宜,制订并实施“学生阳光体育运动方案”、学校体育活动计划与要求,利用公告栏、家长会、校园网进行公示,并设置监督电话,保证学生在校期间体育锻炼每天不少于1小时。

(二)深化课程活动,提升体育工作教学实效

一是加强过程管理与研究。区教委将体育与健康教学纳入教学常规管理。各中小学校体育与健康课教学计划、单元计划、课时计划齐全,将体育与健康课堂教学纳入“卓越课堂”建设,实施校本教研、领雁工程、片区教研、名师工作室教研等活动,提高课堂教学效益。本学年共推出体育骨干教师示范课30余节,青年教师汇报课40余节,举行了体育教师基本功大赛。严格执行体育课考勤和考核登记制度,并将结果放入学生档案,作为学生综合素质过程性评价的内容。

二是丰富活动内容与形式。各校制订了阳光体育运动工作方案、基本要求并认真落实。各校将校园体育活动时间和内容纳入教学计划,列入课表,多数得到有效实施。绝大多数学校组织了大课间活动,召开了春季或秋季运动会,开展了体育、艺术“2+1”项目。各学校通过课堂、专题讲座、主题专栏等,开展体育安全教育,提升学生运动自我保护意识和能力。区教委组织了中小学生田径运动会、排球比赛、篮球比赛、中小学校园足球甲级乙级联赛、羽毛球比赛、学生中长跑比赛、乒乓球比赛、校园集体舞比赛等,激发了全区中小学学生的运动热情,培养了一批体育运动苗子,挖掘了一批体育竞技选手。

(三)优化队伍设施,夯实体育工作条件保障

教师队伍专业化不断提升。全区配备体育专职教师682人,其中,中学240人,小学442人。按照“以专带兼、专兼结合”的思路,专业体育教师充分发挥优势,引领非专业教师专业化发展,各校配足配齐了专职和兼职体育教师。体育教师的工资待遇、

职务评聘等与其他任课教师同等对待，组织学生课外辅导培训、体质健康测试等工作被纳入教学工作量。各校坚持开展体育教学研究，体育教师定期参加集体备课等校本教研活动。区教委积极组织体育教师相关培训，举办体育教师专业技能考核大赛、体育教师论文评比等。加强了体育教师师德建设，实行体育教师师德承诺制，提升了我区体育教师专业素养。

场地设施设备不断改善。启动了学校塑胶运动场建设计划，使每个镇街至少有一块塑胶运动场。实施了体育场地改建计划，投资 2 000 万元改扩建或翻新学校运动场约 30 块，使所有学校有平整、整洁的体育场地。实施了体育设备配备计划，为学校配齐配足了篮球、足球、排球等体育用品，配备了塑钢篮球架、标准乒乓球台等，保障了学生有场地、有器材、有体育特长、有多种项目选择。体育场馆、设施管理制度健全，维护及时，运行安全。各校体育场地、器材、设施由专人负责管理，学校体育场地、设施课余和节假日向学生开放。体育经费得到保障，学校体育工作的正常需求得到满足。

（四）细化体质测试，加强学生健康水平监控

区教委严格实施了《国家学生提质健康标准》，按计划做好了全体学生体质健康测试，并妥善保存了原始数据，按国家要求上报了测试数据。各校在校内公布了学生体质健康测试结果，并通报至学生及家长。区教委已出台学生综合素质档案管理制度，将学生体质健康水平作为学生综合素质档案的主要内容。区教委组织基教科、教科所、督导室、卫保中心等科室，联合对学生体质健康标准测试结果进行了分析，科学把握学生体质健康状况，制定了进一步提升学生体质的工作措施。

## 三、工作成效

（一）落实了课程计划

认真落实市教委“减负提质”十项规定，严格执行市教委颁布的课程计划，义务教育阶段所有学校每周安排了三节体育健康课并科学分布，安排一节体育课辅活动在没有安排体育课的日期，剩余一天安排社会实践课或课外活动课，让学生天天有运动、天天能锻炼，基本保证了学生每天在校运动 1 小时。

（二）落实了考核评价

将中小学生每天一小时校园体育活动纳入学校综合督导考核，对学校课程安排、课时执行、教师到岗情况等方面，定期组织督查，随时进行抽查。实施中小学学生综合素质评价，将参加体育锻炼情况作为其中的一项重要内容进行过程评价。体育考试成

绩计入初升高总成绩。认真选拔与培养体育苗子生,2017 年,招体育特长生 101 名,占体艺特长生招生总计划的 90.2% 。

(三)促进了体育运动提档升级

一是从校内向校外延伸。在加强校内体育活动、保障校内活动时间的同时,以"健康永川"建设为依托,全面开放体育中心、体育馆、登山步道等,免费提供城市自行车、公共健身器械等,各学校不定期组织开展跑、跳、蹬、游等校外体育活动,把健康运动、强身健体理念贯穿到了中小学生学习和生活之中。

二是从常规向特色发展。除坚持开展常规的体育活动,各中小学还结合学校办学特色和师资力量,创造性地开展丰富多彩、形式多样的特色运动。在重庆市中学生田径运动会中荣获高中组团体第六名、初中组团体第八名。全区有 6 支足球队进入市级总决赛。双石中学获得重庆市青少年拳击锦标赛男子乙组团体总分第三名、女子丙组团体总分第二名、拳击冠军赛女子甲组团体第三名。体育教师在市级体育教师技能比赛、论文评比中获奖 38 人次,在各类市级体育竞赛中被评为优秀教练员、裁判员 16 人次。永川中学在 2017 年全国中小学体育优质录像课比赛中荣获二等奖。永川中学等 20 所学校被评为永川区第二批校园足球特色学校。

三是锻炼与竞技相结合。体育运动锻炼学生身体素质,竞技体育展示学校精神风貌。各校对竞技体育工作均非常重视,选派优秀师资,选拔爱好体育运动、有一定天赋的学生组成训练队,常年训练不间断,我区竞技体育整体水平不断迈上新台阶。

## 四、存在的问题及努力方向

一是农村中小学专职体育教师不足,体育设施设备不足,新招聘大学生流动性较大,致使部分学校体育课教学水平不高,体育活动无法常态化和专业化开展。

二是城区部分学校学生人数过多,生均体育场馆面积不足,学生大课间活动缺乏保障。

三是个别学校对体育工作不够重视,管理不到位,体育活动的内容与形式比较单一。在下一步工作中,区教委将深入贯彻落实教育部和市教委的有关要求,进一步增强责任感,精心落实、强化管理、提高保障,使我区学校体育工作迈上新台阶。

# 南川区

近年来,我区深入贯彻落实《中共中央国务院关于加强青少年体育增强青少年体质的意见》和《教育部关于印发〈学生体质健康监测评价办法〉等三个文件的通知》精神,全面推进学校体育工作,关注学生的身心健康,促进学生全面、健康、和谐发展,认真落实学校体育工作评估和年度报告制度。根据《关于做好 2017 年学校体育工作评估和年度报告的通知》要求,采取学校自评、片区复核、区教委抽查等评估模式,对全区中小学体育工作进行了专项评估。现将体育工作自查情况报告如下。

## 一、基本情况

全区共有中小学 66 所,其中普通小学 48 所,单设初中 8 所,九年一贯制 3 所,十二年一贯制 1 所,完全中学 5 所,职业中学 1 所。全区中小学生共计 78 039 人,其中小学生 46 064 人,初中生 17 188 人,高中生 14 787 人。全区在职公办教师 5 335 人,其中专职体育教师 253 人,兼职体育教师 122 人,体育教师缺额 22 人。

## 二、工作开展情况

### (一)组织管理到位

1. 健全组织,狠抓管理

我区高度重视学校体育工作,成立了以区教委主要负责人为组长的学校体育工作领导小组,召开了 2017 年学校体育工作会,对学校体育工作专项评估进行了安排部署,把全面贯彻《学校体育工作条例》等工作要求纳入各级各类学校年初教育工作计划。及时汇总数据,组织相关人员对学校体育专项评估工作的开展情况进行督查,为基层学校体育工作“把脉问诊”,切实摸准基层学校体育工作开展面临的实际问题。

2. 着力培养，提高素质

近年来，区教委大力实施学校内涵发展三年行动计划，积极推进基础教育课程改革，认真落实两项工程和教育均衡发展，指导学校特色发展，全力提升学生素质，培养学生核心素养。

一是推进体育特色学校创建工程。采取“划分区域，各段统筹”的原则，统一规划体育特色学校的项目和数量，体育特色学校实行项目申报制，学校的办学思路、场地、师资、师生参与面、校园文化、教育成果等方面达到入选条件后，通过申请、同意、实施、验收、授牌等程序予以确认，对特色学校实施动态管理，复评不合格取消资格，为体育名生成长成才提供肥沃“土壤”。我区有体育特色学校 13 所，其中国家及重庆市青少年校园足球学校 10 所，重庆市级其他体育特色学校 3 所。

二是实施体育名生培养工程。修订完善招生政策，构建体育特长生初、高中培养衔接的通道，积极构建体育名生发现、输送和培养体制，拓宽学生成才之路。积极探索、完善培养模式，采取“校内培养 + 集中培训”模式，对体育特长生单独编班并实施分层教学，拓宽他们的成才之路。2017 年高考为全国知名体育院校提供优质学生 36 名。

3. 体育达标，正常有效

全区各学校认真推行《国家体育锻炼标准》和《学生体质健康标准》，要求学校按照标准认真组织实施，学校通过扎实开展“阳光体育大课间活动”“一小时体育锻炼”等活动，促使学生体质健康达标。

4. 组织活动，增强体质

一是校级开展多样体育竞赛。学校每年有计划组织召开春秋季运动会、单项体育赛事和趣味体育活动。同时结合大课间认真开展具有学校特色的传统体育项目活动。

二是区级定期开展全区大型赛事活动，组织每年 10 月体育活动月系列活动和中小学生田径运动会、中小学生篮球赛、中小学生足球赛等大型赛事活动。认真组织、参加重庆市级活动，今年组织、参加重庆市渝西片区校园足球联赛，取得了较好的成绩。南川隆化一小获小学男子组冠军、小学女子组季军，南川中学获高中男子组第四名。办好大型单项赛事活动，为学生提供展示平台。此外与重庆市电视台联合开展了“法国里昂足球俱乐部格雷瓜尔 · 萨特南川校园行公开观摩课”活动。

（二）条件保障得力

1. 师资配备与培训

我区一直把优化体育教师队伍作为提高体育工作水平的重要环节。参照《国家学校体育卫生条件基本标准》均衡配备师资，共配备了专职体育教师253名，兼职教师122名。

一是通过“特岗招聘”“免费师范生”“支教”等，竭力为乡镇配备体育教师，有效解决乡镇无体育教师或体育教师缺额问题。

二是将体育师资培训纳入国培、市培计划，今年参加脱产和短期国培的体育教师达18人次，组织区级大规模薄弱学科培训1次，校园足球教师专业培训1次。同时注重提高体育教师专业素质，加强教研培训和课堂改革培训，有计划地组织开展区级体育教师教研活动和赛课活动，积极提升体育教师的专业素养。

三是在职称评聘、职务晋升方面，对体育教师公平公正，要求各学校按规定切实落实体育教师工作量补贴、服装费等待遇。

2. 体育设施设备

加大体育设备、设施投入，将其纳入“全面改薄”工程，并借创建国家义务教育发展基本均衡区之机，加强学校体育场地新修、改扩建和体育器材的配备工作。今年，总投资1亿余元，新增软化运动场26万平方米，新建运动场11.4万平方米，投资193.75万元，对不足的器材及时进行补充。各学校设有体育器材保管室和管理员，分类存放各类器材，定期对体育器材进行检查维修，做好记录，确保体育课和体育活动的顺利开展。年底，未达国家体育器材配备标准学校的体育器材和场地均被纳入整体规划建设。部分学校体育场地、运动设施向社会免费开放。

3. 公共体育卫生服务

我区高度重视学生体质健康，每学年中小学卫生监督保健所有组织地对在校学生进行一次免费健康体检，并建立学生健康档案，学校将学生体检的情况及时反馈给学生和家长，班主任也掌握本班学生的体质状况，将一些需要特别关注的学生情况及时告知体育教师，以保证学生的运动安全。全区学校参加了校方责任险和学生幼儿意外伤害保险及运动会专项保险，切实减轻了学校体育安全事故责任负担。

（三）评价机制有效

各学校遵循体育工作规律，结合工作实际，抓好日常体育工作，建立学校体育教师工作考评机制，体育教师职称评定、职务晋升与其他教师同标准。全区体育教师精神风貌良好，工作效果突出。同时，丰富、完善学生评价体系，不再唯“分数”论，将学生体质健康水平作为学生综合素质档案的重要内容，使学生全面发展、身心健康、体魄强健。

（四）着力体质提升

为顺利完成《学生体质健康标准》测试、数据上报工作，区教委要求学校制订学校《健康标准》开展计划，组织学生有针对性地认真开展训练，由校长领导，由体育组牵头，以班主任为组织者，以任课体育教师为指导员，校医室协同配合，多方努力，齐抓共管，共同组织实施，使全体学生踊跃参加体育锻炼，高要求、高质量地完成《学生体质健康标准》测试。对跳绳、掷实心球、立定跳远等项目进行现场测试，并积极汇总、上报数据，确保真实有效。

## 三、主要不足及努力方向

一年来，我区体育工作取得了较大进步，但工作中还有不足，存在的主要问题：一是少部分学校专职体育教师配备不足，师资配备不均衡；二是体育教师课改力度尚需加强；三是开展足球及单项体育竞技的校际交流活动较少。下一步，我们将以此次体育专项评估工作为契机，按照各位领导、专家提出的意见和要求，针对问题，认真对照标准，细化工作措施，强化整改落实。从区教委管理层面进一步突出体育工作的重要性，一是力争采取政府购买服务等方式，聘请优秀职业足球、篮球运动员、教练员进行业余训练，不断提高学生的竞技水平。二是通过多渠道充实、培养体育教师，均衡配置到乡镇学校，扎实推进体育学科课程建设和课堂改革步伐，加大教科研力度和培训进修力度，有序、健康发展学校体育工作。三是采用“请进来，走出去”等多种方式，增加校际交流的频率，不断提高校园足球的竞技水平。四是强化督导检查。严格落实学校体育工作专项督导制度，完善学生体质监测制度，为学生健康成长保驾护航，进一步提升南川区学校体育工作水平。

# 綦江区

为了认真贯彻实施体育工作评估和年度报告制度。现将 2017 年綦江区学校体育年度评估报告如下。

## 一、组织管理

### (一)管理到位

各学校均成立了政教、教务、总务、共青团(少先队)等部门参与的体育工作领导小组,明确职责、落实分工,但研究工作还不定期、不系统。

区教委每年制订学校体育工作要点和行事历。各校均将体育纳入学校整体工作计划,制订具体计划,但在组织实施、定期检查、考核方面各学校情况差异较大。

各学校建立了校园意外伤害事故的应急管理机制,制订和实施体育安全管理工作方案,确定责任人,落实责任制。

### (二)领导重视

区教委专门确定一名副主任管理体育工作,成立了体卫艺科,现有 4 名工作人员。全区各校校长将学校体育列入工作职责,确定一名副校长分管体育工作。

全区学校普遍达到“每学期校长听体育课不少于 4 次,分管校长不少于 6 次”的标准。严格、认真实施重庆市课程计划。

### (三)监督检查

在公布学生阳光体育运动工作方案、基本要求和监督电话方面执行较差。

利用公告栏、家长会和校园网,每学期通报一次学生体育活动情况,执行较好。

## 二、教育教学

### (一)课程教学

体育与健康课程教学计划、单元计划、课时计划齐全。全区学校基本能依据课程标准组织体育教学,完成教学任务。不断加强教学研究与课程教学改革,提高教学效果。各校能执行体育课考勤和考核登记制度,但将结果放入学生档案的学校较少。

### (二)校园体育活动

各校均制订阳光体育运动工作方案和基本要求。均能将校园体育活动时间和内容纳入教学计划,列入课表,但实施不够严格。

全区统一要求每天上午安排40分钟的大课间体育活动,有的学校达到50分钟;下午的体育活动,因场地限制和农村学校走读生回家问题,执行情况不佳。

区教委每年召开田径运动会、篮球乒乓球运动会、校园足球联赛。基层学校除个别学校每年召开两次运动会外,绝大多数学校只召开了一次运动会。

我区开展了体育、艺术、科技“2 + X”项目,小学有60%的学生能至少掌握2项日常锻炼的体育技能,初中及以上有80%。

我区各学校非常重视体育安全,注重日常体育安全教育。

## 三、条件保障

### (一)教师队伍

全区共有体育教师400余名,总体上达到国家规定要求,但存在学校间结构性缺编的问题,农村学校缺编情况较为严重。

基本做到体育教师职务评聘公平、公正。基本达到体育教师工资待遇与其他任课教师同等对待。将开展课外体育活动、组织学生体质健康测试纳入教学工作量。

规模较大的学校能较好地做到集体备课、校本教研,但农村薄弱学校或规模较小的学校无法做到。仅有60%的学校达到体育场地、器材、设施达标。全区体育教师参加集中80学时全员培训。

### (二)场地器材与经费

全区学校场地基本实现塑胶化,体育场地平整、整洁,符合体育活动和体育教学要求。体育场馆、设施管理规范，维护及时，安全可靠。学校体育场地、器材、设施由专人负责管理。课余和节假日体育场馆向学生开放。

公用经费用于体育支出无相关明确规定，各学校体育工作支出情况参差不齐。

## 四、学生体质

### (一)开展学生体质健康测试

9—10 月，按《国家学生体质健康标准》，测试全区每名学生体质健康。

妥善保存学生《国家学生体质健康标准》原始数据，区教委将此数据统计入全区学校每学年年初报表。按国家要求上报测试数据。

### (二)测试结果

94.3% 以上的学生达到《国家学生体质健康标准》合格以上等级。30% 以上的学生达到良好以上等级，并逐年增长。

### (三)测试评价

每年在校内公布学生体质健康测试总体结果，并通报至学生及家长。学生体质健康水平未作为学生综合素质档案的重要内容，并形成制度。

因 2014 年和 2015 年学生体质健康标准进行调整，不便分析学生体质健康标准测试结果，无法动态把握学生体质健康发展趋势。

# 大足区

为了认真贯彻落实《教育部关于印发〈学生体质健康监测评价办法〉等三个文件的通知》(教体艺〔2014〕3 号)精神,切实加强学校体育工作,根据重庆市教委《重庆市教育委员会办公室关于做好 2017 年中小学校体育评估工作的通知》(渝教办函〔2017〕228 号)要求,大足区认真组织实施学校体育工作评估,现将情况汇报如下。

## 一、基本情况

我区参加体育评估独立法人单位中小学共计 99 所,其中,普通小学 70 所,普通初中 18 所,普通高中 2 所,中职学校 1 所,九年一贯制学校 5 所,完全中学 3 所。经过学校自评和区教委复核,优秀等级学校有 82 所,优秀率为 82.83%;良好等级学校有 15 所,良好率为 15.15%;合格等级学校有 2 所,合格率为 22.02%;加分学校有 54 所,加分率为 54.55%。各校严格执行体育课程计划,学校体育课开足开齐率达 100%。

## 二、强化措施,力求实效,确保评估有序开展

### (一)加强组织领导,明确职责

为了有序开展全区学校体育工作评估,成立了由区教委分管领导为组长,相关科室为成员的评估工作领导小组,下设办公室于德育体卫艺科,负责布置安排、过程督查、复核等工作。各评估学校成立评估工作小组,校长为第一责任人、分管副校长为直接责任人,细化措施,保障评估工作顺利进行。

### (二)细化指标,求真务实,科学评估

1. 加强组织管理

各学校高度重视学校体育工作,建立以主要领导、分管领导、体育教研组、体育教师为主的学校体育工作体系。制定了符合本校实际和特点的学校体育工作细则,完善安全措施、安全预案,明确职责、落实分工,从组织层面上保障学校体育工作有序开展。

2. 落实教育教学常规

各学校严格执行国家课程标准,开齐开足体育课,严格依据课程标准实施体育教学,完成教学任务,努力提高教学质量。制订了阳光体育运动工作方案,普及校园大课间活动,积极开发校本教材,开展课程辅助,确保学生每天有一小时锻炼时间。科学处理体育教学和体育训练,做到普及与提高协调发展。

3. 强化条件保障

体育教师数量基本达到国家规定要求,体育教师与其他任课教师在职称评聘、工资待遇、校本教研、继续教育等方面平等。狠抓体育教师常规管理,坚持开展教研活动,做好集体备课,关注体育教师的培训和成长,建立起一支高素质的体育教师队伍。积极落实经费,确保8%的生均公用经费用于体育器材添置、体育活动开展等学校体育工作。

4. 实施学生体质健康测试

各学校认真组织实施《国家学生体质健康标准》,做好学生体质健康测试,并完成了测试数据记录、整理、分析和上报工作,上报率达100%。向学生和家长公布测试结果,测试结果纳入对学生的综合素质评价,使学生体质健康监测评价成为学校常态化的工作,但测试数据显示,达到95%的合格率和40%优良率还存在一定的困难。

## 三、存在的问题

### (一)观念转变不及时

学校个别领导、少数教师、部分家长对体育工作的认识不到位,仍存在重学习轻身体健康、重智育轻体育的现象,没有把"健康第一"的理念贯穿到学校管理、教育教学和日常生活中。

### (二)经费投入不足

由于地区财政收入的差异,尽管学校体育工作经费已达到生均公用经费的8%,

但还不能满足学校体育工作的需要。

（三）学校专职体育教师配备不足

《国家学校体育卫生条件试行基本标准》明确规定：小学 1—2 年级每 5 ~ 6 个班配备 1 名体育教师，3—6 年级每 6 ~ 7 个班配备 1 名体育教师；初中每 6 ~ 7 个班配备 1 名体育教师，高中（含中等职业学校）每 8 ~ 9 个班配备 1 名体育教师。我区基本达到配备标准，但农村学校专职体育教师数量不足，有的学校只有一个专职教师加上兼职教师，难以保证学校体育课质量。

（四）体育教师素质须提高

少数体育教师特别是兼职体育教师的体育理论素质和专业素养须提高，敬业奉献精神不够。

## 四、下一步工作

加大投入，抓好硬件设施建设，进一步改善体育场地，完善设施设备，指导督促各校做好体育设施的管理维护。逐年增加经费，改善学校体育工作条件。

加强队伍建设，积极争取区委、区政府和相关部门的支持，努力配齐配足专职体育教师，加强体育教师培训和继续教育，建设一支高素质的体育教师队伍。

加强宣传，营造重视体育、重视健康的学校体育工作氛围。

# 潼南区

根据《重庆市教育委员会关于做好2017年学校体育工作评估和年度报告的通知》(渝教办函〔2017〕228号)的精神,结合我区实际情况,9—10月各学校开展了学校体育工作自评,11月区教委组织专家组复评,现将情况汇报如下。

## 一、学校基本概况

全区共有普通小学66所、初中11所、高中2所、职业中学3所、九年制一贯制学校7所、完全中学1所,共计90所。在校学生人数84 443人,教学班1 749个。全区共有体育教师专职298人,兼职201人。体育教师受区及其以上表彰的人数146人。

## 二、完善制度、强化管理

区教委成立了学校体育工作专项督导评估领导小组,制定了各项检查考核制度。各学校成立了相应机构,全面展开评估工作。

各学校把体育工作纳入了学校整体工作计划,由各校校长负责,教务处具体落实,少先队、团委协同配合,制定了有关学校体育工作的一系列规章制度,保证了学校体育工作的全面落实;各学校组织教职工学习了上级有关文件精神,以及体卫艺教育工作的政策法规;各校十分重视发展学生个性,培养学生特长,提高学生全面素质,较去年全区学校体育工作总体水平有显著的提高。

加大了经费投入,改善了办学条件,配备了实施新课程必备的体育器材。改善了办学条件,优化了育人环境。

## 三、落实措施，工作到位

我区把优化学校体育、卫生教育师资队伍作为一项重要工作，充实专职教师队伍，并提高专职教师技能，进行兼职体育教师转岗培训，在岗教师整体素质具有明显的提高。

体育教学质量逐步提高，学生体育锻炼的态度和习惯普遍增强，自觉进行体育活动人数不断增加，学生健康状况明显改善。

各校开足开好体育课，小学 1—2 年级每周 4 节体育课，3—6 年级每周 3 节，中学每周 3 节。

学校积极开展大课间活动，每期组织全区学校大课间评比检查，结果以教委文件的形式通报，并纳入学校体育工作年终考评。

积极组织学生课外、校外体育活动，保证学生每天至少有 1 小时体育锻炼时间。

坚持普及与竞技相结合，体育兴趣小组的辅导老师常年坚持指导，其他教师各尽其能，各负其责，分工配合，全区教师团结协作，互帮互学，督促学生加强体育锻炼，增强体质。各学校建立体育运动项目的课外兴趣小组，如乒乓球队、篮球队、排球队、校园健身操队、武术队、足球队，等等。常年开展训练，并积极推荐优秀选手参加各级各类运动会，也取得了较好的成绩，见表 11。

**表 11　2017 年潼南区参加重庆市学生运动会成绩**

<table>
<tr><th>学校</th><th>项目</th><th>组队学校</th><th>组别</th><th>名次(单、团)</th><th>时间</th><th>道德风尚奖</th><th>优秀教练员</th></tr>
<tr><td rowspan="7">中学</td><td rowspan="2">田径</td><td>潼南中学</td><td>高中</td><td>单项第二、四、五名</td><td>4 月</td><td></td><td>先小平　李金武</td></tr>
<tr><td>潼南二中</td><td>初中</td><td>单项第二、三名</td><td>4 月</td><td></td><td>杨　波　李卓强</td></tr>
<tr><td rowspan="2">排球</td><td rowspan="2">潼南中学</td><td>高男</td><td>第八名</td><td>10 月</td><td></td><td>熊　军　夏宗志</td></tr>
<tr><td>高女</td><td>第五名</td><td>10 月</td><td></td><td>汤海兵　刘　敏</td></tr>
<tr><td rowspan="2">足球</td><td>潼南一中</td><td>高女</td><td>第七名</td><td>10 月</td><td>道德风尚奖</td><td>张彦辉　徐　林</td></tr>
<tr><td>潼南一中</td><td>高男</td><td>第六名</td><td>10 月</td><td></td><td>徐　林　杨绍昇</td></tr>
<tr><td>篮球</td><td>潼南中学</td><td>高男</td><td>未进前八</td><td>4 月</td><td></td><td>邹　军　夏旭建</td></tr>
</table>

续表

| 学校 | 项目 | 组队学校 | 组别 | 名次(单、团) | 时间 | 道德风尚奖 | 优秀教练员 |
| --- | --- | --- | --- | --- | --- | --- | --- |
| 小学 | 排球 | 柏梓小学 | 小男 | 第一名 | 5月 | 道德风尚奖 | 范志鸿 莫 敏 |
| | | 宝龙小学 | 小男 | 第三名 | 5月 | | 蒋冬林 龙 江 |
| | | 宝龙小学 | 小女 | 第五名 | 5月 | | 刘国强 邹 军 |
| | | 实验小学 | 小女 | 第六名 | 5月 | | 杨建平 莫 颖 |
| | 体育舞蹈 | 实验二小 | 小学男女 | 5人次获双人舞冠军,14人次获单人舞一等奖,团体舞获二等奖 | 4月 | 特别组织奖 | 李美琼 杨 政 |
| | 陈氏太极拳 | 人民小学 | 少儿女子 | 单打第一名 | 4月 | | 李振宇 |
| | 足球 | 人民小学 | 小女 | | 10月 | 获奖 | 李振宇 |
| | 乒乓球 | 梓潼三小 | 甲男 | 单打第二名 | 12月 | | 陈柯竹 |

2017年重庆市体育教师技能比赛获团体总分二等奖,传统体育项目展演二等奖,参赛队员全部获奖,其中2人获一等奖,6人获二等奖。

健康管理:学校定期开展学生的体质检查,建立学生健康档案,并根据体检资料进行统计分析。

健康教育:组织开展预防牙防宣传教育活动,并将预防牙防宣传教育作为重要内容,通过图片、讲座、黑板报、发放预防牙防教育资料等对学生进行牙防的健康教育,并根据季节性流行病传染特点,进行预防宣传教育;健康教育的时间以健康教育课和晨会为主;职位由各班主任兼任。通过健康教育活动,学生基本掌握了健康知识,养成了健康的行为习惯。

开展儿童心理健康辅导,及时对学生的心理问题进行咨询和疏导,关心留守儿童,提高学生心理健康水平,增强自我教育能力,培养学生健全的人格和良好的个性心理品质。通过讲座、黑板报、宣传窗、远程教育等对学生进行健康教育和卫生知识教育,特别对艾滋病和吸毒等具有重大危害的卫生知识加大了教育力度。同时,通过国旗下讲话、主题班会等进行深入持久的教育,举办手抄报比赛,创建无烟校园,营造良好的环境氛围,强化师生文明健康生活习惯的养成。

## 四、存在的问题

通过努力，全区体育教育工作取得了一定的成绩，为发展学生个性特长提供了舞台，增强了学生的体质，学生的课余生活得到了丰富。在看到成绩的同时，我们也发现了一些问题。

硬件设施有待改善。由于条件有限，有的学校的体育、艺术心理咨询专用教室尚未达到要求。

体育师资配备还有不足，专职教师短缺，兼职体育教师素质还有待进一步提高。

针对以上自查中发现的问题，我们将组织各校积极研究，采取进一步措施，逐步加以改善，使学校体育工作迈上一个新的台阶，让每一个孩子都充满生命活力，让每一个孩子都享受平等的教育。

时代在进步，社会在发展，学校体育工作的要求与标准也在不断提高，我们任重而道远，我们将继续扎实工作，不懈努力，建立学校体育工作管理的长效机制，更好地促进学校体育工作的改革、建设和发展，切实推进素质教育的全面实施。

# 铜梁区

根据《教育部关于印发〈学生体质健康监测评价办法〉等三个文件的通知》(教体艺〔2014〕3 号)精神,教委组织学区管理中心分成 12 个小组,按照“组织管理”“教育教学”“条件保障”和“学生体质”四大板块 A 级和 B 级指标体系,结合学校的自评,逐项、逐条对辖区内学校体育工作评估进行了交叉复核,现将评估工作报告如下。

## 一、基本情况

铜梁区现有中小学校 83 所,其中,有小学 61 所,初中 16 所,高中 4 所,九年一贯制学校 1 所,完全中学 1 所。有专职体育教师 331 人,兼职体育教师 154 人,中小学专职体育教师缺额数为 50 人。

## 二、具体措施

### (一)强化目标责任,健全管理体系

2015 年出台了《关于进一步加强学校体育和艺术教育工作的意见》,各校在执行的过程中,采取了一系列的工作措施,切实加强学校体育工作,有力提高了我区中小学生体质健康和运动能力。每年,学校对体育教师进行教学质量考核。校长负总责,分管领导具体抓,各部门分工负责,层层有人管,层层有人负责,把责任落实到部门,把任务落实到人。教委每年都把体育工作评估纳入学校年度目标考核体系。

### (二)创造条件,完善体育设施

近年来,在均衡教育战略的推动下,我区加大了体育场地建设和设施设备的投入,学校经费困难,但年年仍从学校经费中投入一部分作为体育经费,用于场地、设施的维

修改善及器材等的购置。全区中小学共有篮球场223 块、排球场105 块、体育馆5 间、游泳池4 个。400 米的田径场共有8 块,400 米以下的小运动场有76 块。体育器材基本达标的学校有83 所。

(三)认真做好学生体质健康监测

学校严格执行《国家学生体质健康标准》,切实抓好达标工作,施行面达100%,合格率达到90%以上,优秀率逐年提高。今年,我区《国家学生体质健康标准》数据测试上报率为100%。

## 三、评估结果

经过自评、交叉复核,我区有优秀等级学校有71 所,良好学校11 所,合格学校1 所。其中,有优秀等级学校小学54 所,初中12 所,高中4 所,完全中学1 所;良好等级学校小学7 所,初中3 所,九年一贯制学校1 所;合格等级学校初中1 所。

## 四、体育工作存在的主要问题及下一步工作打算

近年来,学校体育工作方方面面都取得了很大的进步,但工作中还存在一些不足和问题。

一是体育运动场地仍存在不足。

二是小学专职体育教师不足,体育教学与活动的开展受到限制,对学生体质健康水平的提高产生一定的影响。

三是体育教学常规管理和教师教学水平有待提高。

四是在升学和期末考试的压力下,个别学校有挤占体育课的现象。

为此,我们将积极争取上级的大力支持,加大投入,确保体育教学活动的正常秩序。同时,加大体育教学常规工作的督导和对体育教师的培训,进一步提高教师队伍整体水平。形成学生良好的体育锻炼习惯,提高学生自主锻炼的积极性。

# 荣昌区

学校体育评估是促进学校落实立德树人根本任务、全面推进素质教育、提高学校体育工作水平的一项重要工作。持续开展学校体育工作评估和年度报告,是当前和今后一个时期加强学校体育、强化体育课和课外锻炼、促进学生身心健康和体魄强健的一项长期而艰巨的工作。为切实做好2017年的学校体育评估工作,教委及时部署,狠抓落实,现将工作开展情况汇报如下。

## 一、基本情况

我区现有小学128所(含村小47所)、初中16所、高完中4所、职教中心1所,在校学生90 632人,教学班2 130个。有体育教师712人(其中专职307人,兼职405人),有篮球场164块,排球场57块,体育馆5所,游泳池1个;学校体育工作自评为优秀、良好、合格等级的分别为65所、34所和3所,分别占学校总数的63.73%、33.33%和2.94%。

## 二、主要工作

根据“两个意见、两个办法、一个指标体系”要求,教委高度重视学校体育工作,扎实开展体育评估,大力推进体育课程教学改革,不断提高体育课程教学质量,充分发挥了体育在推进全面素质教育工程方面的重要作用。

### (一)理清工作思路,制订实施方案

教委结合工作实际,完善并下发了《荣昌区中小学学校体育工作专项评估工作方案》《荣昌区学校体育工作计划》,明确了专项评估的目的、原则、内容、工作要求、考核办法等,成立了以分管副主任为组长的领导小组,建立了教委—片区教管中心—学

校—教师多层次管理及工作机制。同时,根据今年体育评估工作由报送纸质件改为网上填报的变化,有针对性地召开了数据填报培训会,通过“理论+实做”的方式为评估工作的顺利开展提供了有效保障。

(二)强化队伍建设,确保师资到位

体育教师是学校体育教育工作的主力军,也是一个地区学生体质健康的重要因素,因此我委每年拿一定编制,用于补充体育教师,通过招录、考调等方式充实专职体育教师队伍,2017年共招聘体育专业教师12名,其中足球教练2名。同时,为进一步提升体育教师的教学技能和业务水平,我委建立了体育教师基本信息台账,摸清家底,有针对性地进行技能培训、转岗培训、裁判员培训,开展教学交流等,提高体育教师专项技能,培养兼职教师,为优秀体育教师脱颖而出创造条件;充分发挥骨干教师队伍“传、帮、带”的示范作用,组织区级“名师”、教学质量标兵和教研员组成送教团,通过示范课、评课、座谈会、轮训等,开展多形式的教学观摩和交流,让体育教师队伍素质不断提升,同时解决了部分学校结构性缺编问题。

(三)强化课程改革,提高体育质量

全区各校严格按照国家课程计划和市教委的新规定,开齐体育课程,排足体育课时;依据课程标准组织体育教学,根据学生、学校实际,调整和充实体育课程内容,改革教学方法,狠抓课堂教学与课外训练,不断增强体育课的吸引力和实效性;加强对体育传统项目学校的建设和管理,认真落实健康第一的指导思想,把增强学生体质作为教育的基本目标之一,积极开展中小学生校外和假期体育活动,保障学生每天1小时的体育锻炼时间,并健全完善了学校体育工作机制和青少年学生体质健康评价制度;组织全区体育教师参加优质课、优秀论文等评优活动,形成了人人参与教改实践、研究教学规律的良好氛围,不断提高了体育教学质量。部分学校已逐步形成了体育教育特色,如后西小学的花样跳绳、棠香小学的篮球、安富中心小学的乒乓球、峰高中学和昌龙文武校的武术、荣昌初级中学的田径等项目取得较明显的发展。

(四)丰富课外活动,体育硕果累累

我区大力开展学校体育、艺术、科技“2+2”项目活动、大课间活动、课外体育兴趣等阳光体育运动,并将这些活动开展情况纳入学校年度综合考核。在活动对象上坚持学生与教师并重,在教学内涵上体现为身心的统一,在教学时空上体现为课内外“一体化”、校内外相结合,把体育活动作为全面推进素质教育的战略重点和切入点,充分发挥其育人功能,促进学生全面发展。要求班主任和非体育学科的教师带头参加体育锻炼，并参与指导学生开展各项体育活动。各学校每天上午安排大课间体育活动，没有体育课的当天，下午安排1小时集体体育锻炼。统筹安排课堂教学与课外锻炼，把体育课程、大课间活动、课外体育活动一体化，提高了学生身体素质，使“阳光体育运动”真正落到实处。经过近几年体育活动的开展，我区学校特色项目不断涌现，参赛成绩明显提高，已基本形成了学生武术、跆拳道和举重等体育竞技项目品牌。

（五）加大硬件投入，完善体育设施

我区制定学校运动场地及体育设施规划，按照计划逐步完善农村中小学运动场地建设，添置体育设施。2016—2017学年，投入资金达3 000余万元，新建和改建塑胶运动场33块；投入资金50万元，为37所学校添置体育器材，惠及学生7万余人，器材使用率达95%以上，目前，我区学校体育设施基本能满足学生体育活动要求。

（六）严格按照要求，落实健康标准

全区各中小学严格按照要求实施《国家学生体质健康标准》，认真做好了全体学生体质健康测试，及时上报《国家学生体质健康标准》测试数据，并将学生体质健康水平作为学生综合素质档案的重要内容，及时通报学生及家长，努力营造全社会关心、支持学生体质健康的良好氛围。通过分析学生体质健康标准测试结果，动态把握学生体质健康发展趋势，有针对性地开展体育工作，促进学生体质健康。

（七）大力开展校园足球，培养良好运动习惯

我区现有全国校园足球特色学校11所，市级校园足球特色学校12所、区级校园足球特色学校25所。为深入贯彻落实国家、市关于做好校园足球工作的要求和工作部署，我委开展了区级校园足球教练培训，并从校园足球特色学校中选派优秀教师参加国家和市级相关培训，充分提高了校园足球教学技能，为进一步发展我区校园足球运动、培养足球后备人才打下了坚实的基础。2017年6月和10月，我委分别在棠香小学、宝城初级中学举行了中小学校园足球联赛。在今年的市级校园足球联赛中，我区共派出5支队伍，取得了良好的成绩，其中1支队伍进入市级总决赛，4支队伍进入片区赛前八名。

（八）加大宣传力度，提高社会知晓

我委通过教育网络、荣昌报、荣昌电视台等媒体网络向社会宣传全区学校体育活动、竞赛及学生体质健康监测情况。各学校通过公告栏、家长会和校园网，及时公布学生阳光体育运动工作方案、基本要求和监督电话，各校做到每期通报一次学生体育活

动情况，提高了家长及社会知晓率，赢得了社会各界对教育的关心、理解和支持，形成了学校、家庭、社会的合力。

## 三、存在的问题

### (一)部分学校体育专职教师缺乏，体育活动深入推进不够

师资是教育活动开展的前提，目前我区部分农村学校仍存在结构性缺编现象，农村学校的体育教育质量不高，体育专项活动开展有一定的困难。

### (二)部分农村学校办学条件较差，制约了体育活动的全面开展

开展体育活动的教育活动，应该具备相应的教学设施条件。虽然多方经过努力，但经费缺口仍然较大，少数学校运动场地条件还不够理想。

## 四、下一步工作打算

### (一)加大教育投入，改善办学条件，促进教育资源基本均衡

一是加强队伍建设，规范管理，严格按照生师比配齐配足义务教育学校教师，公招和转岗培训一批体育学科教师。二是落实经费保障，积极配合区财政局等部门，落实教育投入政策，确保"三个增长"和"一个比例"达标。努力争取国家级、市级专项资金，多渠道筹措教育经费，逐步新(改、扩)建一批义务教育阶段学校，提高生均体育场馆的达标率。三是配齐设备设施，加强中小学体育室建设，添置体育教学设备，逐步改善学校办学条件。

### (二)进一步推进体育活动，提高活动质量

切实加强体育教育工作，让每个学生在九年义务教育阶段真正能够掌握 2 项体育运动技能。一是强化组织机构建设，建立体育项目保障机制。充分发挥班主任的牵头组织作用、体育教师的专长，全面做好学生技能指导和认定工作。二是保证活动形式和时间，要求学校确保大课间活动、课外活动及体育课训练活动的时间，落实好人员、场地、器材设施，建立教师培训、奖惩制度，落实督导评价机制，提高学生的参与度，促进师生养成积极参加体育活动的良好习惯和健康的生活方式。三是加强工作指导和督导，促进学校体育特色项目发展。不断创新展示方式和工作机制，努力逐步做到常

态化,使体育活动融入学校校园文化建设和特色建设,成为学校的一种普及教育活动。

（三）重视课堂教学,抓好课外延伸

整合课堂教学,有效开展基础加特长的教育。以课堂教学为主渠道,以课外活动为补充,以学生自主活动、创新活动和能力锻炼为基本切入点,生动开展体育特色项目实践,努力培养学生体育兴趣和特长。学校鼓励和引导学生自主自愿参加体育活动项目,充分尊重学生的自我选择权和自主活动权。各校每天下午安排 1 节辅助活动课,开展田径、球类、武术等活动,保证活动课程课时。学生根据学校的实际情况和自己的兴趣爱好,选择 2 个体育项目,在课堂中学习,在课外训练,在生活中强化。

（四）开展特长项目活动,促进学校特色发展

各校结合校园文化主题,在体育课程完成常规课程内容和目标的基础上,着力选择开展 2 项体育特长活动,有目的地开展特长项目与基本素质的教育整合活动,促进学校办学特色发展。

# 璧山区

根据《重庆市教育委员会关于做好2017年中小学校体育工作评估的通知》(渝教办函〔2017〕228号)精神,璧山区教委成立以分管副主任为组长的体育工作督导小组,对照《学校体育工作评估指标体系》《中小学校体育工作评估指标体系》,我区在要求学校逐条进行自查的基础上,组成以分管副主任为组长的体育工作评估小组,对区内56所中小学的体育工作进行了认真评估和检查,现将我区体育工作自查情况汇报如下。

我区现有中小学56所,其中普通高中3所,初中14所,小学38所,中职学校1所;在校学生约68 335人,体育专职教师268名,兼职教师83名。近年来,在区委、区政府的正确领导和各级各部门的支持下,全区上下始终牢固树立"以人为本,健康第一"的指导思想,积极贯彻面向全体学生的原则,以《学校体育工作条例》为工作依据,以新课程改革为核心,深入进行课堂教学改革;以"阳光体育运动"为主题,大力推行大课间活动,积极落实《国家体质健康标准》和学生体能素质测试工作,全面实施初中毕业升学体育考试制度,扎实开展丰富多彩的特色体育活动,不断强化足球、乒乓球、田径、篮球等各种体育运动团队的训练,全面提高学生的身体素质;各校高度重视体育工作,不断引进体育专业人才,强化中青年体育教师培养,明确教师成长目标规划,认真开展校本课程的开发与实践,建立了完善的管理制度和奖惩条例,从而推进了学校体育工作的全面开展,形成了自身的办学特色。

## 一、坚持"首在体育",完善体育保障机制

### (一)政策保障,政府统筹

区委、区政府高度重视体育工作,把加强全区中小学校体育工作作为贯彻党的教育方针、推进素质教育的重要方面,把增强学生体质作为中小学校教育的基本目标之

一，定期召开会议专题研讨工作，认真部署、狠抓落实。区级各部门严格按照区委、区政府要求，大力支持中小学体育工作。区发改委把提高中小学生身心健康水平纳入经济社会发展规划；区财政局制定和完善了相关政策措施，逐步建立起社会力量支持学校体育发展的长效机制；区体育局把学校体育工作作为全民健身计划的重点，在技术、人才、设施和组织建设方面为学校体育工作提供了大力支持；区新闻媒体积极宣传学校体育工作，传播科学的教育观、人才观和健康观，在全社会营造出关心、重视学校体育工作的良好氛围。

（二）组织保障，合理规划

区教委每年都把学校体育工作纳入教育发展计划，制订中小学体育工作年度计划、实施意见、工作方案等，规定了学校体育工作的地位、实施办法、奖惩措施等，每年召开会议专题研究中小学体育工作，认真听取基层学校体育工作汇报，及时解决学校体育工作中的突出问题。区教委配备了体育专干 1 名，区教科所配备了体育教研员 1 名；学校成立了体育教育工作领导小组，分工明确，职责到人。各学校每学期都把体育教育纳入正常工作计划，并利用校务会、行政会、备课会等研讨体育工作，总结先进经验，解决实际问题，使学校体育工作不断加强和改进。

（三）师资保障，建设队伍

我区现有 268 名体育专职教师，学历合格率达 100%，部分学校配备的体育兼职教师学历均达到标准。为了提高体育教师的专业理论水平，区教委高度重视体育教师继续教育工作，定期组织体育教师专业技能培训，支持体育教师参加各级体育教研、培训活动，积极推荐优秀的教师参加省市级专项培训；认真落实中小学体育教师待遇，将体育教师从事相关工作计入教学工作量；关注体育教师道德修养，严禁体罚或变相体罚形为，要求各校每学期结束前根据《学生体质健康标准》对学生进行体质测试，使我区体育教师师德修养、教学业务水平、学生体质健康水平测试情况三位一体全面提高。

（四）经费保障，改善条件

按照教育部教体艺〔2008〕5 号文件规定配足配齐体育设施、器材，努力改善学校办学条件。区教委千方百计筹措资金，不断加大投入，完善体育硬件设施建设，确保了体育工作正常运行，如为学校建塑胶运动场，添置室内外运动器材等；将中小学体育场地建设、体育活动经费纳入财政预算和基建投资计划，加大中小学校体育设施建设力度；学校体育场地向中小学生免费开放，鼓励和引导社会资金支持和发展中小学体育，多渠道增加中小学校体育投入；由专人负责管理场地、器材，公用经费按规定用于体育支出,保证了场地、设施的维修改善和器材、教具、挂图的购置以及体育教师业务培训及劳保待遇的落实,基本保证了体育教学、课外体育活动和课余体育训练的进行。

(五)安全保障,关注健康

健全学校体育运动伤害风险防范机制,保障学校体育工作健康、有序开展;健全了中小学校安全教育培训、活动管理、保险赔付管理等制度,完善校方责任险;建立校园意外伤害事件应急处理机制,建立与公安、卫生、交通等部门的配合协作机制,依法妥善处理中小学体育意外伤害事故。学校建立了《体育工作安全制度》,加强对师生的安全教育,完善了学校体育设施、体育课程和活动的各项管理体系,进一步明确了安全责任,制定安全措施,做好防范工作,确保师生安全。

(六)制度保障,狠抓落实

为了保证学生每天参加1小时体育锻炼,让“每天锻炼一小时,健康工作五十年,幸福生活一辈子”的理念深入人心,我们拟定了各种制度,对学校体育工作进行督导和评估。一是把中小学体育工作的开展和中小学生体质健康状况纳入部门年度工作考核指标体系,把中小学校体育和中小学生体质健康水平作为领导干部业绩、部门工作考核的重要内容;二是把中小学校体育和中小学生体质健康水平情况与学校评先评优挂钩,每年都要评选体育工作先进集体和先进个人;三是把中小学校体育重点工作和中小学生体质健康状况纳入教育督导评估检查指标,并制订体育工作专项督导评估方案,对督导评估结果实行公示、整改、问责制度;四是认真落实阳光体育活动,通过家长会、校讯通等向社会公布举报监督电话,逐级上报区内中小学校体育工作落实情况,建立公示制度,利用校园网络、宣传栏、文化橱窗等对体育经费投入情况、教师队伍建设情况、中小学生体质健康状况等予以公示。

## 二、坚持“以人为本”,切实抓好体育教学工作

(一)以新课标为准则,规范开齐开足课程

严格执行国家规定的中小学校课程计划,开齐开足体育课,落实体育与健康课程方案和标准。每学年各校体育教研组根据区教委体育工作计划和学校工作计划,结合体育课标要求和学生实际,制订出学校体育教学计划,确保每一堂体育课都有计划、有组织、有重点,坚决杜绝“放羊式教学”;在课堂教学中,各校体育老师精心备课,使学生全面掌握新课程所规定的各项健康常识及体育技能,以改革教学方法和组织形式为

基本途径，不断优化课堂教学，保证每位学生都能学到体育知识、掌握锻炼技巧、提高身体素质。学校为了检查与督促体育课教学效果，制定了听课制度，规定校长和分管校长每学期坚持听体育课4～6节，定期开展“优质课”“达标课”示范课”“随堂课”等形式多样的活动。

（二）以新课标为动力，提高课堂教学水平

区教委每年都制订了体育教师培训计划，定期开展教学观摩、课例研究，大力推行教师基本功竞赛等活动，定期到校督导体育教学工作，指导学校体育课程实施方案。学校有重点地加强了教师对新课标学习的要求，教师们积极落实新课标的精神，用创新的思维改革课堂教学的模式，逐步认识和掌握新课程标准下体育教学的新规律，从而逐步树立了“健康第一、兴趣为主、发展为中心、差异为保障”的体育教学目标，建立了充分体现“尊重、民主和发展”精神的新型师生关系，形成了“自主学练、合作学练和探究学练”的小组合作教学模式，使学生学习的主动性和创造性得以充分发挥。

（三）以新课标为导向，改进学生评价系统

区教委制订并实施了中小学校体育考试工作方案，考试成绩计入升学总成绩。在工作中，我们以新课标为准绳，根据学生的身体和心理特点，改进学生评价系统，从学生的自身条件出发，因材施教，对学生进行正确的、“四位一体”的评价，考查学生自觉锻炼身体的意识和习惯、特长项目的熟练程度和身体素质状况，做到过程评价与终结评价相统一、动态评价和绝对评价相统一、学生评价和教师评价相统一、定量评价与定性评价相统一。实践证明，学生的身体素质和课堂效率显著提高，学生的积极性和兴趣得到了保护，学生自觉锻炼的意识增强，活动意识、竞赛意识以及竞赛的观赏性、竞赛能力都得到了提高。

## 三、坚持“以校为本”，切实推动体育活动开展

（一）让课间操成为校园亮丽的“风景线”

我区继续积极推广大课间活动，要求各校制订适合校情的实施方案，确保学生每天锻炼1小时。同时，加强体育工作检查，定期检查学校体育教学、“两操”和大课间活动开展情况，经常组织教师相互观摩和交流，认真落实两操和“大课间”制度。全区各中小学基本实现了“五化”，即号令音乐化、内容校本化、动作整齐化、队形多样化、管理自主化，让大课间体育活动的整体性、趣味性、实效性和特色性得到进一步的发

展。经过几年的努力,课间操已经成为我区体育特色的一部分,成为校园最亮的一道风景线。

(二)集中优势力量打造特色学校

我区大力推广校园足球、啦啦操活动,举办了区内足球联赛和健身操比赛,我区城北小学男女队、大路中学初中男队、来凤中学高初中女队、璧山中学高中男队参加校园足球渝西片区赛(江津赛区),城北小学男女队、来凤中学高中女队进入市级总决赛。区内各学校也结合校情,开展了各具特色的“2 +2”体育、艺术、科技活动,如实验小学、青杠实小的篮球,城北小学、金剑小学的足球,青杠初中的花式跳绳等,均成为我区的一大“名片”。

(三)积极开展兴趣小组和社团活动,激发学生兴趣爱好

各校积极开展课余体育训练工作,因地制宜成立了各种兴趣小组,开展社团活动,选拔体育苗子。他们有的利用早晚课余时间、寒暑假时间,带领运动员坚持不懈地进行日常训练,做到科学训练、重点培养,为高考升学打下良好基础;有的积极组织开展课外体育活动,带领学生参加各类比赛;有的创新工作,主动承担夏令营、冬令营训练任务,为学校体育工作注入了无尽活力,成为引领学校体育工作的健康、快速发展的“轻骑兵”。

(四)让“体育节”成为孩子们向往的节日

区教委建立健全了中小学生体育竞赛活动制度,每年都要定期举行中小学生田径、篮球、足球、羽毛球、乒乓球、跳踢等比赛,以推动学校的体育工作。每学年,区内各校根据实际情况开展一些传统体育竞技项目比赛,包括春(秋)季田径运动会和广播操、拔河、乒乓球、跳绳、篮球、足球、羽毛球等比赛。学校领导亲自挂帅,带领体育教研组制定出各项活动竞赛规程、比赛规则、活动安排等,然后体育教师利用体育课和课外活动时间对比赛项目进行专门指导。每次活动都做到了赛前有计划、过程有记载、赛后有总结,确保活动获得实效。

## 四、坚持“健康第一”,促进学生体质健康发展

《国家学生体质健康标准》是促进学生体质健康发展、激励学生积极进行身体锻炼的教育手段。我区全面实施《国家学生体质健康标准》,学校一直把体育达标作为一项重要工作,按《国家学生体质健康标准》制订了实施计划,建立健全了相关测试制

度。每年学校都组织体育教师认真测试学生体质健康，建立了《学生体质健康标准》信息库，科学分析中小学生体质健康状况，规范档案管理，并按要求公布结果、上传数据和将测试成绩纳入学生综合素质档案。全区中小学实施面达 100%，中小学生测试面达 100%，测试合格率达 95.3% 以上。

## 五、存在的不足

尽管我区一直注重体育常规工作方面的管理并做到有效落实，体育工作得到发展，但一些问题仍制约着学校体育工作。

（一）少数学校体育场地严重不足

由于历史原因及学校周边环境限制，部分学校校园场地受到制约，我区农村学校学生运动场地基本达标，但城区学校达标率略低。

（二）专职体育教师亟待补充

现在全区共有专职、兼职体育教师 351 名。部分学校体育教师的工作量较大，一定程度影响了课外体育活动的开展，足球专项体育教师奇缺。

（三）运动器材不足

一些农村学校受到资金的限制，增添的器械有限，再加上破损、政府采购的设备还未能及时到位，我区部分学校体育器材对照新标准还略有差距。

（四）体质健康测试室严重不足

我区在学校体质健康测试室的建设上要加大力度，尽快采购相关器材和加快体质健康测试室的建设，以满足学校体质健康测试的正常需求。

# 梁平区

强化学校体育是实施素质教育、促进学生全面发展的重要途径，对促进教育现代化、建设健康中国和人力资源强国、实现中华民族伟大复兴的中国梦具有重要意义。为贯彻落实《国务院办公厅关于强化学校体育促进学生身心健康全面发展的意见》(国办发〔2016〕27 号)，我们以“天天锻炼、健康成长、终身受益”为目标，改革创新体制机制，全面提升体育教育质量，健全学生人格品质，切实发挥体育在培育和践行社会主义核心价值观、推进素质教育中的综合作用，努力培养德智体美全面发展的社会主义建设者和接班人。

梁平区地处渝东北，我们结合自身的实际，开拓创新，积极推进学校体育工作，现将情况报告如下。

## 一、体育工作管理

### (一)赛事管理

为了进一步贯彻落实市委、市政府《关于加强青少年体育增强青少年体质的意见》，全面推进落实健康梁平、“2 + 1”行动计划，展示我区中小学生的良好精神风貌，促进学生身心健康，提高我区中小学生的运动技术水平，培养全面发展的新型人才，我区根据实际情况，每年举办“三二一”的赛事活动，即足球、篮球、排球“三大球”，乒乓球、毽球“两小球”、田径“一综合”。区委区政府非常重视学校体育工作和学生体质健康，把学校体育工作和学生体质健康工作纳入学校的办学水平综合督导评估。在渝东北足球片区赛中，我区获得 3 个入围市级总决赛的资格，9 支代表队参加由我区举办的市级总决赛，在市级总决赛中获得 3 项第八名。

### (二)经费保障

每年我委设立学校体育工作专项资金，用于举办专项体育竞赛和综合性体育运动会。根据相关文件精神，体育教师的教学、课余体育活动、运动训练等均被计入工作量，政治生活和服装待遇得到保证，教师队伍稳定，专业素质及能力适应教育教学工作。全年全区投入1 200万元用于中小学体育器材场地及体育赛事工作。

（三）体育风险管理

健全和完善了学校体育活动中的安全防范制度，与相关部门配合，建立了大型体育活动突发安全事件的应急预案。按照国家有关规定，全区中小学生全部参加了学生意外伤害险和校方责任险。今年特别增加了学生在校园足球活动中的保险费，促使全区校园足球工作蓬勃开展，解决了学校和家长的后顾之忧，同时为全区各种竞赛都得以顺利开展奠定基础。

## 二、体育教师队伍建设

（一）体育教师配备

根据文件要求，我区按班级数配齐体育教师。我区有体育专职教师293人，兼职教师193人，初中平均周课时数为16节，小学为17节。按照国家课程标准，师生比例数合理，全区中小学100%开足开齐体育课。

（二）体育教师培训

全区有组织、有计划地开展体育教师学习培训，教师的培训率达100%。组织了近300人的各级各类培训，尤其增大了校园足球教练员的培训力度，依托市教委开展了有针对性的校园足球渝东北片区教材教法的培训。

## 三、体育教学活动

（一）体育课

全区各中小学严格执行国家课程计划，开齐开足课程。依据课程标准，制定了学校落实体育与健康课程标准，按照素质教育的要求，制定了学校体育课程教学评价标准，定期开展教学评估检查和教学质量评比活动，推行菜单服务及点菜服务，适当增加了足球课程及学校特色项目课程，学生学习兴趣较高，体育教学的质量有了普遍提高。

（二）大课间体育活动

严格执行作息时间的规定，落实了大课间活动制度，并根据实际情况，因地制宜，积极探索适合各学校特色的符合新课程标准的组织方法、活动内容及活动形式。每年对中小学大课间活动进行全面细致的检查，促进了大课间活动水平的提高，并与体艺"2+1"项目相结合，推进了大课间活动与体育特色的进一步发展。

（三）一小时体育锻炼

认真贯彻落实《教育部关于印发〈切实保证中小学生每天一小时校园体育活动的规定〉的通知》精神，保证中小学生每天1小时校园体育活动，没有体育课的当天安排体活课，大课间活动每天下午增加1次，做到大课间活动进课表和作息时间表。

（四）其他校园体育活动

依据《梁平区义务教育阶段学校"体育、艺术'2+1'项目"实施方案》《梁平区校园足球实施意见》，积极推进"体育、艺术'2+1'项目"的开展，学生参与率达到了100%。今年的学校体育工作检查促进了学校体艺"2+1"项目的发展，提高学校项目的技能水平，同时更加规范、科学地发展学校特色项目，为下一步深入开展体艺"2+1"项目奠定了基础。各学校每年均能举办2次以上学校体育活动，我区每年举办一次田径运动会。

## 四、体育场地器材

结合我区创建义务教育基本均衡合格区的契机，全区100%的学校达到重庆市中小学校体育卫生条件基本标准。全区90%的学校场地达到市配备要求。

## 五、学生体质健康监测

（一）实施《国家学生体质健康标准》

全区各中小学全面贯彻落实《国家学生体质健康标准》，成立实施《国家学生体质健康标准》达标工作领导小组，加大了检查和抽查的力度，做到了跟踪反馈，确保了测试成绩的真实性、准确性。骨干教师担任管理员，测试规范，方法科学，实事求是，各中小学形成了一套完整的实施体系。全区各校在规定的时间内100%上报数据。

(二)学生健康体检

每年我们委托区疾控中心进行一次学生身体健康检查,并对区、校、班级学生分层次进行体质健康结果分析,根据情况制定有效的改进措施,健康体检结果反馈给所有家长。

## 六、主要工作及特色

(一)高度重视,加大投入

区委、区政府高度重视学校体育工作,并把学校体育教育作为提高学生素质的突破口和推进区域教育现代化的有效载体,成立学校体育工作领导小组,设立学校体育专项经费,按照标准配备学校体育教育所需的人员。区政府投入资金近900万元,为全区中小学添置了一批体育器材和设施,招聘体育教师34人,保证了体育教育工作高质量开展。

区教委认真贯彻落实国家学校体育教育各项规定,加强对学校体育课程计划实施情况的监督检查,提出“健康第一”“我运动、我健康、我快乐”等口号,组织开展各项体育竞赛活动,切实保证了中小学生每天1小时校园体育活动,促进了学生的健康成长,开创了全区体育工作的新局面。

(二)完善制度,规范管理

一是健全体育竞赛活动制度。全区始终坚持普及与提高相结合的原则,每年组织春季田径运动会、足球、跳绳、排球、篮球、乒乓球、毽球等学生群体活动竞赛,既给学生搭建了一个充分展示自我的平台,又丰富了校园文化生活,增强了学生体质。

二是校园足球工作相关制度。成立了校园足球办公室,下发了《梁平区校园足球工作实施意见》。积极争创全国校园足球特色校,19所学校被评为“全国青少年校园足球特色学校”,我区被确定为全国青少年校园足球试点区,5月底与教育部签署了青少年校园足球改革与发展备忘录。

三是落实学生体质健康定期监测制度。严格执行教育部“三个办法”中的体质健康测试办法。每年对所有在校生开展一次卫生健康体检,建立健全了学生健康卡和健康档案。区疾控中心负责学生体检结果的统计工作,我委根据区、校、班级学生分层次的体质健康情况制定有效的改进措施。每年开展《国家学生体质健康标准》测试活动,保障了学生体质健康,促进了学校体育工作的健康发展。

四是建立学校体育工作考核机制。区教委制定了教学责任考核制度,将学校体育工作纳入考核范围,每学年末进行督导评估,有效地保障了学校体育工作的顺利开展。根据《中小学校体育工作评估指标体系》要求,每年检查评估一次,并将检查结果纳入中小学教育教学综合督导评价,考核结果作为学校评先评优、校长职级评定的重要内容之一。

(三)抓好三项活动,促进群体化活动开展

一抓学生阳光体育运动。为有效开展学生阳光体育运动,切实保障中小学生每天1小时校园体育活动,我区以开展校园足球活动为切入点,以大课间活动为突破口,组织中小学大课间评比活动,召开大课间活动现场会、总结会等,促进学生大课间活动的全面开展,激发学生自觉参与体育锻炼的积极性。大课间活动已经成为我区的一道亮丽的风景线。

二抓体育、艺术“2+1”项目。为了进一步推进我区学校体育和艺术教育的改革和发展,推动新课程改革,深化素质教育,自实施“2+1”项目以来,我委通过宣传、发动、组织培训,督导检查等措施,不仅促进了全区体育、艺术教育工作的开展,而且提高了各校校长和广大教师对学校体育、艺术教育工作的认识。转变观念,切实把学校体育、艺术教育工作作为学生和学校发展的长期战略方针和基本立足点,寓教育于“项目”之中,使每名学生都能受到良好的体育、艺术教育。

三抓体育特色项目布局。为全面开拓学校体育工作发展途径,充分利用优势教育资源,我委建立了体育特色项目学校,使之成为学校和学生发展的汇合点。经过几年的不断探索,体育特色项目学校已初具规模,红旗中学和梁山初中的排球在重庆市级比赛中分别获得第二、第三名;实验小学、梁山小学的乒乓球在市级比赛中获得团体前八名;屏锦中学初中男子足球队、屏锦中学初中女子队、梁平中学高中女子足球队在今年市级总决赛中均获得第八名。在学校体育特色的培育过程中,学校积极打造体育品牌项目,学校体育的普及与提高同时进行。同时,学校更好地担负起体育选拔、培养、输送优秀后备人才、建设校园文化、促进全体学生体质健康的任务。

(四)加强队伍建设,提高业务水平

学校体育工作以提高体育教师的业务水平和教学能力为先导,因此加强队伍建设是我区推进学校体育工作健康发展的首要任务,区教委采取多种渠道、多种形式,加大体育教育师资的建设力度。一是采取倾斜政策,在招聘教师时,优先考虑体育;二是强化业务能力培训,努力提高体育教师的文化、业务素质;三是有计划地派体育教师和学校领导到先进地区学习、考察,汲取经验;四是开展青年教师素质考核和体育教师教学技能大赛,努力打造一支合格的体育教师队伍。积极推进课程标准,引进传统的、民间的、学生喜闻乐见的体育活动,最大限度地激发学生参加体育锻炼和运动训练的兴趣,为学校体育工作的持续健康发展创造有利条件,目前,龙舞、狮舞、抬儿调等民间体育项目已进入校园。

在今后的工作中,梁平教育人将继续把推进学校体育工作作为搞好素质教育的突破口,以校园足球为抓手,把切实保证中小学生每天 1 小时校园体育活动,作为学校体育工作的基本保障,把“体育、艺术‘2 + 1’项目”作为学校体育工作的重要载体,把提高学生身体素质作为推进学校体育工作的根本出发点,构建我区学校体育可持续发展的长效机制,推动我区学校体育工作再上一个台阶。

# 城口县

城口县辖23个乡镇,2个办事处,176个行政村,30个居委会,人口25.12万,面积3 232平方公里。全县共有各级各类学校39所,其中小学31所,普通中学4所,普通高中1所,职业教育中心1所,九年一贯制学校2所。

根据《教育部关于印发〈中小学体育工作评估办法〉等三个文件的通知》(教体艺〔2014〕3号)文件精神,我们对我县中小学体育卫生教育工作进行了认真的自查,现将情况报告如下。

总分82分。其中组织管理19分、教育教学28分、条件保障19分、学生体质16分。

## 一、组织管理

### (一)建立联席会议制度

县党委、政府树立了"健康第一"的思想,把学校体育工作摆在重要议事日程,制定了得力措施,加强青少年体育工作。定期召开"全县体育工作会",制定《城口县青少年体育三年行动计划》,2017年8月8日,举办了"全民健身周"系列活动,成立了城口县体育总会,建立了联席会议制度。

### (二)监督检查

将学校体育工作和学生体质健康状况纳入对学校办学水平的综合督导评估,下发了《关于印发〈城口县2017年学校体育工作评估办法〉的通知》《关于印发〈2017年学校工作督导评估实施方案〉的通知》,制订了学校体育考核办法,每学期开学之初和年底对全县的各学校的体育工作进行督导评估,并将此结果纳入学校年终督导考核。

## 二、教育教学

（一）开好体育课程

学校按照要求开全、开齐课时，保质保量上好体育课。小学每周4课时，高中每周3课时。

（二）开展一小时体育课外活动

全县学校能够开展1小时体育课外活动，能将体育课外活动列入教学计划和课程表。

（三）实行大课间体育活动制度

全县所有学校均按照规定开展大课间活动，内容包括广播体操、创编操、学生自由活动等。

（四）坚持早操制度

全县寄宿制学校能够按照要求坚持早操制度。

（五）坚持开展冬季长跑活动

全县所有学校都能按照上级文件要求积极开展冬季长跑活动，学校除在课间操时间进行跑步外，还组织学生在课外活动、节假日、寒暑期间坚持进行长跑运动。

（六）建立军训制度

全县两所高中、一所职业教育中心，能根据市县要求，于开学前对学生进行军训。教委在每年的工作计划中都明确要求，教委及学校都建立了军训制度。

（七）举办体育运动会

我县建立了学生体育运动会制度，于2017年7月举办了全县学生运动会；全县所有学校每年均召开春、秋运动会；所有学校均开展了阳光体育活动及班级学生体育活动和竞赛，做到人人有体育项目、班班有体育活动，学校有体育特色。

（八）加强学生体育安全教育

县教委每年开学初都召开了全县教育系统安全工作会，并对学校体育安全做了专门的强调，制定了各种体育活动安全工作预案，并要求班主任、体育教师时时加强学生的安全教育。

## 三、条件保障

### (一)体育教师配备

全县农村小学共有433个班,应配体育教师87名,实配47名,配备率为54.02%;全县农村初中共有254个班,应配体育教师72名,实配50名,配备率为69.4%。中小学体育教师配备不足。

### (二)体育教师岗位培训

接受体育专业学习或培训的体育教师每学年接受继续教育未达到48学时,多数体育教师没有培训证书。

### (三)体育运动场地

按照《国家学校体育卫生条件试行基本标准》的要求,全县学校田径运动场、篮球场地、排球场地、乒乓球场地达标率分别为小学43%、初中47%、高中(含中职校)58%。

### (四)体育器材

按照《重庆市义务教育学校办学条件基本标准》的要求,全县小学、初中、高中(含中职校)学校体育器材达标率分别为40%、48%、54%。

### (五)体育场馆开放情况

严格按照学校体育场馆免费或低收费开放的要求执行。

## 四、学生体质

### (一)建立学生体质监测制度

根据《国家学生体质健康标准》,我县建立学生体质健康监测与公告制度,定期对在校学生进行体质测试,并予以公告;建立体质监测制度,并实施监测;未建立体质监测公告制度。

（二）实施新生入学体质测试制度

新生入学时，学校对学生体质健康状况进行全面测试，并将测试结果记入学生健康初始档案；全县学校均对入学新生实施体质健康测试并登记建档。

（三）学生体质健康达标情况

全县按规定开展国家学生体质健康标准达标测试。当年测试及格率均达到79%，良好率达到58%，优秀率达到17%。

# 丰都县

根据《国务院办公厅转发教育部等部门关于进一步加强学校体育工作若干意见的通知》(国办发〔2012〕53号)、《重庆市人民政府办公厅转发市教委等部门关于进一步加强学校体育工作的意见》(渝府办发〔2013〕137号)及重庆市教育委员会《重庆市教育委员会关于做好2015年学校体育工作专项评估和年度报告的通知》(渝教体卫艺〔2015〕52号)精神,我县学校对照《中小学校体育工作评估指标体系》完成了自评,填写自评得分表,撰写了自评报告。县教委组成了以分管领导为组长的体育工作评估小组,对辖区内各校体育工作自评情况进行了复核,现将我县体育工作自查情况汇报如下。

## 一、全县基本情况

我县现有普通小学64所,普通初中24所,普通高中3所,九年一贯制学校12所,完全中学4所,中职学校1所,共计108所;在校学生95 375人,体育专职教师288名,兼职教师166名。我县学校体育工作在上级主管部门、市县体育职能部门以及社会各界的大力支持下得到了长足发展。我县学校体育工作坚持“健康第一”的指导思想,认真贯彻执行《中华人民共和国体育法》《学校体育工作条例》和《国家学生体质健康标准》,全面实施素质教育,积极构建学校体育管理网络,全面落实体育课程计划,加强体育师资队伍建设,加大体育基础设施建设投入,全县中小学体育教育教学环境得到了较大改善,教育教学质量得到了进一步提高。

## 二、主要工作及成效

（一）建立机构，健全网络

为扎实有效地推进全县学校体育工作，提高体育教育教学质量，县教委专门成立了体育工作领导小组，由李志坚主任担任组长，由向劲松副主任具体负责，其余工委、班子成员齐抓共管。为落实学校体育工作专管机构，县教委成立了艺体卫科，专门负责全县学校的体育、卫生、艺术和国防教育的管理工作。各乡镇（街道）教管中心和直属学校都安排一名领导分管艺体卫工作，乡镇基层学校也落实了体育工作专管人员。由于管理机构健全，全县学校各项体育工作得到了较好开展。

（二）加大投入，改善条件

县教委将体育基础设施建设和器材配备纳入全县学校整体建设规划，截至2017年，共建设83块中小学塑胶运动场，建设面积达121 340平方米，共投入建设资金3 200万元，其中2016年投入569万元，目前所有塑胶运动场都已完工并投入使用；2016年投入体育场地器材经费273.8万元，体育工作经费40余万元；2017年投入体育工作经费60余万元。

近几年，塑胶运动场建设基本保证了学校体育教学、课外体育活动、课余体育训练的器材及场地需要，极大地改善我县部分学校的办学条件，为广大师生提供良好的运动场地，有力地推进了我县全民健身运动和学校体育工作的开展，同时也促进了我县教育事业的可持续发展。

（三）严格计划，规范管理

县教委要求各级各类学校必须认真贯彻执行国家的体育课程计划，严格执行国家体育课程计划，开足体育课时，严禁挤占体育教学时间。采取四条措施规范学校的体育教学管理：首先，督促学校制订体育专项工作计划及行事历，保证体育工作有序开展；其次，每年由县政府教育督导室牵头，对学校体育工作开展情况进行督导检查；再次，县教委把体育工作纳入学校年终目标考核，督促学校重视和加强体育工作；最后，对学校体育参赛获奖实施考核加分奖励，促进体育工作落实。

（四）加强建设，促进发展

（1）我县现有专职体育教师288名，兼职教师166名，专职教师的学历合格率达

95%。根据体育新课程计划排课,我县体育教师存在较大缺口,村、完小的小学体育教师缺口尤为突出。

(2)优良的师资队伍是学校体育工作高质量开展的重要保障,县教委采取三条措施加强我县体育教师队伍建设。一是每年坚持到师范院校招聘,以一批体育专业优秀大学毕业生充实我县中小学体育教师队伍。二是积极借助教科研,不断提高体育教师的教学实践能力。定期开展优质课竞赛、送教下乡以及课题研究等活动,不断深化学校体育教学改革,不断提升体育教师的教育教学实践能力。三是加大培训力度,及时更新教师的教育理念和知识结构,提高体育教师驾驭课堂的能力,促进教师专业化成长。县教委制订了全县体育教师分期、分批、分类培训计划,近两年来共组织各类培训10多次,参训体育教师达200多人次。

#### (五)实施阳光体育,改善健康状况

县教委从两方面积极推进学生阳光体育运动,一是保证体育课、两操以及课外体育活动的有效开展,特别是大课间操,在我县得到了扎实开展,确保了学生每天1小时的体育锻炼时间。二是组织丰富多彩的体育活动,吸引学生广泛参与,提高运动技能和竞技水平。我县中小学生田径运动会和中小学生篮球、校园足球运动会每两年举办一届,每年还要定期举办乒乓球、跆拳道、散打、跳绳等多项全县性体育竞赛活动,目前已经形成制度。各教管中心、直属学校根据县《中小学生体育竞赛计划》,积极组织开展各种形式的校内体育竞赛活动,并积极组队参加县上的各类体育竞赛活动。各学校每年都要举办一次综合性田径运动会和两项单项运动会,许多学校建有体育代表队,并坚持开展训练。我县实现了学校、班级、学生体育活动的全覆盖,学生运动技能和身体素质得到进一步提高,阳光体育运动得到了落实。

在搞好阳光体育运动的同时,全县所有中小学启动了“2+2”项目实验工作。要求每个学生掌握2项体育运动技能,具备一项艺术特长和一项科技技能。

全面实施《国家学生体质健康标准》(以下简称《标准》)。认真组织学生参加《标准》测试,严格规范测试方法和数据报送工作。2017年我县学校《标准》的上报率为100%。学生体质健康水平逐年上升。

## 三、体育工作主要亮点

#### (一)抓好校园足球,促进其他体育活动开展

我校校园足球工作于2015年3月19日正式启动,虽然起步较晚,但起点比较高,

既有普及，又有特色，成绩是明显的。我县校园足球工作可以用十个字说明：及时、到位、普及、奏效、认真。2016 年我县的校园足球工作成绩显著，在渝东北生态涵养发展片区赛中 3 支足球队打进了市级总决赛，在市级总决赛中 2 支足球队打进了市级总决赛前八强。

（二）搞好跆拳道、花式跳绳等体育优势项目建设

我县将跆拳道、花式跳绳、校园国标舞等体育项目融入中小学体育课堂教学，逐步形成了体育教学的优势项目，我县学生的花式跳绳、跆拳道、校园国标舞等运动水平在重庆市处于领先地位，在近两年的比赛中连续获奖。

（三）抓好中招体工作，确保考试公平公正

县教委将体育课程列为各级各类学校学期考核、毕业升学考试的考查考试科目，积极探索符合素质教育要求的体育考试评价制度，将体育科目测试成绩作为学生综合素质评价和高中学校录取的重要指标，使体育考试发挥了导向作用。县教委非常重视每年的中招体考工作，采取多种措施确保体考工作公开、公平、公正；近两年来，我县中招体考工作全部聘请大学体育专业学生担当中招体育考试考官，避免了许多人为不公平的因素，同时我县中招体考成绩的各项指标均逐年提高，这充分证明，我县中招体考工作的导向机制正在发挥积极的作用。

（四）紧抓体育优势项目，促进全面发展

为加强体育后备人才的培养，县教委着力打造了一批体育传统项目学校。充分利用体育传统项目训练，使学生掌握 1～2 项体育健身本领。坚持不懈地进行课余训练和开展各类竞赛活动，推动运动项目的普及和提高，从而培养和发现体育后备人才。同时，获得国家二级运动员以及国家和市级优秀运动员荣誉的学生还在升学中得到加分照顾，我委最大限度地为体校学生就近安排读书。

县教委在抓好体育普及推广的同时，也非常重视学生竞技体育工作，我们着力在跆拳道、花式跳绳、校园国标舞等优势项目上提升竞技水平。各校组队参加国家、市区组织的各种大型体育赛事，取得了较好成绩。

## 四、存在的问题

（一）在校学生体育场馆严重不足

我县城区绝大多数学校和农村大部分中小学的学生生均运动场地不达标，个别学

校的场地还非常狭窄，不利于学校体育活动的正常开展；2015 年“校园足球”工作开展以来，绝大多数学校场地设施严重不足；场地问题尤其突出的城一校、实验小学、高家镇中心小学校等几所学校，都有学生 5 000 人左右，但都只有一块 200 米的田径运动场，存在严重的活动场地不足问题及体育活动安全隐患，类似的学校在我县还有一部分。

（二）体育专职教师存在严重不足

由于中小学体育课时的调整加上“校园足球”的开展，全县专职体育教师（尤其是足球专业的教师）将严重缺编，然而编办每年给的体育教师编制实在有限，导致各校只能安排兼职教师上体育课，教学质量得不到保障。要想解决目前的问题，只有加大师范类优秀体育专业大学毕业生的招聘，逐步配齐学校体育专业教师，缓解因增加课时及“校园足球”而出现的体育教师缺编问题，最大限度开齐开足学校体育课时。

我县学校体育工作虽然取得了一定的成绩，但还存在诸多的问题和不足。在新形势下，我们要抓住改革发展的良好机遇，抓住学校体育发展的良好势头，加大普及力度，提高普及质量，以素质教育为核心，注重学生身心的全面发展，将创新精神和实践能力的培养贯穿于体育教育的全过程。我们相信，在县委、县政府的正确领导下，在社会各界的大力支持下，丰都县的学校体育工作将会得到更加健康的发展，将会取得更加可喜的成绩，为我县人民群众身心素质的提高做出应有的贡献。

# 垫江县

为了深入贯彻落实《国务院办公厅转发教育部等部门关于进一步加强学校体育工作若干意见的通知》(国办发〔2012〕53号)、《重庆市人民政府办公厅转发市教委等部门关于进一步加强学校体育工作的意见》(渝府办发〔2013〕137号)和渝教体〔2015〕52号文件的精神要求,始终坚持深入落实科学发展观,全面贯彻党的教育方针,始终坚持贯彻"健康第一"的指导思想,以实施素质教育为中心,我委以学校体育工作为突破口,开展组织领导、工作计划、课程设置、活动安排、师资配备、器材设施、经费保障等工作,做到了领导到位、组织到位、人员到位、经费到位、指导到位、督查到位、奖惩到位,以点带面、分层分步推进,实现了学生全参与的目标,全面推进了学校的体育工作,增进了学生的身心健康,促进了学生全面、健康、和谐发展,现将我县88所中小学体育专项工作评估复核情况报告如下。

## 一、基本情况

我县已有1 500多年的悠久历史,县城距重庆市主城区约120公里,全县辖区面积1 518平方公里,辖25个乡镇,总人口97.8万人。有中小学88所,其中,小学63所,在校生53 581人;初中12所,在校生17 300人;职业中学一所,在校生4 556人;九年一贯制学校3所,在校生1 779人;完全中学9所,在校生35 489人。

## 二、加强领导,明确职责

县委、县政府坚持把中小学体育工作摆在素质教育的首要位置,将体育工作纳入全县教育改革与发展的总体规划,纳入教育工作的重要内容。先后制定下发了《关于切实加强青少年体育工作增强青少年体质的实施意见》《关于实施〈国家学生体质健康标准的通知〉》《关于开展学生阳光体育活动的通知》《关于开展“体育、艺术、科技2+2”项目的通知》等文件，作为指导各学校组织和开展体育工作的纲领性文件和依据。为了加强对体育工作的领导，在县委、县政府领导下，教委、体育局和共青团组织等共同组建了“垫江县中小学体育工作领导小组”“垫江县青少年群众性体育活动协调领导小组”，制定了“垫江县中小学体育工作”联席会议制度，全面组织管理、统筹协调、指导服务，开展全县中小学体育工作。县教委成立了学校体育工作领导小组，由县教委主要领导任组长，县教委其他领导任副组长，下设了办公室，具体负责中小学体育工作日常事务，县教委基础教育科、县教研室具体落实学校体育教育教学和体育教研工作；各中小学分别组建了学校体育工作领导小组，校级领导分管体育工作，党（总）支部书记、校长负总责，分管校长主要抓，年级组长、班主任、中队辅导员、体育指导教师直接抓，各校把体育工作放在学校工作的重要位置，将体育工作纳入了学校办学总体发展规划，制订了切实可行的年度体育工作计划和体育工作管理措施，做到年初有安排、年底有考核，确保学校体育工作有人管、有人抓。坚持定期举办运动会或体育节，坚持常年体育运动队训练，坚持定期召开体育工作会议，专门研究学校体育工作。

## 三、健全机制，形成合力

健全的机制是开展体育工作的关键，全县建立、完善了中小学体育工作责任机制、经费投入机制、表彰激励机制、体质健康评价机制、专项督导机制，增强了中小学体育工作合力。

### （一）健全体育工作责任机制

县教委下发了《垫江县中小学常规管理基本要求》《垫江县中小学教学常规管理办法》，规范体育课程及教学管理，明确了相关部门职责。如体育工作推进不力，一律追究学校主要领导和分管领导的责任，并取消学校所有评优评先资格以及申报各类重点学校、示范学校资格。加大了中小学体育工作监督与考评力度，在高中阶段推行了学生军训制度，在寄宿制学校推行了早操制度和作息时间备案制度，从制度上保证我县学校体育工作经常化、规范化。学校校长是体育工作的第一责任人，分管领导是第二责任人，教导处具体落实学校体育工作，形成了全员育人、全过程育人、全方位育人的中小学体育工作管理机制。

（二）健全中小学体育工作经费投入机制

我县重视加强学校体育场地设施建设，县政府、县教委和各中小学逐步加大学校体育工作经费投入，逐步建立和完善与教育经费增长相适应的体育经费投入机制。在公业务事业经费中，每年保证全县中小学生田径、篮球、乒乓球、足球、大课间体育活动比赛的开支，保证基本体育经费投入。同时，学校通过多渠道筹措体育活动经费，使学校体育教学必需的设施、器材得到一定的配置，落实体育教师福利劳保等待遇，初步保障了中小学体育工作的正常运转。

（三）健全中小学体育工作表彰激励机制

县教委以及学校均把体育工作纳入优秀教育工作、先进班集体、先进班主任的评选内容，并适当调整了体育教师在评优、评先、晋级中的比例。2017 年，县教委拨出体育专项资金 60 万元作为各级各类比赛体育工作经费，确保各项赛事顺利举行。

（四）建立中小学生体质健康评价机制

推行学校综合素质评价改革，将体育与健康纳入中小学学生评价的重要内容，并将学生体质健康标准纳入学生综合素质评价指标体系。各校全面实施了《国家学生体质健康标准》（以下简称为《标准》），建立学生体质健康监测与公示制度。要求各校按照《标准》严格测试，按时报送数据，认真进行统计、分析。2017 学年度，全县中小学生《标准》测试及格率为 97.95%，良好率为 46.32%，优秀率为 29%，学生的体检率为 100%，严格执行中招体育考试政策。根据市教委有关文件精神，我县将体育课程作为学校考查和毕业、升学考试考核科目，初中毕业升高中考试体育成绩计入总成绩，进一步确立和巩固了中小学校体育工作地位。

（五）健全中小学体育工作督导评估机制

县政府教育督导室制定了《垫江县中小学体育工作专项督导评估指标体系》，把体育工作纳入对学校的综合督导，作为学校办学质量、办学水平评估的重要指标，每年进行包括体育项目在内的学校自主发展性指标的评估，不定期实施学校体育工作的专项督导。

## 四、突出重点，狠抓落实

我县认真贯彻落实《中共中央国务院关于加强青少年体育增强青少年体质的意见》《学校体育工作条例》，着力加强和改进中小学体育工作和群众性青少年体育活动，努力使中小学体育工作健康发展。

(一)加强和改善了中小学体育设施建设

各校根据《中小学体育器材设施配备目录》要求，加强和改善了中小学体育设施建设，各项指标逐年提高。目前，体育场地达标率为38%、体育器材达标率为96%、教室采光照明达标率为52%。

(二)加大了中小学体育师资选拔培养力度

在公招、选调教师中，我委坚持把体育教师、卫生技术人员的配置作为一个重点；在教师继续教育中，把体育政策与法规、《体育与健康课程标准》纳入体育教师继续教育的重要内容，按照"先培训后上岗，不培训不上岗"的原则，将体育教师、卫生专职技术人员岗前培训纳入教师上岗的必需条件，并积极抓好体育骨干教师选拔与培养工作。组织观看录像、辅导讲座、专题研讨、外出学习、进修等活动，举办全县体育与健康教育新课程标准、新教材、"学生体质健康标准实施"骨干教师、"校园集体舞""啦啦操"等培训班，全面提高了我县体育师资水平。目前，全县已拥有体育专业毕业的专科以上的体育教师312名，配备率达90%，全县体育教师的培训率达100%。

(三)严格执行部颁课程计划

严格执行部颁课程计划，开齐、开足、上好体育课，小学1—2年级每周开设4课时，小学3—6年级和初中每周开设3课时，高中每周开设2课时。根据市教委文件精神，部分小学、初中已将体育课落实增为4节，部分高中已开设了3课时。没有体育课的教学日，学校在下午课后组织学生进行了1小时的集体体育锻炼，严格落实学生在校1小时体育锻炼时间。各校已将此工作纳入年度教学计划。在体育教学中，重视技能、体能的训练；重视培养学生良好的体育锻炼习惯和健康的生活方式，加强对卫生、保健、营养等方面的指导；重视加强体育教学与体育活动安全管理，指导学生科学锻炼。

（四）广泛组织开展群众性学生体育活动

重点抓了两方面。一是积极开展"学生阳光体育"活动，鼓励学生走向操场、走进大自然、走到阳光下，在阳光下享受运动和游戏的乐趣，增强体质，愉悦身心，陶冶性情，形成青少年体育锻炼的热潮。二是在各中小学广泛开展大课间活动，每个教学日上午安排了25～30分钟的大课间活动，将自编操、广播体操、校园集体舞、啦啦操等作为活动内容，同时各校根据学校实际情况自主开发了许多具有乡土特色、深受学生喜爱的体育项目，确保学生"每天锻炼一小时"。每年县教委先后组织直属中学和小学，以片区为单位，开展以广播体操、校园集体舞、啦啦操等为主要内容的大课间体育展示活动，有力巩固了学校体育教学成果。

（五）定期举办各类比赛提高学生运动技能

一是定期组织综合性或专项性的学生体育运动会。从2000年起，县教委每年定期组织综合性或专项性的学生体育运动会，举办中小学生田径、篮球、乒乓球、足球、大课间活动比赛，并将各学校成绩纳入教育综合督导评估的重要内容。同时，积极指导各中小学广泛开展校内外春、秋季运动会或体育节，其召开率达100%。二是大力发展特色体育运动项目。积极整合县内体育资源，创新人才培养机制，广泛开展特色和优势体育项目活动。垫江中学、垫江六中、垫江九中的田径、篮球，县职教中心的跆拳道，城北的武术，桂溪小学、龙桥小学乒乓球，垫江中学、跳石小学、五洞小学足球，五洞小学跳绳等特色项目，先后参加市、县比赛活动，获得优秀成绩。2017年度，我县参加重庆市中学生田径运动会，高中组获团体第二名，初中组获团体第一名。参加跳绳比赛，获团体第六名。参加渝东北片区校园足球联赛，小学女子获第二名，小学男子获第三名，初中男子获第一名，初中女子第二名，高中男子第七名，高中女子第八名。垫江中学男子代表队获"体育道德风尚奖"。

（六）中小学体育科研工作落到实处

一方面，构建完善体育科研网络。在县教育学会设立了体育专业委员会，在县教研室、各乡镇教管中心和直属学校设置了专职、兼职体育教研员，在各中小学设立了体育教研组，分级负责体育教学与科研工作。另一方面，积极开展体育教研活动。采取"请进来、走出去"等方式，组织体育教师学习专业理论、培训业务技能，提升专业素养；组织各乡镇各学校确立体育科研课题，开展体育学科优质课评选暨展示、体育教学观摩展示、体育优秀论文评选、体育学科听课评课等活动。目前，确立了《体育教育的体育课堂模式研究》等3个市县级科研课题，体育教师参与率达97%，100多名教师在国家、市级刊物发表或交流体育经验论文170余篇，体育教学研究整体水平提升。

（七）发挥课堂主渠道作用，构建社团主阵地

一是体育教育与其他学科教学有机结合。充分发挥课堂教学“主渠道”作用，全县所有中小学每周严格执行部颁课程计划，开齐、开足、上好体育课。同时，学校把社团训练与校内外文体活动（大课间、艺术节、体育节、社区活动等）相结合，开发课外活动资源，引导学生特长发展，不断扩大和丰富活动内容，创新活动形式，全县中小学已经做到了人人有项目、班班有活动，正进一步朝着校校有特色迈进。二是开展课程辅助活动。各中小学每周都集中安排2~3次课程辅助活动，实行走班制，活动分校级、年级、班级进行，学生自主选择。

（八）积极推进校园足球运动

根据《国家体育总局、教育部关于加强全国青少年校园足球工作的意见》精神，我委积极推广校园足球，校园足球运动的吸引力和感召力，激发了广大青少年学生对校园足球运动的兴趣，增进了学生凝聚力，让校园充满朝气、充满活力、充满阳光 。

一是营造氛围，稳步推进。2017年3月我委举行了校园足球教练员和裁判员培训，为确保校园足球运动的推进，在师资上打下了良好基础。2017年3月举办了垫江县第三届校园足球联赛，全县共计118支代表队参赛，比赛历时7天。

二是课程落实，内容丰富。全县各校将足球课列为体育课程必学内容，每周每班至少上一节足球课，根据国家校园足球教学指南，各校因地制宜，开展足球校本教材，实施适合学生年龄特点的足球教学和课外活动。各校成立足球兴趣组，三年级以上建有班级、年级足球队，正常开展训练和足球活动，利用晨练、大课间活动、课程辅助活动等长期坚持科学训练，学生基本熟悉足球、热爱足球、享受足球。学生在校园里真正跑起来，动起来，球踢起来了。

三是普及提高，引领示范。我县按照市教委文件精神，“深入开展校园足球运动，普及提高校园足球运动水平，积极创建校园足球特色学校”，下发了《垫江县教育委员会关于大力开展校园足球·啦啦操试点活动的通知》（垫教委〔2014〕376号），全县共有56所学校上交资料，经过专家评审最后确定20所校园足球·啦啦操示范校，推选市级校园足球特色学校12所，其中小学7所，初中2所，高中3所。这些学校根据实际情况，制订了学校足球运动计划，明确学校足球运动的发展目标，稳步有序开展校园

足球运动,学习发扬足球精神,积极打造校园足球特色,促进学生健康成长和全面发展,在当地起到了引领、示范作用。

四是竞赛活动,有序开展。全县启动了校园足球三级联赛,要求各校开展年级比赛和校级比赛,然后参加片区预赛,片区预赛成绩前两名的学校参加县级决赛;直属中学直接参加县级决赛。为保证此项工作有序开展,县教委每学年下发足球竞赛规程,指导各校的竞赛活动。

五是师资培训,形式多样。加大体育教师招聘力度,定向补充学校缺编的体育教师。加大培训力度,增大体育教师培训力度,2017 年 3 月举办全县校园足球教练员和裁判员培训,今年暑假 7 名体育教师参加(分别是成都体育学院、西南大学)全国青少年校园足球骨干师资国家级专项培训。在公招、选调教师工作中,坚持把足球专业教师的配置作为重点;采取新聘、引进和培训等方式挖掘人力资源潜力,确定足球课专职、兼职教师,基本保证了足球课程教学、训练的需要。在教师继续教育中,组织观看录像、辅导讲座、专题研讨、外出学习、进修等活动,举办全县足球示范课、校园集体舞等培训班,全面提高了我县足球师资水平。目前全县足球教师配置率达到 65% 以上,为校园足球运动提供人才支撑。

我县中小学体育工作虽然取得了一些成效,但与整个教育事业的发展和构建城乡教育统筹示范县的要求相比,还存在着一些不容忽视的问题。一是体育师资数量不足,体育教师整体素质不高,专职教师存在转岗现象,兼职教师多。二是不少学校运动场地不规范、体卫设施设备落后。三是片面的教学质量观制约了体育工作。少数学校迫于社会和部分家长的压力,人才观、质量观出现偏差,致使体育活动课被压缩、体育活动时间减少。四是学校体育工作发展不平衡。主要表现在城镇学校和农村学校、体育学科和其他学科发展不平衡。

针对以上问题,我县再认真对照标准,找出差距,制定工作规划,落实工作措施,结合实际,分阶段安排出工作日程。在硬件建设上突出"完善、配套";在工作方法上突出细致、扎实,全面促进我县体育工作再上台阶。

一是建立完善体育师资引进和培养机制。在今后公开招聘教师和教师继续教育中,我委适当向学校体育岗位倾斜,以引进和培养一批与中小学体育卫生岗位相适应的专业技术人才,不断优化体育教师结构,进一步巩固和落实体育教师待遇。

二是改革完善体育经费投入机制。我委落实义务教育阶段学生健康体检费用,将体检费用纳入义务教育经费保障机制,并在中小学体育公用经费提取与安排的基础上，进一步加大县财政对中小学体育工作经费的投入，以优化中小学体育卫生软硬件建设，保障体育教师待遇。

三是落实措施，强化督查。我委着力加强对中小学体育卫生工作的督导检查。严格落实学校体育工作的专项督导制度、督导结果公示制度，完善学生体质健康监测制度，每年定期对全县中小学生进行体质健康监测。在教育督导评估中，加大对各学校的考核奖惩力度，对青少年体质健康水平持续下降的学校，实行合格性评估和评优评先一票否决。

# 武隆区

我委对照《中小学校体育工作评估指标体系》的要求于11月对学校体育工作进行了专项评估，各校按要求通过市教委学生运动和体质健康管理平台上报了资料，区教委也对部分学校进行了复查。现将我委开展学校体育工作评估的情况报告如下。

## 一、学校基本情况

全区现有中小学校40所，其中区城小学2所，乡镇中心校25所，九年一贯制学校1所，单设中学6所，完全中学4所，职教中心1所，特殊学校1所。全区有中小学生人数46 052人，其中小学在校学生25 647人（其中村完和教学点4 862人），中学生在校学生20 405人。

## 二、专项评估情况

### （一）组织管理

一是学校成立了由校级领导分管的体育工作领导小组，并将体育工作纳入学校工作计划，实施考核。区教委每年考评学校体育工作，对学生进行素质测评。二是认真执行市教委下达的课时计划，落实了体育课和健康教育课。三是学校学生购买了学生意外伤害保险，所有学校购买了校方责任险。

### （二）教育教学

体育教师能按照课程标准落实教学计划，组织课堂教学，完成教学任务。学校大力开展阳光体育运动，实施体育、艺术、科技“2＋2”项目活动，各学校都有形式多样、各具特色的大课间活动，每学期都召开学生运动会。

（三）条件保障

师资方面：中心校及以上学校专业体育教师的配备率基本达标，中学已经完全达标。学校成立了体育教研组，积极开展校本教研活动和推行集体备课。除积极参加市教委组织的各种培训外，区教委每年都要组织教师进行培训。

场地器材和经费方面：本年度场地器材增量很大，新增了 3 块 11 人制和 1 块 5 人制足球场、18 块篮球场、2 块 400 米和 2 块 200 米田径场。中心校及其以上学校建有塑胶运动场，但面积普遍较小，足球场地依然不足。中小学设施设备都由专人负责；器材配备上技巧、单双杠等方面器材较少。学校体育经费支出基本满足学校体育活动和设备的建设。

（四）学生体质健康

全区所有学校都实施了《国家学生体质健康标准》，并向教育部数据库上报了测试数据，但学生《国家学生体质健康标准》的良好率、优秀率还有待提高。

## 三、存在的主要问题

（一）师资建设

完校及村校基本没配置专业体育教师，《国家学生体质健康标准》中的一些项目不能完成教学和测试上报。

（二）场地限制教学活动

村完校的教学活动场地有保障，但乡镇和城区学校的运动场教学活动矛盾突出，不能满足体育教学活动，有时一个班教学只能占用半块篮球场，课程教学计划也受到影响。同时足球场地少，远远不能满足足球教学、训练和比赛的需要。

（三）未严格执行教材内容

由于场地、师资、器材、安全等因素，学校未能完成一些教材内容，如排球（软式）、单杠、双杠等基本没有开展教学。

（四）公布公示较差

学校目前对公布公示没有重视，认为必要性不大，学生也不怎么关心，没有将学校阳光体育方案、《国家学生体质健康标准》测试结果、学生体育活动情况等公布公示。

## 四、改进措施

### （一）加强师资建设

在学生人数较多的完校配置专业体育教师；通过支教、走教等派其他学校体育专业教师到完校、村校任教；加强兼职教师的培训力度，逐渐提高体育教学水平。

### （二）加强体育课程教学督导

认真贯彻执行《重庆市中小学体育课程教学指导纲要及评价标准》，学校体育教研组要搞好校本教研，制订合理的教学计划、单元教学计划；区教委加强督导检查，保证教学计划落到实处。

### （三）完善监测结果公示制度

要求学校按时公布公示阳光体育运动方案、学生体育活动情况、学生体质健康测试总体结果等。

# 忠　县

根据《重庆市教育委员会关于做好2017年学校体育工作评估和年度报告的通知》精神与要求，忠县教委高度重视学校体育工作评估和年度报告工作，县教委成立了专项督导评估领导小组，主要负责人为组长，分管领导、科长为副组长，体卫艺科、教育科、安稳科、计财科、人事科、督导室等部门领导为成员，办公室设在体卫艺科。2017年11月13日，县教委召开了学校体育工作评估数据填报培训会，全面部署专项评估工作，各学校分管校长和评估小组成员参加。在各学校自查的基础上，评估督查小组于2017年11月15至24日对全县各校体育工作自评情况进行复核，经过与师生座谈、实地查看档案和实物等，有效掌握了全县基本情况。复核检查极大地促进了全县中小学体育工作，同时也发现工作中的一些问题，现将自查情况报告如下。

## 一、主要指标完成情况

### （一）组织管理

近年来，县教委以中共十九大会议精神为指导，结合本县实际，把学校体育卫生艺术工作纳入了教育发展规划，做到目标明确，措施得力。在此基础上，体卫艺科制订体卫艺工作年度计划，按计划、分步骤、强措施付诸实施。县教委把学校体卫艺工作与全面实施素质教育相结合，建立校园意外伤害事故应急管理机制，制订和实施体育安全管理工作方案，确定责任人，落实责任制。学校体育卫生工作专项督查小组、办公室设在体卫艺处，由其统筹协调，落实责任，形成了齐抓共管的学校体卫艺工作的新局面。同时，领导小组建立了巡查制度，定期或不定期对学校体卫艺工作进行检查。县教委将学校体卫艺工作和学生体质健康状况纳入对学校办学水平的综合督导，建立学校体育工作专项评估制度，并及时将评估结果在全县公布。

（二）教育教学

1. 严格执行国家课程标准

保质保量地上好体育课、健康教育课，小学每周开4课时，初中每周开3课时，高中每周开2课时，足球特色学校要求每周开1节足球课。努力探索校本课程，开齐开足规定课程。

2. 确保学生每天锻炼1小时

体卫艺工作计划中要求，在没有体育课的当天，必须在下午课外活动时间组织学生开展“阳光体育活动”，所需器材由体育教师统一发放和回收，并做好活动登记和监测，确保“阳光体育活动”的有效持续开展。

3. 保障大课间操体育活动

一是组织学生做好新修订的眼保健操。二是全校集中在大操场做好“两操”。三是设立大课间检查制度，确保大课间学生体育活动质量。四是开展校园足球·啦啦操活动。五是推动体育传统项目。

4. 坚持冬季长跑活动

一是每年的11月中旬开始，规定学校每天以班级为单位组织学生完成规定的跑步里程。二是要求学生双休日和节假日自觉坚持长跑并做好记录。三是要求班主任做好长跑和缺勤记录，学校长跑活动有效开展。四是有安全条件的学校要组织冬季长跑越野赛。

5. 定期举办全县中小学田径运动会和球类运动会

今年3月15—18日举办了忠县中学生排球运动会；5月12—23日举行了忠县2017年第三届校园足球联赛；6月1—3日举办了全县小学生儿童运动会；10月16—20日举办了忠县中学生篮球运动会；11月14—17日举办了忠县第46届中小学生田径运动会。同时，要求各校举办学校运动会或体育艺术节，足球特色学校要举办班级足球联赛，把举办情况报体卫艺科。要求各学校要做到：一是在运动会召开之前，积极发动学生利用课余时间搞好赛前训练；二是广泛发动，做到人人有项目，班班有活动；三是在学生参加的基础上，增设教师比赛项目，如接力赛、拔河比赛等趣味性活动。每年举办教职工和学生篮球赛、乒乓球赛、学生排球赛、学生越野赛、班级足球联赛等，推动学校体育活动。

6. 坚持军训制度

学校对入学新生进行为期7天的军训，由县人武部调配军事教员指导军训工作。

实践证明,军训活动对增强学生体质、磨炼学生意志、培养学生综合能力、消防安全和民防安全教育具有积极的作用。

7. 严格落实体育、艺术、科技“2 +2”活动

严格执行课程计划,开齐开足艺术课程,积极开展教学研究活动,有效提高课堂质量,促进学生艺术素养的提升。

8. 创建校园足球特色学校和体育艺术特色学校,发展俱乐部传统项目学校

我县现有国家级市级足球特色学校 13 所,县级特色学校 8 所,学校特色体育艺术有汝溪中学的跆拳道、黄金镇中的排球、忠州中学的举重、忠州二小的跳绳等。

(三)条件保障

1. 强化师资配备

目前,全县高中有专职体育教师 116 名,初中有专职体育教师 66 名,兼职体育教师 7 名,小学有专职体育教师 202 名,兼职体育教师 71 人。强大的体育教师队伍,保障了全县中小学体育运动的健康开展。

2. 加强师资培训

组织专职、兼职体育骨干教师接受部、市、县二级培训共 4 次,达近 100 人次。县教委严格规范的培训,有力地保障了体育教师业务水平的不断提高。

3. 加大经费投入

我委今年投入学校体育经费 2 846.945 6 万元,其中场地经费 3 169.795 7 万元,各学校设有田径运动场、篮球场、排球场、羽毛球场、足球场等,基本满足学生的体育活动;投入体育专用器材经费和体育工作经费共 498.949 9 万元,各学校基本按照国家规定的器材配备目录配备体育课程教育和体育活动器材,使用率达 100%,并建立了专门的体育器材室,由专人负责管理,并设立了体育器材使用制度和赔偿制度,为体育教学提供了有效的物资保障。

(四)学生体质

各校按要求上报《国家学生体质健康标准》,全县中小学体质健康标准上传成功率达 100%。按规定开展国家学生体质健康标准达标测试,学校建立了学生体质健康监测档案与公告制度,将测试成绩记入学生成绩报告单和学生档案,作为学生毕业和升学重要考核内容和评选先进集体和先进个人的重要内容之一。近几年,从全县整体学生素质测试情况看,及格率达 95% 以上。

我县认真落实“阳光体育运动”,学生素质普遍增强,今年市级各种比赛成绩

喜人。

今年 3 月份忠县各校组队参加重庆市中学生田径运动会，喜获高中乙组团体总分第三名。

10 月 25—31 日，忠县 6 支代表队 92 名运动员到开州参加重庆市 2017 年校园足球联赛渝东北片区赛。拔山中学代表队荣获高中女子组第三名；曹家小学代表队荣获小学女子组第三名，同时闯入市级总决赛。

11 月，忠县各校组队参加重庆市中学生篮球运动会，荣获体育道德风尚奖。

## 二、存在的问题

(1)全县中小学体卫艺工作的氛围不够浓厚，离《国家体育卫生工作条例》及素质教育要求尚有一定差距。

(2)体育卫生工作硬件设施未完全达到《国家体育卫生工作条例》标准，特别是农村小学，专职体育教师较缺乏，有的学校没有专业体育教师，有的学校缺少专职教师，由班主任兼职。

(3)场地器材还相对缺乏，特别是农村偏远薄弱学校；城区部分学校体育场地狭小，人均活动面积严重不足。

(4)体育卫生工作经费不足。

## 三、改进措施

(1)加大体育卫生工作宣传力度。在全社会、教育系统营造浓厚的体育氛围，使人人皆知其重要性，以提高各级领导、家长及广大教师的思想意识，真正把体育工作放在学校工作的重要位置。

(2)配齐专职体育教师并对兼职教师进行定期培训，提高兼职教师的专业技术水平和教育教学能力。

(3)加大投入，加强体育设备设施建设。多渠道、多形式筹措经费，一定程度改变体育工作经费紧张的局面。借全县经济腾飞的东风，借学校布局调整和加大薄弱学校改造之机，完善体育活动场所、场地，购建大量设备完善学校体育设施。

# 开州区

2017年是全面推进体卫艺工作的一年。体卫艺科抓住契机，全面推进学校体育、艺术、卫生教育工作。我委以增强学生体质、提高学生艺术素养、促进学生健康成长为工作重点，推动深入开展“2+2”实验项目，积极推进各类课程建设，深化教学改革，丰富学生课外文体活动的内容和形式，不断提高体艺卫教育教学质量，促进全区学生德智体美综合发展。现将2017年学校体育教育总结如下。

## 一、深入推进学校体育常规工作

### (一)落实体育教育课程

课堂是实施体育教育的主阵地，开齐开足课程是保证教育质量的前提。全区学校做好了三件事，一是严格执行国家课程标准，开齐开足体育教育课程，保证开课率达到100%，坚决杜绝挤占、减少、挪用行为。二是全力保障体育师资。采取专职专用、提高培训、转岗培训、全科教师认证等方式，结合走教、支教等方式，确保师资到位。三是认真组织教师上好体艺教育课，做到课时、教学、考核“三落实”。继续执行体艺等综合学科的单独考核的办法。确保体艺学科教学和教师工作的积极性和延续性。区教委及时召开了体艺工作推进会、研讨会，科学推进教学工作。

### (二)加强体艺特色建设

我委充分发挥社团在学校体艺教育工作中的提升、引领、带动作用。逐步完善学生社团的管理制度和进入、退出、考核机制。让每个学生在校期间学习、掌握1~2项有益于身心发展的体艺技能。在学校的办学思想统领下，形成相得益彰的体艺特色。

## 二、义务教育课程辅助活动得到进一步落实

为减轻学生过重课业负担，提高教育质量，各义务教育阶段学校课程辅助活动得到落实。

(一)落实课程辅助活动时间

各校按照课程设置课程辅助活动，活动安排在每天下午最后一节课，各校基本没有挤占现象。各校在保证每天锻炼1小时上狠下功夫，提倡每天组织学生进行1小时形式多样、简单实用的大课间活动。

(二)丰富课程辅助活动内容

全区各校开展以球类、田径、体操、武术、韵律和舞蹈等为主要内容的阳光体育活动；结合本地、本校实际，不断创新和丰富课程辅助活动的内容，形成特色鲜明的课程辅助活动课程体系和百花齐放的良好局面。

(三)创新课程辅助活动的形式

各校以体育、艺术、科技为突破口，整合兴趣小组活动、课外活动、社团活动等，根据学生兴趣爱好，采取学生自主选课、走班、上大课、集中和分散相结合、整合时间、整合师资等多种方式，开展课程辅助活动，确保学生有时间参加、有项目训练、有教师指导，使学生积极参加区级以上的各项活动。

## 三、抓实抓好校园足球工作

按照市教委要求，我委认真开展校园足球工作。各校落实每周一节足球专业课，配足配齐开展校园足球所需器材，组织足球教师参加区内外校园足球培训。试点学校的小学三年级以上班级建有班队、年级代表队，学校建有校级男、女足球代表队，并形成梯队。开展足球竞赛，确保每班每年参加不少于10场比赛。开展校际间足球交流活动，确保特色学校校际交流每年小学不低于18场、中学不低于14场比赛。

## 四、存在的不足和来年努力方向

体艺工作系统推进还很欠缺，活动的质和量与市教委要求还有距离。

来年我委将做实学校体育艺术评估工作。强化对体艺健康教育课的规范和落实工作,促进课程改革实验。推动学校大课间、课程辅助活动和体艺节开展,不断改造升级,形成学校特色。落实学生体质健康提升工作,确保学生体质健康规范测试,认真上报,逐年提升。举行全区中小学生田径运动会,组织全区校园足球联赛,积极参加片区、市级联赛。举办多样小型体育活动,促进学生全面发展。命名一批区级体艺特色学校。探索体艺与德育、智育的内在促进作用,推动学校内涵发展。

# 云阳县

2017 年,云阳县教委根据《重庆市教委关于做好 2017 年中小学体育评估工作的通知》(渝教办函〔2017〕228 号)文件精神,组织全县 124 所中小学开展了体育工作评估,以体育工作评估为切入点,扎实推进全县中小学体育工作,现将有关情况汇报如下。

## 一、全县学校基本情况

2017 年全县有公办建制学校 126 所,含普通高中 8 所(市重点高中 5 所),职业学校 2 所,单设初中 28 所,九年制学校 5 所,小学 80 所,特教学校 1 所,独立幼儿园 2 所;有民办学校 70 所,含中小学 7 所,幼儿园 63 所;另有村校 123 所,乡镇中小学附设幼儿园 84 所。有在校学生 166 550 人,在职教职工 9 780 人,其中体育教师 752 人,专职 444 人,兼职 308 人。

## 二、主要开展的体育工作及成效

### (一)开足上好体育课

各中小学校按照国家的规定和要求开足上好体育课程,切实保证了中小学体育课时计划落实。进一步完善了体育课程、大课间(课间操)和课程辅助活动一体化的阳光体育活动方案,按规定开展大课间和课程辅助活动,保证学生每天在校体育活动时间不少于 1 小时。

### (二)开展丰富多彩的体育活动

学校每年举行综合性运动会或体育节;开展以年级为单位的日常学生体育活动;

定期或不定期开展以班级为单位的多层次、小型多样的体育活动。组织跨校的小区域、小范围的体育联盟,开展单项体育比赛。积极组建体育活动社团,定期开展活动,形成良好的校园体育传统和特色,校园群众性体育活动蔚然成风。县教委今年组织了第三届学生运动会,不定期开展足球等单项联赛。

（三）积极打造体育特色学校

各校以体育特色教育为突破口,深入推进素质教育,着力打造“一校一品”“一校多品”的体育特色,全县124所学校各确定了一个或多个特色项目进行打造。全县学校提升办学品质和品位,营造了人人有专长、班班有活动、校校有特色的体育活动氛围。

（四）完成学生体质健康测试及上报

各学校依据《国家学生体质健康标准》,全面开展学生体质健康测试,测试数据上报率达到100%,学校按学生年级、班级、性别等不同类别公布学生体质健康测试总体成绩,将测试结果通知学生本人及家长。学校认真分析了学生体质健康测试结果,提高了学校体育工作的针对性。

（五）完成学校体育评估工作

学校完成了体育工作评估和年度报告、校园足球工作、国家学生体质健康抽测等,进一步了解了学校体育教育工作开展情况。

（六）加强队伍建设

县教委采取公招考试、大学招聘、转岗培训、返岗行动等,多渠道解决体育师资不足的问题,并举办了县级培训。体育教师在职务评聘、福利待遇、评优表彰等方面与其他学科教师同等待遇。将体育教师组织学生开展课外体育活动以及组织学生体质健康测试等纳入教学工作量。

（七）加强设施建设

我委按照《国家学校体育卫生条件试行基本标准》《中小学校体育设施技术规程》及相关学校建设标准和技术规范要求,加大学校体育设施建设力度,在基层公共体育设施建设中统筹规划学校体育设施,在义务教育经费保障机制和农村义务教育薄弱学校改造计划等项目中加大对体育设施建设和器材配备的支持力度。学校体育场馆设施在课余和节假日向学生开放。

（八）健全奖惩机制

县教委将学校体育工作纳入了年度综合考核，考核结果全县公示，并纳入对学校负责人的工作绩效考核，对学生体质健康水平持续三年下降的学校进行约谈，对学校体育工作发展快，学生体质健康水平提升明显的学校给予表彰奖励。

（九）加大经费投入

各学校设立了体育工作专项经费，并做到体育专项经费与教育总经费同步增长且满足学校体育工作的实际需要。要按国家规定的标准完善学校场馆建设，配足配齐体育器材，提高场地器材的利用效益。

学校体育事关学生及其家庭的幸福，事关国家和民族的未来。在各级党委、政府的领导下，在市教委的亲切关怀和指导下，云阳教委的中小学体育工作取得了一定成绩，但离上级的要求差距尚远，体育工作中还存在一些问题，如少数学校体育场地不足、全县体育教师数量不足且分配不均、部分学校体育运动器材不足等。

今后，我们将以市体育工作评估为新的契机，更新观念，加大投入，切实抓好体育硬件设施建设，切实加强体育师资队伍资建设，为全县中小学体育工作做出更大贡献。

# 奉节县

根据《重庆市教育委员会办公室关于做好2017年中小学校体育评估工作的通知》(渝教办函〔2017〕228号)精神,我县于2017年10月24日下发了《奉节县教育委员会关于开展2017年中小学校体育工作专项督导的通知》(奉节教办〔2017〕48号),要求各学校对照《中小学校体育工作评估指标体系》于10月31日前完成自评。县教委于11月13—24日组织考评人员,分成两北2小组对各学校的自评情况进行了复核。现将有关情况汇报如下。

## 一、基本情况

奉节县现有公办学校135所(中职1所、完全中学7所、初级中学21所、九年一贯制3所、小学94所、特殊教育1所、幼儿园8所),小学教学点117个;有民办学校55所(中职1所、初级中学2所、幼儿园52所)。

近年来,我县高度重视学校体育工作,教委成立了专门的体卫艺科,各学校成立了体艺组,按照上级部门的有关要求开齐开足了体育课程,认真开展大课间活动,确保学生每天锻炼1小时,并积极开展学校体育竞赛活动。现在,奉节县基本形成了学校体育赛事常规,学校天天有看点、周周有活动、月月有单项赛事、期期有综合运动会,教委每年举办中学生春季运动会(含田径、武术、速度跳绳、花样跳绳等项目)、小学生春季运动会(含篮球、乒乓球、象棋、围棋等项目)、中学生秋季运动会(含篮球、乒乓球、象棋、围棋等项目)、小学生秋季运动会(含田径、武术、速度跳绳、花样跳绳等项目)、中小学校园足球联赛及啦啦操比赛,暑假举行中小学及幼儿园教职工运动会。从2016年开始,将中小学运动会进行整合,春季举行小学生运动会(含篮球、乒乓球、象棋、围棋、田径、武术等项目)、中小学校园足球联赛,秋季举行中学生运动会(含篮球、乒乓球、象棋、围棋、田径、武术等项目),暑假举行中学或小学教职工运动会。现在,广大师生竞技体育水平有了很大提高，在重庆市组织的各类学生运动会中，我县多次获得优异成绩，高中组的田径现已连续几年蝉联区县组团体总分第一名。在 2016 年重庆市校园足球联赛片区赛中获小学男子组第一名、初中男子组第四名、初中女子组第五名、高中男子组第四名、高中女子组第六名；在 2016 年重庆市中学生田径比赛中获高中组团体总分第一名；在 2016 年重庆市啦啦操片区赛中获中学组第一名；在 2016 年重庆市校园健身操舞片区赛中获中学组规定套路冠军、中学组自选套路冠军；在 2016 年中小学篮球比赛中获高中男子组第二名；在 2016 年重庆市中小学校园集体舞比赛中获中学组一等奖；在 2016 年全国武术之乡武术套路比赛中获男子儿童组二等奖、女子儿童组三等奖；在 2016 年重庆市传统武术比赛中获儿童组一等奖；在 2017 年中学生田径锦标赛中获高中组团体总分第一名；在 2017 年重庆市中小学武术比赛中获小学组团体总分第四名；在 2017 年重庆市中学生篮球比赛中获高中男子组第五名。

## 二、考评结果

我委对全县 129 所中小学（不含特殊教育学校）进行体育工作考评，85 所学校获得优秀等级，41 所学校获得良好等级，3 所学校获得合格等级，没有不合格学校。

## 三、存在的问题

（1）小学体育教师严重缺乏，全县共有 1 657 个小学教学班，仅有 200 名专任体育教师，尚缺 376 人。

（2）体育教研员较少，目前只有专职体育教研员 1 人，兼职体育教研员 6 人。

## 四、下一步工作重点

（1）加大教师的配备力度，逐步配齐小学体育教师。

（2）培养、提拔一批专职体育教研员。

（3）加大投入，进一步改善农村学校体育活动场地。

（4）继续抓好学校体育常规活动。

# 巫山县

为认真贯彻执行《关于强化学校体育促进学生身心健康全面发展的意见》(国办发〔2016〕27号)、《重庆市教育委员会重庆市人民政府教育督导室关于开展2017年中小学校体育工作专项督导的通知》(渝教督函〔2017〕7号)以及《重庆市教育委员会办公室关于做好2017年中小学校体育评估工作的通知》(渝教办函〔2017〕228号)等文件精神,促进全县学校体育设施硬件建设、师资队伍建设、体育课程建设开展学生体育竞赛、课外体育活动及增强学生体质,全面推进学校的体育工作,增进学生的身心健康,促进学生全面、健康、和谐发展,自11月以来,我县各级各类学校组织专人对照标准找差距,边查问题边整改,对学校体育工作进行认真地、全方位自查。现将具体情况报告如下。

## 一、摸清家底,掌握情况

巫山县辖区面积2 958平方公里,辖26个乡镇(街道),总人口64万。全县现有各级各类学校106所,其中,普通高中2所,完全中学1所,中等职业学校2所,普通初中17所(含九年一贯制2所),普通小学84所。2017年全县中小学共计2 024个班,在校学生7.470 5万人。

近年来,在市教委的关怀指导下,我县坚持把教育摆在优先发展的战略地位,大力实施"科教兴县"和"教育移民"战略,将教育定位为"巫山人民最大的民生",不断强化学校体育工作,2017年教育投入占全县GDP的8%,全县形成党政重教、部门帮教、社会助教和对口支教的良好氛围和合力优势,教育事业呈现出快速、持续、协调、健康发展新态势。先后被评为全国教育改革示范县、艺术教育实验县、教育科研先进县,市级中小学生体育竞赛活动榜上有名。

## 二、层级管理，建章立制

县教委高度重视学校体育工作，将学校体育纳入全县教育系统整体工作。成立了以教委主任为组长的体育工作领导小组，形成了主要领导负总责、分管领导主要抓、相关科室具体抓、各级各学校齐抓共管的良好工作态势。教委召开专题会传达和学习中央、市有关体育文件精神，转发了重庆市关于开展学校体育工作专项督查的通知，多次召开体育工作联席会、专题会，因此全县各级各类学校教师思想统一，形成共识，牢固树立人才培养新理念。

各级各类学校建立校长领导下的学校体育教育工作领导小组，实行分管负责制。工作流程为“校长—分管领导—体育教师”一条线。学校主要领导积极学习国家体育教育工作政策和法规。学校每学年都把体育教育工作作为工作计划和年终工作总结一项重要的内容。学校还有专项的体育教育工作计划和专项工作总结，各校均建立了完整的体育工作制度，从而为这项工作的顺利开展奠定了坚实的基础，提供了可靠的保障。

## 三、精准定位，抓实工作

### (一)紧抓四级活动

“强化管理，制定制度，分工协作，建立良好、高效的工作秩序”，是我县对学校体育工作的定位。紧抓常规工作如课间操、课外活动等活动，各校成立了舞蹈队、田径队、武术队、体操队、象棋队、健身队、篮球队、乒乓球队等多个兴趣小组。

四级活动模式初显成效。一是校级活动。各校每年都要举行规模盛大的体育节，学生和老师都积极参与。二是片区活动。教育督导中心每年均要开展师生运动会和各类选拔赛，师生共同参与。三是县级活动。全县每两年举办一次大型田径运动会，隔年举办一次单项比赛；今年5月，为期三天的巫山县第二届“职教杯”中小学生田径运动会拉开帷幕，全县34支代表队1 200余名运动员、教练员参赛。比赛分小学、初中、高中三组和100米短跑、200米短跑、跳高等12项比赛项目，共产生了76块金牌、76块银牌和76块铜牌，14项县级纪录被打破。四是市级活动。我县每年都要开展选拔赛，选出优秀选手参加市级举办的各类比赛。职教中心、巫山中学参加了市举办的篮球赛、武术比赛等;2017 年 9 月,我县体育教师代表我县参加了重庆市第五届中小学体育教师技能大赛,获团体二等奖、民族民间或新兴体育项目团体一等奖;在 2017 年渝东北片区赛中,我县的 6 支队伍均进入八强,实验小学男队取得亚军,女队取得第五名,巫山初中男队取得第八名,女队取得第四名,巫山中学男队取得第八名、女队取得第七名,小男、初女队进入市级总决赛。

(二)抓细师资培训

我县一直把优化学校体育教育师资队伍作为提高体育工作水平的重要方面,不断充实教师队伍,每年都要按规定配备专职体育教师,组织开展县级培训,送出去进行专业培训,各校通过校本培训和送教师外出培训学习相结合的方法优化队伍。

1. 参加岗位培训

各校按上级要求,组织体育教师参加各级各类的体育教学岗位培训,并取得了相应的培训证书。组织体育教师积极参加市、国家级体育教科研活动,促进了专业素养和教学水平的提高。2017 年,250 人参加县级及以上培训,其中,参加校园足球教练员培训 3 人次,裁判员培训 13 人次,市级中小学体育教师培训 8 人次。

2. 加大校本研训

为了搞好专业培训和能积极开展教学研讨活动,各校体育教师经常在一块做研究,如上课、说课、案例分析、论文评析等等,从而加强了体育教学的研究,提高了体育教学质量。各校还加强了备课、上课等常规建设,由教导处和年级对体育教师的备课进行检查。特别关注体育教师道德修养,严禁体罚行为。

(三)抓严课程计划

我县严格执行国家教育课程管理计划,按要求开足开齐体育课程,并按教学大纲的要求进行授课,充分发挥体育课堂的主阵地作用。要求学校不以任何理由挤占、挪用体育课,同时开展阳光体育大课间操活动,保证了学生每天 1 小时的体育活动时间,确保了阳光体育锻炼的实施。

(四)抓实保障投入

近几年来,我县十分重视学生个性,培养学生特长,促进学生全面素质的提高,为了抓好体育教育工作,县、校都加大了经济投入,2017 年全县支出学校体育经费 1 137.695 8万元,县教委用于组织足球竞赛的经费达 45 万元,用于田径运动会 30 万元,其他各类比赛 20 万元,为学生体育锻炼提供了有力保障,大大改善了办学条件,优化了育人环境,截至 2017 年底,全县共有塑胶运动场 22 块,完善了功能室建设及体育器材的配备,规划到2020年,全县改扩建足球场56块,基本满足校园足球学校教学所需。

(五)抓好体质测试

学校建立了一套有效的学生体育测试评价体系,每年对学生进行一次全面的体质测试,测试包括学生的身高、体重、视力、50米跑、跳远、投掷、肺活量、仰卧起坐等项目,成绩被记录在册。每位学生有体质健康标准测试卡,2016年全县体质健康测试合格率为98.84%,比上年增长3.7个百分点。2017年体质健康测试正在进行中。近年来,县教委每年划拨资金100万元,按照国家规定的学生健康体检项目,组织全县中小学生进行免费常规健康体检,还对高二学生进行了结核病筛查,有效预防和减少校园突发公共卫生事件。

## 四、找出差距,明确方向

近年来,我县学校体育工作取得了很大的进步,虽然我们做了很多,但工作还存在不足。

1.专职教师缺少

每年计划招聘一定数量的体育特岗教师,但报考人数一直少,转岗数量有限且质量不高,兼职体育教师多,我县学校专职体育教师缺口较大。

2.条件有待改善

村小专用教室、教育教学设施(设备)等不足,我县体育工作受到制约。

3.安全压力大

部分体育项目被取消,如单双杠、跳高等。

今后,我们将不断加大硬件投入,优化学校体育工作环境;进一步提高教师队伍整体水平,不断提高全县体育合格率;努力寻求一条体育特色之路,找到适合巫山学校实际,适合不同年龄层学生的体育项目。继续将课程辅助活动纳入学校课程体系,编入班级课表,结合阳光体育运动、“2+2”项目和“1+5”行动计划,深入挖掘乡土文化和学校资源,组建兴趣小组和社团,丰富课程辅助活动,形成具有鲜明特色的课程辅助活动体系。

# 巫溪县

根据市教委《关于做好2017年中小学校体育评估工作的通知》(渝教办函〔2017〕228号)要求,县教委成立专项督导评估领导小组,于2017年11月召开专题会议,全面部署与发动,并制发相关文件。各学校对照《中小学校体育工作评估指标体系》,认真开展自评工作,并上交自查评估报告。结合各校自评报告,领导小组对全县学校体育工作进行了专项督导评估。本县一共88所中小学校,经评估,5所学校达到优秀等级,占比6.68%;40所学校达到良好等级,占比45.45%;43所学校达到合格等级,占比48.86%,加分学校24所,占比27.27%。现就相关情况汇报如下。

## 一、工作措施及成效

近年来,我县在推动教育改革发展过程中,始终坚持学生学业水平和综合素养双提升的发展理念,将学生身心健康发展摆在重要位置,将体育工作作为基础教育的重要组成部分,全面树立"健康第一"思想,提出并贯彻"我运动、我健康、我快乐""每天锻炼一小时、健康工作五十年、幸福生活一辈子"等理念,学校体育工作有了较大进步,取得长足发展。

### (一)加强组织管理,学校体育工作稳步推进

一是县教委设立体卫艺科,由相关委领导分管,体育专干具体管,机构健全,责任明确。二是将体育工作纳入年度工作计划重要内容,每年至少召开一次体育工作会,规划3次以上全县范围内的师生体育竞技运动会,并将学校体育工作纳入年度考核。三是定期组织专题教学研究活动,研讨体育教学工作,解决体育工作中的实际问题。四是规范学校体育工作,要求各校健全完善组织机构,将体育工作纳入学校年度工作计划,统筹安排,统一考核。五是下发学校体育活动安全管理办法,保障学生体育活动安全。六是加强制度建设,建立阳光体育活动、体育大课间、课外体育活动、体育设施

器材管理、学生体质健康检测和安全管理等制度，并定期督促检查落实。学校体育工作全面开展、全员参与、全程考核格局基本形成。

（二）落实体育课程，强化体育教学

一是严格落实国家体育与健康课时规定，开齐开足体育课、健康教育课，县内各校体育课都按计划每周开足3～4课时，开课率达100%，并保证课程计划的实施。二是坚持全员参与，将“2+2”体育艺术科技活动与“1+5”实践活动有机结合，积极开展阳光体育活动和大课间活动，各校结合校情实际，充分挖掘学校潜力，将体育、艺术有机结合，开发了独具特色的学校大课间项目，保证学生每天有1小时体育活动时间，既做到了全员参与，又很好提升了学生的艺术素养和身体素质。三是各学校依据《课程标准》，结合实际制订体育教学学年、学期计划，规范体育课堂教学，组织体育教学研究，实施效果良好。四是加强体育教学指导，县教委定期开展体育教学交流工作，举办体育优质课竞赛、体育教师基本功大赛等。五是各学校分别建立促进学生身体素质和健康素质协调发展的评价体系、促进教师综合素质提高的考核评价体系和推进课程建设与改革发展的评价体系。

（三）加强体育教师队伍建设

近年来，全县通过公招、选招、特岗计划等多种渠道，补充体育学科教师，并根据学校实际和体育教学工作需要，在专业体育教师不足的学校转岗一批体育教师。全县中小学体育专职教师在职务评聘、福利待遇、评优表彰等方面与其他学科教师享受同等待遇。同时，加强体育教师专业技能和理论素养，每年定期组织体育教师专题培训，并通过以赛代训等加强体育工作交流学习，其转岗体育教师必须参加全部定期培训，近三年，我委通过各种形式对体育教师加强培训，体育教师专业素养和技能水平不断增强，有效满足了体育教育教学需要。

（四）加大投入，强化运动场地和设施建设

结合实施校安工程、寄宿制学校建设工程和“全面改薄”项目，不断加大投入，新建、改扩建体育场馆，加强体育设备设施建设，拓展学生体育活动空间，配置体育教育设备，学生体育锻炼条件渐趋完善。2014年，全县中小学运动场馆面积达47.7万平方米，比2011年增加7万平方米。塑胶运动场18块，每年投入200万元，为学校添置了体育运动设备，每年投入近100万用于县级学生体育竞赛活动，为体育教育教学活动开展提供了有力的硬件支撑。各学校坚持从公用经费中安排体育经费，用于场地、设施的维修改善，器材、教具、挂图的购置以及体育教师业务培训及劳保待遇的落实等,体育工作经费被纳入预算,并得到保障,学校体育教学、课外体育活动和课余体育训练的开展得到基本保证。

(五)加强学生体质监测,开展体育活动,提高学生身体素质

我县严格按照《国家学生体质测试标准》实施学生体质健康监测工作,规范上报测试数据。

自2011年,坚持一年一次学生健康体检,建立学生健康档案,并定期向社会公布学生体质状况。各学校制订"学生阳光体育运动"方案、"体育、艺术、科技'2+2'项目"工作方案,积极创建"体育特色学校",坚持开展两操和大课间活动、春秋两季体育竞赛活动。各学校将体育、艺术、科技"2+2"项目与"1+5"实践活动有机结合,充分利用学校人力、物力资源,提升学生综合素养,打造学校特色,一批个性鲜明、特色突出的学校涌现出来。西宁初中、大同小学等学校的体育大课间活动,古路小学、长春小学以篮球为特色的课程辅助活动,白步小学的跳绳,天宝初中、塘坊初中等学校的田径等,特色突出,成效显著。

同时,县教委每年均举办田径、篮球、乒乓球、跳绳等项目的县级体育赛事,每两年举办一次综合性学生运动会。

## 二、存在的问题

我县的体育工作虽取得了一定成绩,但仍存在一些问题。

1. 专职体育教师严重不足

因巫溪地理条件差,补充专职体育教师难,虽然每年县政府都倾斜一定招聘指标用于体育教师招聘,但仍然有招不起指标的现象。部分学校专业体育教师师资缺乏,充实专职体育教师是目前亟待解决的问题。

2. 体育教学硬件依然不足

虽体育场地和设施投入不断加大,但因我县校点多,资金需求量大,全县中小学体育场馆建设、器材配置达标率依然较低,与标准要求还有很大差距,部分学校体育教学活动基本需求得不到满足。

## 三、努力的方向

1. 抓好硬件设施建设

加大对校园体育场地改善和设施设备的添置，逐年加大投入，提高学校体育工作硬件条件。

2. 加强体育师资队伍建设

积极争取政府支持，配齐配足专职体育教师。同时，加强在职体育教师培训，提高专业素养，提升全县体育教育教学水平。

3. 认真贯彻课改精神

继续以《学校体育工作条例》为指导，认真落实《国家基础教育课程改革实验纲要》精神，结合体育与健康课标的要求，有效地开展教育教学、教研教改活动。坚持“健康第一”“以人为本”理念，遵照学生身心发展规律，充分调动学生积极性。开展好学校体育工作和学校体育活动，加强体育特色学校创建。

# 石柱土家族自治县

为了深入贯彻落实《学校体育工作条例》及《中共中央国务院关于加强青少年体育增强青少年体质的意见》的精神，全面推进学校的体育工作，增进学生的身心健康，促进学生全面、健康、和谐发展，现将我县体育工作自查情况汇报如下。

## 一、基本情况

我县现有各级各类学校 90 所，共有在校学生 64 811 人；公办教职工 5 201 人，其中体育教师 397 名（专职教师仅 257 名）；有 400 米环形运动场 4 块，300 米环形运动场 9 块，200 米环形运动场 38 块，塑胶运动场 23 块，各校均有篮球场和 60 米直跑道，体育器材达标率为 96.6%。

## 二、建立制度，强化管理

我县全面树立“健康第一”思想，提出了“健康第一”“我运动、我健康、我快乐”等口号，全县教师统一思想，形成共识，牢固树立人才培养新理念。近几年，我县的体育工作由教委主任牵头，一名副主任分管，教委设体卫艺科，并配备专干兼教研员。中学设体卫处，小学设体育教研组，实行校长—分管领导—体卫主任（教研组长）—体育教师一条线，做到专项管理，专人负责，规范体育工作。

近几年，我们不断完善学校的体卫工作管理制度，每年都组建一个体卫工作督查小组，用一个多月时间，对全县 32 个乡（镇）中心小学和 16 所中学进行督导检查，用抽查的方式测试学生，查阅有关教学资料，将上级规定的有关工作落到实处，最后用最优的方法评价其优劣，并将该成绩以 10% 的权重指数纳入教育评估，校长和教师的业绩纳入晋级、调动、提拔和“绩效工资”之中。

## 三、加强青少年体育，增强青少年体质

### （一）认真落实加强学校体育工作的意见

县委、县政府领导高度重视学校体育与提高学生体质健康工作，建立联席会议制度，组织实施学校体育卫生工作发展规划。县教委多次召开会议，组织各学校学习《中共中央 国务院关于加强青少年体育增强青少年体质的意见》和《重庆市政府办转发市教委、市发改委、市财政局、市体育局关于进一步加强学校体育工作的意见》（渝府办发〔2013〕137 号），全面贯彻“健康第一”的指导思想，下发了《关于进一步加强学校体育工作的意见》《关于开展全县学生阳光体育运动的通知》等文件，加强组织领导，构建体育工作管理网络，健全各项管理制度，加强和规范中小学体育工作，形成了体育课程全面开设、体育活动普遍开展的运行机制。加强师资队伍、体育科研、设施设备的配置与经费投入等基础建设，增强中小学体育工作的基础能力。以学校体育工作为突破口，全面推进素质教育。以基础教育课程改革为契机，开展丰富多彩的体育活动，按规定落实了学生体育锻炼时间，加强了学生体质健康监测，积极引导和有效促进中小学生积极主动参加体育锻炼，逐步提高全市中小学生的耐力、力量、速度等体能素质，学校体育工作呈现良好的发展势头，全县中小学生的身心得到科学健康的发展。

### （二）规范教学行为，定期开展体育活动

1. 规范教学行为

我县各中小学重视与加强体育工作，严格执行教学计划，开齐开足体育课程。大课间活动得到各校落实。寄宿制学校和非寄宿制学校每天均安排学生做体操或跑操。各中小学均按市有关文件要求，落实学生跑步运动。高中学校均开展军训活动。学生睡眠时间得到保证。各中小学努力提高“三课两操两活动”的课堂效益，确保每个学生每天参加体育锻炼 1 小时。

2. 定期组织综合性与专项性体育运动

每 2 年举办一届全县中小学生田径运动会（现已举办了十六届），分年度举办篮球、排球、足球、乒乓球、广播操、健美操、棋类等各种单项体育比赛活动。各中小学每年举办田径运动会、体育趣味运动会、体育节等群体性活动。以“2 + 2”项目为载体，开展阳光体育活动，全体学生身体得到普遍锻炼。我委本着全面提高学生身体素质，促进学生健康、全面和谐发展方向的思想，本着全员参与、人人受益的工作原则举办各

项竞技体育比赛,做到普及与提高相结合、教育与趣味相结合、自愿和引导相结合、校内与校外相结合。逐步培养学生的体育意识,增强体质,陶冶情操。

(三)改善教育基础条件,以满足体育教学需要

采取下拨专项经费的形式予以投入学校体育专项经费,学校田径场的建造、添置大型体育设施设备、体育活动经费、奖励经费等,并纳入年度教育经费预算逐步形成了体育工作的长效保障机制。加大体育设施投入,改善学生体育锻炼、学习生活条件,扩大体育活动空间,提高学生健康水平。我县相继建成塑胶标准田径场 23 块。全县已配备体育专职教师 257 人,兼职体育教师 140 人,专职体育教师均参加专业培训。大部分学校的体育运动场地、体育器材基本满足教学的需要。学校体育运动场地免费向社会开放。

(四)完善评价机制,重视学生体质健康水平与发展

县督导室把体育工作纳入对学校的综合督导,作为对学校办学质量、办学水平评估的重要指标。县教委将体育卫生、学生体质健康等纳入每年学校目标管理考核重要指标。全面实施初中毕业生升学考试制度,中考体育分值 50 分。结合《国家学生体质健康标准》,配备器材,采集数据,建立学生体质健康监测与公告制度。我县自实施《国家学生体质健康标准》(以下简称《标准》)之始,要求各学校按照《标准》要求采集体质健康数据并及时上报,并对各校上报的数据进行统计、分析,根据本县学生的体质状况有针对性地指导。学生对自身健康的关注程度逐步增强,有针对性地自觉锻炼意识和习惯逐渐被养成,学生参与体育活动的主动性、积极性和体质状况都有了不同程度的提高。

(五)定期开展校园足球联赛,有效推进校园足球工作

我县共有校园足球特色学校 11 所,开展校园足球校级联赛的情况如下。三河小学,1—6 年级,男女共 38 个队,278 场;师范附小,1—6 年级,男女共 96 个队,333 场;南宾小学,1—6 年级,男女共 90 队,150 场;悦崃小学,1—6 年级,男女共 40 队,48 场;实验小学 104 队,218 场。小学男女共 368 支参赛队,1 177 场比赛。回龙中学,112 队,192 场;大歇中学,24 队,53 场;桥头中学共 14 队,16 场;悦崃中学共 36 队,73 场;石柱中学共 44 队,100 场。

全县参加校园足球联赛决赛的队伍包括小学 U9 组 5 支男队、5 支女队,小学 U13 组 10 支男队,10 支女队,初中 8 支男队和 8 支女队,高中 2 支男队和 2 支女队。共有 50 支参赛队,102 场比赛。

在2017年重庆市校园足球联赛渝东南片区赛中，石柱县南宾小学、三河镇小学分别获冠、亚军，民族中学以亚军出线。三河小学有2名队员获重庆市青少年足球锦标赛冠军。

## 四、问题与下一步打算

部分学校活动场地偏小、体育器材设备不足，体育教学与活动的开展受到限制，学生体质健康水平的提高受到一定的影响。

部分学校操场面积未能达到规定标准，可供体育活动的场地不足，一定程度影响学生体育运动技能与体质健康水平的提高。为此，我们将结合《"十三五"教育事业发展规划》，优化学校布局，加大投入，加强学生运动场地的建设与体育器材设备的添置，确保体育教学与活动的正常秩序，为全面实施素质教育和增加学生体质奠定坚实的基础。

片面的教学质量观影响了学校体育工作的开展我委要严格体育教学与体育活动的过程管理。

在日常的教学常规检查与督导评估活动中，少数学校迫于社会和部分家长的压力，质量观出现偏差，体育活动课被压缩，学生进行体育活动的时间被随意削减。由于兼职体育教师专业水平不高，个别学校"三课两操两活动"规范性不强，与全面贯彻教育方针的要求有差距。各学校要加强对体育教师的校本培训，转变教育理念，以学生发展为本，加强体育教学与活动的过程管理。县教委每年继续招聘一定比例的中小学体育教师，加强中小学体育教学，参与指导学生的体育活动课。

## 五、意见和建议

### (一)强化体育工作条件保障机制，及早将管理重心由外延发展转向内涵发展

各级政府要加大对体育工作的投入，提高对体育工作的奖励幅度。各学校要千方百计拓展财源，争取政府的支持、社会各界的援助，积极筹措办学经费，进一步改善学校体育运动设施设备，为全面推进素质教育和增强学生体质创造基础条件，由此及早实现管理重心的战略性转移。

### (二)加强体育教学与活动的过程管理，努力提高体育工作质量

各学校对体育教学与体育活动的管理要与文化课的管理一视同仁。在常规落实

检查的同时，要加大随机抽查体育教学与体育活动的频率，学期末临近考试要加大监督力度，增强体育教师工作的责任心。制定体育教学成果奖励政策，增强体育教师的成就感。

我县学校体育工作取得了一定的成绩，但与建设现代化教育的需要，与教育部《国家学生体质健康标准》等目标相比，还存在一些差距。在新形势下，我们要抓住改革发展的极好机遇，抓住学校体育发展的良好势头，加大普及力度，提高普及质量，以素质教育为核心，注重学生身心素质的提高，将创新精神和实践能力的培养贯穿于体育教育的全过程。在县政府教育督导室的关心、指导下，在全县上下共同努力下，我县学校体育工作必定在发展中提升水平，为整个民族的强健做出贡献。

# 秀山县

根据《重庆市教育委员会关于启动学校体育工作专项评估的通知》，我们对全县中小学体育卫生教育工作进行了认真的自查，结合我县实际，现将我县体育工作自评报告如下。

## 一、基本情况

我县对全县中小学进行了认真的自查，乡镇小学以法人学校为单位，中学以校为单位，共有小学46所、普通初中18所、九年一贯制学校3所、普通高中2所、职业教育中心1所。2017年我县学校体育工作评估自查结果：及格率100%、良好率98.4%、优秀率83.9%。有体育专职教师230人，兼职体育教师198人，其中小学的专职教师严重匮乏。

## 二、教育管理

近年来，各校严格按照相关条例，认真执行国家课程标准，保证质量，学校开齐开足体育课，开课率达100%，均为一周3节。我县积极推进阳光体育运动，认真推广《中小学生广播体操》，大力推行大课间活动，积极落实《体质健康标准》测试工作，积极按时上报相关数据，全面实施初中毕业升学体育考试制度，开展丰富多彩的师生体育运动，有效地推动了全县体育教育工作，学生的身体素质有了稳步的提高。举办各类校级、县级运动会，县教委建立了学生体育运动会制度，每年举办全县中小学学生运动会，项目包括田径、跳绳、篮球、乒乓球等；全县所有学校每年必须召开全校性学生春、秋运动会；所有学校均开展了阳光体育活动及班级学生体育活动和竞赛，做到人人有体育项目、班班有体育活动、校校有体育特色。

## 三、教育教学

每学期初，各校体育教研组根据大纲、教材和学校场地情况拟订了学校《体育教学计划》。坚决杜绝放羊式教学，确保每一堂体育课都有计划、有组织、有重点地开展实施；保证每个学生都能积极参加锻炼并掌握锻炼技巧，使学生得到科学有效的锻炼。

在课堂教学中，各校体育教研组老师精心备课，使学生全面掌握新课程所规定的各项健康常识及体育技能，不断更新教学方法和组织形式，不断优化课堂教学，努力提高体育教学质量。我委规范全县体育教师的教学行为，要求学校按照体育与健康课程，做好体育教学评价工作。并要求学校检查体育教师的体育与健康课程教学计划，依据课程标准组织体育教学情况和完成教学任务的情况。加强教学研究与课程教学改革，提高教学效果。

## 四、存在的问题

尽管我县一直注重体育常规工作方面的管理并做到有效落实，体育工作得到有效发展，但一些问题仍制约着学校体育工作。

1. 专职体育教师亟待补充

国家《学校体育卫生条件试行基本标准》明确规定：小学 1—2 年级每 5 ~ 6 个班配备 1 名体育教师，3—6 年级每 6 ~ 7 个班配备 1 名体育教师。照此计算，补充专职体育教师是我县目前亟待解决的问题。

2. 运动器材不足

部分学校已通过验收标准，但一些农村学校由于受到资金的限制，增添的器械有限，加上破损、政府采购的设备还未能及时到位等，我县部分学校体育器材对照新标准还略有差距。

## 五、今后努力的方向

1. 更新观念，认真贯彻课改精神

继续以《中共中央国务院关于加强青少年体育增强青少年体质的意见》《学校体

育工作条例》为指导，贯彻《国家基础教育课程改革实验纲要》精神，结合体育与健康课标的要求，有组织、有计划地开展教育教学、教研教改活动。坚持“健康第一”“以人为本”理念，遵照学生身心发展规律，调动学生参与体育教学的积极性。

2. 抓好硬件设施建设

加强校园体育场地改善和设施设备的添置，逐年加大投入，提高学校体育条件。

3. 提高教研能力

以专业的教育教学为基础，以深入的教研成果为指引，以科学有效的训练为目标，全面育人，全面提高体育教师专业知识和教学教研能力。

# 酉阳土家族苗族自治县

根据《重庆市教育委员会关于启动学校体育工作专项评估的通知》(渝教体卫艺〔2014〕39号)、《重庆市教育评估院关于开展2017年中小学校体育工作专项评估现场抽查的函》的文件要求,按照《国家学校体育卫生条件试行基本标准》《学校卫生工作条例》《国家学生体质健康标准》等法律法规、政策规定,结合实际,对照《中小学体育工作评估指标体系》的评估细则,我县认真开展了自查自评。现将我县本年度体育工作自评自查情况汇报如下。

## 一、基本情况

本次我县共组织自查学校62所,其中小学42所、单设中学15所、高中1所、中职学校1所、完全中学3所。自评优秀51所、良好9所、合格2所。

## 二、自查自评情况

### (一)加强领导,形成齐抓共管学校体育工作的新局面

各级各类学校都成立了以校长为组长的体育工作领导小组。坚持学习贯彻国家有关体育工作方面的政策和规定;制订贯彻落实体育工作计划;学校每学期都把体育工作列为学校正常工作内容,召开体育工作会议,总结先进经验,解决体育工作中的实际问题,学校体育工作不断得到加强和改进。

### (二)指标完成情况

(1)认真贯彻落实课程计划,严格执行中小学体育课程计划。全县各级各类学校均按照要求开齐开足体育课,配备了体育专职、兼职教师,并完成了体育教师的市、县

级培训工作。我委针对我县体育教师队伍的实际情况加强了对体育教师后备人才的培养，并协助体育局认真办好了业余体校并明确了一批体育基地学校。

（2）进一步落实健康教育课，各级各类学校都开足7节健康教育课，通过对学生的健康教育、宣传，促进学生养成健康行为，加强青少年青春期性知识宣传教育。针对中小学生的身心发展规律和认知特点，将知识学习和行为养成有机结合，提高学生的健康水平。全县各中小学全部将健康教育课纳入教学计划，健康教育开课率达100%。通过健康教育课的知识传授和技能培训，学生逐步形成健康态度，养成健康行为，健康知识知晓率达90%以上，健康行为形成率达85%以上。

（3）积极推行《国家体育锻炼标准》。坚持了每天的两操，并且严格按照细则对学生进行督促、检查。

（4）"阳光体育运动"持续开展，保证学生在校期间每天锻炼1小时，在高中毕业前掌握1～2项终身受益的体育运动技能，养成日常锻炼的良好习惯。进一步落实中小学4节体育课。根据体育课时总量逐步配齐配足了专职、兼职体育教师，学校体育设施和体育器材配置率达75%。完善县级体育竞赛制度，学校每年举办1次校运会，全县每两年举行1次县级运动会。

（5）进一步做好学校塑胶运动场及体育场地达标建设和中小学体育器材配备。

（6）合理配置体育教师，加强体育教师市、县级培训工作。认真落实初中毕业升学体育考试制度。按照市教委统一要求组织好考试工作，改进和完善体育考试内容、方法。顺利完成2017年全县初三年级9 806名毕业学生的体考工作，其中优秀率达67.03%，合格率达94.05%。

## 三、存在的问题和整改措施

由于我县受地域条件长期影响，近年来体育工作虽然取得了一些成绩，但与上级要求仍存在一些差距。主要表现为，一是一部分学校体育基本设施设备不齐，学生体育活动受到制约。二是专职体育教师、专职健康教师、专职校医配备不足。今后我县将按照全面改薄计划努力改善体育场地基础设施建设，进一步筹集资金，加大体育工作的投入，同时会同编办、人社部门大力引进体育教育优秀人才，并加强体育教师继续教育培训力度，力争解决体育师资问题。

总之,在各级领导的重视和关心下,通过全县各级各类学校的共同努力,我们的体育工作取得了一定成效,但相对于现代化教育要求和社会经济发展的需要还存在不足,与上级的要求还有一定差距,工作中还有许多有待进一步完善和改进的地方。我们将以这次体育工作专项评估为契机,针对不足,强化措施,开拓创新,努力推动全县体育工作再上台阶。

# 彭水苗族土家族自治县

## 一、基本县情

重庆市彭水县是集老、少、边、穷于一体的国家级贫困县，位于重庆市东南部，处武陵山区，居乌江下游，面积3 903平方千米，人口68万，苗、土家等20多个少数民族占全县总人口60%以上，是重庆市7个革命老区之一和唯一以苗族为主的少数民族自治县。

现有学校95所，学生91 394人。体育教师556人，其中专职体育教师303，占体育教师总数的54.5%；兼职体育教师253人，占体育教师总数的45.5%，体育教师师生比为1∶164；2017年体育教师参训人数为319人次，占体育教师总数的57.4%；获得县级以上表彰159人次，占体育教师总数的28.6%；全县共有田径场67块（其中200米45块、300米8块、300~400米6块、400米8块）、篮球场203块、足球场72块、排球场29块、羽毛球场125块、体育馆1所、游泳池1个，器械体操及游戏区总面积76 278.06平方米，体育器材室95间，学生体质测试室55间，体育器材达标学校90所，占全体学校的94.7%。为确保学生体育活动需要，县政府和教育主管部门每年坚持从紧张的办公经费中划出足额资金用于改善和添购体育器材，同时，将体育教师的专业化和专职化培训列入工作计划。

## 二、工作情况

从学校自评和县级全面复核情况看，自评结果为优秀级学校64所，占学校总数的67.36%；良好级29所，占学校总数的30.52%；及格级2所，占学校总数的2.1%；加分学校48所，占学校总数的50.53%；不及格学校0所。县级全面复核结果为优秀级

65 所，占学校总数的 68.4%；良好级 28 所，占学校总数的 29.5%；及格级 2 所，占学校总数的 2.1%；加分学校 48 所，占学校总数的 50.53%；不及格学校 0 所，数据上报属实有效。学校被扣分基本由于硬件原因，但软件有的还需进一步完善。全县各学校从领导到教师对体育工作的认知与理解、态度与情感、观念与理念等都有了明显变化，各学校的领导都能把体育工作纳入学校长远规划和年度工作计划，加强了体育教学工作，通过举办校运动会、体育节和参加县、市比赛等，全县学校体育工作的整体发展得到有力推动。主要体现在以下 4 点。

1. 建立制度、强化管理

我委加强领导、争取措施、经费保证、计划落实，使学生健康，增强学生体质，认真搞好学校体育工作，推动了学校的建设与发挥。我委牢固树立了“健康第一”的指导思想，成立了以教委主任为组长，以分管副主任、基教科长、体育干事、体育教研员及全县所有校长为成员的体育工作领导小组，统筹协调，明确职责，落实分工，形成齐抓共管学校体育工作的合力，定期研究、检查、考核，解决学校体育工作的重要问题，制定和实施学校体育工作长期发展规划以及《体育教师工作考评制度》《体育器材管理制度》《体育课堂常规制度》《课间操考评制度》《安全体育工作管理方案》等，做到目标明确、措施得力，体育工作年度计划内容翔实，任务明确、重点突出和工作思路清晰，实施到位。

2. 抓好课堂教学，提高教学质量

依据课程标准组织体育教学，完成教学任务，落实体育与健康课程教学计划、单元计划、课时计划。加强教学研究与课程教学改革，提高教学质量。制订阳光体育活动的工作方案、基本要求，每天上午安排大课间体育活动；每周组织社团活动两次以上。每年定期召开春季球类比赛、校园足球联赛、秋季综合体育运动会。

3. 各学校体育教师坚持集体备课、校本教研，积极参加各类学习培训

体育场地、器材、设施基本达标的学校占 94%，场地平整、整洁，符合体育活动和体育教学要求。

4. 做好《学生体质健康达标》（以下简称《达标》）的测试工作

为顺利完成学年度体育《达标》测试工作，提高全县体育《达标》成绩，要求体育教师认真开展《达标》测试项目的教学及训练工作，体育教师牵头，以全体班主任为组织者，以体育教师为指导，齐抓共管，共同组织实施，积极发动全体学生参加体育锻炼，经过多方努力，齐抓共管，我县学生的体质健康水平有了明显的提高。

## 三、存在的问题

1. 特色项目有待丰富

多年来我县注重体育常规工作方面的管理并做到有效落实，体育工作得到有效发展，但在体育特色项目方面存在不足，因此我们正在努力寻求一条体育特色之路，找准适合我县地域特色和学校实际的、适合不同年龄学生参与的体育项目，并能根据特色制定出抓普及的学校体育发展规划。

2. 体育师资配备不足

我县体育教师共计556人，其中专职体育教师303人，占体育教师总数的54.5%；兼职体育教师253人，占体育教师总数的45.5%，有待于在专业教师的招聘和引进方面下大力气，并通过各种制度的完善，力争教师队伍的稳定和提高。

3. 专业水平参差不齐

由于多年体育教学的工作环境固化和存在着惰性，教师培训没有及时跟进，教师的业务能力和执教有效性存在着大的城乡差距和学校之间的差距，急需针对性的业务指导和培训，建立均衡发展的教学教研链，先规范后提升，达到全县学校体育工作的全面提升。

我们相信，只要有付出，就会有收获。一年来，虽然我们在体育方面做了大量的工作，并取得了较好的成绩，但很多地方还做得不够好、不够细，有待不断去提高。展望2018年，我们会有更好的发展和更大的提高！

# 两江新区

为了认真贯彻落实《国务院办公厅转发教育部等部门关于进一步加强学校体育工作若干意见的通知》(国办发〔2012〕53 号)、《重庆市人民政府办公厅转发市教委等部门关于进一步加强学校体育工作的意见》(渝府办发〔2013〕137 号)等文件精神,根据重庆市教委《重庆市教育委员会关于做好 2015 年学校体育工作评估和年度报告的通知》(渝教体卫艺〔2015〕52 号),我局在学校自查的基础上,对辖区内 24 所中小学的体育工作进行了全面细致的评估、复核,现将我区体育工作评估情况汇报如下。

## 一、基本情况

我区参加体育评估的中小学共计 24 所,其中,有普通小学 14 所,单办初中 1 所,九年一贯制学校 5 所,十二年一贯制学校 1 所,高完中 3 所。2017 年我区体育工作评估复核审查结果为优秀等级 18 所,优秀率为 75%;良好等级 1 所,良好率为 4.17%;合格等级 5 所,合格率为 20.83%,加分学校 18 所,加分率达 75%。各校严格按照相关条例,严格执行体育课程计划,学校体育课开足开齐率达 100%。各校积极落实《体质健康标准》,积极按时上报相关数据。同时,我区积极推进阳光体育运动,大力推行大课间活动,开展丰富多彩的师生体育运动,有效地推动了我区体育教育工作,学生的身体素质有了稳步的提高。

## 二、主要工作

### (一)加强领导,明确分工

为了确保全区学校体育工作评估有序开展,我局成立了专门的领导小组,由体艺卫板块的领导和人员负责布置安排、过程督查、复核等。各学校以校长为第一责任人,以分管副校长为直接责任人，确保学校体育工作专项评估工作顺利进行。

（二）强化措施，工作到位

1. 组织管理工作

各学校高度重视学校体育工作，成立了专门的体育工作领导小组，积极完成具体工作的组织和落实。各学校均制定了符合本校实际和特点的学校体育工作细则，明确职责、落实分工，定期研究工作，定期开展体育教育教学工作抽查，考核工作情况。建立健全了体育器材保管制度和体育活动安全制度，落实了安全责任，避免体育活动中的事故。

2. 教育教学方面

各学校严格执行国家课程标准，严格依据课程标准组织体育教学，完成教学任务，努力提高教学质量，注重培养学生良好的体育锻炼习惯和生活方式。各校将校园体育活动时间和内容纳入教学计划，列入课表，严格实施。制订了阳光体育运动工作方案，积极推广"大课间"活动，开展体育、艺术"2 +2"项目，确保学生每天 1 小时的锻炼时间。各校都把春、秋季运动会作为教育教学活动内容并认真开展。体育教师充分利用体育课和课外活动时间对比赛项目进行专门指导，确保体育活动实效、安全。

3. 体育条件保障方面

各学校的公用经费按规定用于体育场地、器材、设施设备的维修和添置，教育局根据学校的需求为学校采购了体育器材和设备，完善了体育硬件设施建设，每年为体育教师配置了服装，确保了体育教育工作正常进行，学校体育教学条件得到了有效改善，满足了学校体育工作需要。我区各中小学体育教师数量基本达到国家规定要求，体育教师在职称评聘、工资待遇、校本教研、继续教育等方面与其他任课教师平等。学校体育教研组坚持做好集体备课，积极参加培训和继续教育。

4. 学生体质健康测试方面

各学校认真组织实施《国家学生体质健康标准》，做好学生体质健康测试，并完成了测试数据记录、整理、分析、归类、存档、上传工作，2013—2016 年上报率达 100%。学校把开展课外体育活动、组织学生体质健康测试均纳入教学工作量，并将测试结果纳入对学生的综合素质评价，使学生体质健康监测评价成为学校常态化的工作。

## 三、存在的问题

尽管我区一直注重体育常规工作方面的管理并做到有效落实,体育工作得到有效发展,但工作还存在许多不足。

### (一)体育场馆维修维护不及时

由于种种原因,个别学校体育场馆维护、维修不及时。

### (二)个别学校专职体育教师不足

《国家学校体育卫生条件试行基本标准》明确规定:小学1—2年级每5~6个班配备1名体育教师,3—6年级每6~7个班配备1名体育教师;初中每6~7个班配备1名体育教师;高中(含中等职业学校)每8~9个班配备1名体育教师。我区部分学校尤其小学专职体育教师数量不足,专职体育教师亟待补充。

### (三)体育教师素质须提高

少数体育教师体育理论素质和专业素养须提高,敬业奉献精神不够。

### (四)观念须改变

学校个别领导、少数教师、部分家长对体育工作的认识不到位,仍重学习轻身体健康、重智育轻体育,没有把“健康第一”的理念贯穿到学校管理、教育教学和日常生活中。

### (五)宣传不够

部分学校对国家关于体育工作的宣传不够,对国家和市里出台的文件和规定的学习宣传力度不够,重视体育、重视健康、全民健身的气氛还不浓。

## 四、下一步工作思路

(1)抓好硬件设施建设,进一步改善体育场地,完善设施设备,指导督促各校做好体育设施的管理维护。逐年加大投入,逐步改善学校体育工作条件。

（2）积极争取区党工委管委会和相关部门的支持，努力配齐配足专职体育教师，充实体育教师队伍。

（3）抓好体育教师专业素质建设，加强培训和指导，全面提高体育教师专业知识和教学教研能力。

（4）加强宣传引导，营造重视体育、重视健康的良好氛围。

（5）在抓好常规体育工作的同时，结合区域和学校实际，打造特色和亮点。

# 万盛经济技术开发区

根据《重庆市教育委员会办公室关于做好2017年中小学校体育评估工作的通知》(渝教办函〔2017〕228号)精神,万盛经开区教育局成立以分管副局长为组长的体育工作评估小组,对照《中小学校体育工作评估指标体系》,在要求学校逐条进行自查的基础上,对区内29所中小学的体育工作进行了认真检查评估,现将我区体育工作自查情况汇报如下。

我区现有中小学29所,其中普通高中2所、中职学校1所、小学15所、初中11所;在校学生约23 640人,体育专职教师160名,兼职教师19名。近年来,在区党工委、管委会的正确领导下和各级各部门的支持下,全区上下始终牢固树立“以人为本,健康第一”的指导思想,积极贯彻面向全体学生的原则,以《学校体育工作条例》为工作依据,以新课程改革为核心,深入进行课堂教学改革;以“阳光体育运动”为主题,大力推行阳光体育大课间活动;积极落实《国家体质健康标准》和学生体能素质测试工作,全面实施初中毕业升学体育考试制度;扎实开展丰富多彩的特色体育活动,不断强化足球、羽毛球、田径、篮球等各种体育运动团队的训练,全面提高学生的身体素质;高度重视体育工作,不断引进体育专业人才;强化中青年体育教师培养,明确教师成长目标规划;开展校本课程的开发与实践,建立了完善的管理制度和奖惩条例,从而推进了学校体育工作的全面开展,形成了自身的办学特色。

## 一、坚持“首在体育”,完善体育保障机制

### (一)政策保障,政府统筹

区党工委、管委会高度重视体育工作,把加强全区中小学校体育工作作为贯彻党的教育方针、推进素质教育的重要方面,把增强学生体质作为中小学校教育的基本目标之一,定期召开会议专题研讨工作,认真部署、狠抓落实。区级各部门严格按照区党

工委、管委会“全域旅游、全民健身”战略的要求，大力支持中小学体育工作。区发改局把学校场馆设施建设纳入经济社会发展规划；区财政局制定和完善了相关政策措施，逐步建立起社会力量支持学校体育发展的长效机制；区体育局把学校体育工作作为全民健身计划的重点，在技术、人才、设施和组织建设方面为学校体育工作提供了大力支持；区新闻媒体积极宣传学校体育工作，传播科学的教育观、人才观和健康观，在全社会营造出关心、重视学校体育工作的良好氛围。

（二）组织保障，合理规划

区教育局每年都把学校体育工作纳入教育发展计划，制订中小学体育工作年度计划、工作方案等，规定了学校体育工作的地位、实施办法、奖惩措施等。每年召开会议专题研究中小学体育工作，认真听取基层学校体育工作汇报，及时解决学校体育工作中的突出问题。区教育局配备了两名体育专干，区进修校配备了两名体育教研员；学校成立了体育工作领导小组，分工明确、职责到人。各校每学期都把学校体育工作纳入工作计划，并利用校务会、行政会、备课会等研讨体育工作，总结先进经验，解决实际问题，使学校体育工作不断加强和改进。

（三）师资保障，建设队伍

我区现有体育专职教师 160 名，学历合格率达 100%，部分学校配备的体育兼职教师学历均达到标准。为了提高体育教师的专业理论水平，区教育局高度重视体育教师继续教育工作，定期组织体育教师专业技能培训，支持体育教师参加各级体育教研、培训、竞赛，积极推荐优秀的教师参加省市级专项培训；在重庆市校医技能大赛中，我区推荐的刘大欢、敖梅老师，分获一等奖一项，二等奖一项，三等奖 4 项。认真落实中小学体育教师待遇，将体育教师从事相关工作计入教学工作量；关注体育教师道德修养，严禁体罚或变相体罚行为，要求各校每学期结束前根据《学生体质健康标准》对学生进行体质测试，我区体育教师师德修养、教学业务水平、学生体质健康水平测试情况呈现出三位一体全面提高的良好局面。

（四）经费保障，改善条件

区教育局按照教育部教体艺〔2008〕5 号文件规定配足配齐体育设施、器材，努力改善学校办学条件。千方百计筹措资金，不断加大投入，完善体育硬件设施建设，确保了体育教育工作正常运行，如为学校建塑胶运动场，添置室内外运动器材等；将中小学体育场地建设、体育活动经费纳入财政预算和基建投资计划，加大中小学校体育设施建设力度；全区共 18 所学校的体育场地向中小学生和社会免费开放；学校体育场地、

器材由专人管理，公用经费按规用于体育支出，保证了场地、设施的维修改善和器材、教具、挂图的购置，体育教师业务培训及劳保待遇的落实也得到保证，基本保证了体育教学、课外体育活动和课余体育训练的进行。

(五)安全保障，关注健康

健全学校体育运动伤害风险防范机制，保障学校体育工作健康有序开展；健全了中小学校安全教育培训、活动管理、保险赔付管理等制度，完善校方责任险；建立校园意外伤害事件应急处理机制，建立与公安、卫生、交通等部门的配合协作机制，依法妥善处理中小学体育意外伤害事故。各校建立了《体育工作安全制度》，加强对师生的安全教育，完善了学校体育设施、体育课程和活动的各项管理体系，进一步明确了安全责任，制定安全措施，做好防范工作，确保师生安全。

(六)制度保障，狠抓落实

为了保证学生每天进行 1 小时体育锻炼，让“每天锻炼一小时，健康工作五十年，幸福生活一辈子”的理念深入人心，我们拟订了各种制度对学校体育工作进行督导和评估。一是把学校体育工作的开展情况纳入部门年度工作考核指标体系，作为学校领导干部业绩及学校考核的重要内容；二是把中小学校体育重点工作和中小学生体质健康状况纳入教育督导评估检查指标，并制订体育工作专项督导评估方案，对督导评估结果实行公示、整改、问责制度；三是认真落实阳光体育活动，通过家长会、校讯通等向社会公布举报监督电话，宣传学校体育工作落实情况；四是建立公示制度，利用校园网络、宣传栏、文化橱窗等对体育经费投入情况、教师队伍建设情况、中小学生体质健康状况等予以公示。

## 二、坚持“以人为本”，切实抓好体育教学工作

(一)以新课标为准则，规范开齐开足课程

严格执行国家规定的中小学校课程计划，开齐开足体育课，落实体育与健康课程方案和标准。每学年各校体育教研组根据区教育局体育工作计划和学校工作计划，结合体育课标要求和学生实际制订出年度、学期、单元教学计划，确保每一堂体育课都有计划、有组织、有重点，坚决杜绝“放羊式教学”；在课堂教学中，各校体育老师精心备课，使学生全面掌握新课程所规定的各项健康常识及体育技能；以改革教学方法和组织形式为基本途径，不断优化课堂教学，保证每位学生都能学到体育知识、掌握锻炼技

巧、提高身体素质。学校为了检查与督促体育课教学效果,制定了听课制度,规定校长和分管校长每学期必须听体育课4～6节,各校定期开展“优质课”“达标课”“示范课”“随堂课”等形式多样的活动。

### (二)以新课标为动力,提高课堂教学水平

区教育局每年都制订了体育教师培训计划,定期开展教学观摩、课例研究,大力推行教师基本功竞赛等活动,定期到校督导体育教学工作,指导学校实施体育课程。学校有重点地加强了教师对新课标学习的要求,教师们积极落实新课标的精神,用创新的思维改革课堂教学的模式,逐步认识和掌握新课程标准下体育教学的新规律,从而逐步树立了“健康第一、兴趣为主、发展为中心、差异为保障”的体育教学目标,建立了充分体现“尊重、民主和发展”的新型师生关系,形成了“自主学练、合作学练和探究学练”的小组合作教学模式,使学生学习的主动性和创造性得以充分发挥。

### (三)以新课标为导向,改进学生评价系统

区教育局制订并实施了中小学校体育考试工作方案,考试成绩计入升学总成绩。在工作中,我们以新课标为准绳,根据学生的身体和心理特点,从学生的自身条件出发,因材施教。学生的身体素质和课堂效率显著提高,学生的积极性和兴趣得到了保护,学生自觉锻炼的意识增强,活动意识、竞赛意识以及竞赛的观赏性、竞赛能力都得到了提高。

## 三、坚持“以校为本”,切实推动体育活动开展

### (一)让“大课间”成为校园亮丽的“风景线”

我区积极推广阳光体育大课间活动,要求各校制订适合校情的实施方案,确保学生每天锻炼1小时。同时,加强体育工作检查,定期检查学校体育教学、“眼保健操”和阳光体育大课间活动开展情况,经常组织教师相互观摩和交流,认真落实“阳光体育大课间”制度,并每年组织全区阳光体育大课间评比。全区各中小学大课间基本实现了“五化”,即号令音乐化、内容校本化、动作整齐化、项目多样化、管理自主化,让大课间体育活动的整体性、趣味性、实效性和特色性得到进一步发展。经过几年的努力,阳光体育大课间已经成为我区体育特色的一部分,成为校园最亮的一道风景线。在2016年重庆市大课间视频展评活动中,我区获市级一等奖3项,市级二等奖1项。

### (二)集中优势力量打造特色学校

我区大力推广校园足球、啦啦操活动,每年举办校园足球联赛和健身操比赛。我区中盛小学、石林小学男、女队,49 中学男、女队及高中男队参加渝西片区(大足赛区)比赛,49 中学初中男、女队分获片区赛第七、第八名,石林小学女子队获片区赛第四名并进入市级总决赛。区内各学校也结合校情,开展了各具特色的“2 +2”体育、艺术、科技活动,如万盛小学、49 中学的篮球、田径,新华小学、和平小学的羽毛球,115 中学、石林小学的足球,进盛中学的武术,成为我区体育工作的一大“名片”。在 2017 年重庆市青少年武术散打锦标赛上,我区获第二名 2 项,第三名 4 项;在 2017 年重庆市青少年羽毛球锦标赛上,获第一名 8 项,第二名 7 项,第三名 1 项;在 2017 年重庆市青少年羽毛球单打精英赛上,获第一名 1 项,第二名 1 项,彰显了“羽毛球之乡”的绝对实力。

### (三)积极开展兴趣小组和社团活动,激发学生兴趣爱好

各校积极开展课余体育训练工作,因地制宜成立了各种兴趣小组,开展社团活动,选拔体育苗子。他们有的利用早晚课余时间、寒暑假时间,带领运动员坚持不懈地进行日常训练,做到科学训练、重点培养,为高考升学打下良好基础;有的积极组织开展课外体育活动,带领学生参加各类比赛,为学校体育工作注入了无尽活力,成为引领学校体育工作的健康、快速发展的“轻骑兵”。

### (四)让“体育节”成为孩子们向往的节日

区教育局建立健全了中小学生体育竞赛活动制度,每年都要定期举行中小学生田径、足球、篮球、羽毛球、健美操、队列等比赛,以推动学校的体育工作。每学年,区内各校根据实际情况开展一些传统体育竞技项目比赛,包括田径、篮球、足球、羽毛球、拔河、跳绳、健美操、队列等比赛。各项活动都先由学校领导亲自挂帅,带领体育教研组制定出竞赛规程、比赛规则、活动安排等,然后由体育教师利用体育课和课外活动时间对比赛项目进行专门指导。每次活动都做到了赛前有计划、过程有记载、赛后有总结,确保收到实效。

## 四、坚持“健康第一”,促进学生体质健康发展

《国家学生体质健康标准》是促进学生体质健康发展、激励学生积极进行身体锻炼的教育手段。我区全面实施《国家学生体质健康标准》,学校一直把体育达标作为

一项重要工作，按《国家学生体质健康标准》制订了实施计划，建立健全了相关测试制度。建立了《学生体质健康标准》信息库，科学分析中小学生体质健康状况，规范档案管理，并按要求公布结果、上传数据和纳入学生综合素质档案。从2008年开始我们就坚持了一年一次学生健康体检，建立学生健康档案，定期向社会公布学生体质状况，2017年全区24 172名中小学生参加体检；每年组织体育教师认真开展学生体质健康测试，全区中小学实施面达100%，中小学生测试面达100%。

## 五、存在的不足

尽管我区一直注重体育常规工作方面的管理并做到有效落实，体育工作得到有效发展，但一些问题仍制约着学校体育工作。

### （一）体育教育重视程度依然不够

受应试教育影响，重语数、轻体艺的现象比较突出，个别学校课程计划落实不到位，教学计划制订不合理，体育课堂教学质量有待提高。

### （二）少数学校体育场地严重不足

由于历史原因及学校周边环境限制，部分学校校园场地受到制约，我区农村学校学生运动场地基本达标，但城区学校达标率略低，特别缺乏足球专用场地和室内羽毛球训练馆。

### （三）专职体育教师亟待补充

现在全区共有专职、兼职体育教师160名。部分学校体育教师的工作量较大，一定程度影响了课外体育活动的开展，足球、羽毛球和健美操专项体育教师奇缺。

### （四）运动器材不足

一些学校由于受到资金的限制，增添的器械有限，加上补损的设备还未能及时到位，部分学校体育器材对照新标准还略有差距。

### （五）体质健康测试室严重不足

我区在学校体质健康测试室的建设上要加大力度，尽快采购相关器材和加快体质健康测试室的建设，以满足学校体质健康测试的正常需求。

### （六）体育工作管理机制依然不完善

一些学校体育工作体系不完备，缺乏有效的推进措施、督查机制，缺乏激励手段和考核评价机制,体育运动时间没有保障,体育教师管理松散,参与市、区体育比赛活动积极性不高,学生参与面不大,体育竞赛水平提升不明显。

下一步,我们将以此次学校体育工作专项评估为契机,按照各位领导、专家提出的意见和要求,对照检查,强化管理,完善机制,增加投入,加强考核,争取把我区学校体育工作推上一个新的台阶。

# 2017年体育评估抽样区县分评报告

# 万州区

为了认真贯彻落实国务院办公厅《关于进一步加强学校体育工作的若干意见》（国办发〔2012〕53 号）和市政府办公厅转发的市教委、市发改委、市财政局、市体育局《关于进一步加强学校体育工作的意见》（渝府办发〔2013〕137 号）精神，切实加强我区学校体育工作，促进学生身心健康发展，全面实施素质教育，按照重庆市教育委员会印发的《关于启动学校体育工作专项评估的通知》（渝教体卫艺〔2014〕39 号）文件要求，结合我区实际情况，我委开展了万州区中小学校体育专项评估工作。各学校对照《中小学校体育工作评估指标体系》开展了自评工作，区教委成立了督查组，对部分学校进行了复查。现将自查情况汇报如下。

## 一、万州区学校基本情况

万州区现有中小学 119 所，其中小学 61 所，单设初中 22 所，九年制学校 14 所，十二年制学校 1 所，普通中学 17 所，高级中学 2 所，中等职业学校 2 所。教学班 3 248 个，在校学生 14.3 万名。

## 二、区级自评情况

我委于 2017 年 10 月 15 日召开了万州区学校体育工作会，对学校体育工作专项评估自评工作进行了布置。会后，辖区学校均按要求进行了自评并上报材料。区教委对学校自评工作进行了检查，并进行汇总，学校达到优秀等级有 115 所，占全区学校的 96.6%；达到良好等级有 4 所，占全区学校的 3.4%。

## 三、主要措施与经验

1. 组织机构健全、发展规划清晰、管理制度规范

万州区教委一贯重视学校体育工作，自 1992 年 12 月 28 日区教委成立体卫艺科以来，始终有 1 名教委副主任分管，现配备了 1 名体育专干和 2 名专职体育教研员。区教委年度工作计划和年终总结都有体育工作板块，每年都制订全年工作计划和年度学生体育竞赛计划，按照相关法律法规和上级文件要求，做到了学校体育工作有规划、有落实、有总结。全区每年至少召开一次体育工作会议，定期组织专题教学研究活动，研讨体育教育教学工作，总结先进经验，解决体育工作中的实际问题。在综合评估指标体系中，加大体育工作权重。在加强学校体育工作中注重与体育部门之间工作协调，开展体育竞赛活动和体育特色项目建设工作。各级各类学校体育工作制度健全，建立了体育设施器材管理制度、教师继续教育制度、体育大课间及课外体育活动制度、体制健康检测和安全管理制度，并定期督促落实检查。

2. 落实体育课程、强化课堂教学、加强队伍建设

严格按教学计划开足体育课、健康教育课，保证学生每天有 1 小时体育活动时间。各学校依据《课程标准》，结合学校实际，制订了体育教学学年计划、学期计划、单元计划、课时计划，规范体育课堂教学，实施效果良好。区教师进修学院加强体育课题研究、加强体育教学指导，定期开展体育教学交流，定期举办体育优质课竞赛，学校建立了促进学生身体素质和健康素质协调发展的评价体系，建立了促进教师综合素质提高的考核评价体系，建立了推进课程建设与改革发展的评价体系。我区十分重视体育师资队伍建设，现有体育专职教师 542 名。组织在职业务培训，鼓励教师学历进修，不断提高教师素质。近年来，区教委加大学校体育工作的经费投入，完成了全区近 85% 的学校塑胶运动场建设，每年投入近 100 万元资金用于区级学生体育竞赛活动。各学校坚持从公用经费中年年投入体育经费，用于场地、设施的维修改善，器材、教具、挂图的购置，体育教师业务培训及劳保待遇的落实等，体育工作经费被纳入预算，并得到保障，基本保证了体育教学、课外体育活动和课余体育训练的进行。

3. 深入推进校园足球，积极创办体育特色

2015 年起，万州区大力推进校园足球的普及和发展，先后举办教练员培训和裁判员培训，并多次选送教师参加市级以上的专业培训。学校纷纷开展足球训练，足球进入课堂。

2017 年 5—6 月，举办了万州区校园足球联赛，参赛队多达 84 支，比赛 135 场。9 月下旬开展了校园足球“送教下乡”活动，选派优秀教练员罗永胜和邓宇明两位老师用 5 天时间为 9 个片区送去了理论教学和训练示范课，获得好评。

万州区各级各类学校积极创办体育特色，万州二中等 4 所学校获得教育部颁发的“全国校园足球特色学校”殊荣，万州区现有教育部命名的“全国校园足球特色学校”17 所；电报路小学等 3 所学校已经申报教育部“全国校园网球特色学校”；区级评选出新田中学等 8 所体育特色学校。

4. 加强学生体质监测，开展体育活动、提高学生身体素质

全区学校严格按照《国家学生体质测试标准》，坚持对学生进行体质健康测试，规范报送测试数据，施行面达 100%，小学生合格率达 98.64%、初中生合格率达 96.9%、高中生合格率达 93.25%。坚持一年一次学生健康体检，定期向社会公布。各学校制订了“学生阳光体育运动”方案、“体育、艺术、科技‘2 + 2’项目”工作方案开展，积极创建“体育特色学校”，坚持每天的两操和大课间活动，坚持开展了一年春、秋两季的体育竞赛活动。近年来，区教委每年都要单独或与区文化委联合主办田径、足球、篮球等 10 余个综合性或单项区级学生运动会，各校组队参加市教委举办的各种体育竞赛活动。通过一系列竞赛活动，学校体育竞赛水平与成绩逐年提高，学校体育竞赛活动不断扩展，内容不断创新。

2017 年 9 月，万州区特教中心足球队参加全国残疾人足球争霸赛，获得特奥融合组冠军，获得聋人组第五名；11 月，参加全国残疾人柔力球比赛获得团体第一名。汶罗小学、外国语学校参加重庆市中小学生跳绳比赛均获得团体一等奖。

## 四、存在的主要问题

近年来，万州区学校体育工作在区委、区政府和市教委的正确领导下，在体育部门的大力支持下，取得了很大的进步，但还存在不足。

一是部分学校对体育工作认识不足，重视不够。

二是全区体育教师缺编，部分学校体育专职教师配备不足，少数学校甚至没有专业体育教师。体育教师教学水平有待提高。

三是学生良好的体育锻炼习惯还没完全形成，学生自主锻炼的积极性不够。

四是学校体育场地特别是标准足球场有待改善和补充。

# 巴南区

重庆市教育评估院受重庆市教育委员会委托，对重庆市巴南区2017年学校体育工作进行专项评估。评估内容主要有区县和学校上报自评数据、材料评审和现场核查。2017年11月30日前，巴南区96所中小学校在“重庆市学生运动与体质健康监测管理平台”完成了自评数据上报工作；12月，市教育评估院邀请了专家对巴南区自评材料进行网络评审，并且组织专家赴巴南区6所中小学校进行了现场核查。

评估采用定量分析与定性分析相结合的方式，定量分析的有关数据主要来源于巴南区上报的《中小学校体育工作评估自评结果报表》《学校体育工作年度报表》数据和专家现场核查数据；定性分析的信息样本主要来源于巴南区的自评报告、材料评审及专家现场核查的相关信息。现将巴南区2017年度中小学校体育工作专项评估报告如下。

## 一、学校体育工作自评情况

### （一）中小学校体育工作评估自评结果

本部分数据来源于巴南区各中小学、中等职业学校对照《中小学校体育工作评估指标体系》完成自评后，在“重庆市学生运动与体质健康监测管理平台”上报的《中小学校体育工作评估自评结果报表》数据。全区96所具有独立法人资格的中小学（村校等非独立法人资格中小学参加所在学区中心校评估）参加了学校体育工作评估，其中，普通小学58所，普通初中26所，中职学校3所，普通高中9所，见表12。

表 12　2017 年巴南区学校体育工作自评审核结果

| 学校类别 | 学校总数/所 | 优秀等级学校/所 | 良好等级学校/所 | 合格等级学校/所 | 不合格学校/所 | 加分学校/所 |
|---|---|---|---|---|---|---|
| 普通小学 | 58 | 54 | 4 | 0 | 0 | 45 |
| 普通初中 | 26 | 24 | 2 | 0 | 0 | 17 |
| 中职学校 | 3 | 2 | 1 | 0 | 0 | 3 |
| 普通高中 | 9 | 8 | 1 | 0 | 0 | 8 |
| 合　计 | 96 | 88 | 8 | 0 | 0 | 73 |

注:九年一贯制学校计入普通初中,十二年一贯制学校和完全中学计入普通高中。

1. 学校体育工作自评等级结果总体良好

2017 年巴南区 88 所学校自评为优秀等级,占 91.67%。其中,普通小学优秀等级学校比例最高,为 93.10%,中职学校优秀等级学校比例最低,为 66.67%,如图 34 所示;良好等级学校 8 所,占 8.33%;无不合格等级学校。全区加分学校 73 所,占 76.04%。其中,中职学校加分学校比例最高,为 100%;普通初中加分学校比例最低,为 65.38%,如图 35 所示。

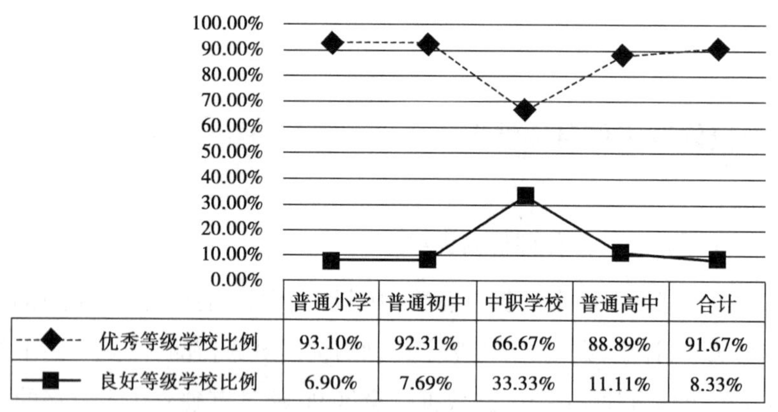


图 34　2017 年巴南区优秀和良好等级学校比例图

2. 不同学段的学校在各维度上的得分呈显著差异

从各维度来看,学校在组织管理维度上的得分率最高,为 92.70%,在学生体质维度上的得分率最低,为 87.35%。从学校类型来看,职业学校在组织管理、教育教学、条件保障维度上的得分率均最低，分别为 78.35%、80.00%、79.78%；普通高中在学生体质维度上的得分率最低，为 79.45%，如图 36 所示。

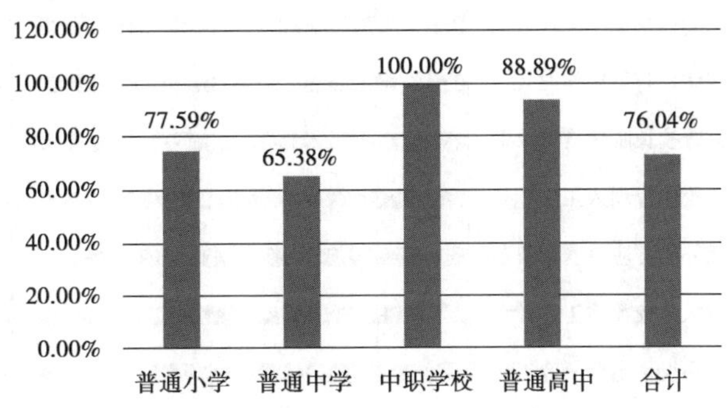


图 35　2017 年巴南区加分学校比例图

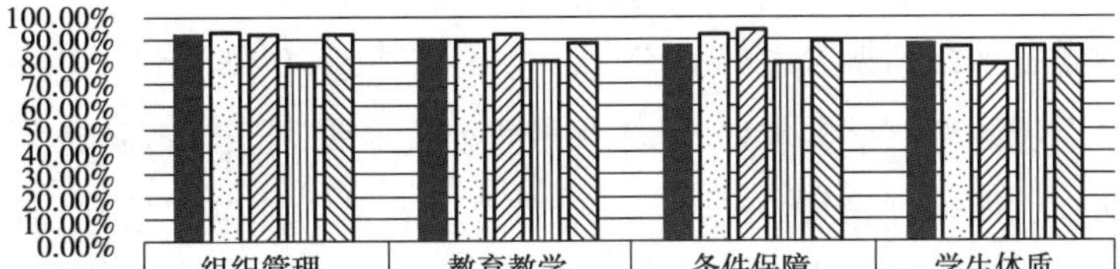

| | 组织管理 | 教育教学 | 条件保障 | 学生体质 |
|---|---|---|---|---|
| 普通小学 | 93.10% | 89.67% | 88.30% | 88.90% |
| 普通初中 | 93.55% | 88.93% | 93.14% | 86.70% |
| 普通高中 | 92.50% | 93.03% | 94.59% | 79.45% |
| 职业学校 | 78.35% | 80.00% | 79.78% | 87.00% |
| 合　计 | 92.70% | 89.47% | 89.94% | 87.35% |

图 36　不同学段的学校在各维度上的得分率情况

3. 各单项指标得分率差异明显

组织管理各项指标得分率如图 37 所示。全区学校组织管理基本到位，管理机制基本健全。绝大部分中小学校均设立了由校长任组长，分管副校长和德体卫艺处主任为成员的学校体育工作领导小组，具体组织实施学校体育工作；绝大部分中小学均建立校园意外伤害事故应急管理机制，制订和实施体育安全管理工作方案，明确职责，落实分工，确保了学校体育工作正常有序开展。但是校长、副校长还须进一步重视，认真落实每学期听体育课次数；监督检查还须进一步落实，每学期应通报一次学生体育活动情况。

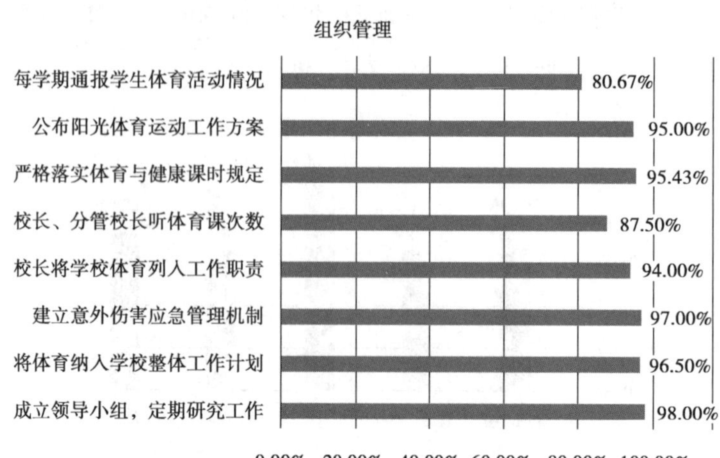


图 37　组织管理各项指标得分率

教育教学各项指标得分率如图 38 所示。课程教学方面,依据课标组织体育教学和执行体育课考勤考核落实较好,但体育教学研究和课程教学改革还须进一步提升。校园体育活动方面,大课间体育活动、体育安全教育等方面落实较好,但“学校每年召开春、秋季运动会”和“85% 的学生至少掌握 2 项体育技能”两方面还须进一步加强。

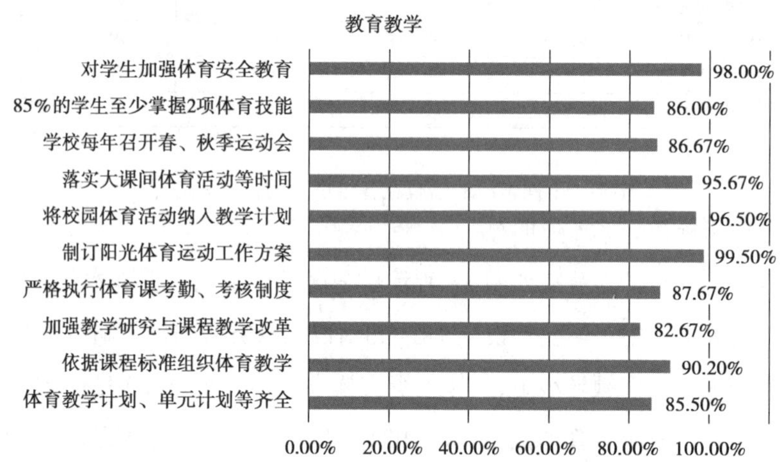


图 38　教育教学各项指标得分率

条件保障各项指标得分率如图 39 所示。教师队伍方面,体育教师职务评聘、工资待遇、教育培训落实较好,得分率较高,但是体育教师配备、体育教师集体备课和校本教研还有待进一步加强。场地器材与经费方面,体育场地平整整洁、体育场地器材等由专人负责、公用经费满足学校体育需要等落实较好,但是体育场地、器材、设施达标还须进一步加强。

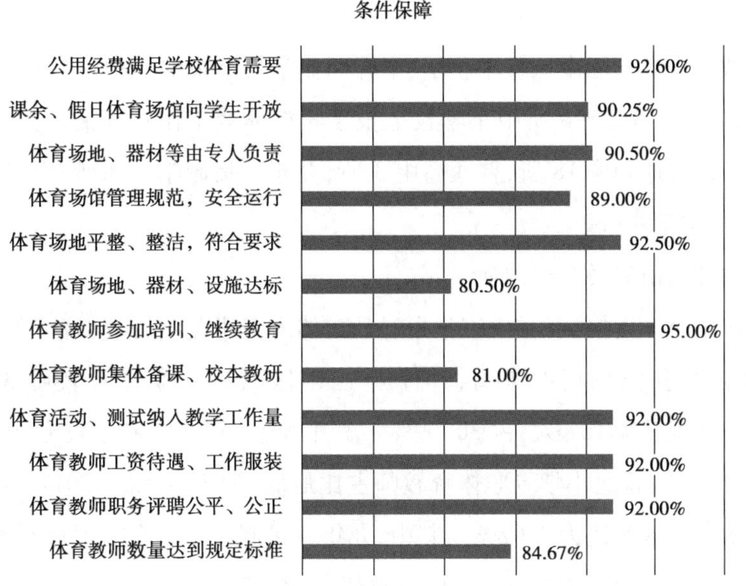


图 39　条件保障各项指标得分率

学生体质各项指标得分率如图 40 所示。学生体质健康测试工作开展方面落实较好,保存和上报学生体质健康测试数据得分率较高。测试结果方面,40% 以上学生达到标准良好等级得分率较低,学生体质健康水平还须进一步提高。测试评价方面,分析学生体质健康测试结果,把握学生体质健康发展趋势得分率较低,学生体质健康测试结果还须有效运用。

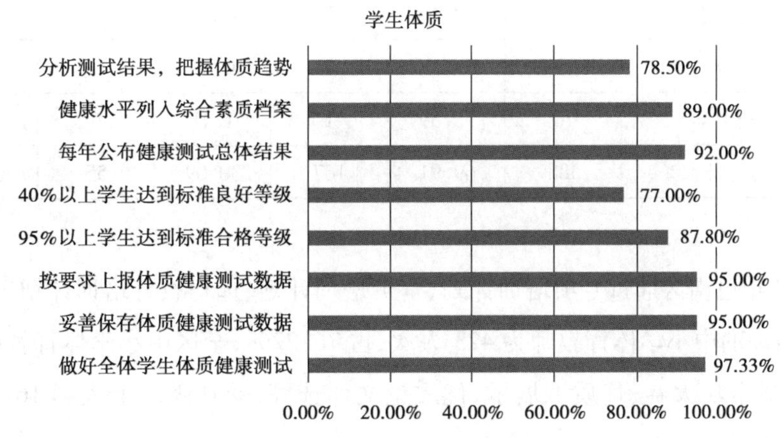


图 40　学生体质各项指标得分率

(二)中小学校体育工作年度报告情况

本部分数据来源于巴南区各中小学、中等职业学校上报的《学校体育工作年度报告学校报表》数据。全区96所中小学校上报了学校体育工作年度报告数据。其中,普通小学58所,普通初中18所,普通高中3所,九年一贯制学校8所,十二年一贯制学校1所,完全中学8所。

1.体育教师队伍建设有待加强

从巴南区中小学上报到"重庆市学生运动与体质健康监测管理平台"的学校体育工作年度报告区县汇总情况来看,2017年巴南区共有专职体育教师388人,占69.91%;兼职体育教师167人,占30.09%。其中,十二年一贯制学校专职体育教师比例最高,达100%;普通小学专职体育教师占比最低,为58.49%。2017年巴南区体育教师缺额55人,缺额比为9.02%。其中,九年一贯制学校体育教师缺额比最高,为10.34%;十二年一贯制学校没有缺额体育教师,见表13。

**表13 2017年巴南区体育教师队伍信息(一)**

| 学校类别 | 专职 | | 兼职 | | 缺额 | |
|---|---|---|---|---|---|---|
| | 人数/人 | 百分数/% | 人数/人 | 百分数/% | 人数/人 | 百分数/% |
| 九年一贯制学校 | 33 | 63.46 | 19 | 36.54 | 6 | 10.34 |
| 普通初中 | 67 | 82.72 | 14 | 17.28 | 5 | 5.81 |
| 普通高中 | 26 | 96.30 | 1 | 3.70 | 2 | 6.90 |
| 普通小学 | 186 | 58.49 | 132 | 41.51 | 36 | 10.17 |
| 十二年一贯制学校 | 6 | 100.00 | 0 | 0.00 | 0 | 0.00 |
| 完全中学 | 70 | 98.59 | 1 | 1.41 | 6 | 7.79 |
| 总计 | 388 | 69.91 | 167 | 30.09 | 55 | 9.02 |

2017年巴南区通过专项培训计划、全员培训计划、远程教育培训计划等,参与县级以上培训的中小学体育教师为423人次,占76.22%;全区中小学体育教师通过评优选好、基本功大赛、优质课展示、优质论文评选等,受县级以上表彰161人次,占29.01%,见表14。

**表 14　2017 年巴南区体育教师队伍信息(二)**

| 学校类别 | 县级及以上培训 | | 受县级以上表彰 | |
|---|---|---|---|---|
| | 人数/人 | 百分数/% | 人数/人 | 百分数/% |
| 九年一贯制学校 | 33 | 63.46 | 9 | 17.31 |
| 普通初中 | 67 | 82.72 | 33 | 40.74 |
| 普通高中 | 19 | 70.37 | 22 | 81.48 |
| 普通小学 | 230 | 72.33 | 50 | 15.72 |
| 十二年一贯制学校 | 6 | 100.00 | 1 | 16.67 |
| 完全中学 | 68 | 95.77 | 46 | 64.79 |
| 总　计 | 423 | 76.22 | 161 | 29.01 |

2. 部分学校体育场地的数量需要增加

2017 年巴南区中小学校共有田径场 74 块(200 米田径场 61 块,300 米田径场 5 块,300 ~400 米田径场 4 块,400 米田径场 4 块),平均每校田径场的数量为 0.77 块;篮球场 226 块,平均每校篮球场的数量为 2.35 块;排球场 68 块,平均每校排球场的数量为 0.71 块;学生体质测试室 58 间,平均每校学生体质测试室的数量为 0.6 间,见表 15。

**表 15　2017 年巴南区体育场地器材信息(一)**

| 学校类别 | 田径场 | | 篮球场 | | 排球场 | | 学生体质测试室 | |
|---|---|---|---|---|---|---|---|---|
| | 块数/块 | 校平均数/块 | 块数/块 | 校平均数/块 | 块数/块 | 校平均数/块 | 间数/间 | 校平均数/间 |
| 九年一贯制学校 | 41 | 0.71 | 22 | 2.75 | 7 | 0.88 | 3 | 0.38 |
| 普通初中 | 13 | 0.72 | 48 | 2.67 | 11 | 0.61 | 12 | 0.67 |
| 普通高中 | 4 | 1.33 | 21 | 7.00 | 4 | 1.33 | 2 | 0.67 |
| 普通小学 | 6 | 0.75 | 96 | 1.66 | 32 | 0.55 | 30 | 0.52 |
| 十二年一贯制学校 | 1 | 1.00 | 4 | 4.00 | 2 | 2.00 | 0 | 0.00 |
| 完全中学 | 9 | 1.13 | 35 | 4.38 | 12 | 1.50 | 11 | 1.38 |
| 总　计 | 74 | 0.77 | 226 | 2.35 | 68 | 0.71 | 58 | 0.60 |

2017 年巴南区中小学共有体育馆 16 个,配有体育馆的学校比例为 17%;共有游泳池 5 个,配有游泳池的学校比例为 5%。全区有 92 所学校中小学体育器材达标,达

标比例为96%，见表16。

表16　2017年巴南区体育场地器材信息(二)

| 学校类别 | 体育馆 | | 游泳池 | | 体育器材达标 | |
|---|---|---|---|---|---|---|
| | 所数/所 | 比例/% | 个数/个 | 比例/% | 学校/所 | 比例/% |
| 九年一贯制学校 | 0 | 0 | 0 | 0 | 8 | 100 |
| 普通初中 | 4 | 22 | 1 | 6 | 17 | 94 |
| 普通高中 | 2 | 67 | 2 | 67 | 3 | 100 |
| 普通小学 | 9 | 16 | 1 | 2 | 55 | 95 |
| 十二年一贯制学校 | 1 | 100 | 1 | 100 | 1 | 100 |
| 完全中学 | 0 | 0 | 0 | 0 | 8 | 100 |
| 总　计 | 16 | 17 | 5 | 5 | 92 | 96 |

## 二、学校体育工作现场评估情况

### (一)自评可信度

巴南区抽查学校总体自评可信度为97.59%，全市抽查区县学校自评可信度平均水平为96.91%。其中，全区中小学校体育工作的组织管理、教育教学和条件保障方面的自评信度分别为98.43%、98.77%和98.49%，均高于全市抽样区县平均水平；学生体质的自评信度为92.56%，低于全市抽样区县平均水平，如图41所示。

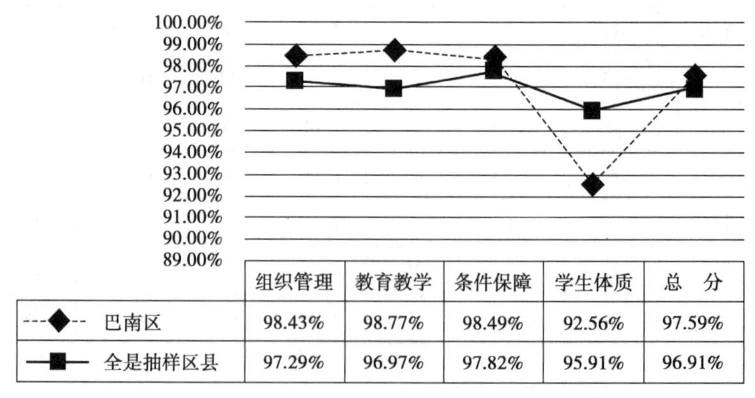


| | 组织管理 | 教育教学 | 条件保障 | 学生体质 | 总　分 |
|---|---|---|---|---|---|
| 巴南区 | 98.43% | 98.77% | 98.49% | 92.56% | 97.59% |
| 全是抽样区县 | 97.29% | 96.97% | 97.82% | 95.91% | 96.91% |

图41　2017年巴南区与全市抽样区县体育工作各项指标自评信度比较

在抽查的6所学校中，鱼洞第二小学校、巴南中学、全善学校、双河口镇中心小学校、东温泉镇五布学校、鱼胡路小学的自评准确性均高于90%，见表17。

表17　2017年巴南区体育工作评估审核结果

| 学　校 | 自评得分 | 核实得分 | 自评可信度/% |
|---|---|---|---|
| 鱼洞第二小学校 | 95 | 89.6 | 97.07 |
| 巴南中学 | 102 | 93.4 | 95.60 |
| 全善学校 | 106 | 104 | 99.05 |
| 双河口镇中心小学校 | 101.8 | 95.8 | 96.96 |
| 东温泉镇五布学校 | 93 | 89.4 | 98.03 |
| 鱼胡路小学 | 106 | 103.2 | 98.66 |

(二)专家核实得分率

巴南区组织管理指标的得分率为94.25%，全市抽样区县平均水平为93.63%；教育教学指标的得分率为93.94%，全市抽样区县平均水平为90.70%；条件保障指标的得分率为94.11%，全市抽样区县平均水平为90.67%；学生体质指标的得分率为79.83%，全市抽样区县平均水平为86.98%，如图42所示。

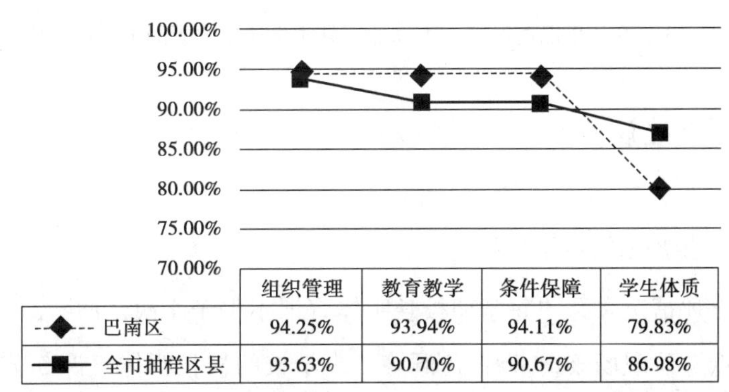


| | 组织管理 | 教育教学 | 条件保障 | 学生体质 |
|---|---|---|---|---|
| 巴南区 | 94.25% | 93.94% | 94.11% | 79.83% |
| 全市抽样区县 | 93.63% | 90.70% | 90.67% | 86.98% |

图42　2017年巴南区与全市抽样区县体育工作各项指标得分率比较

(三)学生体质健康测试可信度

本次现场抽测巴南区6所学校60名学生(每所学校抽测10名学生，其中，男生5名，女生5名)的体质健康情况，将抽查情况与学生体质健康监测原始数据进行对比，原始数据基本准确可信(可信度≥80%)的学校有5所，分别是鱼洞第二小学、巴南中学、全善学校、双河口镇中心小学校和东温泉镇五布学校，占抽查学校的83.33%；鱼胡路小学校抽查数据与学生体质健康监测原始数据对比有较多明显差异，可信度为60%。鱼胡路小学一名五年级的男生一分钟跳绳原记录为121个，专家抽查核实记录为46个，核实记录比上一次体测的跳绳原记录减少了75个；一名五年级女生一分钟跳绳原记录为103个，专家抽查核实记录为153个，核实记录比上一次体测的跳绳原记录增加了50个。

全区抽查原始数据可信率为85%，比全市抽查原始数据可信率高4.18个百分点，如图43所示。巴南区学生体质健康测试的数据较可信，区县还要进一步完善学校体质健康测试工作抽查制度，将学生体质健康测试工作落到实处。

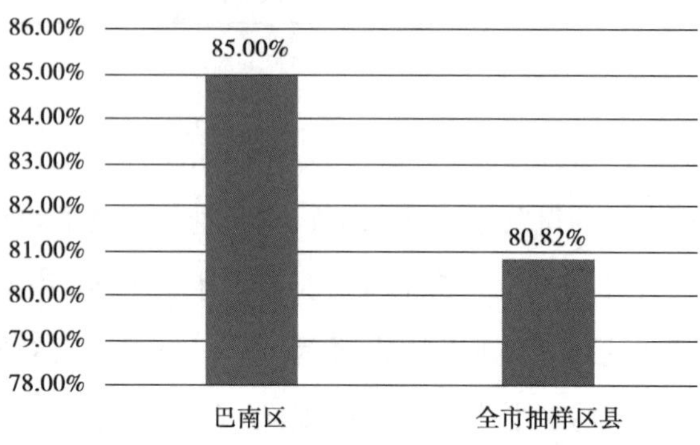


图43　2017年巴南区与全市抽样区县学生体质健康测试可信度比较

## 三、问题与建议

### （一）进一步加强领导重视程度

从全区自评情况来看，“每学期校长听体育课不少于4次，分管校长不少于6次”的得分率较低。从现场核查来看，鱼洞第二小学校的校长听体育课0节，副校长也听体育课0节。领导重视是搞好学校体育工作的必备条件。建议区教委严格督查学校分管领导落实听体育课情况，各学校分管领导也应深入到体育工作中，联系教研组，走进体育课堂，走向运动场，扎实开展各项工作。

### （二）进一步加强体育师资队伍建设

2017年巴南区有专职体育教师388人，占69.91%；兼职体育教师167人，占30.09%。体育教师缺额55人，缺额比为9.02%。现场评估发现，城乡之间、校际之间体育教师配备不均衡。据此，建议进一步加大体育师资配备力度，招录专职体育教师进行补充,着实缓解了学校体育教师的压力;推行基层体育教师“优良资源走教模式”,以解决村小体育教师不足和教师水平低的问题。

(三)进一步加强体育场地建设

实地考察发现,体育场地方面,部分学校没有规范的田径场,如巴南区双河口镇中心小学校只有100米的环形跑道;部分学校体育场地破损严重,如东温泉镇五布学校、鱼胡路小学。学校运动场地面积不足或场地破损严重,会影响学校体育活动的开展。建议加大体育场地经费投入,改善校园体育场地设施,提高学校体育条件;加快推进中小学标准化建设,均衡配置教育资源。

(四)进一步重视学生体质健康测试工作

1. 学生体质健康未认真监测,存在弄虚作假现象

现场抽测发现,虽然学生体质健康测试可信度高于全市抽查区县原始数据可信度,但是部分学校仍弄虚作假,其学生体质数据与现场测查结果进行一致性比有较多明显差异,如鱼胡路小学。该区应加大对所辖区域中小学生体质健康抽查复核的力度,督促学校认真监测学生体质健康状况,确保测试数据的真实性、完整性和有效性。

2. 学生体质健康水平有待提高

从全区自评情况来看,“40%以上学生达到标准良好等级”得分率较低。建议学校强化课程体系建设,严格执行国家体育课程方案和课程标准,开足开好体育课程,大力开展专项技能运动教学,切实提高学生的基本运动技能和专项运动能力。鼓励学生积极参加校外全民健身运动,确保课外锻炼时间,提高学生体质健康水平。

# 北碚区

重庆市教育评估院受重庆市教育委员会委托，对重庆市北碚区2017年学校体育工作进行专项评估。评估内容主要有区县和学校上报自评数据、材料评审和现场核查。2017年11月30日前，北碚区67所中小学校在"重庆市学生运动与体质健康监测管理平台"完成了自评数据上报工作；12月，市教育评估院邀请了专家对北碚区自评材料进行网络评审，并且组织专家赴北碚区6所中小学校进行了现场核查。

评估采用定量分析与定性分析相结合的方式，定量分析的有关数据主要来源于北碚区上报的《中小学校体育工作评估自评结果报表》《学校体育工作年度报表》数据和专家现场核查数据；定性分析的信息样本主要来源于北碚区的自评报告、材料评审及专家现场核查的相关信息。现将北碚区2017年度中小学校体育工作专项评估报告如下。

## 一、学校体育工作自评情况

### （一）中小学校体育工作评估自评结果

本部分数据来源于北碚区各中小学、中等职业学校对照《中小学校体育工作评估指标体系》完成自评后，在"重庆市学生运动与体质健康监测管理平台"上报的《中小学校体育工作评估自评结果报表》数据。全区67所具有独立法人资格的中小学（村校等非独立法人资格中小学参加所在学区中心校评估）参加了学校体育工作评估，其中，普通小学47所，普通初中8所，中职学校3所，普通高中9所，见表18。

表 18　2017 年北碚区学校体育工作自评审核结果

| 学校类别 | 学校总数/所 | 优秀等级学校/所 | 良好等级学校/所 | 合格等级学校/所 | 不合格学校/所 | 加分学校/所 |
|---|---|---|---|---|---|---|
| 普通小学 | 47 | 47 | 0 | 0 | 0 | 45 |
| 普通初中 | 8 | 8 | 0 | 0 | 0 | 7 |
| 中职学校 | 3 | 3 | 0 | 0 | 0 | 2 |
| 普通高中 | 9 | 9 | 0 | 0 | 0 | 9 |
| 合　计 | 67 | 67 | 0 | 0 | 0 | 63 |

注:九年一贯制学校计入普通初中,十二年一贯制学校和完全中学计入普通高中。

1. 学校体育工作自评等级结果总体良好

2017 年北碚区自评优秀等级学校有 67 所,优秀等级学校比例为 100%(如图 44 所示)。全区加分学校有 63 所,占 94.03%,其中,普通高中加分学校比例最高,为 100%;中职学校加分学校比例最低,为 66.67%,如图 45 所示。

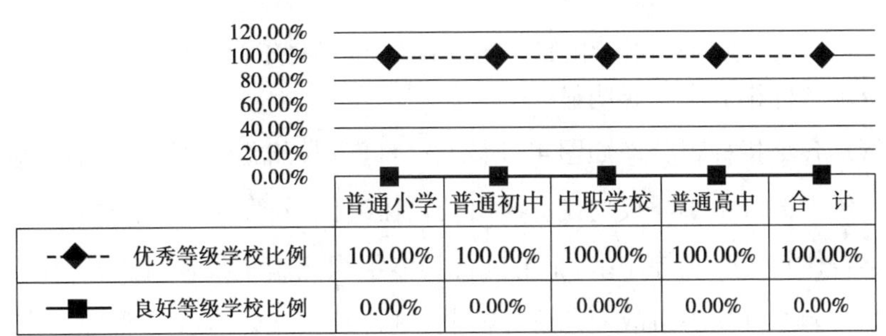


图 44　2017 年北碚区优秀和良好等级学校比例图

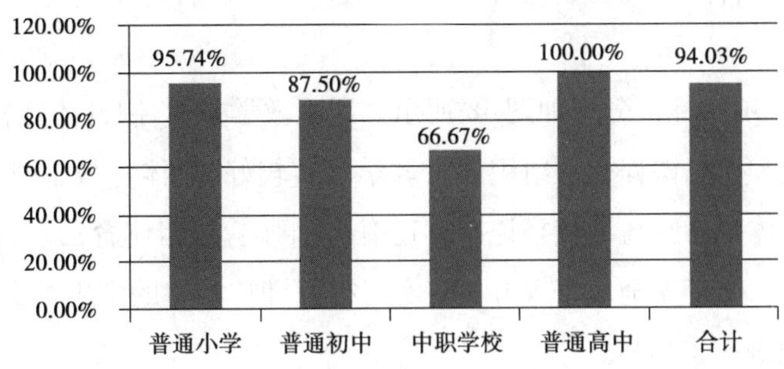


图 45　2017 年北碚区加分学校比例图

2. 不同学段的学校在各维度上的得分差异显著

从各维度来看,学校在学生体质维度上的得分率最高,为96.90%,在教育教学维度上的得分率最低,为93.30%。从学校类型来看,职业学校在教育教学、条件保障和学生体质维度上的得分率均最低,分别为91.67%、92.22%、83.35%;普通初中在组织管理维度上的得分率最低,为95.00%,如图46所示。

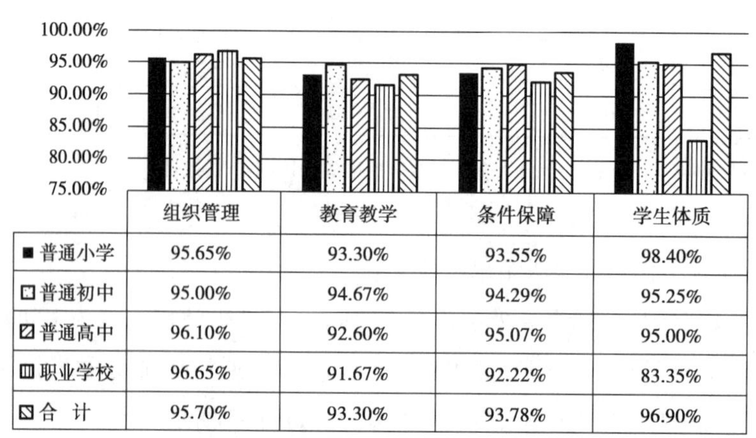


| | 组织管理 | 教育教学 | 条件保障 | 学生体质 |
|---|---|---|---|---|
| ■普通小学 | 95.65% | 93.30% | 93.55% | 98.40% |
| ▨普通初中 | 95.00% | 94.67% | 94.29% | 95.25% |
| ▨普通高中 | 96.10% | 92.60% | 95.07% | 95.00% |
| ▥职业学校 | 96.65% | 91.67% | 92.22% | 83.35% |
| ▧合　计 | 95.70% | 93.30% | 93.78% | 96.90% |

图46　不同学段的学校在各维度上的得分率情况

3. 各单项指标得分率差异明显

组织管理各项指标得分率如图47所示。全区学校组织管理基本到位,管理机制基本健全。绝大部分中小学校均设立了由校长任组长,分管副校长和德体卫艺处主任为成员的学校体育工作领导小组,小组负责具体组织实施学校体育工作;绝大部分中小学均建立校园意外伤害事故应急管理机制,制订和实施体育安全管理工作方案,明确职责,落实分工,确保了学校体育工作正常有序开展。但是校领导还须进一步重视,认真落实每学期听体育课次数;监督检查还须进一步落实,每学期应通报一次学生体育活动情况。

教育教学各项指标得分率如图48所示。课程教学方面,制订体育教学计划、单元计划、课时计划和依据课程标准组织体育教学落实较好,但体育教学研究与课程教学改革、严格执行体育考勤与考核登记制度还有待加强。校园体育活动方面,将体育活动纳入教学计划、体育安全教育等方面落实得很好,但"85%的学生至少掌握2项体育技能"方面还须进一步加强。

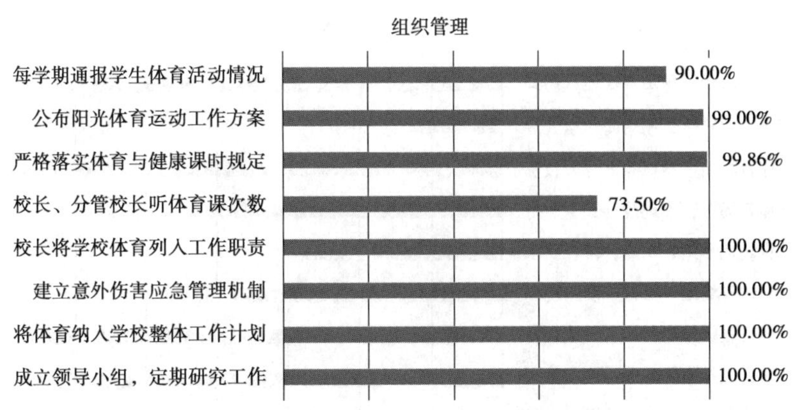


图 47　组织管理各项指标得分率

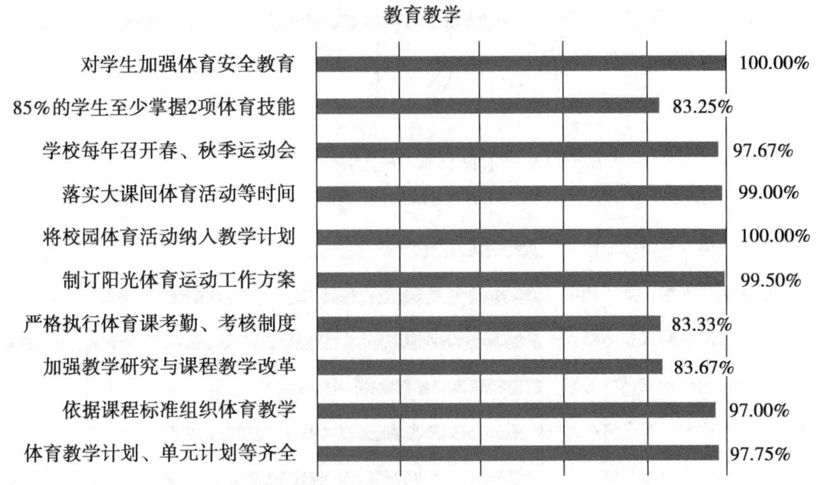


图 48　教育教学各项指标得分率

条件保障各项指标得分率如图 49 所示。教师队伍方面，体育教师职务评聘、工资待遇、体育活动与测试纳入教学工作量等方面落实较好，得分率较高，但是体育教师配备有待进一步完善。场地器材与经费方面，体育场地、器材等由专人负责和公用经费满足学校体育需要等落实较好，但是体育场地有损坏、不够整洁，课余和节假日也未全面向学生开放体育场馆，在以后的工作中需要加强场地管理、完善对外开放制度。

学生体质各项指标得分率如图 50 所示。学生体质健康测试工作开展方面落实较好，保存和上报学生体质健康测试数据得分率为 100% 。测试结果方面，95% 的学生达到标准合格等级和 40% 以上的学生达到标准良好等级得分率较高，学生体质健康水平总体良好。测试评价方面，分析学生体质健康测试结果，动态把握学生体质健康发展趋势得分率相对较低，学生体质健康测试结果还须有效运用。

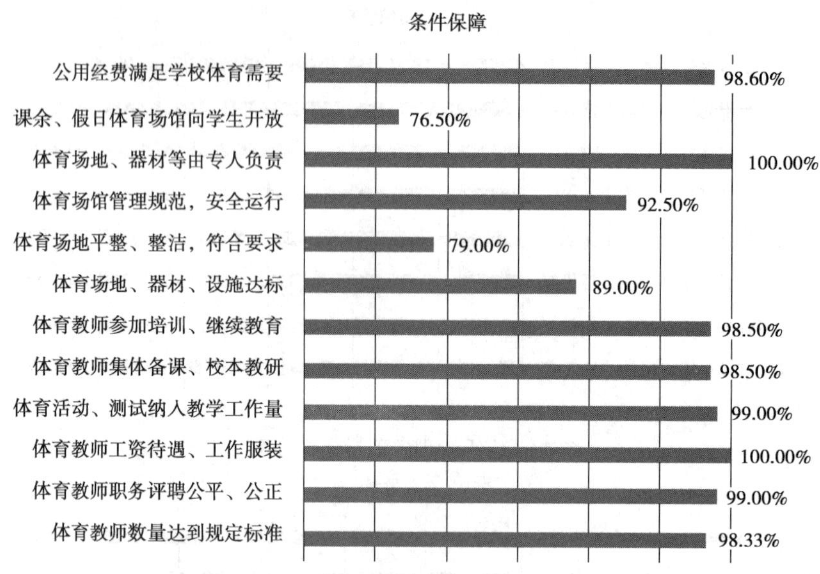


图 49　条件保障各项指标得分率

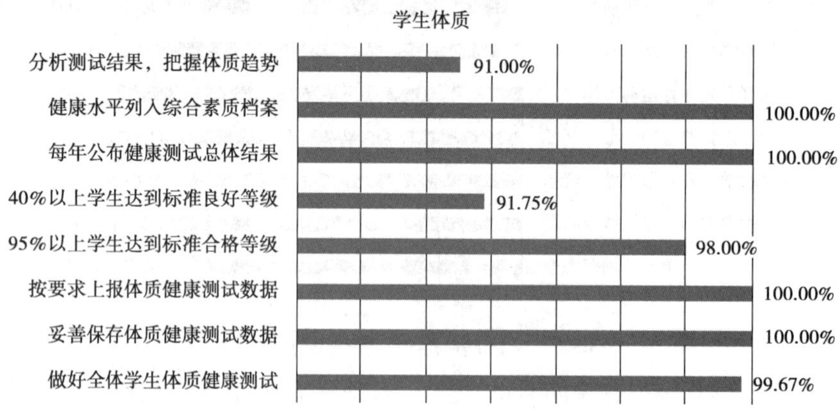


图 50　学生体质各项指标得分率

(二)中小学校体育工作年度报告情况

本部分数据来源于北碚区各中小学、中等职业学校上报的《学校体育工作年度报告学校报表》数据。全区 67 所中小学校上报了学校体育工作年度报告数据。其中，普通小学 47 所，普通初中 8 所，普通高中 2 所，九年一贯制学校 10 所。

1. 体育教师队伍建设有待加强

从北碚区中小学上报到“重庆市学生运动与体质健康监测管理平台”的学校体育工作年度报告区县汇总情况来看，2017 年北碚区共有专职体育教师 339 人，占

84.75%；兼职体育教师61人，占15.25%。其中，普通高中专职体育教师比例最高，达100%；普通小学专职体育教师占比最低，为77.42%。2017年北碚区体育教师缺额12人，缺额比为2.91%。其中，完全中学体育教师缺额比最高，为5.38%；普通初中和高中没有缺额，见表19。

表19　2017年北碚区体育教师队伍信息(一)

| 学校类别 | 专　职 | | 兼　职 | | 缺　额 | |
|---|---|---|---|---|---|---|
| | 人数/人 | 百分数/% | 人数/人 | 百分数/% | 人数/人 | 百分数/% |
| 普通小学 | 168 | 77.42 | 49 | 22.58 | 5 | 2.25 |
| 普通初中 | 29 | 87.88 | 4 | 12.12 | 0 | 0.00 |
| 普通高中 | 27 | 100.00 | 0 | 0.00 | 0 | 0.00 |
| 完全中学 | 115 | 93.50 | 8 | 6.50 | 7 | 5.38 |
| 总　计 | 339 | 84.75 | 61 | 15.25 | 12 | 2.91 |

2017年北碚区中小学体育教师通过专项培训计划、全员培训计划、远程教育培训计划等，参与县级以上培训380人次，占95.00%；全区中小学体育教师通过评优选好、基本功大赛、优质课展示、优质论文评选等，受县级以上表彰135人次，占33.75%，见表20。

表20　2017年北碚区体育教师队伍信息(二)

| 学校类别 | 县级及以上培训 | | 受县级以上表彰 | |
|---|---|---|---|---|
| | 人数/人 | 百分数/% | 人数/人 | 百分数/% |
| 普通小学 | 209 | 96.31 | 66 | 30.41 |
| 普通初中 | 44 | 133.33 | 17 | 51.52 |
| 普通高中 | 24 | 88.89 | 16 | 59.26 |
| 完全中学 | 103 | 83.74 | 36 | 29.27 |
| 总　计 | 380 | 95.00 | 135 | 33.75 |

2. 部分学校体育场地的数量需要增加

2017年北碚区中小学校共有田径场54块(200米田径场42块，300米田径场6块，300～400米田径场1块，400米田径场5块)，平均每校田径场的数量为0.81块；篮球场143块，平均每校篮球场的数量为2.13块；排球场61块，平均每校排球场的数量为0.91块；学生体质测试室76间，平均每校学生体质测试室的数量为1.13间，见表21。

表21　2017年北碚区体育场地器材信息(一)

| 学校类别 | 田径场 | | 篮球场 | | 排球场 | | 学生体质测试室 | |
|---|---|---|---|---|---|---|---|---|
| | 块数/块 | 校平均数/块 | 块数/块 | 校平均数/块 | 块数/块 | 校平均数/块 | 个数/间 | 校平均数/间 |
| 普通小学 | 37 | 0.79 | 70 | 1.49 | 31 | 0.66 | 42 | 0.89 |
| 普通初中 | 7 | 0.88 | 17 | 2.13 | 8 | 1.00 | 20 | 2.50 |
| 普通高中 | 1 | 0.50 | 12 | 6.00 | 6 | 3.00 | 2 | 1.00 |
| 完全中学 | 9 | 0.90 | 44 | 4.40 | 16 | 1.60 | 12 | 1.20 |
| 总　计 | 54 | 0.81 | 143 | 2.13 | 61 | 0.91 | 76 | 1.13 |

2017年北碚区中小学共有体育馆16所，配有体育馆的学校比例为24%；共有游泳池5个，配有游泳池的学校比例为7%。体育器材达标学校67所，达标学校比例为100%，见表22。

表22　2017年北碚区体育场地器材信息(二)

| 学校类别 | 体育馆 | | 游泳池 | | 体育器材达标 | |
|---|---|---|---|---|---|---|
| | 所数/所 | 比例/% | 个数/个 | 比例/% | 学校/所 | 比例/% |
| 普通小学 | 7 | 15 | 3 | 6 | 47 | 100 |
| 普通初中 | 1 | 13 | 0 | 0 | 8 | 100 |
| 普通高中 | 2 | 100 | 0 | 0 | 2 | 100 |
| 完全中学 | 6 | 60 | 2 | 20 | 10 | 100 |
| 总　计 | 16 | 24 | 5 | 7 | 67 | 100 |

## 二、学校体育工作现场评估情况

### (一)自评可信度

北碚区抽查学校总体自评可信度为96.48%，全市抽查区县学校自评可信度平均水平为96.91%。其中,全区中小学校体育工作的组织管理、条件保障和学生体质方面的自评信度分别为99.14%、98.28%和97.85%,且均高于全市抽样区县平均水平;教育教学的自评信度为96.42%,全市抽样区县平均水平为96.97%,如图51所示。

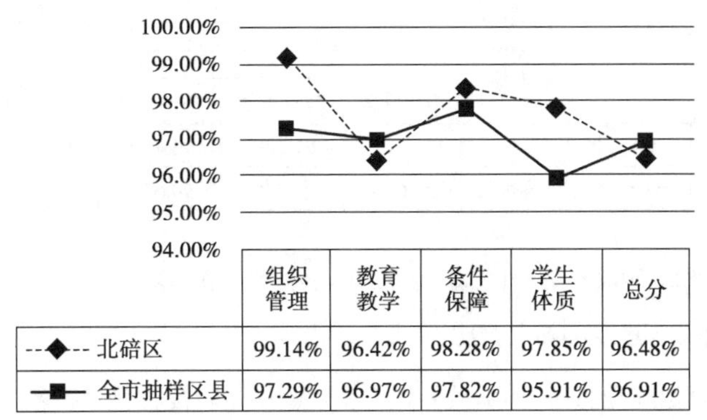


图51　2017年北碚区与全市抽样区县体育工作各项指标自评信度比较

抽查的6所学校分别为静观镇中心小学、三圣镇初级中学、重师大初教院附属小学、龙车寺小学、田家炳中学、重庆市第一二二中学校,自评准确性均高于90%,见表23。

**表23　2017年北碚区体育工作评估审核结果**

| 学　校 | 自评得分/分 | 核实得分/分 | 自评可信度/% |
|---|---|---|---|
| 静观镇中心小学 | 102.5 | 100.9 | 99.21 |
| 三圣镇初级中学 | 104.6 | 101.8 | 98.64 |
| 重师大初教院附属小学 | 100 | 87 | 93.05 |
| 龙车寺小学 | 101.8 | 89.8 | 93.74 |
| 田家炳中学 | 106.7 | 94 | 93.67 |
| 重庆市第一二二中学校 | 103 | 103 | 100.00 |

### (二)专家核实得分率

北碚区组织管理指标的得分率为96.67%,全市抽样区县平均水平为93.63%;教育教学指标的得分率为91.28%,全市抽样区县平均水平为90.70%;条件保障指标的得分率为93.44%,全市抽样区县平均水平为90.67%;学生体质指标的得分率为95.00%,全市抽样区县平均水平为86.98%,如图52所示。

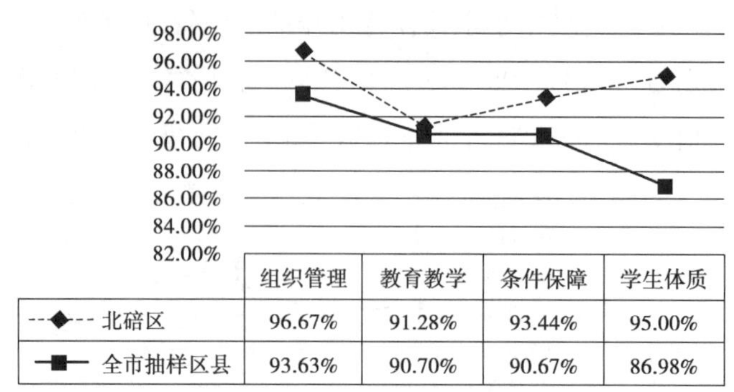


| | 组织管理 | 教育教学 | 条件保障 | 学生体质 |
|---|---|---|---|---|
| 北碚区 | 96.67% | 91.28% | 93.44% | 95.00% |
| 全市抽样区县 | 93.63% | 90.70% | 90.67% | 86.98% |

图 52　2017 年北碚区与全市抽样区县体育工作各项指标得分率比较

### (三)学生体质健康测试可信度

本次现场抽测北碚区 6 所学校 60 名学生(每所学校抽测 10 名学生,其中,男生 5 名,女生 5 名)的体质健康情况,将抽查情况与学生体质健康监测原始数据进行对比,原始数据基本准确可信(可信度≥80%)的学校有 3 所,分别是三圣镇初级中学、重师大初教院附小和田家炳中学,占抽查学校的 50%;其余 3 所学校数据有较多明显差异或有完全错误情况(可信度≤50%),分别是静观镇中心校、龙车寺小学和重庆市第一二二中学校。如龙车寺小学一名五年级的女生身高原记录为 164 厘米,专家抽查核实记录为 156 厘米,核实身高记录比上一次体测的身高原记录减少了 8 厘米。又如重庆市第一二二中学校一名初二年级的男生身高原记录为 158 厘米,专家抽查核实记录为 169 厘米,原记录与核实数据相差 11 厘米等。

全区抽查原始数据可信率为 80.82%,比全市抽查原始数据可信率低 17.49 个百分点,如图 53 所示。北碚区学生体质健康测试的数据可信度偏低,区县要进一步完善学校体质健康测试工作的抽查制度,将学生体质健康测试工作落到实处。

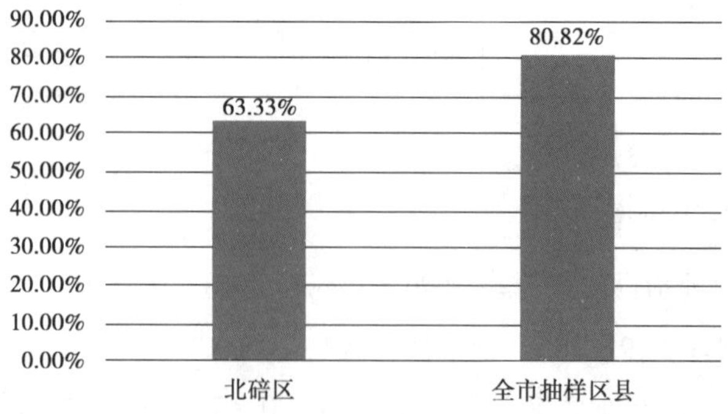


图 53　2017 年北碚区与全市抽样区县学生体质健康测试可信度比较

## 三、问题与建议

### (一)进一步加强教学常规管理和研究

从现场核查来看,教师的教学计划、单元计划、课时计划不统一,各校不一致,显得不规范;教学研究显现资料流于形式。领导重视是搞好学校体育工作的必备条件。建议区教委严格督查学校分管领导落实课程教学计划情况,各学校分管领导也应深入到体育工作中,联系教研组,走进体育课堂,走向运动场,扎实开展各项工作。

### (二)进一步加强体育师资队伍建设

2017 年北碚区共有专职体育教师 339 人,占 84.75%;兼职体育教师 61 人,占 15.25%。体育教师缺额 12 人,缺额比为 2.91%。现场评估发现,城乡之间、校际之间体育教师配备不均衡。从现场核查来看,抽查两所小学师资存在明显不足,龙车寺小学只有 3 名兼职教师,重师大附小只有 1 名专职教师。据此,建议进一步加大体育师资配备力度,招录专职体育教师进行补充,着实缓解学校体育教师的压力;推行基层体育教师“优良资源走教模式”,以解决村小体育教师不足和教师水平低的问题。

### (三)进一步加强体育场地建设

实地考察发现,抽查学校体育场地普遍不达标,部分学校的运动场不能满足《体质健康标准》测试。场地问题主要表现在一是面积太小,二是形状不规范,三是比较破旧。学校运动场地面积不足,或场地破损严重,会影响学校体育活动的开展。建议逐年加大体育场地经费投入,加快校园体育场地设施建设,监督各校对体育场地设施的维护与更新,提高学校体育条件;加快推进中小学标准化建设,均衡配置教育资源。

### (四)进一步重视学生体质健康测试工作

学生体质健康未认真监测,存在弄虚作假现象。通过现场抽测学生体质健康情况发现,学生体质健康测试可信度比全市抽查区县原始数据可信度低 17.49 个百分点,有部分学校弄虚作假,其学生体质数据与现场测查结果进行一致性比对有较多明显差异,如龙车寺小学。该区应加大对所辖区域中小学生体质健康抽查复核的力度,督促学校认真监测学生体质健康状况,确保测试数据的真实性、完整性和有效性。

# 大渡口区

重庆市教育评估院受重庆市教育委员会委托，对重庆市大渡口区2017年学校体育工作进行专项评估。评估内容主要有区县和学校上报自评数据、材料评审和现场核查。2017年11月30日前，大渡口区27所中小学校在“重庆市学生运动与体质健康监测管理平台”完成了自评数据上报工作；12月，市教育评估院邀请了专家对大渡口区自评材料进行网络评审，并且组织专家赴大渡口区6所中小学校进行了现场核查。

评估采用定量分析与定性分析相结合的方式，定量分析的有关数据主要来源于大渡口区上报的《中小学校体育工作评估自评结果报表》《学校体育工作年度报表》数据和专家现场核查数据；定性分析的信息样本主要来源于大渡口区的自评报告、材料评审及专家现场核查的相关信息。现将大渡口区2017年度中小学校体育工作专项评估报告如下。

## 一、学校体育工作自评情况

### (一)中小学校体育工作评估自评结果

本部分数据来源于大渡口区各中小学、中等职业学校对照《中小学校体育工作评估指标体系》完成自评后，在“重庆市学生运动与体质健康监测管理平台”上报的《中小学校体育工作评估自评结果报表》数据。全区27所具有独立法人资格的中小学(村校等非独立法人资格中小学参加所在学区中心校评估)参加了学校体育工作评估，其中，普通小学17所，普通初中6所，中职学校2所，普通高中2所，见表24。

**表 24　2017 年大渡口区学校体育工作自评审核结果**

| 学校类别 | 学校总数/所 | 优秀等级学校/所 | 良好等级学校/所 | 合格等级学校/所 | 不合格学校/所 | 加分学校/所 |
|---|---|---|---|---|---|---|
| 普通小学 | 17 | 11 | 6 | 0 | 0 | 14 |
| 普通初中 | 6 | 6 | 0 | 0 | 0 | 5 |
| 中职学校 | 2 | 1 | 1 | 0 | 0 | 2 |
| 普通高中 | 2 | 1 | 1 | 0 | 0 | 2 |
| 合　计 | 27 | 19 | 8 | 0 | 0 | 23 |

注:九年一贯制学校计入普通初中,十二年一贯制学校和完全中学计入普通高中。

1. 学校体育工作自评等级结果总体良好

2017 年大渡口区有自评优秀等级学校 19 所,占 70.37%。其中,普通初中优秀等级学校比例最高,为 100.00%,普通高中和中职学校优秀等级学校比例最低,为 50.00%,如图 54 所示;良好等级学校 8 所,占 29.63%;无不合格等级学校。全区有加分学校 23 所,占 85.19%,其中,普通高中和中职学校加分学校比例最高,为 100%;普通小学加分学校比例最低,为 82.35%,如图 55 所示。

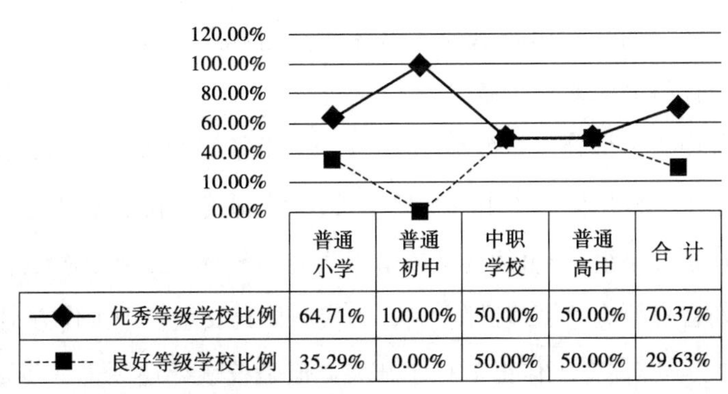


| | 普通小学 | 普通初中 | 中职学校 | 普通高中 | 合 计 |
|---|---|---|---|---|---|
| 优秀等级学校比例 | 64.71% | 100.00% | 50.00% | 50.00% | 70.37% |
| 良好等级学校比例 | 35.29% | 0.00% | 50.00% | 50.00% | 29.63% |

图 54　2017 年大渡口区优秀和良好等级学校比例图

2. 不同学段的学校在各维度上的得分差异显著

从各维度来看,学校在组织管理维度上的得分率最高,为 97.45%,在学生体质维度上的得分率最低,为 79.55%。从学校类型来看,职业学校在学生体质维度上的得分率最低,为 45%;普通初中在组织管理、教育教学维度上的得分率最低,分别为 93.75%、83.50%。普通小学在条件保障维度上得分率最低,为80.80%,如图 56 所示。

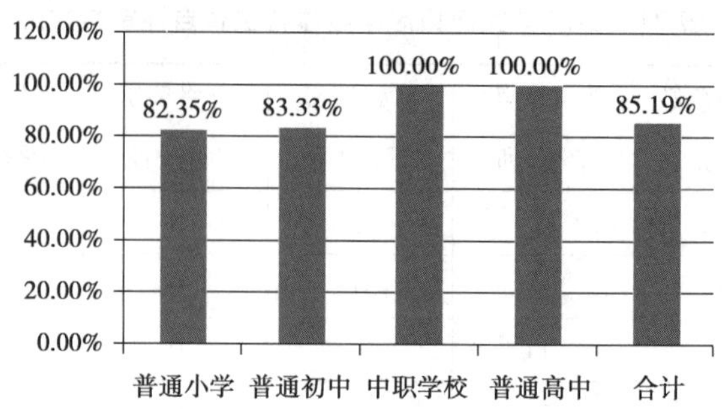


图 55　2017 年大渡口区加分学校比例图

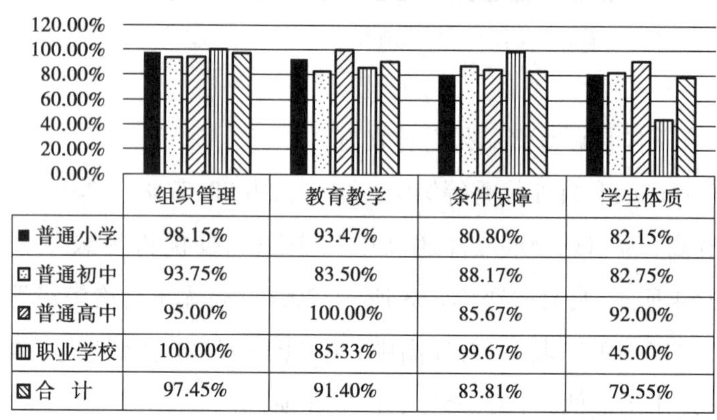

| | 组织管理 | 教育教学 | 条件保障 | 学生体质 |
|---|---|---|---|---|
| ■普通小学 | 98.15% | 93.47% | 80.80% | 82.15% |
| 普通初中 | 93.75% | 83.50% | 88.17% | 82.75% |
| 普通高中 | 95.00% | 100.00% | 85.67% | 92.00% |
| 职业学校 | 100.00% | 85.33% | 99.67% | 45.00% |
| 合　计 | 97.45% | 91.40% | 83.81% | 79.55% |

图 56　不同学段的学校在各维度上的得分率情况

3. 各单项指标得分率差异明显

组织管理各项指标得分率如图 57 所示。全区学校组织管理基本到位，管理机制基本健全。各中小学校均设立了由校长任组长，分管副校长和德体卫艺处主任为成员的学校体育工作领导小组，小组负责具体组织实施学校体育工作；绝大部分中小学均建立校园意外伤害事故应急管理机制，制订和实施体育安全管理工作方案，明确职责，落实分工，确保了学校体育工作正常有序开展。但是校领导还须进一步重视，认真落实每学期听体育课次数；监督检查还须进一步落实，每学期应公布阳光体育运动工作方案和通报一次学生体育活动情况。

教育教学各项指标得分率如图 58 所示。课程教学方面，依据课标组织体育教学、制订体育教学计划和单元计划等落实较好，但体育教学研究和课程教学改革还须进一步加强。校园体育活动方面，制订阳光体育运动方案、对学生进行体育安全教育、每年召开春秋运动会等方面落实较好，但“85% 的学生至少掌握 2 项体育技能”还须进一步加强。

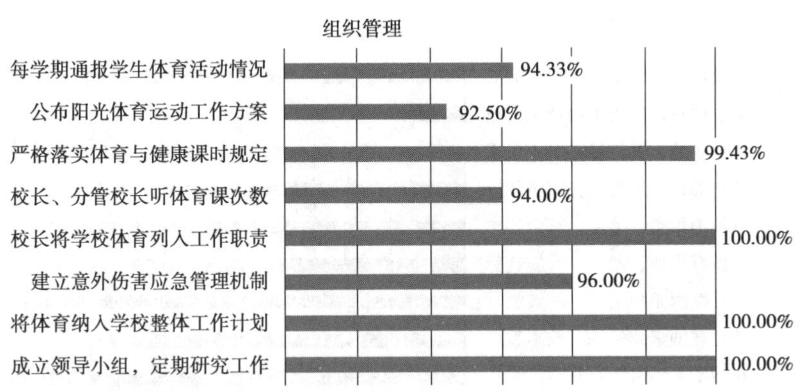


图57 组织管理各项指标得分率

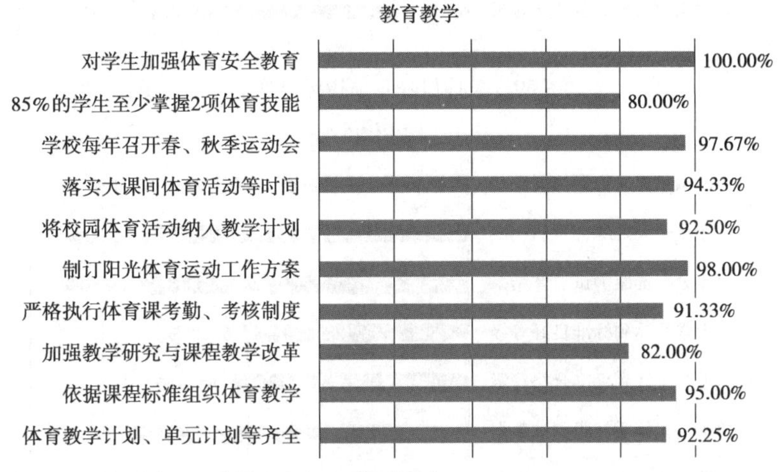


图58 教育教学各项指标得分率

条件保障各项指标得分率如图59所示。教师队伍方面，体育教师职务评聘、体育活动测试纳入教学工作量、教育培训落实较好，得分率较高，但是体育教师配备、体育教师集体备课和校本教研还有待进一步加强。场地器材与经费方面，体育场地平整整洁、体育场地器材等由专人负责、公用经费满足学校体育需要等落实较好，但是体育场地、器材、设施达标还须进一步改善，课余和节假日未全面向学生开放体育场馆，需要在以后的工作中加强场地管理、完善对外开放制度。

学生体质各项指标得分率如图60所示。学生体质健康测试工作开展方面落实较好，保存和上报学生体质健康测试数据得分率较高。测试结果方面，40%以上的学生达到标准良好等级和95%以上的学生达到标准合格等级的得分率较低，学生体质健康水平还须进一步提高。测试评价方面，分析学生体质健康测试结果，把握学生体质健康发展趋势得分率较低，学生体质健康测试结果还须有效运用。

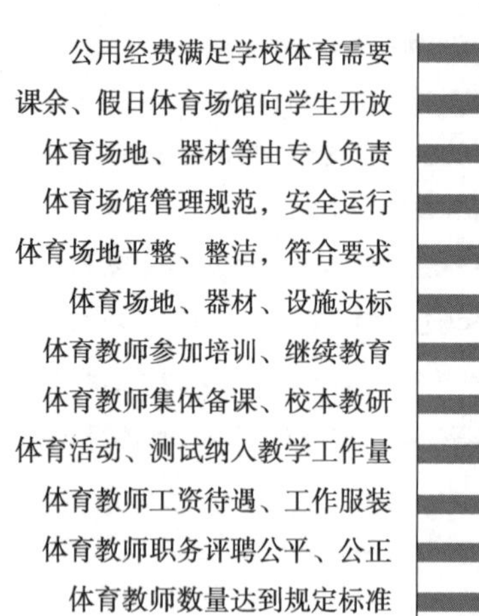
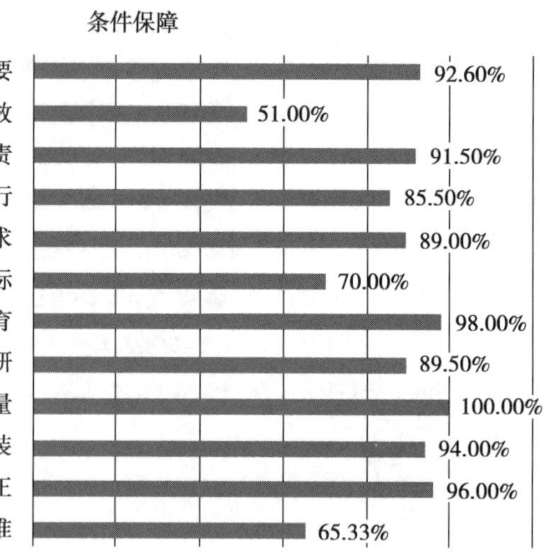


图59　条件保障各项指标得分率

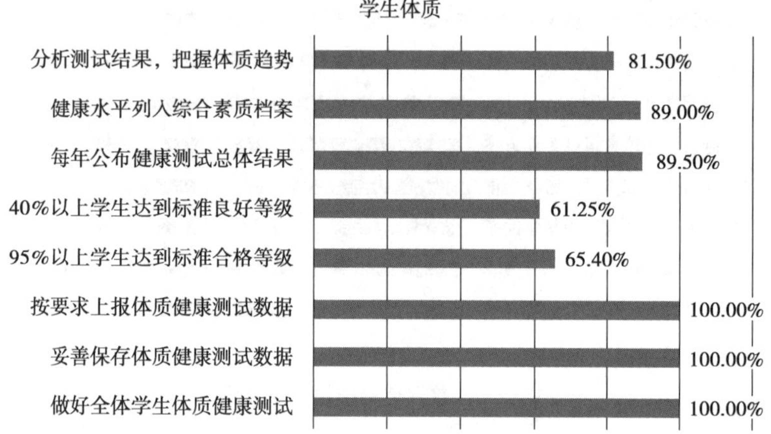


图60　学生体质各项指标得分率

## （二）中小学校体育工作年度报告情况

本部分数据来源于大渡口区各中小学、中等职业学校上报的《学校体育工作年度报告学校报表》数据。全区27所中小学校上报了学校体育工作年度报告数据，其中，普通小学17所，普通初中4所，九年一贯制学校2所，完全中学4所。

### 1.体育教师队伍建设有待加强

从大渡口区中小学上报到“重庆市学生运动与体质健康监测管理平台”的学校体育工作年度报告区县汇总情况来看，2017年大渡口区共有专职体育教师148人，占89.70%；兼职体育教师17人，占10.30%。其中，九年一贯制学校专职体育教师比例最高,达100%;普通小学专职体育教师占比最低,为84.52%。2017年大渡口区体育教师缺额17人,缺额比为9.34%。其中,普通小学体育教师缺额比最高,为10.34%;普通初中、九年一贯制学校和完全中学没有缺额,见表25。

表25 2017年大渡口区体育教师队伍信息(一)

| 学校类别 | 专职 | | 兼职 | | 缺额 | |
|---|---|---|---|---|---|---|
| | 人数/人 | 百分数/% | 人数/人 | 百分数/% | 人数/人 | 百分数/% |
| 普通小学 | 71 | 84.52 | 13 | 15.48 | 17 | 16.83 |
| 普通初中 | 24 | 96.00 | 1 | 4.00 | 0 | 0.00 |
| 九年一贯制学校 | 17 | 100.00 | 0 | 0.00 | 0 | 0.00 |
| 完全中学 | 36 | 92.31 | 3 | 7.69 | 0 | 0.00 |
| 总　计 | 148 | 89.70 | 17 | 10.30 | 17 | 9.34 |

2017年大渡口区中小学体育教师通过专项培训计划、全员培训计划、远程教育培训计划等,参与县级以上培训126人次,占76.36%;全区中小学体育教师通过评优选好、基本功大赛、优质课展示、优质论文评选等,受县级以上表彰62人次,占37.58%,见表26。

表26 2017年大渡口区体育教师队伍信息(二)

| 学校类别 | 县级及以上培训 | | 受县级以上表彰 | |
|---|---|---|---|---|
| | 人数/人 | 百分数/% | 人数/人 | 百分数/% |
| 普通小学 | 77 | 91.67 | 23 | 27.38 |
| 普通初中 | 15 | 60.00 | 10 | 40.00 |
| 九年一贯制学校 | 16 | 94.12 | 8 | 47.06 |
| 完全中学 | 18 | 46.15 | 21 | 53.85 |
| 总　计 | 126 | 76.36 | 62 | 37.58 |

2. 部分学校体育场地的数量需要增加

2017年大渡口区中小学校共有田径场21块(200米田径场18块,300米田径场0块,300~400米田径场1块,400米田径场2块),平均每校田径场的数量为0.78块;篮球场49块,平均每校篮球场的数量为1.81块;排球场9块,平均每校排球场的数量为0.33块;学生体质测试室13间,平均每校学生体质测试室的数量为0.48间,见表27。

表 27　2017 年大渡口区体育场地器材信息(一)

| 学校类别 | 田径场 | | 篮球场 | | 排球场 | | 学生体质测试室 | |
|---|---|---|---|---|---|---|---|---|
| | 块数/块 | 校平均数/块 | 块数/块 | 校平均数/块 | 块数/块 | 校平均数/块 | 间数/间 | 校平均数/间 |
| 普通小学 | 12 | 0.71 | 25 | 1.47 | 2 | 0.12 | 6 | 0.35 |
| 普通初中 | 3 | 0.75 | 6 | 1.50 | 2 | 0.50 | 3 | 0.75 |
| 九年一贯制学校 | 2 | 1.00 | 4 | 2.00 | 2 | 1.00 | 1 | 0.50 |
| 完全中学 | 4 | 1.00 | 14 | 3.50 | 3 | 0.75 | 3 | 0.75 |
| 总　计 | 21 | 0.78 | 49 | 1.81 | 9 | 0.33 | 13 | 0.48 |

2017 年大渡口区中小学共有体育馆 14 所,配有体育馆的学校比例为 51.85%;共有游泳池 0 个。全区中小学体育器材达标学校 23 所,达标学校比例为 85.19%,见表 28。

表 28　2017 年大渡口区体育场地器材信息(二)

| 学校类别 | 体育馆 | | 游泳池 | | 体育器材达标 | |
|---|---|---|---|---|---|---|
| | 所数/所 | 比例/% | 个数/个 | 比例/% | 学校/所 | 比例/% |
| 普通小学 | 5 | 29.41 | 0 | 0.00 | 13 | 76.47 |
| 普通初中 | 3 | 75.00 | 0 | 0.00 | 4 | 100.00 |
| 九年一贯制学校 | 0 | 0.00 | 0 | 0.00 | 2 | 100.00 |
| 完全中学 | 6 | 150.00 | 0 | 0.00 | 4 | 100.00 |
| 总　计 | 14 | 51.85 | 0 | 0.00 | 23 | 85.19 |

## 二、学校体育工作现场评估情况

### (一)自评可信度

大渡口区抽查学校总体自评可信度为 99.47%,全市抽查区县学校自评可信度平均水平为 96.91%。其中,全区中小学校体育工作的组织管理、教育教学、条件保障和学生体质方面的自评信度分别为 99.14%、99.94%、99.87%、98.12%,均高于全市抽样区县平均水平,如图 61 所示。

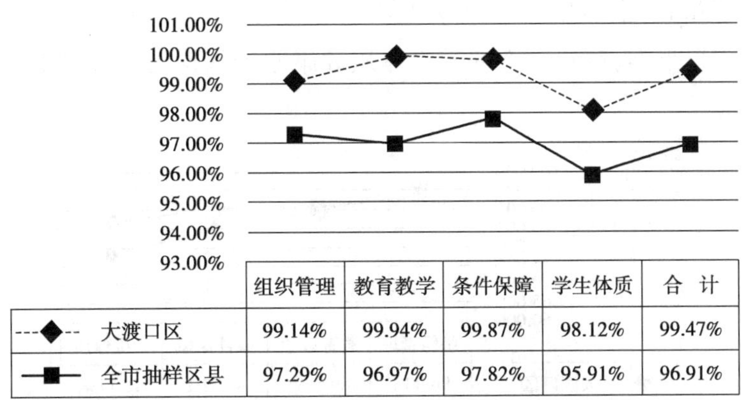


图 61 2017 年大渡口区与全市抽样区县体育工作各项指标自评信度比较

抽查的 6 所学校分别为重庆市第九十五初级中学校、大渡口区实验小学、重庆市第 37 中学、陈家坝小学、钢花小学、重庆市钢城实验学校，自评准确性均高于 95%，见表 29。

**表 29 2017 年大渡口区体育工作评估审核结果**

| 学 校 | 自评得分/分 | 核实得分/分 | 自评可信度/% |
|---|---|---|---|
| 重庆市第九十五初级中学校 | 97.4 | 97.4 | 100.00 |
| 大渡口区实验小学 | 96.8 | 95 | 99.06 |
| 重庆市第 37 中学 | 84.4 | 88.4 | 97.69 |
| 陈家坝小学 | 85.4 | 82.2 | 98.09 |
| 钢花小学 | 94 | 91.2 | 98.49 |
| 重庆市钢城实验学校 | 94.4 | 92.4 | 98.93 |

### （二）专家核实得分率

大渡口区组织管理指标的得分率为 96%，全市抽样区县平均水平为 93.63%；教育教学指标的得分率为 89.56%，全市抽样区县平均水平为 90.70%；条件保障指标的得分率为 84.67%，全市抽样区县平均水平为 90.67%；学生体质指标的得分率为 78.17%，全市抽样区县平均水平为 86.98%，如图 62 所示。

### （三）学生体质健康测试可信度

本次现场抽测大渡口区 6 所学校 60 名学生（每所学校抽测 10 名学生，其中，男生 5 名，女生 5 名）的体质健康情况，将抽查情况与学生体质健康监测原始数据进行对比，重庆市第九十五初级中学校、重庆市第37中学、重庆市钢城实验学校、大渡口区实验小学、陈家坝小学、钢花小学的学生体质健康原始数据均准确可信，可信度均在90%以上。

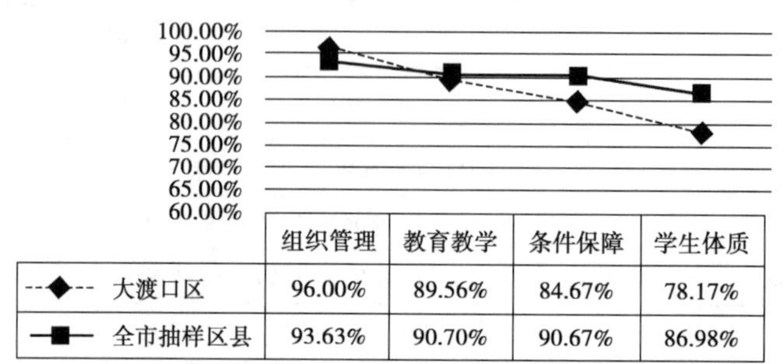

| | 组织管理 | 教育教学 | 条件保障 | 学生体质 |
|---|---|---|---|---|
| 大渡口区 | 96.00% | 89.56% | 84.67% | 78.17% |
| 全市抽样区县 | 93.63% | 90.70% | 90.67% | 86.98% |

图62　2017年大渡口区与全市抽样区县体育工作各项指标得分率比较

大渡口区学生体质抽查原始数据可信率为95%，比全市抽查原始数据可信率高14.18个百分点，如图63所示。大渡口区学生体质健康测试的数据较可信，学生体质健康测试工作落实较好。

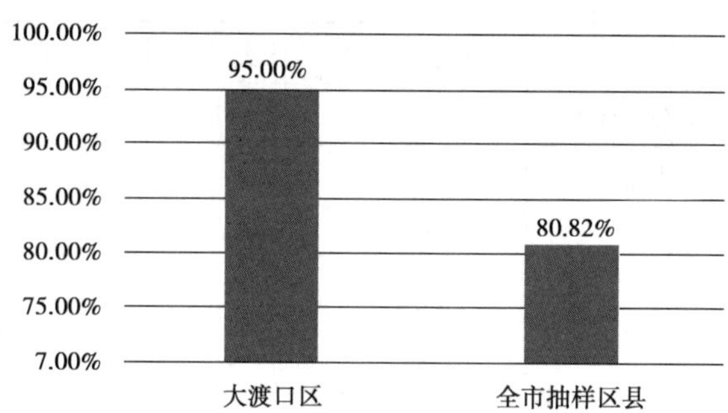


图63　2017年大渡口区与全市抽样区县学生体质健康测试可信度比较

## 三、问题与建议

### （一）进一步加强体育师资队伍建设

2017年大渡口区共有专职体育教师148人，占89.70%；兼职体育教师17人，占10.30%。体育教师缺额17人，缺额比为9.34%。从全区自评情况来看，体育教师数量达到规定标准的得分率较低，为65.33%。据此，建议进一步加大体育师资配备力度，招录专职体育教师进行补充，着实缓解学校体育教师压力；推行基层体育教师"优良资源走教模式"，以解决村小体育教师不足和教师水平低的问题。

（二）进一步加强体育场地建设

从全区自评情况来看，体育场地、器材、设施达标的得分率较低，为70%。实地考察发现，体育场地方面，部分学校没有规范的田径场。学校运动场地面积不足，会影响学校体育活动的正常开展。建议逐年加大体育场地经费投入，加快校园体育场地设施建设，监督各校对体育场地设施的维护与更新，提高学校体育条件；加快推进中小学标准化建设，均衡配置教育资源。

（三）进一步重视学生体质健康

学生体质健康水平有待提高。从全区自评情况来看，职业学校在学生体质维度上的得分率仅为45%；40%以上学生达到标准良好等级和95%以上学生达到标准合格等级得分率较低，分别为61.25%、65.40%。建议学校强化课程体系建设，严格执行国家体育课程方案和课程标准，开足开好体育课程，大力开展专项技能运动教学，切实提高学生的基本运动技能和专项运动能力。充分发挥现有场地潜力，因地制宜地开展体育活动。鼓励学生积极参加校外全民健身运动，确保课外锻炼时间，提高学生体质健康水平。

# 江北区

重庆市教育评估院受重庆市教育委员会委托，对重庆市江北区2017年学校体育工作进行专项评估。评估内容主要有区县和学校上报自评数据、材料评审和现场核查。2017年11月30日前，江北区54所中小学校在“重庆市学生运动与体质健康监测管理平台”完成了自评数据上报工作；12月，市教育评估院邀请了专家对江北区自评材料进行网络评审，并且组织专家赴江北区6所中小学校进行了现场核查。

评估采用定量分析与定性分析相结合的方式，定量分析的有关数据主要来源于江北区上报的《中小学校体育工作评估自评结果报表》《学校体育工作年度报表》数据和专家现场核查数据；定性分析的信息样本主要来源于江北区的自评报告、材料评审及专家现场核查的相关信息。现将江北区2017年度中小学校体育工作专项评估报告如下。

## 一、学校体育工作自评情况

### （一）中小学校体育工作评估自评结果

本部分数据来源于江北区各中小学、中等职业学校对照《中小学校体育工作评估指标体系》完成自评后，在“重庆市学生运动与体质健康监测管理平台”上报的《中小学校体育工作评估自评结果报表》数据。全区54所具有独立法人资格的中小学（村校等非独立法人资格中小学参加所在学区中心校评估）参加了学校体育工作评估，其中，普通小学34所，普通初中11所，中职学校2所，普通高中7所，见表30。

表 30　2017 年江北区学校体育工作自评审核结果

| 学校类别 | 学校总数/所 | 优秀等级学校/所 | 良好等级学校/所 | 合格等级学校/所 | 不合格学校/所 | 加分学校/所 |
|---|---|---|---|---|---|---|
| 普通小学 | 34 | 34 | 0 | 0 | 0 | 29 |
| 普通初中 | 11 | 10 | 1 | 0 | 0 | 7 |
| 中职学校 | 2 | 2 | 0 | 0 | 0 | 2 |
| 普通高中 | 7 | 7 | 0 | 0 | 0 | 7 |
| 合　计 | 54 | 53 | 1 | 0 | 0 | 45 |

注:九年一贯制学校计入普通初中,十二年一贯制学校和完全中学计入普通高中。

1. 学校体育工作自评等级结果总体良好

2017 年江北区有自评优秀等级学校 53 所,占 98.15%,其中,普通小学、中职学校、普通高中优秀等级学校比例均为 100.00%,普通初中优秀等级学校比例相对较低,为 90.91%,如图 64 所示;良好等级学校 1 所,占 1.85%;无不合格等级学校。全区有加分学校 45 所,占 83.33%,其中,中职学校和普通高中加分学校比例最高,为 100%;普通初中加分学校比例最低,为 63.64%,如图 65 示。

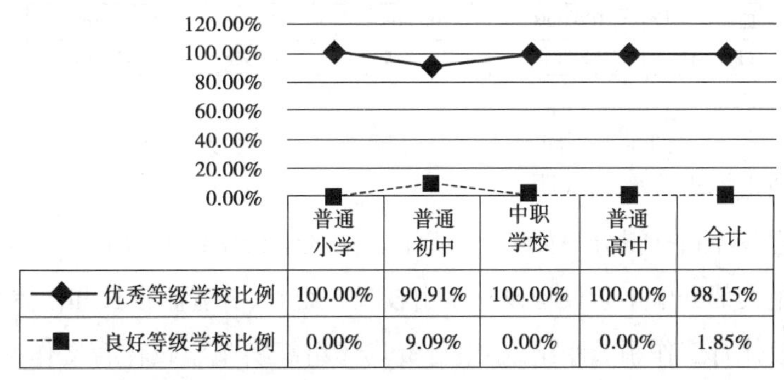


图 64　2017 年江北区优秀和良好等级学校比例图

2. 不同学段的学校在各维度上的得分差异显著

从各维度来看,学校在组织管理维度上的得分率最高,为 98.90%,在条件保障维度上的得分率最低,为 94.39%。从学校类型来看,普通初中在组织管理、条件保障维度上的得分率均最低,分别为 98.25%、93.97%;普通高中在教育教学和学生体质维度上的得分率最低,分别为 94.90%、95.70%,如图 66 所示。

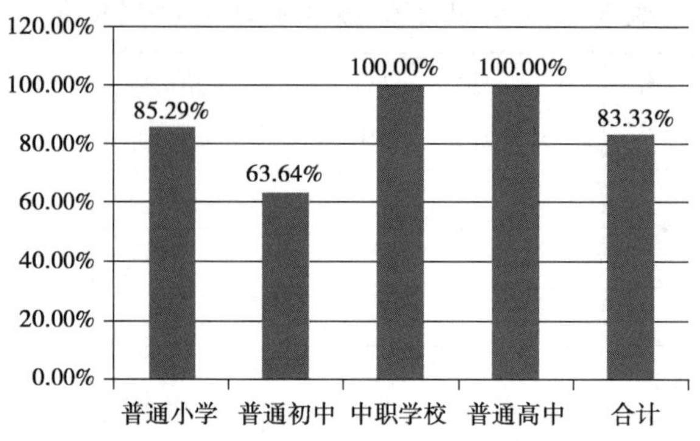


图 65　2017 年江北区加分学校比例图

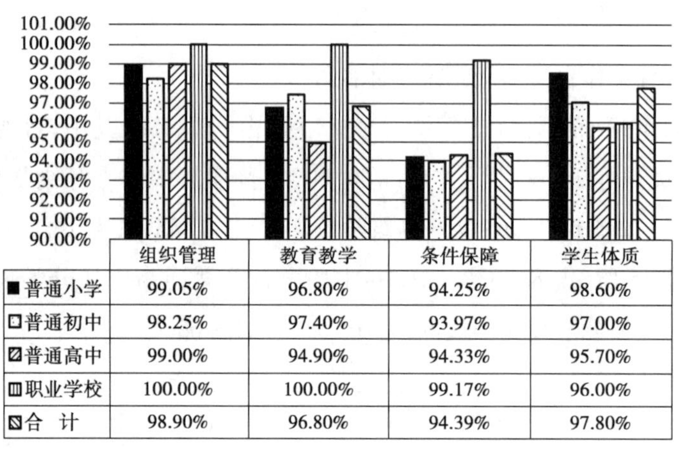


| | 组织管理 | 教育教学 | 条件保障 | 学生体质 |
|---|---|---|---|---|
| 普通小学 | 99.05% | 96.80% | 94.25% | 98.60% |
| 普通初中 | 98.25% | 97.40% | 93.97% | 97.00% |
| 普通高中 | 99.00% | 94.90% | 94.33% | 95.70% |
| 职业学校 | 100.00% | 100.00% | 99.17% | 96.00% |
| 合　计 | 98.90% | 96.80% | 94.39% | 97.80% |

图 66　不同学段的学校在各维度上的得分率情况

3. 各单项指标得分率差异明显

组织管理各项指标得分率如图 67 所示。全区学校组织管理基本到位，管理机制基本健全。绝大部分中小学校均设立了由校长任组长，分管副校长和德体卫艺处主任为成员的学校体育工作领导小组，小组负责具体组织实施学校体育工作；绝大部分中小学均建立校园意外伤害事故应急管理机制，制订和实施体育安全管理工作方案，明确职责，落实分工，确保了学校体育工作正常有序开展。但是校领导还须进一步重视，认真落实每学期听体育课次数；监督检查还须进一步落实，每学期应通报一次学生体育活动情况。

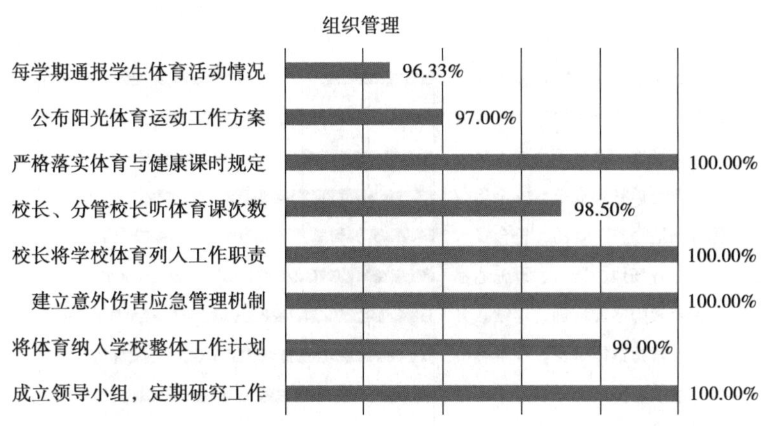


图 67　组织管理各项指标得分率

教育教学各项指标得分率如图 68 所示。课程教学方面，依据课标组织体育教学、制订课程教学计划和单元计划、执行体育课考勤考核等落实较好，但体育教学研究和课程教学改革还须进一步提升。校园体育活动方面，制订阳光体育运动工作方案、对学生进行体育安全教育等方面落实较好，但“学校每年召开春、秋季运动会”和“85%的学生至少掌握 2 项体育技能”两方面还须进一步加强。

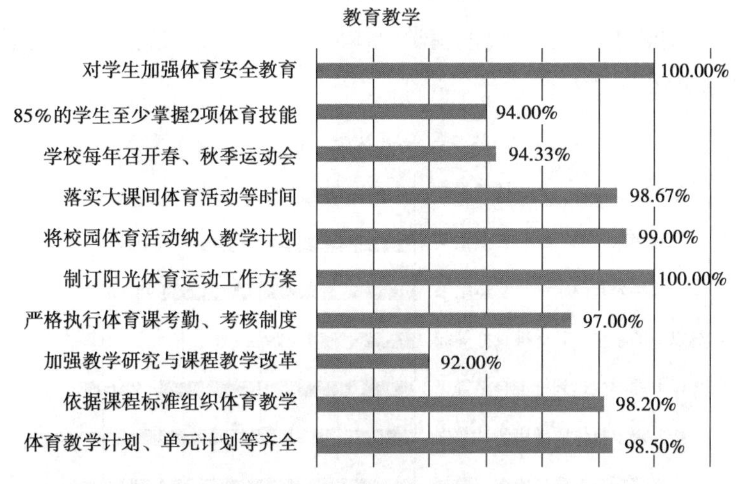


图 68　教育教学各项指标得分率

条件保障各项指标得分率如图 69 所示。教师队伍方面，体育教师职务评聘、工资待遇、体育教师集体备课和教育培训等方面落实较好，得分率较高，但是体育教师配备有待进一步加强。场地器材与经费方面，体育场地平整整洁、体育场地器材等由专人负责、公用经费满足学校体育需要等落实较好，但是体育场地、器材、设施达标还须进一步加强，课余、节假日体育场馆还须向学生全面开放。

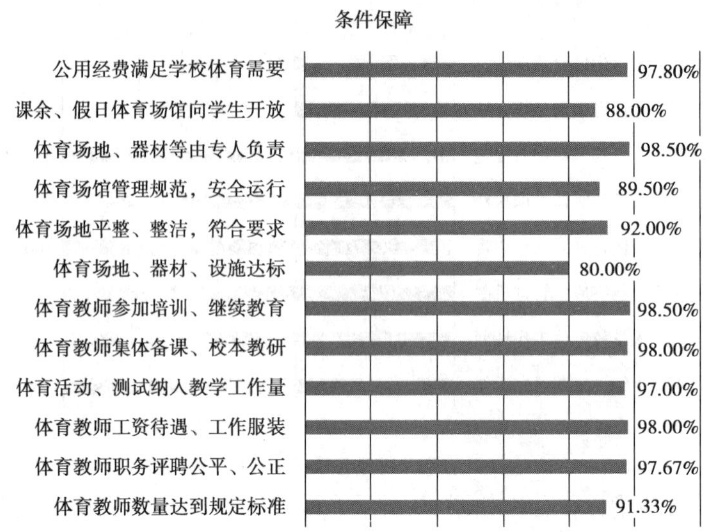


图69　条件保障各项指标得分率

学生体质各项指标得分率如图70所示。学生体质健康测试工作开展方面落实较好，保存和上报学生体质健康测试数据得分率较高。测试结果方面，40%以上的学生达到标准良好等级得分率相对较低，学生体质健康水平还须进一步提高。测试评价方面，分析学生体质健康测试结果，把握学生体质健康发展趋势得分率相对较低，学生体质健康测试结果还须有效运用。

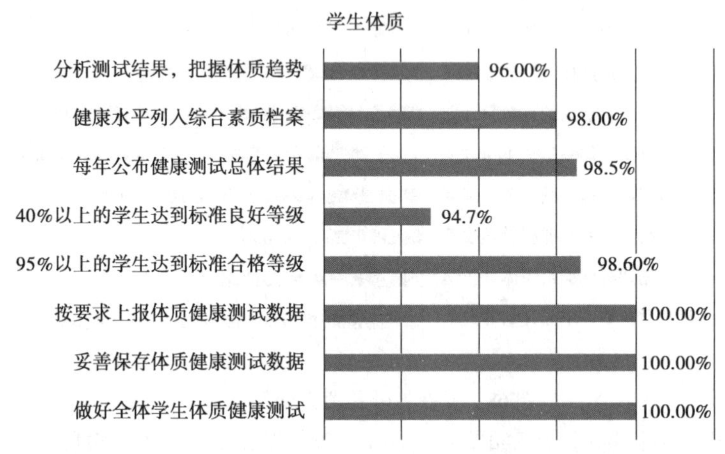


图70　学生体质各项指标得分率

## (二)中小学校体育工作年度报告情况

本部分数据来源于江北区各中小学、中等职业学校上报的《学校体育工作年度报告学校报表》数据。全区 54 所中小学校上报了学校体育工作年度报告数据。其中，普通小学 34 所，普通初中 5 所，普通高中 1 所，九年一贯制学校 6 所，完全中学 8 所。

1. 体育教师队伍建设有待加强

从江北区中小学上报到“重庆市学生运动与体质健康监测管理平台”的学校体育工作年度报告区县汇总情况来看，2017 年江北区共有专职体育教师 322 人，占 90.20%；兼职体育教师 35 人，占 9.80%。其中，普通初中和高中专职教师比例最高，达 100%；九年一贯制学校专职体育教师占比最低，为 82.35%。2017 年江北区体育教师缺额数为 32 人，缺额比为 8.23%，其中，九年一贯制学校体育教师缺额比最高，为 12.82%；普通高中没有缺额，见表 31。

表 31　2017 年江北区体育教师队伍信息（一）

| 学校类别 | 专职 | | 兼职 | | 缺额 | |
|---|---|---|---|---|---|---|
| | 人数/人 | 百分数/% | 人数/人 | 百分数/% | 人数/人 | 百分数/% |
| 普通小学 | 144 | 85.71 | 24 | 14.29 | 20 | 10.64 |
| 普通初中 | 41 | 100.00 | 0 | 0.00 | 1 | 2.38 |
| 普通高中 | 20 | 100.00 | 0 | 0.00 | 0 | 0.00 |
| 九年一贯制学校 | 28 | 82.35 | 6 | 17.65 | 5 | 12.82 |
| 完全中学 | 89 | 94.68 | 5 | 5.32 | 6 | 6.00 |
| 总　计 | 322 | 90.20 | 35 | 9.80 | 32 | 8.23 |

2017 年江北区中小学体育教师通过专项培训计划、全员培训计划、远程教育培训计划等，参与县级以上培训 282 人次，占 78.99%；全区中小学体育教师通过评优选好、基本功大赛、优质课展示、优质论文评选等，受县级以上表彰 75 人次，占 21.01%，见表 32。

表 32　2017 年江北区体育教师队伍信息（二）

| 学校类别 | 县级及以上培训 | | 受县级以上表彰 | |
|---|---|---|---|---|
| | 人数/人 | 百分数/% | 人数/人 | 百分数/% |
| 普通小学 | 133 | 79.17 | 30 | 17.86 |
| 普通初中 | 34 | 82.93 | 20 | 48.78 |
| 普通高中 | 20 | 100.00 | 1 | 5.00 |

续表

| 学校类别 | 县级及以上培训 | | 受县级以上表彰 | |
|---|---|---|---|---|
| | 人数/人 | 百分数/% | 人数/人 | 百分数/% |
| 九年一贯制学校 | 28 | 82.35 | 7 | 20.59 |
| 完全中学 | 67 | 71.28 | 17 | 18.09 |
| 总　计 | 282 | 78.99 | 75 | 21.01 |

2. 部分学校体育场地的数量需要增加

2017 年江北区中小学校共有田径场 42 块(200 米田径场 26 块,300 米田径场 5 块,300~400 米田径场 3 块,400 米田径场 8 块),平均每校田径场的数量为 0.78 块;篮球场 109 块,平均每校篮球场的数量为 2.02 块;排球场 36 块,平均每校排球场的数量为 0.67 块;学生体质测试室 35 间,平均每校学生体质测试室的数量为 0.65 间,见表 33。

**表 33　2017 年江北区体育场地器材信息(一)**

| 学校类别 | 田径场 | | 篮球场 | | 排球场 | | 学生体质测试室 | |
|---|---|---|---|---|---|---|---|---|
| | 块数/块 | 校平均数/块 | 块数/块 | 校平均数/块 | 块数/块 | 校平均数/块 | 间数/间 | 校平均数/间 |
| 普通小学 | 21 | 0.62 | 35 | 1.03 | 10 | 0.29 | 18 | 0.53 |
| 普通初中 | 4 | 0.80 | 14 | 2.80 | 3 | 0.60 | 5 | 1.00 |
| 普通高中 | 2 | 2.00 | 5 | 5.00 | 4 | 4.00 | 2 | 2.00 |
| 九年一贯制学校 | 5 | 0.83 | 15 | 2.50 | 2 | 0.33 | 6 | 1.00 |
| 完全中学 | 10 | 1.25 | 40 | 5.00 | 17 | 2.13 | 4 | 0.50 |
| 总　计 | 42 | 0.78 | 109 | 2.02 | 36 | 0.67 | 35 | 0.65 |

2017 年江北区中小学共有体育馆 13 所,配有体育馆的学校比例为 24.07%;共有游泳池 8 个,配有游泳池的学校比例为 14.81%。全区中小学体育器材达标学校 53 所,达标学校比例为 98.15%,见表 34。

**表 34　2017 年江北区体育场地器材信息(二)**

| 学校类别 | 体育馆 | | 游泳池 | | 体育器材达标 | |
|---|---|---|---|---|---|---|
| | 所数/所 | 比例/% | 个数/个 | 比例/% | 学校/所 | 比例/% |
| 普通小学 | 6 | 17.65 | 4 | 11.76 | 33 | 97.06 |

续表

| 学校类别 | 体育馆 | | 游泳池 | | 体育器材达标 | |
|---|---|---|---|---|---|---|
| | 个数/人 | 比例/% | 个数/人 | 比例/% | 学校/所 | 比例/% |
| 普通初中 | 1 | 20.00 | 1 | 20.00 | 5 | 100.00 |
| 普通高中 | 0 | 0.00 | 0 | 0.00 | 1 | 100.00 |
| 九年一贯制学校 | 1 | 16.67 | 1 | 16.67 | 6 | 100.00 |
| 完全中学 | 5 | 62.50 | 2 | 25.00 | 8 | 100.00 |
| 总　计 | 13 | 24.07 | 8 | 14.81 | 53 | 98.15 |

## 二、学校体育工作现场评估情况

### (一)自评可信度

江北区抽查学校总体自评可信度为96.82%,全市抽查区县学校自评可信度平均水平为96.91%。其中,全区中小学校体育工作的组织管理、条件保障和学生体质方面的自评信度分别为99.83%、98.18%和96.71%,且均高于全市抽样区县平均水平;教育教学方面的自评信度为96.07%,全市抽样区县平均水平为96.97%,如图71所示。

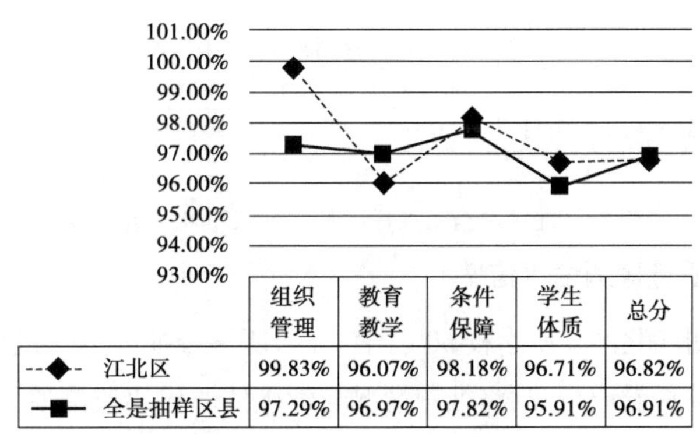


图71　2017年江北区与全市抽样区县体育工作各项指标自评信度比较

抽查的6所学校分别为和济小学校、两江国际鱼嘴实验小学、第18中学、重庆市观音桥实验中学校、华新小学、徐悲鸿中学,自评准确性均高于90%,见表35。

表35　2017年江北区体育工作评估审核结果

| 学　校 | 自评得分/分 | 核实得分/分 | 自评可信度/% |
|---|---|---|---|
| 和济小学校 | 106 | 102.4 | 98.27 |
| 两江国际鱼嘴实验小学 | 103 | 98.8 | 97.92 |
| 第18中学 | 105.5 | 95 | 94.76 |
| 重庆市观音桥实验中学校 | 104.4 | 98.6 | 97.14 |
| 华新小学 | 105.8 | 98 | 96.17 |
| 徐悲鸿中学 | 106 | 99 | 96.59 |

（二）专家核实得分率

江北区组织管理指标的得分率为100.00%，全市抽样区县平均水平为93.63%；教育教学指标的得分率为91.78%，全市抽样区县平均水平为90.70%；条件保障指标的得分率为92.78%，全市抽样区县平均水平为90.67%；学生体质指标的得分率为93.00%，全市抽样区县平均水平为86.98%，如图72所示。

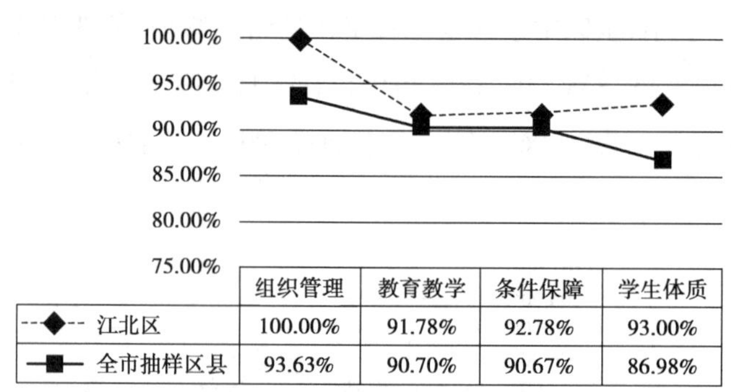


图72　2017年江北区与全市抽样区县体育工作各项指标得分率比较

（三）学生体质健康测试可信度

本次现场抽测江北区6所学校60名学生（每所学校抽测10名学生，其中，男生5名，女生5名）的体质健康情况，将抽查情况与学生体质健康监测原始数据进行对比，江北区和济小学校、两江国际鱼嘴实验小学、华新小学、第18中学、观音桥实验中学校、徐悲鸿中学6所学校的学生体质健康原始数据均准确可信，可信度均为100%。

全区抽查原始数据可信率为100%，比全市抽查原始数据可信率高19.18个百分点，如图73所示。江北区学生体质健康测试的数据准确可信，学生体质健康测试工作落实较好。

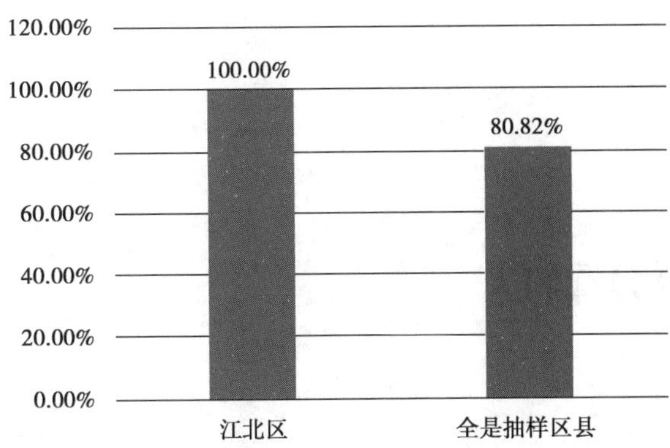


图 73　2017 年江北区与全市抽样区县学生体质健康测试可信度比较

## 三、问题与建议

### (一)进一步加强体育师资队伍建设

2017 年江北区共有专职体育教师 322 人,占 90.20%;兼职体育教师 35 人,占 9.8%。体育教师缺额 32 人,缺额比为 8.23%。建议进一步加大体育师资配备力度,招录专职体育教师进行补充,着实缓解个别学校体育教师的压力;构建“以老带新、新人领航”的体育教师专业成长模式,着力打造优秀的体育教师团队。

### (二)进一步加强体育场地建设

从全区自评情况来看,普通小学、普通初中和九年一贯制学校校平均田径场不足 1 块;普通小学和完全中学每校学生体质测试室不足 1 间。学校运动场地不足,会影响学校体育活动的正常开展。建议逐年加大体育场地经费投入,加快校园体育场地设施建设,监督各校对体育场地设施的维护与更新,提高学校体育条件;加快推进中小学标准化建设,均衡配置教育资源。

### (三)进一步重视学生体质健康测试评价工作

学生体质健康测试评价方面,分析学生体质健康测试结果,把握学生体质健康发展趋势得分率相对较低,学生体质健康测试结果还须有效运用。专家核实发现,部分学校未公布学生体质健康测试总体结果,也没有分析报告,如第 18 中学。建议学校加强对学生体质健康标准测试结果的分析与运用,深度查找影响因素,科学预测变动走向,开展体质健康预警,完善学生体质健康改善措施。

# 两江新区

重庆市教育评估院受重庆市教育委员会委托，对重庆市两江新区2017年学校体育工作进行专项评估。评估内容主要有区县和学校上报自评数据、材料评审和现场核查。2017年11月30日前，两江新区24所中小学校在“重庆市学生运动与体质健康监测管理平台”完成了自评数据上报工作；12月，市教育评估院邀请了专家对两江新区自评材料进行网络评审，并且组织专家赴两江新区6所中小学校进行了现场核查。

评估采用定量分析与定性分析相结合的方式，定量分析的有关数据主要来源于两江新区上报的《中小学校体育工作评估自评结果报表》《学校体育工作年度报表》数据和专家现场核查数据；定性分析的信息样本主要来源于两江新区的自评报告、材料评审及专家现场核查的相关信息。现将两江新区2017年度中小学校体育工作专项评估报告如下。

## 一、学校体育工作自评情况

### （一）中小学校体育工作评估自评结果

本部分数据来源于两江新区各中小学对照《中小学校体育工作评估指标体系》完成自评后，在“重庆市学生运动与体质健康监测管理平台”上报的《中小学校体育工作评估自评结果报表》数据。全区24所具有独立法人资格的中小学（村校等非独立法人资格中小学参加所在学区中心校评估）参加了学校体育工作评估，其中，普通小学14所，普通初中6所，普通高中4所，见表36。

1. 学校体育工作自评等级结果总体良好

2017年两江新区普通小学、普通初中和普通高中自评优秀等级学校比例均为100%，如图74所示。全区加分学校20所，占83.33%，其中，普通小学加分学校比例最高，为92.86%；普通高中加分学校比例最低，为50%，如图75所示。

表 36　2017 年两江新区学校体育工作自评审核结果

| 学校类别 | 学校总数/所 | 优秀等级学校/所 | 良好等级学校/所 | 合格等级学校/所 | 不合格学校/所 | 加分学校/所 |
|---|---|---|---|---|---|---|
| 普通小学 | 14 | 14 | 0 | 0 | 0 | 13 |
| 普通初中 | 6 | 6 | 0 | 0 | 0 | 5 |
| 普通高中 | 4 | 4 | 0 | 0 | 0 | 2 |
| 合　计 | 24 | 24 | 0 | 0 | 0 | 20 |

注:九年一贯制学校计入普通初中,十二年一贯制学校和完全中学计入普通高中。

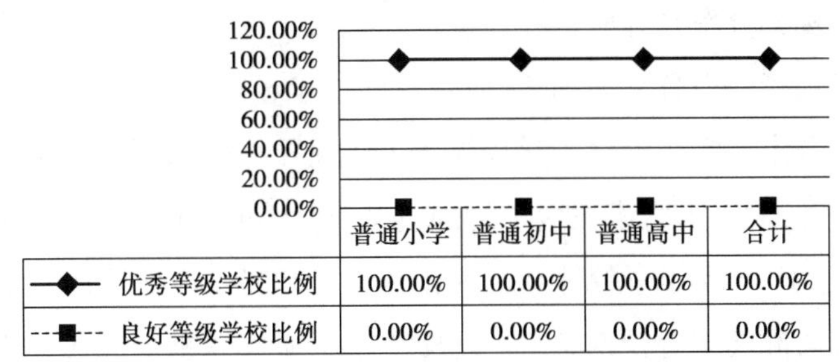


图 74　2017 年两江新区优秀和良好等级学校比例图

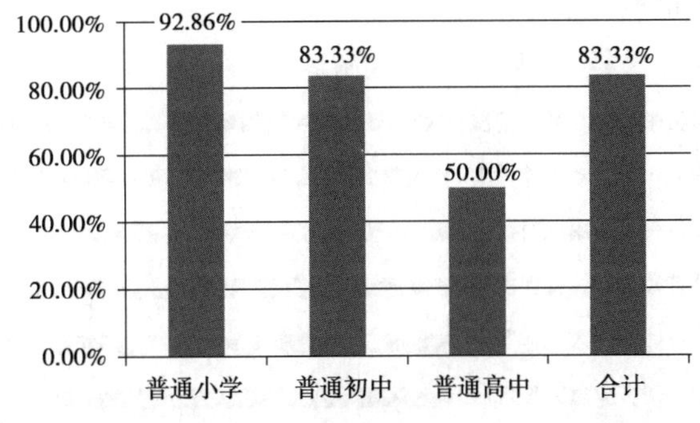


图 75　2017 年两江新区加分学校比例图

2. 不同学段的学校在各维度上的得分差异显著

从各维度来看,学校在学生体质维度上的得分率最高,为 91.90%,在教育教学维度上的得分率最低,为 85.43%。从学校类型来看,普通小学在学生体质维度上的得分率均最高,为 94.90%;普通初中在条件保障维度上的得分率均最高,为 92.80%;普通高中在组织管理维度上的得分率最高,为 83.75%,如图 76 所示。

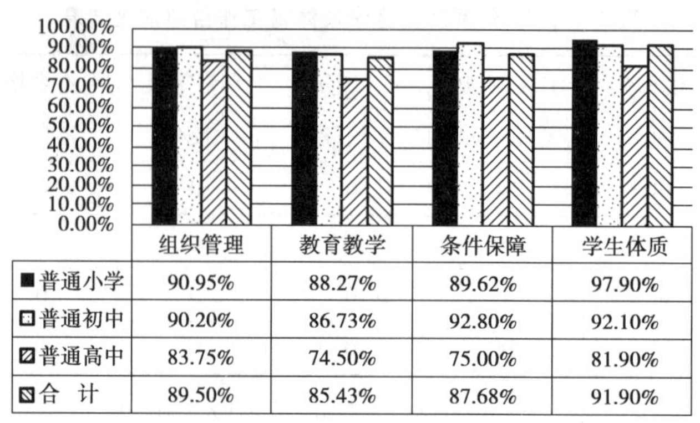


| | 组织管理 | 教育教学 | 条件保障 | 学生体质 |
|---|---|---|---|---|
| ■普通小学 | 90.95% | 88.27% | 89.62% | 97.90% |
| □普通初中 | 90.20% | 86.73% | 92.80% | 92.10% |
| ▨普通高中 | 83.75% | 74.50% | 75.00% | 81.90% |
| ▧合　计 | 89.50% | 85.43% | 87.68% | 91.90% |

图 76　不同学段的学校在各维度上的得分率情况

3. 各单项指标得分率差异明显

组织管理各项指标得分率如图 77 所示。全区学校组织管理基本到位，管理机制基本健全。大部分中小学校设立了学校体育工作领导小组，负责具体组织实施学校体育工作；建立了校园意外伤害事故应急管理机制，制订和实施体育安全管理工作方案，明确职责，落实分工，确保了学校体育工作正常有序开展。领导重视方面，大部分学校落实了国家体育与健康课程课时规定，但校领导还须进一步落实每学期听体育课次数。监督检查方面，学校公布学生阳光体育运动工作方案以及每学期通报学生体育活动情况还须进一步加强。

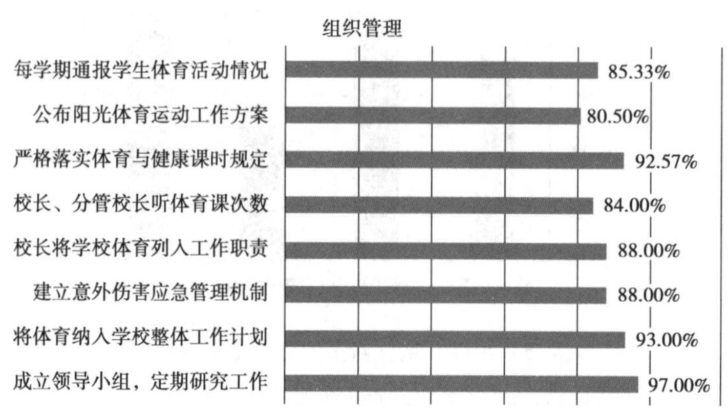


图 77　组织管理各项指标得分率

教育教学各项指标得分率如图 78 所示。课程教学方面，体育与健康课程教学计划、单元计划和课时计划齐全，依据课标组织体育教学等方面落实较好，但执行体育课考勤考核制度还须进一步加强。校园体育活动方面，制订阳光体育运动工作方案，将校园体育活动纳入教学计划，落实大课间体育活动和召开春秋季运动会等方面落实较好,但“对学生加强体育安全教育”和“85%的学生至少掌握2项体育技能”两方面还须进一步加强。

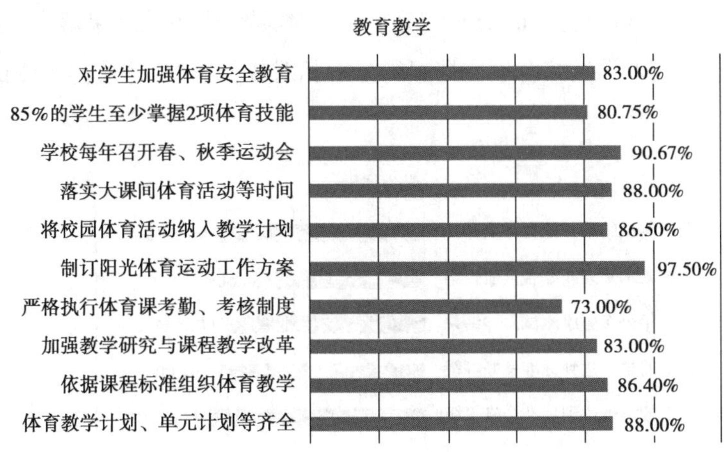


图78　教育教学各项指标得分率

条件保障各项指标得分率如图79所示。教师队伍方面,体育教师配备、体育教师职务评聘、工资待遇、教育培训等方面落实较好,得分率较高,但体育教师集体备课和校本教研还有待进一步加强。场地器材与经费方面,体育场地、器材、设施达标,体育场馆管理规范,体育场地器材等由专人负责和公用经费满足学校体育需要等落实较好,但课余、节假日体育场馆还须向学生全面开放。

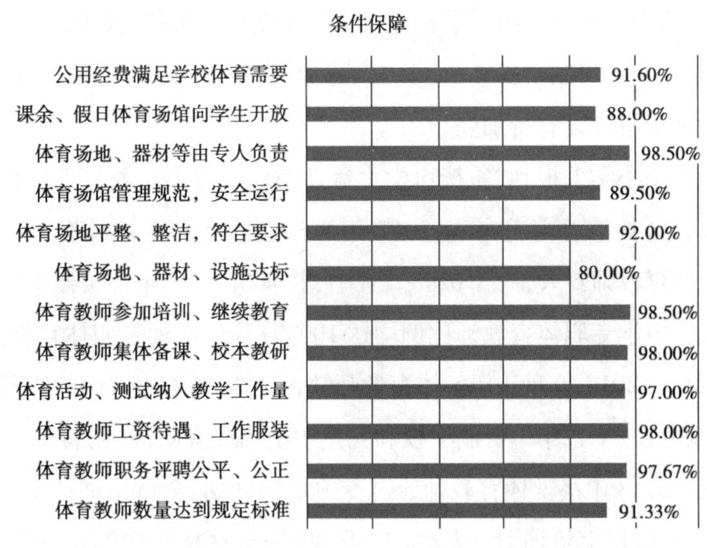


图79　条件保障各项指标得分率

学生体质各项指标得分率如图80所示。学生体质健康测试工作开展方面落实较好,保存和上报学生体质健康测试数据得分率较高。测试结果方面,95%以上的学生达到标准合格等级,40%以上的学生达到标准良好等级的得分率较高,学生体质健康水平总体良好。测试评价方面,公布和分析学生体质健康测试结果落实较好,但将学生体质健康水平列入学生综合素质档案得分率相对较低,学生体质健康测试结果还须有效运用。

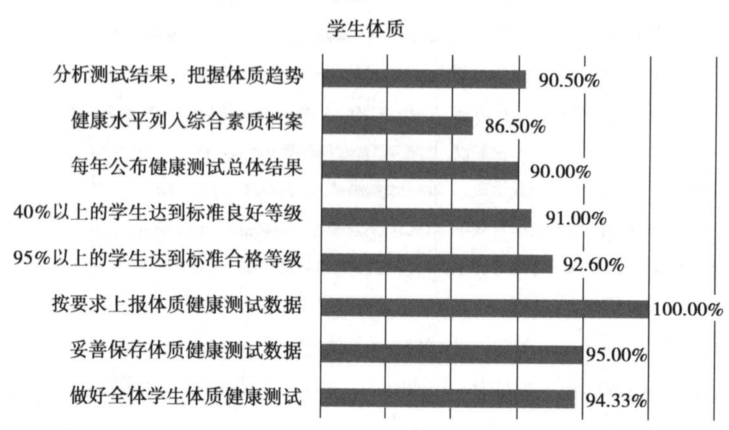


图80　学生体质各项指标得分率

(二)中小学校体育工作年度报告情况

本部分数据来源于两江新区各中小学上报的《学校体育工作年度报告学校报表》数据。全区22所中小学校上报了学校体育工作年度报告数据,其中,普通小学13所,普通初中1所,九年一贯制学校4所,十二年一贯制学校1所,完全中学3所。

1.体育教师队伍建设有待加强

从两江新区中小学上报到“重庆市学生运动与体质健康监测管理平台”的学校体育工作年度报告区县汇总情况来看,2017年两江新区共有专职体育教师193人,占96.98%;兼职体育教师6人,占3.02%。其中,普通初中、九年一贯制学校、十二年一贯制学校和完全中学专职体育教师比例均达100%;普通小学专职体育教师占比相对较低,为93.55%。2017年两江新区体育教师缺额2人,缺额比为1%。其中,普通初中、九年一贯制学校、十二年一贯制学校和完全中学均没有缺额,见表37。

2017年两江新区中小学体育教师通过专项培训计划、全员培训计划、远程教育培训计划等,参与县级以上培训160人次,占80.40%;全区中小学体育教师通过评优选好、基本功大赛、优质课展示、优质论文评选等,受县级以上表彰101人次,占50.75%,见表38。

表 37　2017 年两江新区体育教师队伍信息(一)

| 学校类别 | 专　职 | | 兼　职 | | 缺　额 | |
|---|---|---|---|---|---|---|
| | 人数/人 | 百分数/% | 人数/人 | 百分数/% | 人数/人 | 百分数/% |
| 普通小学 | 87 | 93.55 | 6 | 6.45 | 2 | 2.11 |
| 普通初中 | 4 | 100.00 | 0 | 0.00 | 0 | 0.00 |
| 九年一贯制学校 | 61 | 100.00 | 0 | 0.00 | 0 | 0.00 |
| 十二年一贯制学校 | 14 | 100.00 | 0 | 0.00 | 0 | 0.00 |
| 完全中学 | 27 | 100.00 | 0 | 0.00 | 0 | 0.00 |
| 总　计 | 193 | 96.98 | 6 | 3.02 | 2 | 1.00 |

表 38　2017 年两江新区体育教师队伍信息(二)

| 学校类别 | 县级及以上培训 | | 受县级以上表彰 | |
|---|---|---|---|---|
| | 人数/人 | 百分数/% | 人数/人 | 百分数/% |
| 普通小学 | 72 | 77.42 | 40 | 43.01 |
| 普通初中 | 4 | 100.00 | 0 | 0.00 |
| 九年一贯制学校 | 61 | 100.00 | 40 | 65.57 |
| 十二年一贯制学校 | 5 | 35.71 | 3 | 21.43 |
| 完全中学 | 18 | 66.67 | 18 | 66.67 |
| 总　计 | 160 | 80.40 | 101 | 50.75 |

2. 部分学校体育场地的数量需要增加

2017 年两江新区中小学校共有田径场 23 块(200 米田径场 14 块,300 米田径场 4 块,300 ~400 米田径场 0 块,400 米田径场 5 块),平均每校田径场的数量为 1.05 块;篮球场 62 块,平均每校篮球场的数量为 2.82 块;排球场 26 块,平均每校排球场的数量为 1.18 块;学生体质测试室 17 间,平均每校学生体质测试室的数量为 0.77 间,见表 39。

表 39　2017 年两江新区体育场地器材信息(一)

| 学校类别 | 田径场 | | 篮球场 | | 排球场 | | 学生体质测试室 | |
|---|---|---|---|---|---|---|---|---|
| | 块数/块 | 校平均数/块 | 块数/块 | 校平均数/块 | 块数/块 | 校平均数/块 | 间数/间 | 校平均数/间 |
| 普通小学 | 13 | 1.00 | 22 | 1.69 | 8 | 0.62 | 6 | 0.46 |
| 普通初中 | 1 | 1.00 | 3 | 3.00 | 1 | 1.00 | 0 | 0.00 |

续表

| 学校类别 | 田径场 | | 篮球场 | | 排球场 | | 学生体质测试室 | |
|---|---|---|---|---|---|---|---|---|
| | 块数/块 | 校平均数/块 | 块数/块 | 校平均数/块 | 块数/块 | 校平均数/块 | 间数/间 | 校平均数/间 |
| 九年一贯制学校 | 4 | 1.00 | 16 | 4.00 | 10 | 2.50 | 6 | 1.50 |
| 十二年一贯制学校 | 2 | 2.00 | 4 | 4.00 | 1 | 1.00 | 2 | 2.00 |
| 完全中学 | 3 | 1.00 | 17 | 5.67 | 6 | 2.00 | 3 | 1.00 |
| 总　计 | 23 | 1.05 | 62 | 2.82 | 26 | 1.18 | 17 | 0.77 |

2017 年两江新区中小学共有体育馆 16 所,配有体育馆的学校比例为 72.73%;共有游泳池 3 个,配有游泳池的学校比例为 13.64%。全区中小学体育器材达标学校 21 所,达标学校比例为 95.45%,见表 40。

**表 40　2017 年两江新区体育场地器材信息(二)**

| 学校类别 | 体育馆 | | 游泳池 | | 体育器材达标 | |
|---|---|---|---|---|---|---|
| | 所数/所 | 比例/% | 个数/个 | 比例/% | 学校数/所 | 比例/% |
| 普通小学 | 8 | 61.54 | 1 | 7.69 | 12 | 92.31 |
| 普通初中 | 1 | 100.00 | 0 | 0.00 | 1 | 100.00 |
| 九年一贯制学校 | 3 | 75.00 | 0 | 0.00 | 4 | 100.00 |
| 十二年一贯制学校 | 1 | 100.00 | 0 | 0.00 | 1 | 100.00 |
| 完全中学 | 3 | 100.00 | 2 | 66.67 | 3 | 100.00 |
| 总　计 | 16 | 72.73 | 3 | 13.64 | 21 | 95.45 |

## 二、学校体育工作现场评估情况

### (一)自评可信度

两江新区抽查学校总体自评可信度为 98.24%,全市抽查区县学校自评可信度平均水平为 96.91%。其中,全区中小学校体育工作的组织管理、教育教学、条件保障和学生体质四方面的自评信度分别为 99.16%、97.22%、100.00% 和 97.51%,且均高于全市抽样区县平均水平,如图 81 所示。

抽查的6所学校分别为竹林实验学校、橡树湾小学、白马小学、翠云小学、礼嘉中学、天宫殿学校,自评准确性均高于94%,见表41。

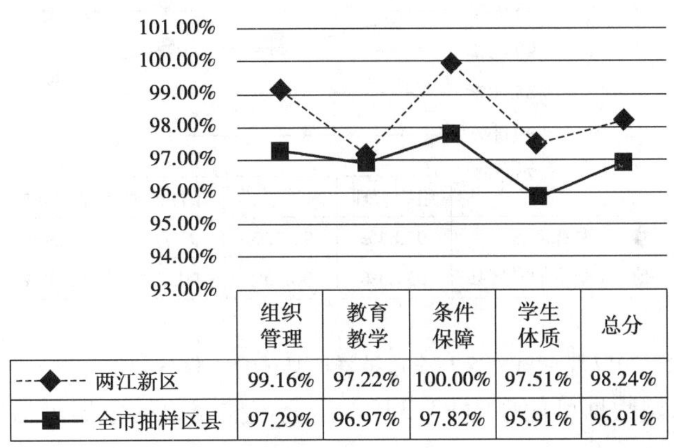


| | 组织管理 | 教育教学 | 条件保障 | 学生体质 | 总分 |
|---|---|---|---|---|---|
| 两江新区 | 99.16% | 97.22% | 100.00% | 97.51% | 98.24% |
| 全市抽样区县 | 97.29% | 96.97% | 97.82% | 95.91% | 96.91% |

图81　2017年两江新区与全市抽样区县体育工作各项指标自评信度比较

**表41　2017年两江新区体育工作评估审核结果**

| 学　校 | 自评得分/分 | 核实得分/分 | 自评可信度/% |
|---|---|---|---|
| 竹林实验学校 | 102.8 | 91.4 | 94.13 |
| 橡树湾小学 | 104 | 105 | 99.52 |
| 白马小学 | 104.4 | 103.2 | 99.42 |
| 翠云小学 | 101.5 | 100.5 | 99.50 |
| 礼嘉中学 | 95.6 | 93.2 | 98.73 |
| 天宫殿学校 | 104.2 | 98 | 96.93 |

(二)专家核实得分率

两江新区组织管理、教育教学、条件保障、学生体质指标的得分率分别为97.84%、91.22%、95.72%、94.50%,分别比全市抽样区县平均水平高4.21、0.52、5.05、7.52个百分点,如图82所示。

(三)学生体质健康测试可信度

本次现场抽测两江新区6所学校60名学生(每所学校抽测10名学生,其中,男生5名,女生5名)的体质健康情况,将抽查情况与学生体质健康监测原始数据进行对比,两江新区白马小学、礼嘉中学、翠云小学、天宫殿学校4所学校的学生体质健康原始数据均准确可信,可信度均为100%。橡树湾小学和竹林实验学校有个别学生抽查数据与原始数据差异较大，可信度分别为90.00%、70.00%。

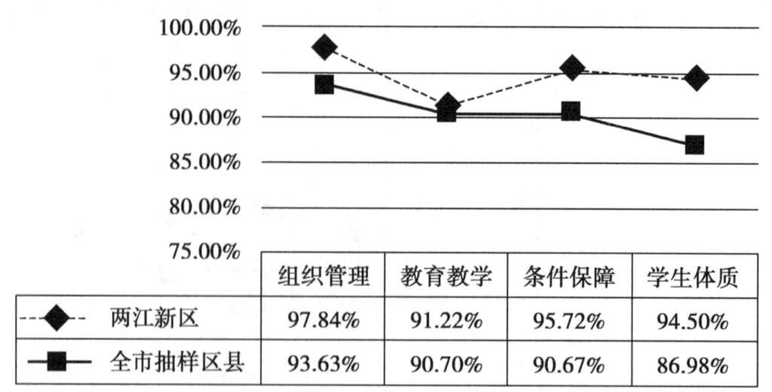


图82　2017年两江新区与全市抽样区县体育工作各项指标得分率比较

全区抽查原始数据可信率为93.33%，比全市抽查原始数据可信率高12.51个百分点，如图83所示。两江新区学生体质健康测试的数据较可信，全区学生体质健康测试工作落实较好。

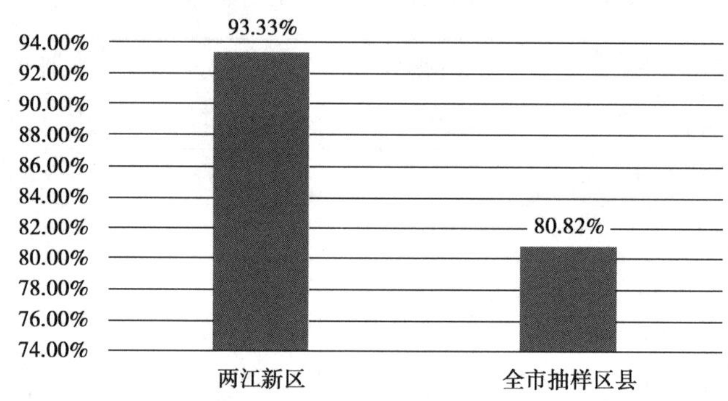


图83　2017年两江新区与全市抽样区县学生体质健康测试可信度比较

## 三、问题与建议

### (一)进一步加强学校对体育工作自评的重视程度

从全区自评情况来看，两江新区共有24所中小学校，其中22所中小学校上报了学校体育工作年度报告数据。该区应进一步加强各校对自评工作的重视程度，督促学校实事求是自评，并按照标准、结合学校实际情况及时填报学校自评数据。

### (二)进一步加强体育师资队伍建设

从学校体育工作年度报告区县汇总情况来看，个别小学专职体育教师数量不足。

少数体育教师体育理论素质和专业素养须进一步提高。建议进一步加大小学体育师资配备力度,招录专职体育教师进行补充,着实缓解小学体育教师的压力;进一步加大体育教师培训力度,提升体育教师专业技能与素质。

(三)进一步加强体育场地建设

从两江新区自评报告来看,个别学校体育场馆维护维修不及时。体育场馆维修不及时,会严重影响学校体育活动的正常开展。建议加大体育场地经费投入,逐步改善学校体育工作条件;建立健全学校体育场地维护机制和设施更新机制,把体育场地维护和设施设备更新作为一项常态化的工作,并写入教学计划,各校分管校长要严格督查。

# 南岸区

重庆市教育评估院受重庆市教育委员会委托，对重庆市南岸区2017年学校体育工作进行专项评估。评估内容主要有区县和学校上报自评数据、材料评审和现场核查。2017年11月30日前，南岸区68所中小学校在"重庆市学生运动与体质健康监测管理平台"完成了自评数据上报工作；12月，市教育评估院邀请了专家对南岸区自评材料进行网络评审，并且组织专家赴南岸区6所中小学校进行了现场核查。

评估采用定量分析与定性分析相结合的方式，定量分析的有关数据主要源自南岸区上报的《中小学校体育工作评估自评结果报表》《学校体育工作年度报表》数据和专家现场核查数据；定性分析的信息样本主要源自南岸区的自评报告、材料评审及专家现场核查的相关信息。现将南岸区2017年度中小学校体育工作专项评估报告如下。

## 一、学校体育工作自评情况

### （一）中小学校体育工作评估自评结果

本部分数据源自南岸区各中小学、中等职业学校对照《中小学校体育工作评估指标体系》完成自评后，在"重庆市学生运动与体质健康监测管理平台"上报的《中小学校体育工作评估自评结果报表》数据。全区68所具有独立法人资格的中小学（村校等非独立法人资格中小学参加所在学区中心校评估）参加了学校体育工作评估，其中，普通小学41所，普通初中18所，中职学校1所，普通高中8所，见表42。

表 42　2017 年南岸区学校体育工作自评审核结果

| 学校类别 | 学校总数/所 | 优秀等级学校/所 | 良好等级学校/所 | 合格等级学校/所 | 不合格学校/所 | 加分学校/所 |
|---|---|---|---|---|---|---|
| 普通小学 | 41 | 40 | 1 | 0 | 0 | 36 |
| 普通初中 | 18 | 18 | 0 | 0 | 0 | 16 |
| 中职学校 | 1 | 1 | 0 | 0 | 0 | 1 |
| 普通高中 | 8 | 8 | 0 | 0 | 0 | 8 |
| 合　计 | 68 | 67 | 1 | 0 | 0 | 61 |

注:九年一贯制学校计入普通初中,十二年一贯制学校和完全中学计入普通高中。

1.学校体育工作自评等级结果总体良好

2017 年南岸区有自评优秀等级学校 67 所,占 98.53%,其中,普通初中、高中、中职学校优秀等级学校比例均为 100%,普通小学优秀等级学校比例相对较低,为 97.56%,如图 84 所示;良好等级学校 1 所,占 1.47%;无不合格等级学校。全区有加分学校 61 所,占 89.71%,其中,中职学校和普通高中加分学校比例最高,为 100%;普通小学加分学校比例最低,为 87.80%,如图 85 所示。

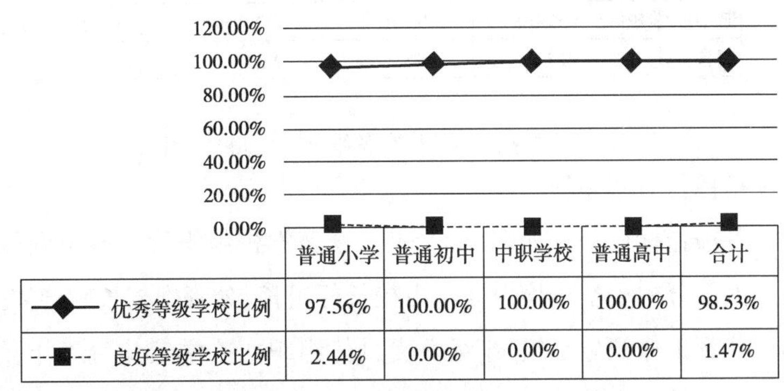


图 84　2017 年南岸区优秀和良好等级学校比例图

2.不同学段的学校在各维度上的得分差异显著

从各维度来看,学校在组织管理维度上的得分率最高,为 92.95%,在教育教学维度上的得分率最低,为 88.47%。从学校类型来看,普通小学在教育教学、条件保障维度上的得分率均最低,分别为 88.10%、90.38%;普通高中在组织管理维度上的得分率最低,为 89.70%;普通初中在学生体质维度上的得分率最低,为 90.95%,如图 86 所示。

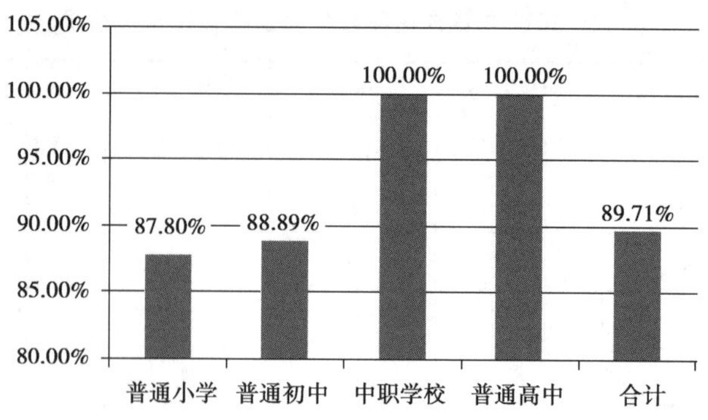


图 85　2017 年南岸区加分学校比例图

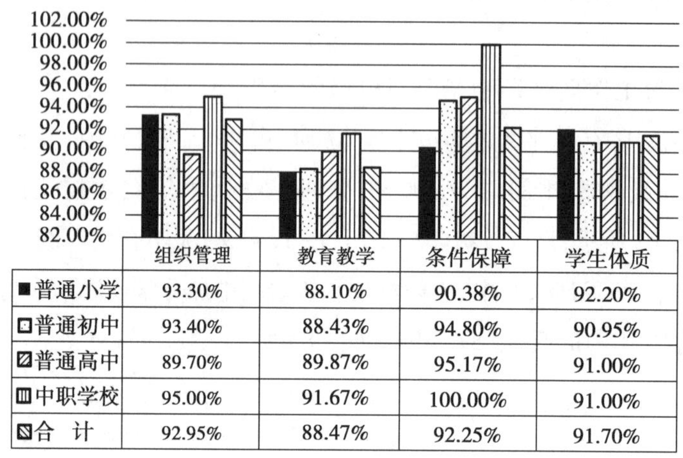


| | 组织管理 | 教育教学 | 条件保障 | 学生体质 |
|---|---|---|---|---|
| ■普通小学 | 93.30% | 88.10% | 90.38% | 92.20% |
| □普通初中 | 93.40% | 88.43% | 94.80% | 90.95% |
| ▨普通高中 | 89.70% | 89.87% | 95.17% | 91.00% |
| ▥中职学校 | 95.00% | 91.67% | 100.00% | 91.00% |
| ▧合　计 | 92.95% | 88.47% | 92.25% | 91.70% |

图 86　不同学段的学校在各维度上的得分率情况

3. 各单项指标得分率差异明显

组织管理各项指标得分率如图 87 所示。全区学校组织管理基本到位，管理机制基本健全。绝大部分中小学校均设立了由校长任组长、分管副校长和德体卫艺处主任为成员的学校体育工作领导小组，小组负责具体组织实施学校体育工作；绝大部分中小学均建立校园意外伤害事故应急管理机制，制订和实施体育安全管理工作方案，明确职责，落实分工，确保了学校体育工作正常有序开展。领导重视方面，校领导每学期听体育课次数和执行体育与健康课时规定落实较好；监督检查方面，公布阳光体育运动工作方案落实较好，但是每学期通报一次学生体育活动情况的得分率较低，仅为 75.33%。学校应完善体育活动公布公示制度。

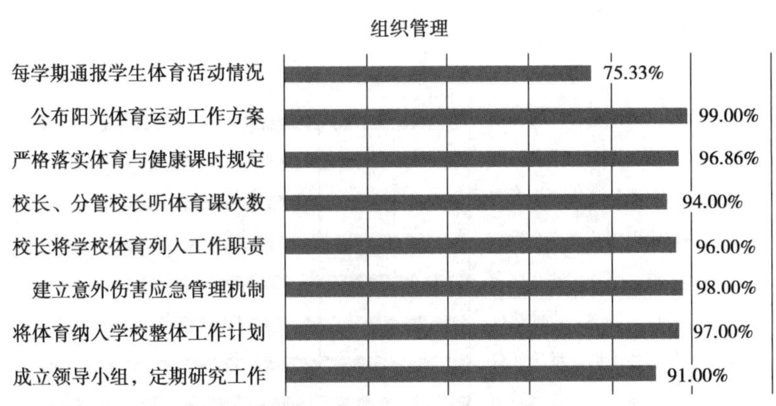


图 87 组织管理各项指标得分率

教育教学各项指标得分率如图 88 所示。课程教学方面,制订体育与健康课程教学计划、单元计划等落实较好,但依据课标组织教学和执行体育课考勤考核制度还须进一步提升。校园体育活动方面,大课间体育活动、体育安全教育等方面落实较好,但"学校每年召开春、秋季运动会"和"85% 的学生至少掌握 2 项体育技能"两方面还须进一步加强。

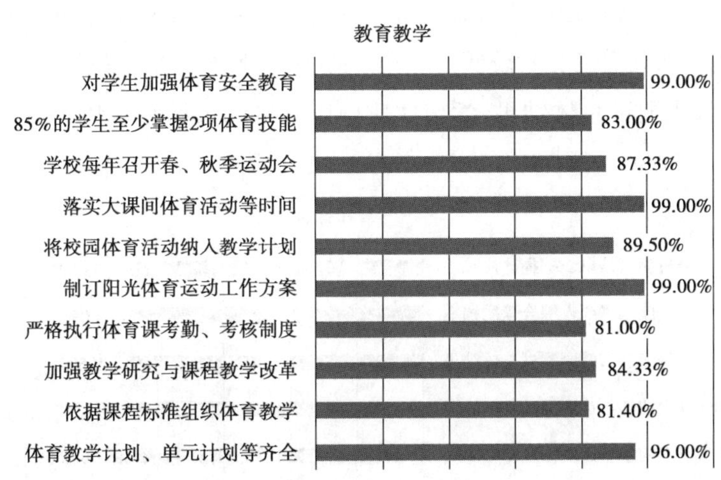


图 88 教育教学各项指标得分率

条件保障各项指标得分率如图 89 所示。教师队伍方面,体育教师职务评聘、工资待遇、体育活动和测试纳入教学工作量、集体备课和教育培训等落实较好,得分率较高,但体育教师数量达到规定标准的得分率较低,为 79.67%,体育教师配备待进一步加强。场地器材与经费方面,体育场地平整整洁、体育场地器材等由专人负责、公用经费满足学校体育需要等落实较好,但体育场地、器材、设施达标还须进一步加强,课余、节假日体育场馆还须向学生全面开放。

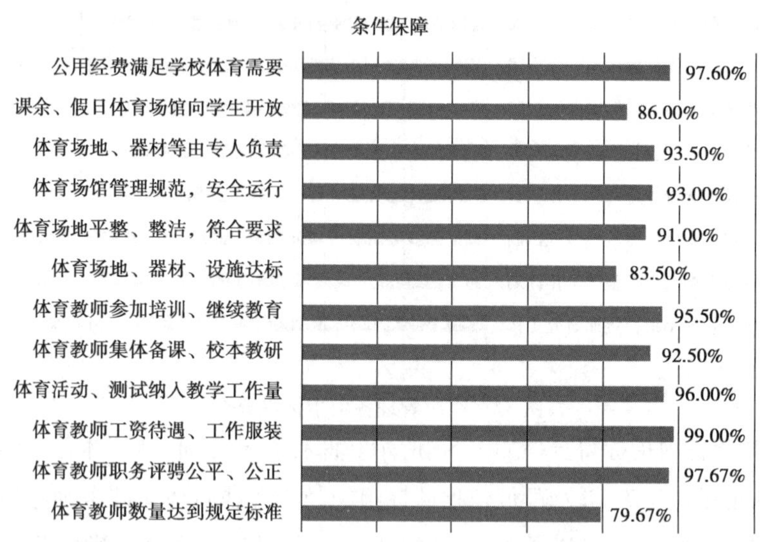


图 89　条件保障各项指标得分率

学生体质各项指标得分率如图 90 所示。学生体质健康测试工作开展方面落实较好,保存和上报学生体质健康测试数据得分率较高。测试结果方面,40% 以上的学生达到标准良好等级得分率相对较低,学生体质健康水平还须进一步提高。测试评价方面,每年公布健康测试总体结果,学生体质健康水平列入综合素质档案还须进一步加强。

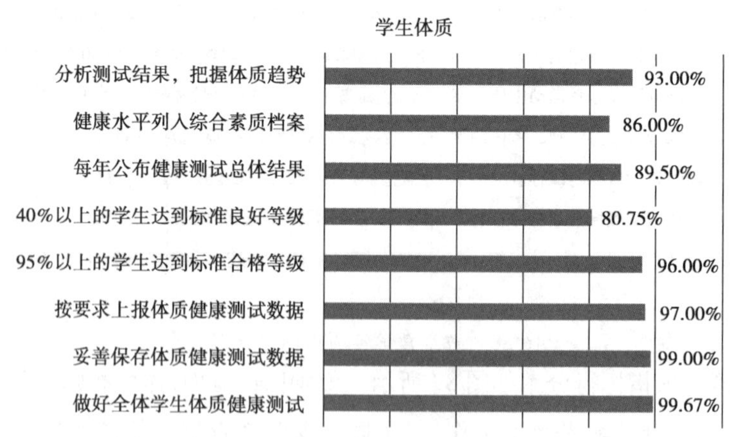


图 90　学生体质各项指标得分率

(二)中小学校体育工作年度报告情况

本部分数据源自南岸区各中小学、中等职业学校上报的《学校体育工作年度报告学校报表》数据。全区68所中小学校上报了学校体育工作年度报告数据,其中,普通小学41所,普通初中12所,九年一贯制学校6所,完全中学9所。

1. 体育教师队伍建设有待加强

从南岸区中小学上报到“重庆市学生运动与体质健康监测管理平台”的学校体育工作年度报告区县汇总情况来看,2017年南岸区共有专职体育教师390人,占87.25%;兼职体育教师57人,占12.75%。其中,普通初中专职体育教师比例最高,达100%;普通小学专职体育教师占比最低,为79.51%。2017年南岸区体育教师缺额74人,缺额比为14.20%,其中,普通小学体育教师缺额比最高,为17.01%,见表43。

2017年南岸区中小学体育教师通过专项培训计划、全员培训计划、远程教育培训计划等,参与县级以上培训443人次,占99.11%;全区中小学体育教师通过评优选好、基本功大赛、优质课展示、优质论文评选等,受县级以上表彰78人次,占17.45%,见表44。

表43　2017年南岸区体育教师队伍信息(一)

| 学校类别 | 专　职 | | 兼　职 | | 缺　额 | |
|---|---|---|---|---|---|---|
| | 人数/人 | 百分数/% | 人数/人 | 百分数/% | 人数/人 | 百分数/% |
| 普通小学 | 194 | 79.51 | 50 | 20.49 | 50 | 17.01 |
| 普通初中 | 56 | 100.00 | 0 | 0.00 | 5 | 8.20 |
| 九年一贯制学校 | 32 | 94.12 | 2 | 5.88 | 6 | 15.00 |
| 完全中学 | 108 | 95.58 | 5 | 4.42 | 13 | 10.32 |
| 总　计 | 390 | 87.25 | 57 | 12.75 | 74 | 14.20 |

表44　2017年南岸区体育教师队伍信息(二)

| 学校类别 | 县级及以上培训 | | 受县级以上表彰 | |
|---|---|---|---|---|
| | 人次/人 | 百分数/% | 人次/人 | 百分数/% |
| 普通小学 | 272 | 111.48 | 30 | 12.30 |
| 普通初中 | 50 | 89.29 | 6 | 10.71 |
| 九年一贯制学校 | 34 | 100.00 | 15 | 44.12 |
| 完全中学 | 87 | 76.99 | 27 | 23.89 |
| 总　计 | 443 | 99.11 | 78 | 17.45 |

2. 体育场地设施建设仍需完善

2017 年南岸区中小学校共有田径场 65 块(200 米田径场 49 块,300 米田径场 6 块,300 ~ 400 米田径场 3 块,400 米田径场 7 块),平均每校田径场的数量为 0.96 块;篮球场 180 块,平均每校篮球场的数量为 2.65 块;排球场 54 块,平均每校排球场的数量为 0.79 块;学生体质测试室 38 间,平均每校学生体质测试室的数量为 0.56 间,见表 45。

表 45　2017 年南岸区体育场地器材信息(一)

| 学校类别 | 田径场 | | 篮球场 | | 排球场 | | 学生体质测试室 | |
|---|---|---|---|---|---|---|---|---|
| | 块数/块 | 校平均数/块 | 块数/块 | 校平均数/块 | 块数/块 | 校平均数/块 | 间数/间 | 校平均数/间 |
| 普通小学 | 32 | 0.78 | 82 | 2.00 | 20 | 0.49 | 22 | 0.54 |
| 普通初中 | 13 | 1.08 | 27 | 2.25 | 10 | 0.83 | 6 | 0.50 |
| 九年一贯制学校 | 10 | 1.67 | 19 | 3.17 | 7 | 1.17 | 1 | 0.17 |
| 完全中学 | 10 | 1.11 | 52 | 5.78 | 17 | 1.89 | 9 | 1.00 |
| 总　计 | 65 | 0.96 | 180 | 2.65 | 54 | 0.79 | 38 | 0.56 |

2017 年南岸区中小学共有体育馆 28 所,配有体育馆的学校比例为 41.18%;共有游泳池 4 个,配有游泳池的学校比例为 5.88%。全区中小学体育器材达标学校 68 所,达标学校比例为 100%,见表 46。

表 46　2017 年南岸区体育场地器材信息(二)

| 学校类别 | 体育馆 | | 游泳池 | | 体育器材达标 | |
|---|---|---|---|---|---|---|
| | 所数/所 | 比例/% | 个数/个 | 比例/% | 学校/所 | 比例/% |
| 普通小学 | 15 | 36.59 | 2 | 4.88 | 41 | 100.00 |
| 普通初中 | 4 | 33.33 | 0 | 0.00 | 12 | 100.00 |
| 九年一贯制学校 | 1 | 16.67 | 0 | 0.00 | 6 | 100.00 |
| 完全中学 | 8 | 88.89 | 2 | 22.22 | 9 | 100.00 |
| 总　计 | 28 | 41.18 | 4 | 5.88 | 68 | 100.00 |

## 二、学校体育工作现场评估情况

### (一)自评可信度

南岸区抽查学校总体自评可信度为 97.17%,全市抽查区县学校自评可信度平均水平为96.91%。其中,全区中小学校体育工作的组织管理、教育教学的自评信度分别为98.39%、98.14%,均高于全市抽样区县平均水平;条件保障、学生体质自评信度为96.87%、94.23%,均低于全市抽样区县平均水平,如图91所示。

抽查的6所学校分别为城南家园小学、迎龙小学、川益小学、鸡冠石学校、长江初级中学校、辅仁中学,自评准确性均高于90%,见表47。

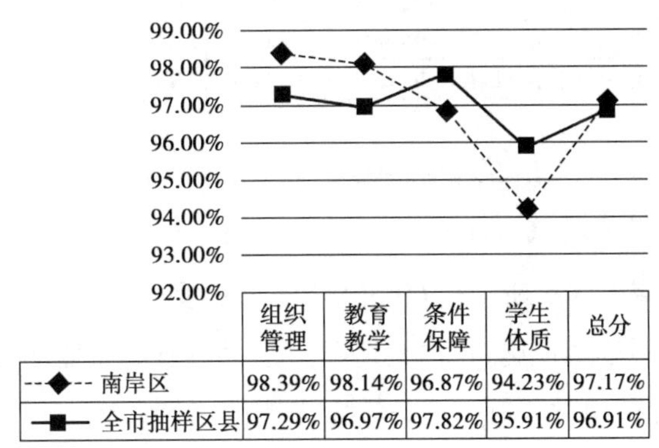


图91　2017年南岸区与全市抽样区县体育工作各项指标自评信度比较

**表47　2017年南岸区体育工作评估审核结果**

| 学　校 | 自评得分/分 | 核实得分/分 | 自评可信度/% |
|---|---|---|---|
| 城南家园小学 | 105.6 | 96.6 | 95.55 |
| 迎龙小学 | 103 | 96.8 | 96.90 |
| 川益小学 | 102 | 96 | 96.97 |
| 鸡冠石学校 | 90.6 | 81.4 | 94.65 |
| 长江初级中学校 | 98 | 97 | 99.49 |
| 辅仁中学 | 108 | 106 | 99.07 |

### (二)专家核实得分率

南岸区组织管理指标的得分率为96.84%,全市抽样区县平均水平为93.63%;教育教学指标的得分率为93.67%,全市抽样区县平均水平为90.70%;条件保障指标的得分率为91.22%,全市抽样区县平均水平为90.67%;学生体质指标的得分率为85.67%,全市抽样区县平均水平为86.98%,如图92所示。

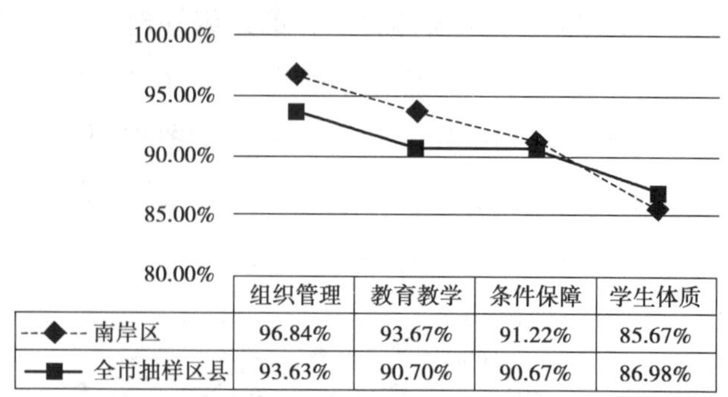


| | 组织管理 | 教育教学 | 条件保障 | 学生体质 |
|---|---|---|---|---|
| 南岸区 | 96.84% | 93.67% | 91.22% | 85.67% |
| 全市抽样区县 | 93.63% | 90.70% | 90.67% | 86.98% |

图 92　2017 年南岸区与全市抽样区县体育工作各项指标得分率比较

## (三)学生体质健康测试可信度

本次现场抽测南岸区 6 所学校 60 名学生(每所学校抽测 10 名学生,其中,男生 5 名,女生 5 名)的体质健康情况,将抽查情况与学生体质健康监测原始数据进行对比,南岸区川益小学、辅仁中学 2 所学校的学生体质健康原始数据均准确可信,可信度均为 100%。长江初级中学校有个别学生体质健康抽测数据与原始数据有较大差异,可信度为 90%。城南家园小学、迎龙小学和鸡冠石中学学生体质健康原始数据与抽测数据对比有较多差异,可信度小于等于 60%。如鸡冠石中学一名初二年级的男生身高原记录为 143 厘米,专家抽查核实记录为 150.5 厘米,原记录与核实数据相差 7.5 厘米等。又如迎龙小学一名五年级的男生身高原记录为 149 厘米,专家抽查核实记录为 146 厘米,核实身高记录比上一次体测的身高原记录减少了 3 厘米等。

全区抽查原始数据可信率为 75.00%,比全市抽查原始数据可信率低 5.82 个百分点,如图 93 所示。南岸区学生体质健康测试的数据可信度偏低,区县要进一步完善学校体质健康测试工作的抽查制度,将学生体质健康测试工作落到实处。

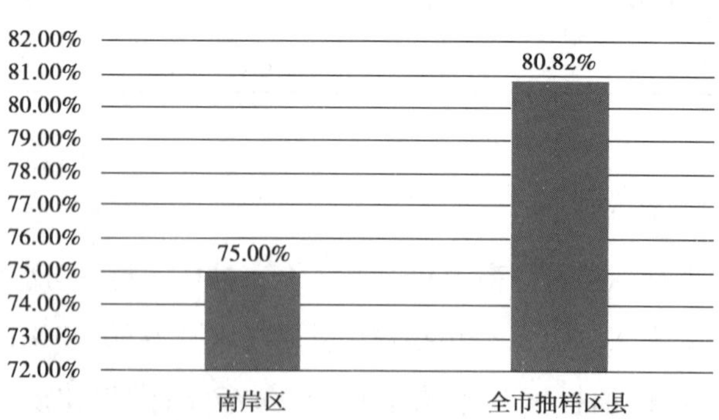


图 93　2017 年南岸区与全市抽样区县学生体质健康测试可信度比较

## 三、问题与建议

### (一)进一步完善监测结果公示制度

从全区自评情况来看,每学期通报一次学生体育活动情况的得分率较低,为75.33%;每年公布健康测试总体结果的得分率相对较低。建议区教委严格督查学校按时公布公示阳光体育运动方案、学生体育活动情况、学生体质健康测试总体结果等,及时将体测数据反馈给学生和家长,登记卡上应有家长签字。

### (二)进一步加强体育师资队伍建设

2017 年南岸区共有专职体育教师 390 人,占 87.25%;兼职体育教师 57 人,占 12.75%。体育教师缺额 74 人,缺额比为 14.20%。建议进一步加大体育师资配备力度,招录专职体育教师进行补充,着实缓解学校体育教师的压力;构建“以老带新、新人领航”的体育教师专业成长模式,着力打造优秀的体育教师团队。

### (三)进一步加强体育场地建设

从全区自评情况来看,体育场地、器材、设施达标的得分率较低,为 83.50%。实地考察发现,体育场地方面,部分学校没有规范的田径场,如城南家园小学的 200 米田径场未达到标准。运动器材方面,因学校增添的器械有限,体育用品器械和场地损耗较大,政府采购的设备不能完全及时到位,有极个别学校体育器材配置略显不足。学校体育场地和器材不足,会影响学校体育活动的正常开展。建议逐年加大体育场地器材经费投入,加快体育场地、器材、设施设备定期维护和更换,完善体育硬件设施建设,确保体育教育工作高效开展。

### (四)进一步重视学生体质健康测试工作

学生体质健康未认真监测,存在弄虚作假现象,学生体质健康测试可信度比全市抽查区县原始数据可信度低 5.82 个百分点,通过现场抽测学生体质健康情况,发现仍有部分学校弄虚作假,其学生体质数据与现场测查结果进行一致性比对有较多明显差异,如鸡冠石学校。该区应加大对所辖区域中小学生体质健康抽查复核的力度,督促学校认真监测学生体质健康状况,确保测试数据的真实性、完整性和有效性。

# 荣昌区

重庆市教育评估院受重庆市教育委员会委托，对重庆市荣昌区2017年学校体育工作进行专项评估。评估内容主要有区县和学校上报自评数据、材料评审和现场核查。2017年11月30日前，荣昌区102所中小学校在"重庆市学生运动与体质健康监测管理平台"完成了自评数据上报工作；12月，市教育评估院邀请了专家对荣昌区自评材料进行网络评审，并且组织专家赴荣昌区6所中小学校进行了现场核查。

评估采用定量分析与定性分析相结合的方式，定量分析的有关数据主要源自荣昌区上报的《中小学校体育工作评估自评结果报表》《学校体育工作年度报表》数据和专家现场核查数据；定性分析的信息样本主要源自荣昌区的自评报告、材料评审及专家现场核查的相关信息。现将荣昌区2017年度中小学校体育工作专项评估报告如下。

## 一、学校体育工作自评情况

### （一）中小学校体育工作评估自评结果

本部分数据源自荣昌区各中小学、中等职业学校对照《中小学校体育工作评估指标体系》完成自评后，在"重庆市学生运动与体质健康监测管理平台"上报的《中小学校体育工作评估自评结果报表》数据。全区102所具有独立法人资格的中小学（村校等非独立法人资格中小学参加所在学区中心校评估）参加了学校体育工作评估，其中，普通小学81所，普通初中16所，中职学校1所，普通高中4所，见表48。

表 48　2017 年荣昌区学校体育工作自评审核结果

| 学校类别 | 学校总数/所 | 优秀等级学校/所 | 良好等级学校/所 | 合格等级学校/所 | 不合格学校/所 | 加分学校/所 |
|---|---|---|---|---|---|---|
| 普通小学 | 81 | 45 | 33 | 3 | 0 | 22 |
| 普通初中 | 16 | 15 | 1 | 0 | 0 | 6 |
| 中职学校 | 1 | 1 | 0 | 0 | 0 | 1 |
| 普通高中 | 4 | 4 | 0 | 0 | 0 | 3 |
| 合　计 | 102 | 65 | 34 | 3 | 0 | 32 |

注:九年一贯制学校计入普通初中,十二年一贯制学校和完全中学计入普通高中。

1. 学校体育工作自评等级结果总体良好

2017 年荣昌区有自评优秀等级学校 65 所,占 63.73%,其中,中职学校和普通高中优秀等级学校比例均为 100%,普通小学优秀等级学校比例最低,为 55.56%,如图 94 所示;良好等级学校 34 所,占 33.33%;合格等级学校 3 所,占 2.94%;无不合格等级学校。全区有加分学校 32 所,占 31.37%,其中,中职学校加分学校比例为 100%;普通小学加分学校比例最低,为 27.16%,如图 95 所示。

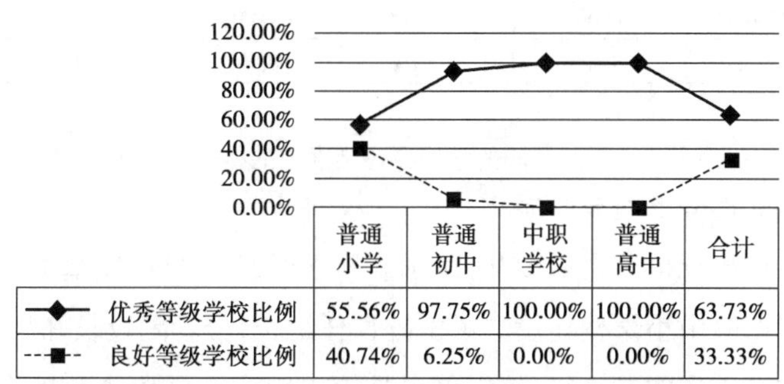


图 94　2017 年荣昌区优秀和良好等级学校比例图

2. 不同学段的学校在各维度上的得分差异显著

从各维度来看,学校在组织管理维度上的得分率最高,为 98.40%,在条件保障维度上的得分率最低,为 88.06%。从学校类型来看,普通小学在组织管理、教育教学、条件保障和学生体质维度上的得分率均最低,分别为 98.05%、89.67%、85.98% 和 92.85%,如图 96 所示。

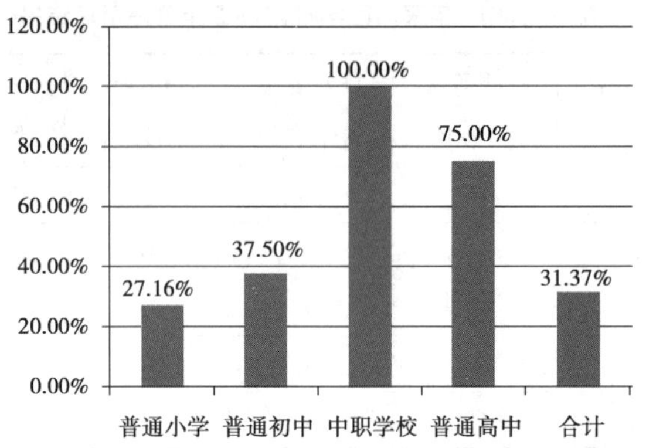


图 95 2017 年荣昌区加分学校比例图

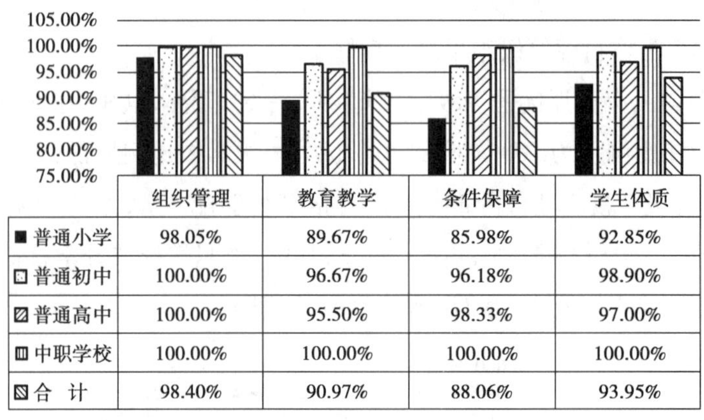


| | 组织管理 | 教育教学 | 条件保障 | 学生体质 |
|---|---|---|---|---|
| ■ 普通小学 | 98.05% | 89.67% | 85.98% | 92.85% |
| □ 普通初中 | 100.00% | 96.67% | 96.18% | 98.90% |
| ▨ 普通高中 | 100.00% | 95.50% | 98.33% | 97.00% |
| ▥ 中职学校 | 100.00% | 100.00% | 100.00% | 100.00% |
| ▧ 合　计 | 98.40% | 90.97% | 88.06% | 93.95% |

图 96 不同学段的学校在各维度上的得分率情况

3. 各单项指标得分率差异明显

组织管理各项指标得分率如图 97 所示。全区学校组织管理基本到位,管理机制基本健全。绝大部分中小学校均设立了由校长任组长,分管副校长和德体卫艺处主任为成员的学校体育工作领导小组,小组负责具体组织实施学校体育工作;绝大部分中小学均建立校园意外伤害事故应急管理机制,制订和实施体育安全管理工作方案,明确职责,落实分工,确保了学校体育工作正常有序开展。领导重视方面,执行体育与健康课时规定落实较好,但校领导还须进一步重视,认真落实每学期听体育课次数;监督检查方面,公布阳光体育运动工作方案落实较好,但每学期通报一次学生体育活动情况还须进一步加强。

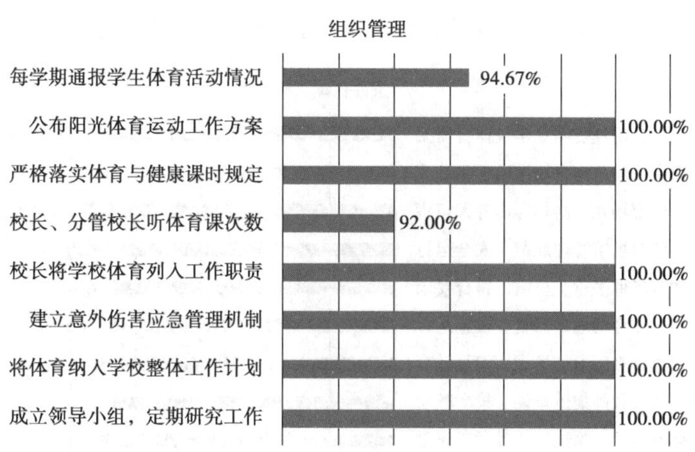


图 97　组织管理各项指标得分率

教育教学各项指标得分率如图 98 所示。课程教学方面，依据课标组织体育教学和执行体育课考勤考核落实较好，但体育教学研究和课程教学改革还须进一步提升。校园体育活动方面，制订阳光体育运动工作方案、开展大课间体育活动、对学生进行体育安全教育等方面落实较好，但“学校每年召开春、秋季运动会”和“85% 的学生至少掌握 2 项体育技能”两方面还须进一步加强。

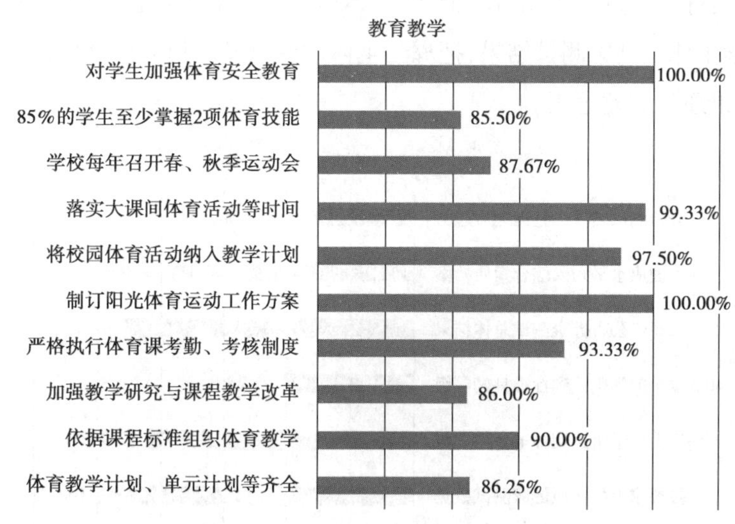


图 98　教育教学各项指标得分率

条件保障各项指标得分率如图 99 所示。体育教师职务评聘、工资待遇、体育活动和测试纳入教学工作量、集体备课和教育培训等落实较好，得分率较高，但体育教师数量达到规定标准的得分率较低，为 60%，体育教师配备待进一步加强。场地器材与经费方面，体育场地器材等由专人负责、公用经费满足学校体育需要等落实较好，但体育场地、器材、设施达标还须进一步加强，课余、节假日体育场馆还须向学生全面开放。

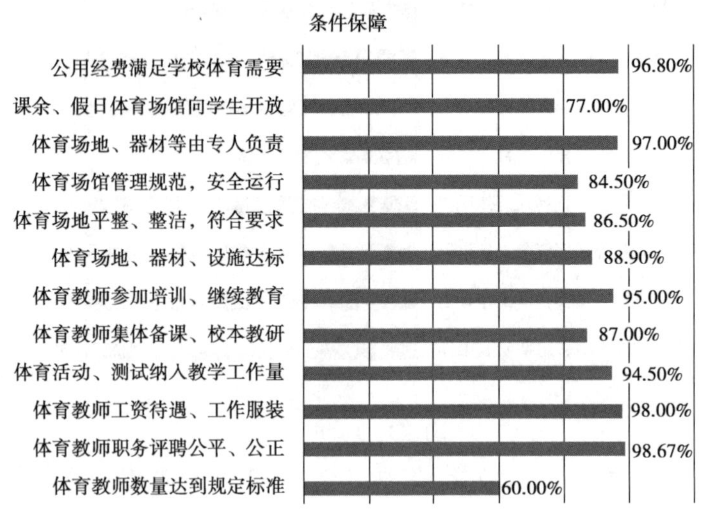


图 99　条件保障各项指标得分率

学生体质各项指标得分率如图 100 所示。学生体质健康测试工作开展方面落实较好，保存和上报学生体质健康测试数据得分率较高。测试结果方面，40% 以上的学生达到标准良好等级得分率相对较低，学生体质健康水平还须进一步提高。测试评价方面，分析学生体质健康测试结果，把握学生体质健康发展趋势得分率较低，学生体质健康测试结果还须有效运用。

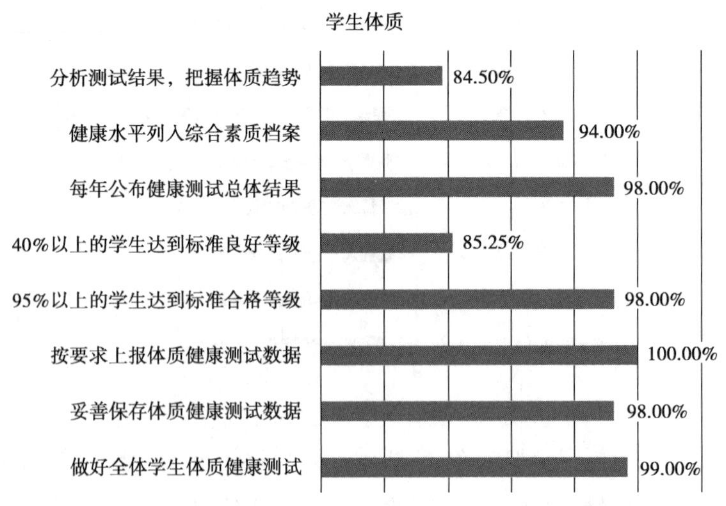


图 100　学生体质各项指标得分率

（二）中小学校体育工作年度报告情况

本部分数据源自荣昌区各中小学、中等职业学校上报的《学校体育工作年度报告学校报表》数据。全区102所中小学校上报了学校体育工作年度报告数据，其中，普通小学81所，普通初中16所，完全中学5所。

1. 体育教师队伍建设有待加强

从荣昌区中小学上报到“重庆市学生运动与体质健康监测管理平台”的学校体育工作年度报告区县汇总情况来看，2017年荣昌区共有专职体育教师307人，占43.67%；兼职体育教师396人，占56.33%。其中，完全中学专职体育教师比例最高，为97.56%；普通小学专职体育教师占比最低，为26.52%。2017年荣昌区体育教师缺额105人，缺额比为13%，其中，普通小学体育教师缺额比最高，为15.03%；完全中学没有缺额，见表49。

2017年荣昌区中小学体育教师通过专项培训计划、全员培训计划、远程教育培训计划等，参与县级以上培训438人次，占62.30%；全区中小学体育教师通过评优选好、基本功大赛、优质课展示、优质论文评选等，受县级以上表彰84人次，占11.95%，见表50。

**表49　2017年荣昌区体育教师队伍信息（一）**

| 学校类别 | 专　职 | | 兼　职 | | 缺　额 | |
|---|---|---|---|---|---|---|
| | 人数/人 | 百分数/% | 人数/人 | 百分数/% | 人数/人 | 百分数/% |
| 普通小学 | 135 | 26.52 | 374 | 73.48 | 90 | 15.03 |
| 普通初中 | 92 | 82.14 | 20 | 17.86 | 15 | 11.81 |
| 完全中学 | 80 | 97.56 | 2 | 2.44 | 0 | 0.00 |
| 总　计 | 307 | 43.67 | 396 | 56.33 | 105 | 13.00 |

**表50　2017年荣昌区体育教师队伍信息（二）**

| 学校类别 | 县级及以上培训 | | 受县级以上表彰 | |
|---|---|---|---|---|
| | 人次/人 | 百分数/% | 人次/人 | 百分数/% |
| 普通小学 | 273 | 53.63 | 45 | 8.84 |
| 普通初中 | 99 | 88.39 | 32 | 28.57 |
| 完全中学 | 66 | 80.49 | 7 | 8.54 |
| 总　计 | 438 | 62.30 | 84 | 11.95 |

2. 体育场地设施建设仍需完善

2017 年荣昌区中小学校共有田径场 53 块(200 米田径场 39 块,300 米田径场 5 块,300 ~400 米田径场 1 块,400 米田径场 8 块),平均每校田径场的数量为 0.52 块;篮球场 164 块,平均每校篮球场的数量为 1.61 块;排球场 57 块,平均每校排球场的数量为 0.56 块;学生体质测试室 70 间,平均每校学生体质测试室的数量为 0.69 间,见表 51。

2017 年荣昌区中小学共有体育馆 5 所,配有体育馆的学校比例为 4.90%;共有游泳池 1 个,配有游泳池的学校比例为 0.98%。全区中小学体育器材达标学校 100 所,达标学校比例为 98.04%,见表 52。

表 51 2017 年荣昌区体育场地器材信息(一)

| 学校类别 | 田径场 | | 篮球场 | | 排球场 | | 学生体质测试室 | |
|---|---|---|---|---|---|---|---|---|
| | 块数/块 | 校平均数/块 | 块数/块 | 校平均数/块 | 块数/块 | 校平均数/块 | 间数/间 | 校平均数/间 |
| 普通小学 | 34 | 0.42 | 101 | 1.25 | 19 | 0.23 | 50 | 0.62 |
| 普通初中 | 13 | 0.81 | 39 | 2.44 | 24 | 1.50 | 15 | 0.94 |
| 完全中学 | 6 | 1.20 | 24 | 4.80 | 14 | 2.80 | 5 | 1.00 |
| 总　计 | 53 | 0.52 | 164 | 1.61 | 57 | 0.56 | 70 | 0.69 |

表 52 2017 年荣昌区体育场地器材信息(二)

| 学校类别 | 体育馆 | | 游泳池 | | 体育器材达标 | |
|---|---|---|---|---|---|---|
| | 个数/个 | 比例/% | 个数/个 | 比例/% | 学校/所 | 比例/% |
| 普通小学 | 1 | 1.23 | 0 | 0.00 | 79 | 97.53 |
| 普通初中 | 2 | 12.50 | 0 | 0.00 | 16 | 100.00 |
| 完全中学 | 2 | 40.00 | 1 | 20.00 | 5 | 100.00 |
| 总　计 | 5 | 4.90 | 1 | 0.98 | 100 | 98.04 |

## 二、学校体育工作现场评估情况

### (一)自评可信度

荣昌区抽查学校总体自评可信度为 95.73%,全市抽查区县学校自评可信度平均水平为96.91%。其中,全区中小学校体育工作的组织管理、教育教学和条件保障方面的自评信度分别为95.54%、96.70%和94.92%,均低于全市抽样区县平均水平;学生体质的自评信度为96.93%,全市抽样区县平均水平为95.91%,如图101所示。

抽查的6所学校分别为荣昌初级中学、荣昌中学、保安中学、石河中心小学、双河中心小学、铜鼓中心小学,自评准确性均高于90%,见表53。

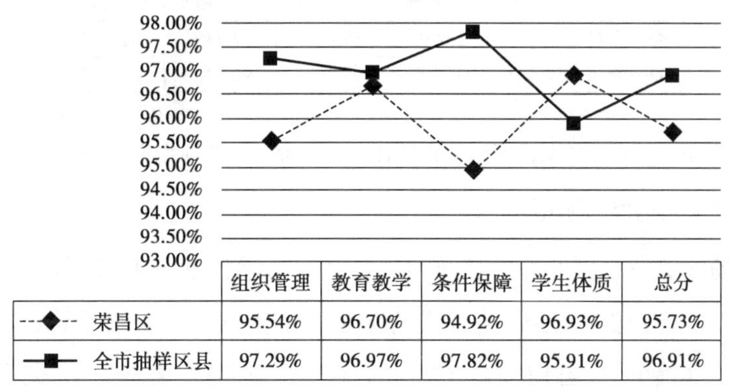

| | 组织管理 | 教育教学 | 条件保障 | 学生体质 | 总分 |
|---|---|---|---|---|---|
| 荣昌区 | 95.54% | 96.70% | 94.92% | 96.93% | 95.73% |
| 全市抽样区县 | 97.29% | 96.97% | 97.82% | 95.91% | 96.91% |

图101　2017年荣昌区与全市抽样区县体育工作各项指标自评信度比较

**表53　2017年荣昌区体育工作评估审核结果**

| 学　校 | 自评得分/分 | 核实得分/分 | 自评可信度/% |
|---|---|---|---|
| 荣昌初级中学 | 102 | 95.6 | 96.76 |
| 荣昌中学 | 108 | 95.6 | 93.91 |
| 保安中学 | 94.4 | 89.8 | 97.50 |
| 石河中心小学 | 100 | 86.6 | 92.82 |
| 双河中心小学 | 96.6 | 89 | 95.91 |
| 铜鼓中心小学 | 98.05 | 93.4 | 97.57 |

### (二)专家核实得分率

荣昌区组织管理、教育教学、条件保障指标得分率分别为91.00%、89.44%和87.78%,分别比全市抽样区县平均水平低2.63、1.26、2.89个百分点;学生体质指标的得分率为91.50%,比全市抽样区县平均水平高4.52个百分点,如图102所示。

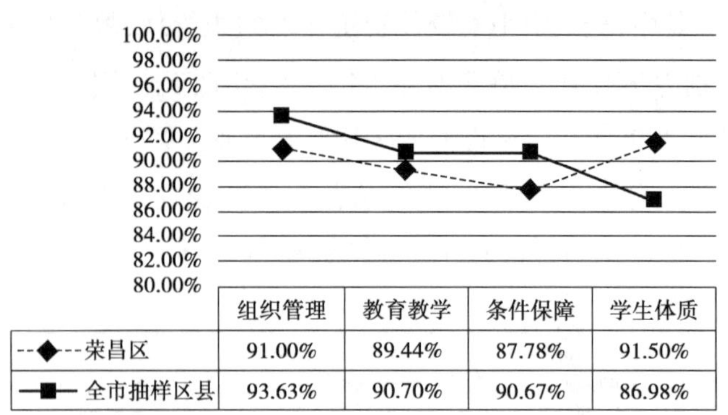


| | 组织管理 | 教育教学 | 条件保障 | 学生体质 |
|---|---|---|---|---|
| 荣昌区 | 91.00% | 89.44% | 87.78% | 91.50% |
| 全市抽样区县 | 93.63% | 90.70% | 90.67% | 86.98% |

图 102　2017 年荣昌区与全市抽样区县体育工作各项指标得分率比较

### (三)学生体质健康测试可信度

本次现场抽测荣昌区 6 所学校 60 名学生(每所学校抽测 10 名学生,其中,男生 5 名,女生 5 名)的体质健康情况,将抽查情况与学生体质健康监测原始数据进行对比,原始数据基本准确可信(可信度≥70%)的有 3 所,分别是荣昌中学、荣昌初级中学、保安中学,占抽查学校的 50%;其余 3 所学校有较多明显差异或有完全错误情况,分别是荣昌区铜鼓中心小学、双河中心小学和石河中心小学。如石河中心小学一名五年级的女生身高原记录为 121 厘米,专家抽查核实记录为 145 厘米,原记录与核实数据相差 24 厘米等。又如铜鼓中心小学一名五年级的男生身高原记录为 147 厘米,专家抽查核实记录为 138 厘米,核实身高记录比上一次体测的身高原记录减少了 9 厘米等。

全区抽查原始数据可信率为 48.34%,比全市抽查原始数据可信率低 32.49 个百分点,如图 103 所示。荣昌区学生体质健康测试的数据可信度较低,区县要进一步加大学校体质健康测试工作的监督和抽查力度,将学生体质健康测试工作落到实处。

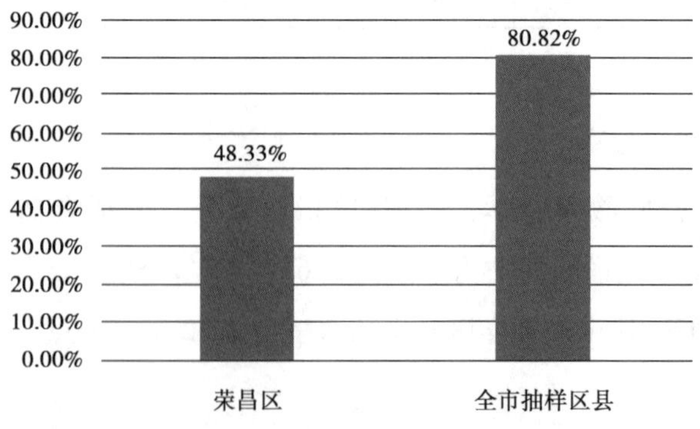


图 103　2017 年荣昌区与全市抽样区县学生体质健康测试可信度比较

## 三、问题与建议

### （一）进一步加强体育师资队伍建设

2017年荣昌区共有专职体育教师307人，占43.67%；兼职体育教师396人，占56.33%。体育教师缺额105人，缺额比为13%。其中，普通小学专职体育教师占比最低，仅为26.52%，体育教师缺额比最高，为15.03%。从全区自评情况来看，体育教师数量达到规定标准的得分率较低，为60%。现场核实发现，保安中学无专职体育教师。建议进一步加大体育师资配备力度，招录专职体育教师进行补充，着实缓解学校体育教师的压力；推行基层体育教师"优良资源走教模式"，以解决村小体育教师不足和教师水平低的问题。

### （二）进一步加强体育场地建设

从全区自评情况来看，体育场地、器材、设施达标的得分率相对较低。普通小学和普通初中学校平均田径场不足1块，普通小学平均每校学生体质测试室不足1间。学校运动场地不足，会影响学校体育活动的正常开展。建议加大体育场地经费投入，加快体育场地、器材、设施设备定期维护和更换，完善体育硬件设施建设，提高学校体育条件，确保体育教育工作高效开展。

### （三）进一步重视学生体质健康测试工作

学生体质健康未认真监测，存在弄虚作假现象。通过现场抽测学生体质健康情况发现，全区抽查原始数据可信率仅为48.34%，比全市抽查原始数据可信率低32.49个百分点。将部分学校学生体质数据与现场测查结果进行一致性比对，有较多明显差异或有完全错误情况，如荣昌区铜鼓中心小学、双河中心小学和石河中心小学。该区应加大对所辖区域中小学生体质健康抽查复核的力度，督促学校认真监测学生体质健康状况，确保测试数据的真实性、完整性和有效性。

# 沙坪坝区

重庆市教育评估院受重庆市教育委员会委托，对重庆市沙坪坝区2017年学校体育工作进行专项评估。评估内容主要有区县和学校上报自评数据、材料评审和现场核查。2017年11月30日前，沙坪坝区84所中小学校在“重庆市学生运动与体质健康监测管理平台”完成了自评数据上报工作；12月，市教育评估院邀请了专家对沙坪坝区自评材料进行网络评审，并且组织专家赴沙坪坝区6所中小学校进行了现场核查。

评估采用定量分析与定性分析相结合的方式，定量分析的有关数据主要源自沙坪坝区上报的《中小学校体育工作评估自评结果报表》《学校体育工作年度报表》数据和专家现场核查数据；定性分析的信息样本主要源自沙坪坝区的自评报告、材料评审及专家现场核查的相关信息。现将沙坪坝区2017年度中小学校体育工作专项评估报告如下。

## 一、学校体育工作自评情况

### （一）中小学校体育工作评估自评结果

本部分数据源自沙坪坝区各中小学、中等职业学校对照《中小学校体育工作评估指标体系》完成自评后，在“重庆市学生运动与体质健康监测管理平台”上报的《中小学校体育工作评估自评结果报表》数据。全区84所具有独立法人资格的中小学（村校等非独立法人资格中小学参加所在学区中心校评估）参加了学校体育工作评估，其中，普通小学56所，普通初中17所，中职学校1所，普通高中10所，见表54。

表 54　2017 年沙坪坝区学校体育工作自评审核结果

| 学校类别 | 学校总数/所 | 优秀等级学校/所 | 良好等级学校/所 | 合格等级学校/所 | 不合格学校/所 | 加分学校/所 |
|---|---|---|---|---|---|---|
| 普通小学 | 56 | 55 | 1 | 0 | 0 | 42 |
| 普通初中 | 17 | 17 | 0 | 0 | 0 | 12 |
| 中职学校 | 1 | 1 | 0 | 0 | 0 | 1 |
| 普通高中 | 10 | 10 | 0 | 0 | 0 | 9 |
| 合　计 | 84 | 83 | 1 | 0 | 0 | 64 |

注:九年一贯制学校计入普通初中,十二年一贯制学校和完全中学计入普通高中。

1. 学校体育工作自评等级结果总体良好

2017 年沙坪坝区有自评优秀等级学校 83 所,占 98.81%,其中,普通初中、中职学校、普通高中优秀等级学校比例均为 100%,如图 104 所示;良好等级学校 1 所,占 1.19%;无不合格等级学校。全区有加分学校 64 所,占 76.19%,其中,中职学校加分学校比例最高,为 100%;普通初中加分学校比例最低,为 70.59%,如图 105 所示。

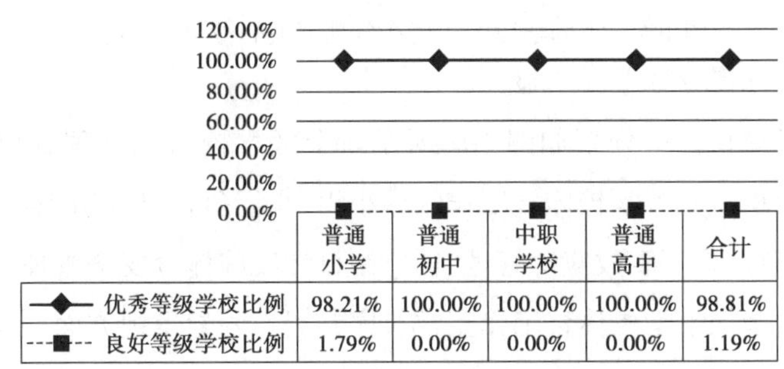


图 104　2017 年沙坪坝区优秀和良好等级学校比例图

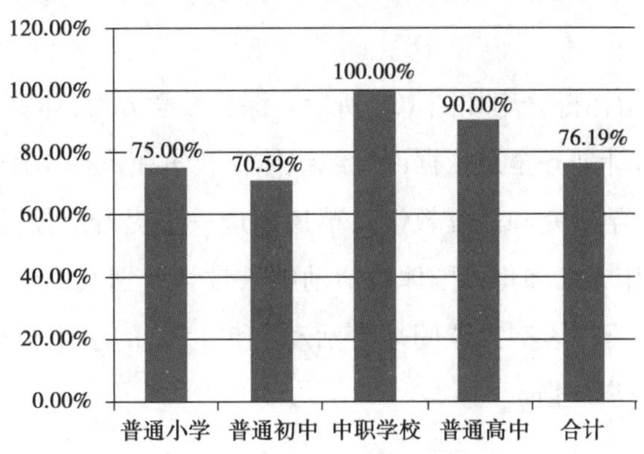


图 105　2017 年沙坪坝区加分学校比例图

2. 不同学段的学校在各维度上的得分差异显著

从各维度来看，学校在组织管理维度上的得分率最高，为 99. 20%，在条件保障度上的得分率最低，为 93. 73%。从学校类型来看，普通小学和普通初中在条件保障维度上的得分率较低，分别为 94. 52%、89. 57%；普通高中和中职学校在学生体质维度上的得分率较低，分别为 92. 15%、80. 00%。

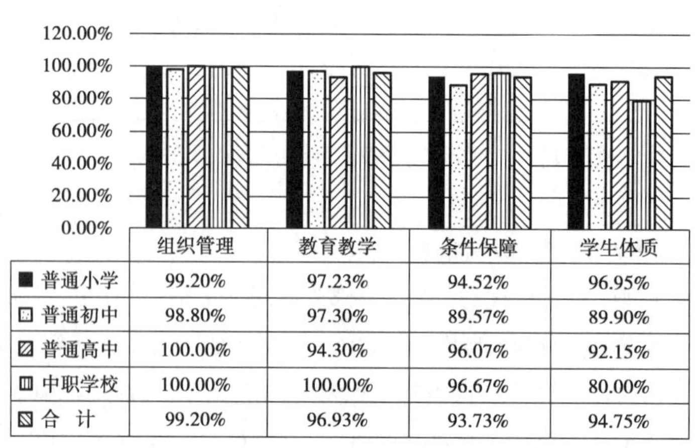


| | 组织管理 | 教育教学 | 条件保障 | 学生体质 |
|---|---|---|---|---|
| 普通小学 | 99.20% | 97.23% | 94.52% | 96.95% |
| 普通初中 | 98.80% | 97.30% | 89.57% | 89.90% |
| 普通高中 | 100.00% | 94.30% | 96.07% | 92.15% |
| 中职学校 | 100.00% | 100.00% | 96.67% | 80.00% |
| 合　计 | 99.20% | 96.93% | 93.73% | 94.75% |

图 106　不同学段的学校在各维度上的得分率情况

3. 各单项指标得分率差异明显

组织管理各项指标得分率如图 107 所示。全区学校组织管理到位，管理机制健全。各中小学校均设立了学校体育工作领导小组，小组负责具体组织实施学校体育工作；建立了校园意外伤害事故应急管理机制，制订和实施体育安全管理工作方案，明确职责，落实分工，确保了学校体育工作正常有序开展。领导重视方面，各学校落实了国家体育与健康课程课时规定，但校领导还须进一步落实每学期听体育课次数。监督检查方面，各学校公布了学生阳光体育运动工作方案，但每学期通报学生体育活动情况还须进一步加强。

教育教学各项指标得分率如图 108 所示。课程教学方面，体育与健康课程教学计划、单元计划和课时计划齐全及依据课标组织体育教学和执行体育课考勤考核等方面落实较好，但体育教学研究和课程教学改革还须进一步提升。校园体育活动方面，制订阳光体育运动工作方案和将校园体育活动纳入教学计划及对学生加强体育安全教育等方面落实较好，但“落实大课间体育活动”和“85% 的学生至少掌握 2 项体育技能”两方面还须进一步加强。

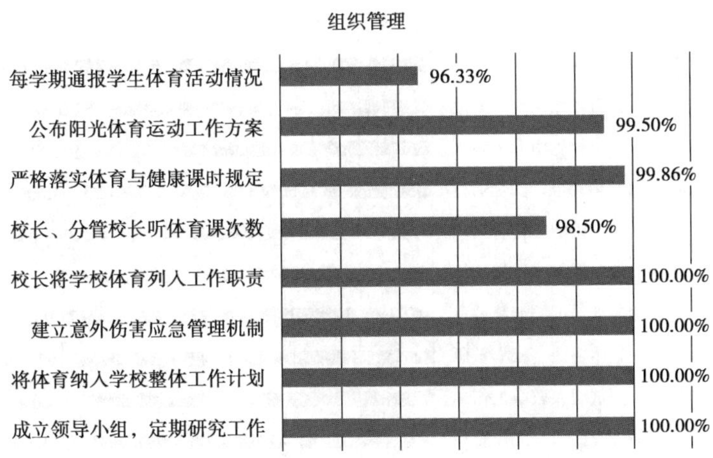


图 107　组织管理各项指标得分率

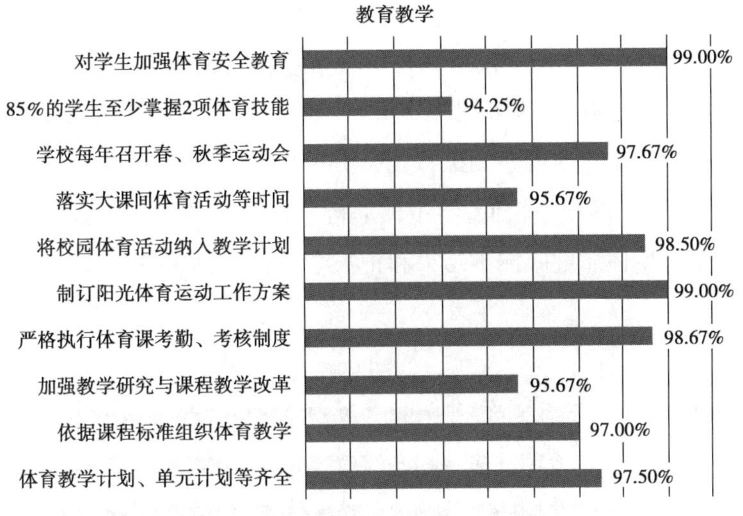


图 108　教育教学各项指标得分率

条件保障各项指标得分率如图 109 所示。教师队伍方面，体育教师职务评聘、工资待遇、教育培训、集体备课和校本教研等方面落实较好，得分率较高，但体育教师数量达到规定标准得分率较低，为 85%，体育教师配备还有待进一步加强。场地器材与经费方面，体育场地平整整洁、体育场馆管理规范、体育场地器材等由专人负责、公用经费满足学校体育需要等落实较好，但体育场地、器材、设施达标还须进一步加强，课余、节假日体育场馆还须向学生全面开放。

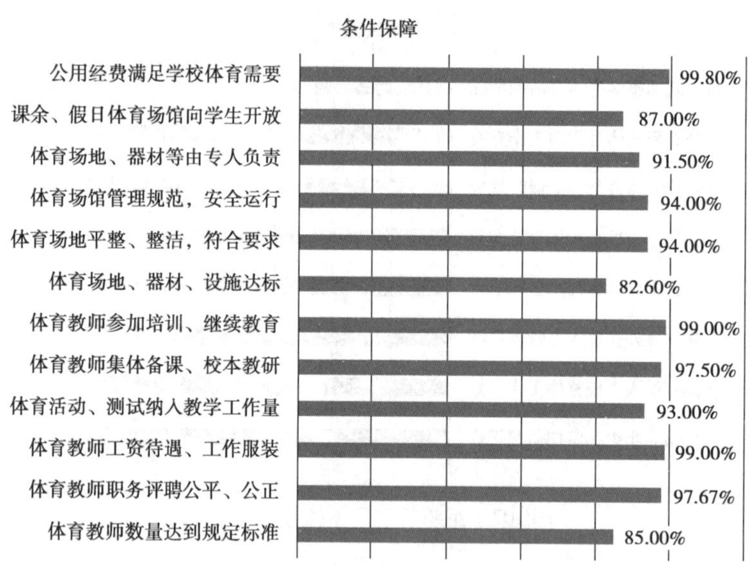


图 109　条件保障各项指标得分率

学生体质各项指标得分率如图 110 所示。学生体质健康测试工作开展方面落实较好，保存和上报学生体质健康测试数据得分率较高。测试结果方面，95% 以上的学生达到标准合格等级得分率较低，学生体质健康水平还须进一步提高。测试评价方面，公布和分析学生体质健康测试结果和把握学生体质健康发展趋势落实较好，得分率较高。

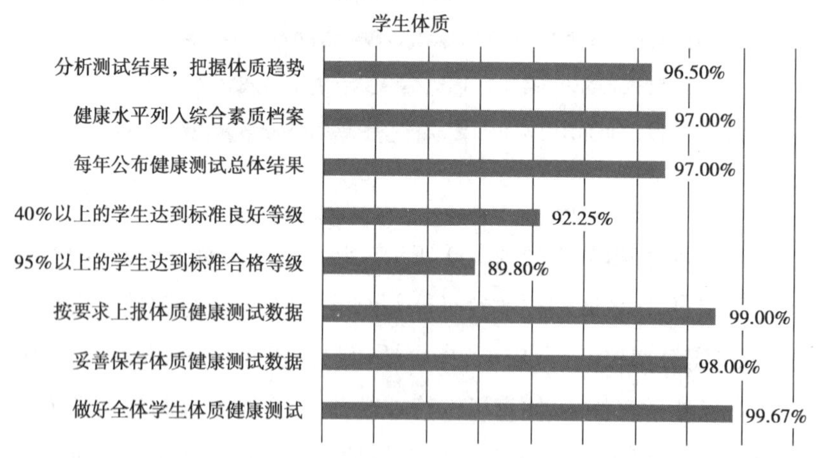


图 110　学生体质各项指标得分率

（二）中小学校体育工作年度报告情况

本部分数据源自沙坪坝区各中小学、中等职业学校上报的《学校体育工作年度报告学校报表》数据。全区84所中小学校上报了学校体育工作年度报告数据,其中,普通小学56所,普通初中14所,普通高中2所,九年一贯制学校3所,完全中学9所。

1.体育教师队伍建设有待加强

从沙坪坝区中小学上报到“重庆市学生运动与体质健康监测管理平台”的学校体育工作年度报告区县汇总情况来看,2017年沙坪坝区共有专职体育教师420人,占83.50%;兼职体育教师83人,占16.50%。其中,普通高中专职体育教师比例最高,达100%;普通小学专职体育教师占比最低,为76.32%。2017年沙坪坝区体育教师缺额61人,缺额比为10.82%,其中,九年一贯制学校体育教师缺额比最高,为26.09%;普通高中没有缺额,见表55。

2017年沙坪坝区中小学体育教师通过专项培训计划、全员培训计划、远程教育培训计划等,参与县级以上培训410人次,占81.51%;全区中小学体育教师通过评优选好、基本功大赛、优质课展示、优质论文评选等,受县级以上表彰174人次,占34.59%,见表56。

**表55 2017年沙坪坝区体育教师队伍信息(一)**

| 学校类别 | 专职 | | 兼职 | | 缺额 | |
|---|---|---|---|---|---|---|
| | 人数/人 | 百分数/% | 人数/人 | 百分数/% | 人数/人 | 百分数/% |
| 普通小学 | 232 | 76.32 | 72 | 23.68 | 43 | 12.39 |
| 普通初中 | 52 | 94.55 | 3 | 5.45 | 5 | 8.33 |
| 普通高中 | 27 | 100.00 | 0 | 0.00 | 0 | 0.00 |
| 九年一贯制学校 | 15 | 88.24 | 2 | 11.76 | 6 | 26.09 |
| 完全中学 | 94 | 94.00 | 6 | 6.00 | 7 | 6.54 |
| 总计 | 420 | 83.50 | 83 | 16.50 | 61 | 10.82 |

**表56 2017年沙坪坝区体育教师队伍信息(二)**

| 学校类别 | 县级及以上培训 | | 受县级以上表彰 | |
|---|---|---|---|---|
| | 人次/人 | 百分数/% | 人次/人 | 百分数/% |
| 普通小学 | 238 | 78.29 | 96 | 31.58 |
| 普通初中 | 45 | 81.82 | 31 | 56.36 |
| 普通高中 | 16 | 59.26 | 13 | 48.15 |
| 九年一贯制学校 | 19 | 111.76 | 9 | 52.94 |
| 完全中学 | 92 | 92.00 | 25 | 25.00 |
| 总计 | 410 | 81.51 | 174 | 34.59 |

2. 体育场地设施建设仍需完善

2017 年沙坪坝区中小学校共有田径场 70 块(200 米田径场 59 块,300 米田径场 6 块,300 ~ 400 米田径场 0 块,400 米田径场 5 块),平均每校田径场的数量为 0.83 块;篮球场 137 块,平均每校篮球场的数量为 1.63 块;排球场 49 块,平均每校排球场的数量为 0.58 块;学生体质测试室 53 间,平均每校学生体质测试室的数量为 0.63 间,见表 57。

2017 年沙坪坝区中小学共有体育馆 23 所,配有体育馆的学校比例为 27.38%;共有游泳池 4 个,配有游泳池的学校比例为 4.76%。全区中小学体育器材达标学校 84 所,达标学校比例为 100%,见表 58。

**表 57　2017 年沙坪坝区体育场地器材信息(一)**

| 学校类别 | 田径场 | | 篮球场 | | 排球场 | | 学生体质测试室 | |
|---|---|---|---|---|---|---|---|---|
| | 块数/块 | 校平均数/块 | 块数/块 | 校平均数/块 | 块数/块 | 校平均数/块 | 间数/间 | 校平均数/间 |
| 普通小学 | 41 | 0.73 | 61 | 1.09 | 20 | 0.36 | 31 | 0.55 |
| 普通初中 | 12 | 0.86 | 24 | 1.71 | 10 | 0.71 | 8 | 0.57 |
| 普通高中 | 3 | 1.50 | 12 | 6.00 | 7 | 3.50 | 3 | 1.50 |
| 九年一贯制学校 | 3 | 1.00 | 6 | 2.00 | 3 | 1.00 | 1 | 0.33 |
| 完全中学 | 11 | 1.22 | 34 | 3.78 | 9 | 1.00 | 10 | 1.11 |
| 总　计 | 70 | 0.83 | 137 | 1.63 | 49 | 0.58 | 53 | 0.63 |

**表 58　2017 年沙坪坝区体育场地器材信息(二)**

| 学校类别 | 体育馆 | | 游泳池 | | 体育器材达标 | |
|---|---|---|---|---|---|---|
| | 所数/所 | 比例/% | 个数/个 | 比例/% | 学校/所 | 比例/% |
| 普通小学 | 11 | 19.64 | 1 | 1.79 | 56 | 100.00 |
| 普通初中 | 3 | 21.43 | 1 | 7.14 | 14 | 100.00 |
| 普通高中 | 3 | 150.00 | 2 | 100.00 | 2 | 100.00 |
| 九年一贯制学校 | 1 | 33.33 | 0 | 0.00 | 3 | 100.00 |
| 完全中学 | 5 | 55.56 | 0 | 0.00 | 9 | 100.00 |
| 总　计 | 23 | 27.38 | 4 | 4.76 | 84 | 100.00 |

## 二、学校体育工作现场评估情况

### (一)自评可信度

沙坪坝区抽查学校总体自评可信度为97.70%,全市抽查区县学校自评可信度平均水平为96.91%。其中,全区中小学校体育工作的组织管理、条件保障和学生体质方面的自评信度分别为98.13%、98.22%和98.80%,且均高于全市抽样区县平均水平;教育教学的自评信度为95.74%,全市抽样区县平均水平为96.97%,如图111所示。

抽查的6所学校分别为南开中学、重师附小、矿山坡小学校、土主镇中学、西永中学、阳光家园小学,自评准确性均高于90%,见表59。

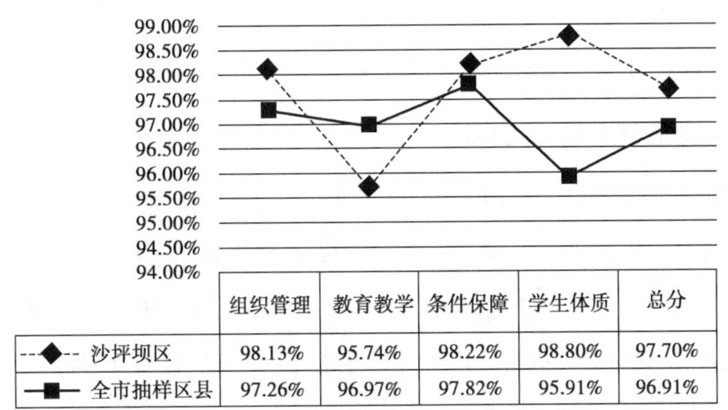


图111　2017年沙坪坝区与全市抽样区县体育工作各项指标自评信度比较

**表59　2017年沙坪坝区体育工作评估审核结果**

| 学　校 | 自评得分/分 | 核实得分/分 | 自评可信度/% |
|---|---|---|---|
| 南开中学 | 107.6 | 107.6 | 100.00 |
| 重师附小 | 100 | 83.2 | 90.83 |
| 矿山坡小学校 | 102 | 95 | 96.45 |
| 土主镇中学 | 100.5 | 101.5 | 99.50 |
| 西永中学 | 103 | 101 | 99.02 |
| 阳光家园小学 | 105 | 102 | 98.55 |

### (二)专家核实得分率

沙坪坝区组织管理、教育教学、条件保障、学生体质指标的得分率分别为96.34%、91.11%、91.94%、96.00%,分别比全市抽样区县平均水平高2.71、0.41、1.27、9.02个百分点,如图112所示。

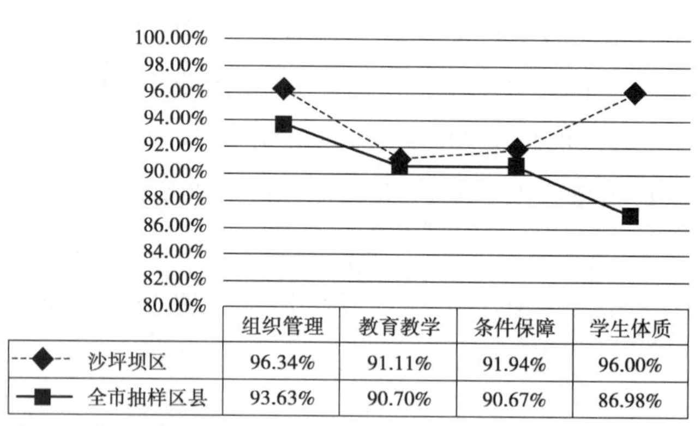


| | 组织管理 | 教育教学 | 条件保障 | 学生体质 |
|---|---|---|---|---|
| 沙坪坝区 | 96.34% | 91.11% | 91.94% | 96.00% |
| 全市抽样区县 | 93.63% | 90.70% | 90.67% | 86.98% |

图112　2017年沙坪坝区与全市抽样区县体育工作各项指标得分率比较

### (三)学生体质健康测试可信度

本次现场抽测沙坪坝区5所学校50名学生(每所学校抽测10名学生,其中,男生5名,女生5名)的体质健康情况,将抽查情况与学生体质健康监测原始数据进行对比,沙坪坝区阳光家园小学、土主镇中学、西永中学3所学校的学生体质健康原始数据均准确可信,可信度均为100%。南开中学和矿山坡小学校有个别学生抽查数据与原始数据差异较大,可信度均为90%。

全区抽查原始数据可信率为96%,比全市抽查原始数据可信率高15.18个百分点,如图113所示。沙坪坝区学生体质健康测试的数据较可信,全区学生体质健康测试工作落实较好。

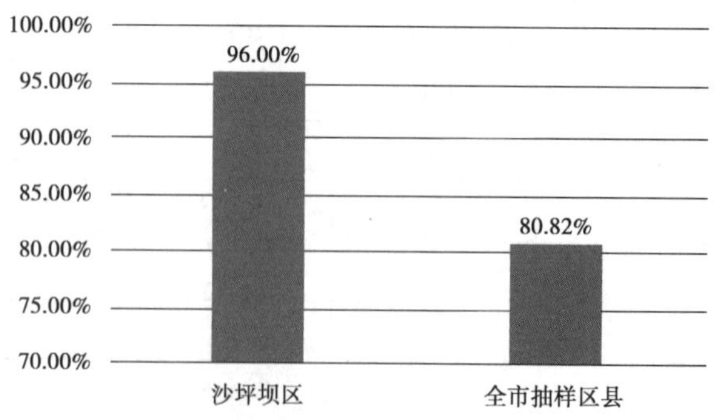


图113　2017年沙坪坝区与全市抽样区县学生体质健康测试可信度比较

## 三、问题与建议

(一)进一步加强体育师资队伍建设

体育师资队伍方面,一是沙坪坝区普通小学专职体育教师比例较低,为76.32%;二是九年一贯制学校体育教师缺额比例较高,为26.09%;三是青年体育教师的教学基本功和运动技能相对较差,工作创新意识不强。从全区自评情况来看,体育教师数量达到规定标准得分率相对较低,为85.00%。据此,建议进一步加大体育师资配备力度,招录专职体育教师进行补充,着实缓解学校体育教师的压力;推行基层体育教师"优良资源走教模式",以解决村小体育教师不足和教师水平低的问题;构建"以老带新、新人领航"的体育教师专业成长模式,着力打造优秀的体育教师团队;进一步加大年轻体育教师培训力度,提升体育教师专业技能与素质。

(二)进一步加强体育场地建设

从全区自评情况来看,体育场地、器材、设施达标得分率相对较低,为82.60%。体育场地方面,普通小学和普通初中校田径场平均不足1块。实地考察也发现,部分学校没有规范的田径场,如沙坪坝区土主镇中学只有200米的环形跑道、西永中学体育场地不达标等。学校运动场地面积不足,会影响学校体育活动的开展。建议加大体育场地经费投入,改善校园体育场地设施,提高学校体育条件;加快推进中小学标准化建设,均衡配置教育资源。

(三)进一步重视学生体质健康水平

学生体质健康水平有待提高。从全区自评情况来看,95.00%以上学生达到标准合格等级得分率相对较低。建议学校强化课程体系建设,严格执行国家体育课程方案和课程标准,开足开好体育课程,大力开展专项技能运动教学,切实提高学生的基本运动技能和专项运动能力;鼓励学生积极参加校外全民健身运动,确保课外锻炼时间,提高学生体质健康水平。

# 万盛经济技术开发区

重庆市教育评估院受重庆市教育委员会委托，对重庆市万盛经济技术开发区（以下简称“万盛经开区”）2017年学校体育工作进行专项评估。评估内容主要有区县和学校上报自评数据、材料评审和现场核查。2017年11月30日前，万盛经开区29所中小学校在“重庆市学生运动与体质健康监测管理平台”完成了自评数据上报工作；12月，市教育评估院邀请了专家对万盛经开区自评材料进行网络评审，并且组织专家赴万盛经开区6所中小学校进行了现场核查。

评估采用定量分析与定性分析相结合的方式，定量分析的有关数据主要源自万盛经开区上报的《中小学校体育工作评估自评结果报表》《学校体育工作年度报表》数据和专家现场核查数据；定性分析的信息样本主要源自万盛经开区的自评报告、材料评审及专家现场核查的相关信息。现将万盛经开区2017年度中小学校体育工作专项评估报告如下。

## 一、学校体育工作自评情况

### （一）中小学校体育工作评估自评结果

本部分数据源自万盛经开区各中小学、中等职业学校对照《中小学校体育工作评估指标体系》完成自评后，在“重庆市学生运动与体质健康监测管理平台”上报的《中小学校体育工作评估自评结果报表》数据。全区29所具有独立法人资格的中小学（村校等非独立法人资格中小学参加所在学区中心校评估）参加了学校体育工作评估，其中，普通小学15所，普通初中11所，中职学校1所，普通高中2所，见表60。

1. 学校体育工作自评等级结果总体良好

2017年万盛经开区有自评优秀等级学校27所，占93.10%，其中，普通小学、中职学校和普通高中优秀等级学校比例均为100.00%，普通初中优秀等级学校比例较低，

为81.82%，如图114所示；良好等级学校2所，占6.90%；无不合格等级学校。全区有加分学校25所，占86.21%，其中，普通初中和普通高中加分学校比例最高，均为100.00%，如图115所示。

**表60　2017年万盛经开区学校体育工作自评审核结果**

| 学校类别 | 学校总数/所 | 优秀等级学校/所 | 良好等级学校/所 | 合格等级学校/所 | 不合格学校/所 | 加分学校/所 |
|---|---|---|---|---|---|---|
| 普通小学 | 15 | 15 | 0 | 0 | 0 | 12 |
| 普通初中 | 11 | 9 | 2 | 0 | 0 | 11 |
| 中职学校 | 1 | 1 | 0 | 0 | 0 | 0 |
| 普通高中 | 2 | 2 | 0 | 0 | 0 | 2 |
| 合　计 | 29 | 27 | 2 | 0 | 0 | 25 |

注：九年一贯制学校计入普通初中，十二年一贯制学校和完全中学计入普通高中。

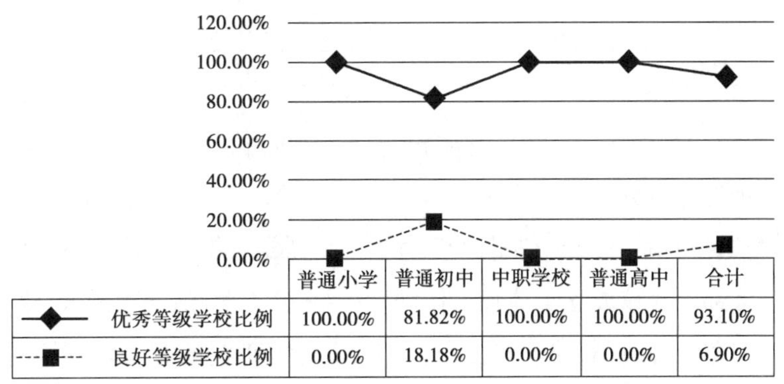


图114　2017年万盛经开区优秀和良好等级学校比例图

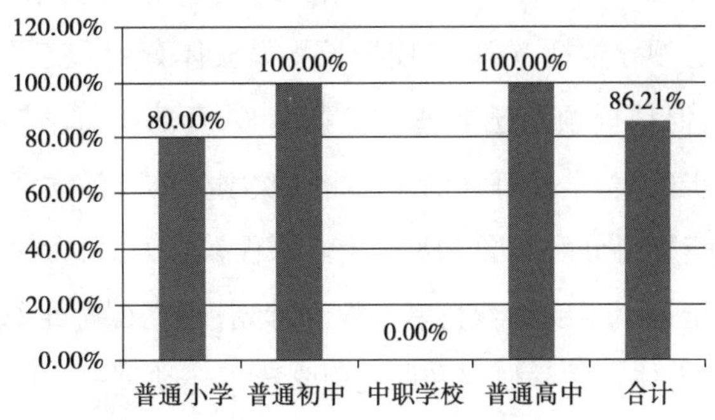


图115　2017年万盛经开区加分学校比例图

2. 不同学段的学校在各维度上的得分差异显著

从各维度来看，学校在组织管理维度上的得分率最高，为 95.55%，在学生体质维度上的得分率最低，为 82.35%。从学校类型来看，普通小学在组织管理维度上的得分率最高，为 97.15%；普通高中在教育教学、条件保障维度上的得分率最高，分别为 97.50%、100.00%；中职学校在学生体质维度上的得分率最高，为 90.00%，如图 116 所示。

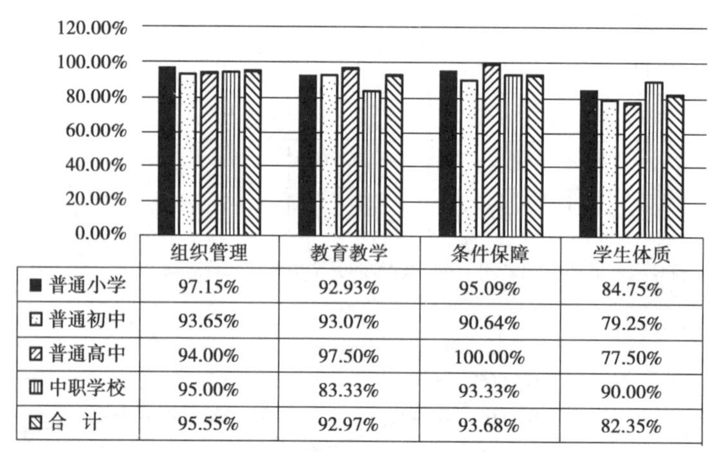


| | 组织管理 | 教育教学 | 条件保障 | 学生体质 |
|---|---|---|---|---|
| ■ 普通小学 | 97.15% | 92.93% | 95.09% | 84.75% |
| □ 普通初中 | 93.65% | 93.07% | 90.64% | 79.25% |
| ▨ 普通高中 | 94.00% | 97.50% | 100.00% | 77.50% |
| Ⅲ 中职学校 | 95.00% | 83.33% | 93.33% | 90.00% |
| ▧ 合　计 | 95.55% | 92.97% | 93.68% | 82.35% |

图 116　不同学段的学校在各维度上的得分率情况

3. 各单项指标得分率差异明显

组织管理各项指标得分率如图 117 所示。全区学校组织管理基本到位，管理机制基本健全。大部分学校成立了体育工作领导小组，分工明确、职责到人；建立了校园意外伤害事件应急处理机制，建立与公安、卫生、交通等部门的配合协作机制，依法妥善处理中小学体育意外伤害事故。各校每学期都把学校体育工作纳入工作计划，并利用校务会、行政会、备课会等研讨体育工作，总结先进经验，解决实际问题，使学校体育工作不断加强和改进。领导重视方面，各校校长将学校体育列入工作职责；落实国家体育与健康课时规定；但是校领导还须进一步重视，认真落实每学期听体育课的次数。监督检查还须进一步落实，学校每学期应通报一次学生体育活动情况。

教育教学各项指标得分率如图 118 所示。课程教学方面，大部分学校根据体育课标要求和学生实际制订了年度、学期、单元教学计划；依据课标组织体育教学；严格执行体育课考勤考核，但体育教学研究和课程教学改革还须进一步提升。校园体育活动方面，制订阳光体育运动工作方案、将校园体育活动纳入教学计划、推广阳光体育大课间活动并确保学生每天 1 小时集体体育锻炼、对学生加强体育安全教育等方面落实较

好,但“学校每年召开春、秋季运动会”和“85% 的学生至少掌握 2 项体育技能”两方面还须进一步加强。

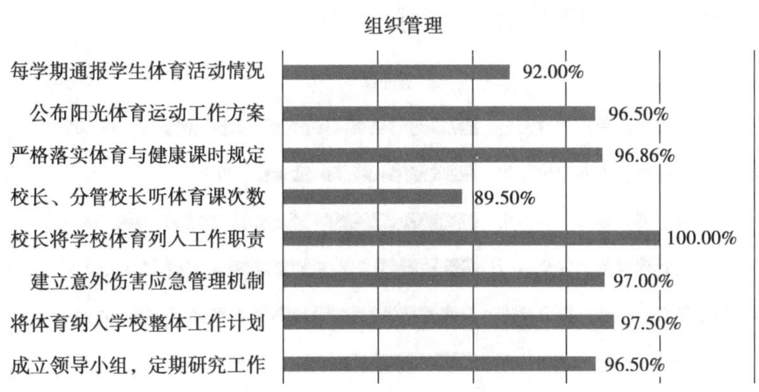


图 117　组织管理各项指标得分率

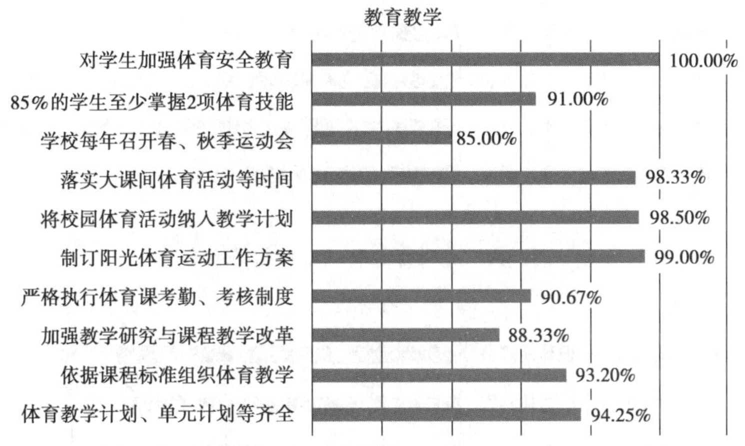


图 118　教育教学各项指标得分率

条件保障各项指标得分率如图 119 所示。教师队伍方面,体育教师职务评聘、工资待遇、教育培训落实较好,得分率较高,但是体育教师配备,体育教师集体备课和校本教研,体育教师开展课外体育活动、组织学生体质测试纳入教学工作量三方面还有待进一步加强。场地器材与经费方面,体育场地平整整洁、体育场地器材等由专人负责、公用经费满足学校体育需要等落实较好,但是体育场地、器材、设施达标还须进一步加强,课余、节假日体育场馆还须向学生全面开放。

学生体质各项指标得分率如图 120 所示。学生体质健康测试工作开展方面落实较好,保存和上报学生体质健康测试数据得分率较高。测试结果方面,40% 以上的学生达到标准良好等级,95% 以上的学生达到标准合格等级的得分率较低,分别为

66.50%、70.00%，学生体质健康水平还须进一步提高。测试评价方面，将学生体质健康水平列入综合素质档案，分析学生体质健康测试结果，把握学生体质健康发展趋势得分率较低，学生体质健康测试结果还须有效运用。

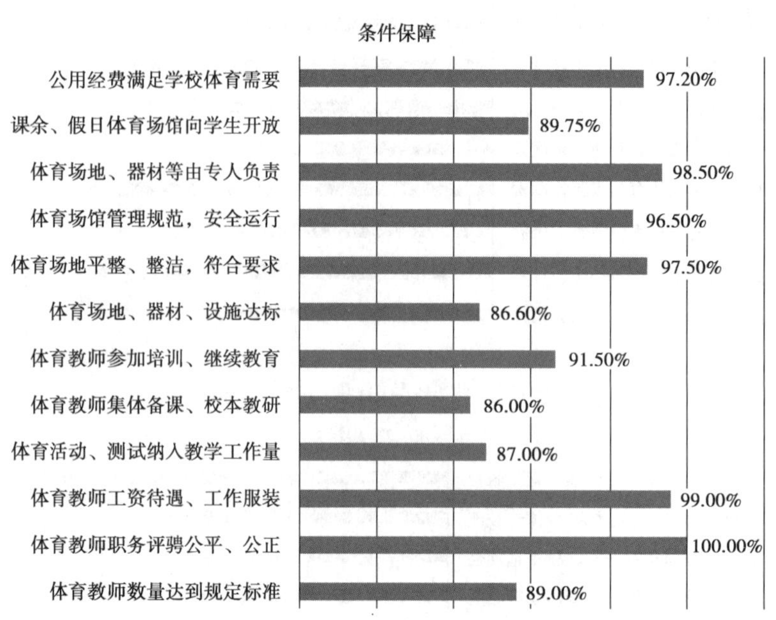


图 119　条件保障各项指标得分率

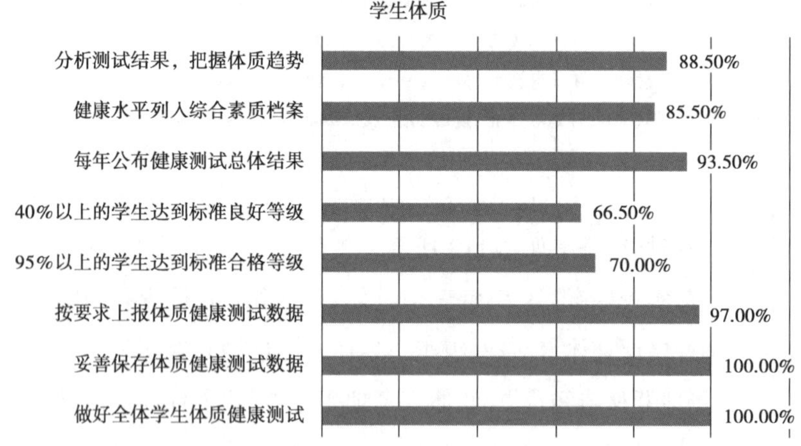


图 120　学生体质各项指标得分率

### （二）中小学校体育工作年度报告情况

本部分数据源自万盛经开区各中小学、中等职业学校上报的《学校体育工作年度报告学校报表》数据。全区 29 所中小学校上报了学校体育工作年度报告数据，其中，

普通小学 15 所,普通初中 7 所,九年一贯制学校 4 所,完全中学 3 所。

1. 体育教师队伍建设有待加强

从万盛经开区中小学上报到"重庆市学生运动与体质健康监测管理平台"的学校体育工作年度报告区县汇总情况来看,2017 年万盛经开区共有专职体育教师 160 人,占 89.39%;兼职体育教师 19 人,占 10.61%。其中,完全中学专职体育教师比例最高,达 100%;普通小学专职体育教师占比较低,为 81.25%。2017 年万盛经开区体育教师缺额 9 人,缺额比为 4.79%,其中,普通小学体育教师缺额比最高,为8.05%;完全中学没有缺额,见表 61。

2017 年万盛经开区中小学体育教师通过专项培训计划、全员培训计划、远程教育培训计划等,参与县级以上培训 147 人次,占 82.12%;全区中小学体育教师通过评优选好、基本功大赛、优质课展示、优质论文评选等,受县级以上表彰 68 人次,占 37.99%,见表 62。

**表 61　2017 年万盛经开区体育教师队伍信息(一)**

| 学校类别 | 专　职 | | 兼　职 | | 缺　额 | |
|---|---|---|---|---|---|---|
| | 人数/人 | 百分数/% | 人数/人 | 百分数/% | 人数/人 | 百分数/% |
| 普通小学 | 65 | 81.25 | 15 | 18.75 | 7 | 8.05 |
| 普通初中 | 27 | 93.10 | 2 | 6.90 | 1 | 3.33 |
| 九年一贯制学校 | 22 | 91.67 | 2 | 8.33 | 1 | 4.00 |
| 完全中学 | 46 | 100.00 | 0 | 0.00 | 0 | 0.00 |
| 总　计 | 160 | 89.39 | 19 | 10.61 | 9 | 4.79 |

**表 62　2017 年万盛经开区体育教师队伍信息(二)**

| 学校类别 | 县级及以上培训 | | 受县级以上表彰 | |
|---|---|---|---|---|
| | 人次/人 | 百分数/% | 人次/人 | 百分数/% |
| 普通小学 | 67 | 83.75 | 30 | 37.50 |
| 普通初中 | 23 | 79.31 | 14 | 48.28 |
| 九年一贯制学校 | 16 | 66.67 | 5 | 20.83 |
| 完全中学 | 41 | 89.13 | 19 | 41.30 |
| 总　计 | 147 | 82.12 | 68 | 37.99 |

2. 体育场地设施建设仍需完善

2017 年万盛经开区中小学校共有田径场 23 块(200 米田径场 20 块,300 米田径场 0 块,300 ~ 400 米田径场 0 块,400 米田径场 3 块),平均每校田径场的数量为 0. 79 块;篮球场 66 块,平均每校篮球场的数量为 2. 28 块;排球场 8 块,平均每校排球场的数量为 0. 28 块;学生体质测试室 8 间,平均每校学生体质测试室的数量为 0. 28 间,见表 63。

2017 年万盛经开区中小学共有体育馆 4 所,配有体育馆的学校比例为 13. 79%;无游泳池。全区中小学体育器材达标学校 27 所,达标学校比例为 93. 10%,见表 64。

表 63　2017 年万盛经开区体育场地器材信息(一)

| 学校类别 | 田径场 | | 篮球场 | | 排球场 | | 学生体质测试室 | |
|---|---|---|---|---|---|---|---|---|
| | 块数/块 | 校平均数/块 | 块数/块 | 校平均数/块 | 块数/块 | 校平均数/块 | 间数/间 | 校平均数/间 |
| 普通小学 | 10 | 0. 67 | 25 | 1. 67 | 0 | 0. 00 | 2 | 0. 13 |
| 普通初中 | 4 | 0. 57 | 11 | 1. 57 | 1 | 0. 14 | 1 | 0. 14 |
| 九年一贯制学校 | 5 | 1. 25 | 11 | 2. 75 | 3 | 0. 75 | 2 | 0. 50 |
| 完全中学 | 4 | 1. 33 | 19 | 6. 33 | 4 | 1. 33 | 3 | 1. 00 |
| 总　计 | 23 | 0. 79 | 66 | 2. 28 | 8 | 0. 28 | 8 | 0. 28 |

表 64　2017 年万盛经开区体育场地器材信息(二)

| 学校类别 | 体育馆 | | 游泳池 | | 体育器材达标 | |
|---|---|---|---|---|---|---|
| | 所数/所 | 比例/% | 个数/个 | 比例/% | 学校/所 | 比例/% |
| 普通小学 | 0 | 0. 00 | 0 | 0. 00 | 15 | 100. 00 |
| 普通初中 | 1 | 14. 29 | 0 | 0. 00 | 5 | 71. 43 |
| 九年一贯制学校 | 0 | 0. 00 | 0 | 0. 00 | 4 | 100. 00 |
| 完全中学 | 3 | 100. 00 | 0 | 0. 00 | 3 | 100. 00 |
| 总　计 | 4 | 13. 79 | 0 | 0. 00 | 27 | 93. 10 |

## 二、学校体育工作现场评估情况

### (一)自评可信度

万盛经开区抽查学校总体自评可信度为 96. 45%,全市抽查区县学校自评可信度

平均水平为96.91%。其中,全区中小学校体育工作的组织管理和条件保障方面的自评信度分别为97.92%、99.89%,且均高于全市抽样区县平均水平;教育教学和学生体质的自评信度分别为95.27%、91.98%,均低于全市抽样区县平均水平,如图121所示。

抽查的6所学校分别为重庆市进盛实验中学校、万盛小学、重庆市第一一五中学校、丛林学校、和平小学、鱼田堡小学,自评准确性均高于90.00%,见表65。

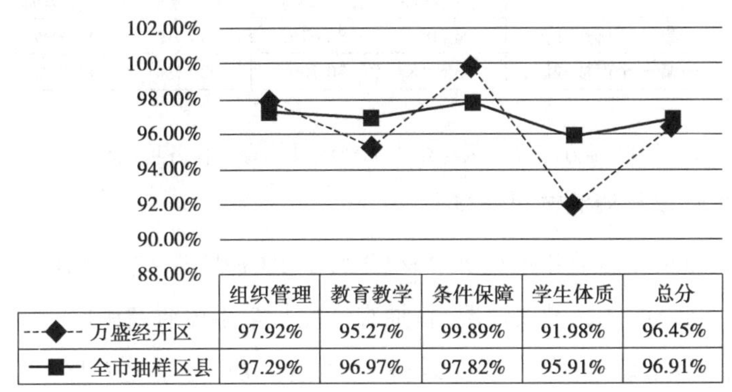


图121 2017年万盛经开区与全市抽样区县体育工作各项指标自评信度比较

**表65 2017年万盛经开区体育工作评估审核结果**

| 学　校 | 自评得分/分 | 核实得分/分 | 自评可信度/% |
|---|---|---|---|
| 重庆市进盛实验中学校 | 103.10 | 92 | 94.31 |
| 万盛小学 | 101 | 96 | 97.46 |
| 重庆市第一一五中学校 | 101 | 92.80 | 95.77 |
| 丛林学校 | 100.50 | 99.50 | 99.50 |
| 和平小学 | 106 | 91.80 | 92.82 |
| 鱼田堡小学 | 100 | 97.60 | 98.79 |

### (二)专家核实得分率

经专家核实,万盛经开区组织管理和条件保障指标的得分率分别为94.00%、99.67%,比全市抽样区县平均水平高0.37、9个百分点;教育教学和学生体质指标的得分率分别为86.67%、81.25%,比全市抽样区县平均水平分别低4.03、5.73个百分点,如图22所示。

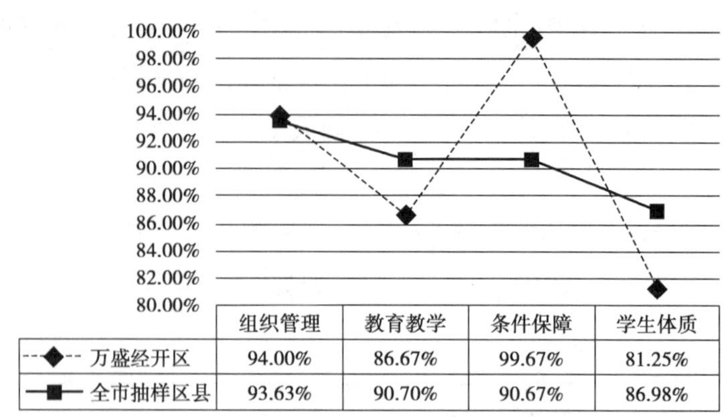


| | 组织管理 | 教育教学 | 条件保障 | 学生体质 |
|---|---|---|---|---|
| 万盛经开区 | 94.00% | 86.67% | 99.67% | 81.25% |
| 全市抽样区县 | 93.63% | 90.70% | 90.67% | 86.98% |

图 122　2017 年万盛经开区与全市抽样区县体育工作各项指标得分率比较

## (三)学生体质健康测试可信度

本次现场抽测万盛经开区 6 所学校 60 名学生(每所学校抽测 10 名学生,其中,男生 5 名,女生 5 名)的体质健康情况,将抽查情况与学生体质健康监测原始数据进行对比,原始数据基本准确可信(可信度≥80%)的有 5 所,分别是万盛小学、进盛实验中学、和平小学、丛林学校和第一一五中学,占抽查学校的 83.33%;鱼田堡小学学生体质抽测数据与原始数据进行对比有较多明显差异,可信度低于 50.00%。如鱼田堡小学一名五年级的男生身高原记录为 150 厘米,专家抽查核实记录为 159 厘米,原记录与核实数据相差 9 厘米等。

全区抽查原始数据可信率为 76.67%,比全市抽查原始数据可信率低 4.15 个百分点,如图 123 所示。区教委应提高对学生体质健康测试的认识,切实加强测试工作的组织和管理,并且进一步完善对学校体质健康测试工作的抽查制度,真正将学生体质健康测试工作落到实处。

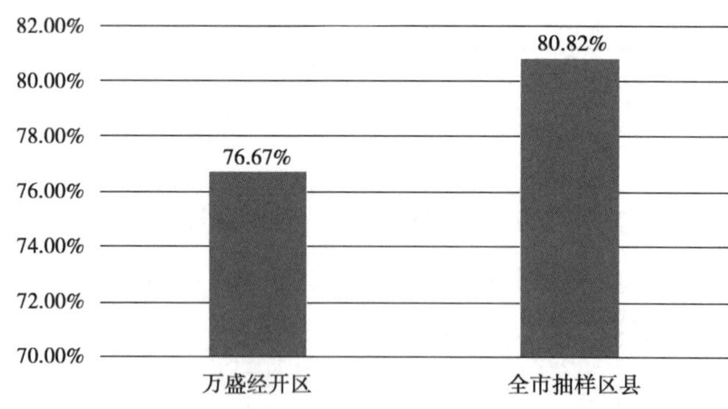


图 123　2017 年万盛经开区与全市抽样区县学生体质健康测试可信度比较

## 三、问题与建议

### （一）进一步完善监测结果公示制度

从现场访谈来看，有的学校没有对学生体质健康总体结果进行公示，没有将学生体质健康情况及时通报家长，《国家学生体质健康标准登记卡》没有记录完整。建议区教委严格督查学校按时公布公示阳光体育运动方案、学生体育活动情况、学生体质健康测试总体结果等，及时将体测数据反馈给学生和家长，登记卡上应有家长签字。另外，当学生参加对抗性强的比赛时，应让家长知情并签字。

### （二）进一步加强体育师资队伍建设

2017 年万盛经开区共有专职体育教师 160 人，兼职体育教师 19 人，体育教师缺额 9 人。部分学校缺乏专职体育教师，造成学校体育教师工作量较大，在一定程度上影响了课外体育活动的开展，特别是足球、羽毛球和健美操专项体育教师奇缺。据此，建议进一步加大体育师资配备力度，招录专职体育教师进行补充，着实缓解学校体育教师的压力；推行基层体育教师"优良资源走教模式"，以解决村小体育教师不足和教师水平低的问题。

### （三）进一步加强体育场地建设

从全区自评情况来看，体育场地方面，普通小学和普通初中校田径场平均不足 1 块，全区学生体质测试室严重不足，仅有 8 间。体育器材方面，部分学校由于受到资金的限制，增添的器械有限，加上补损的设备还未能及时到位，部分学校体育器材对照新标准还略有差距。体育场地器材是学校体育工作的基础，建议加大体育场地器材经费的投入，改善校园体育场地设施，提高学校体育条件；建立损耗器材追补的机制，形成学校生均公用经费定额用于体育器材追补、专项教育经费用于体育器材追补和体育器材损耗管理考核相结合的制度。

### （四）进一步重视学生体质健康测试工作

1. 学生体质健康未认真监测，存在弄虚作假现象

现场抽测学生体质健康情况发现，鱼田堡小学学生体质抽测数据与原始数据进行对比有较多明显差异，可信度低于 50.00%。该区应加大对所辖区域中小学生体质健康抽查复核的力度，督促学校认真监测学生体质健康状况，确保测试数据的真实性、完

整性和有效性。

2. 学生体质健康水平有待提高

从全区自评情况来看，40.00%以上学生达到标准良好等级及95.00%以上学生达到标准合格等级的得分率较低，分别为66.50%、70.00%。建议学校强化课程体系建设，严格执行国家体育课程方案和课程标准，开足开好体育课程，确保大课间运动量，大力开展专项技能运动教学，切实提高学生的基本运动技能和专项运动能力。鼓励学生积极参加校外全民健身运动，确保课外锻炼时间，提高学生体质健康水平。

# 武隆区

重庆市教育评估院受重庆市教育委员会委托，对重庆市武隆区2017年学校体育工作进行专项评估。评估内容主要有区县和学校上报自评数据、材料评审和现场核查。2017年11月30日前，武隆区39所中小学校在“重庆市学生运动与体质健康监测管理平台”完成了自评数据上报工作；12月，市教育评估院邀请了专家对武隆区自评材料进行网络评审，并且组织专家赴武隆区6所中小学校进行了现场核查。

评估采用定量分析与定性分析相结合的方式，定量分析的有关数据主要源自武隆区上报的《中小学校体育工作评估自评结果报表》《学校体育工作年度报表》数据和专家现场核查数据；定性分析的信息样本主要源自武隆区的自评报告、材料评审及专家现场核查的相关信息。现将武隆区2017年度中小学校体育工作专项评估报告如下。

## 一、学校体育工作自评情况

### (一)中小学校体育工作评估自评结果

本部分数据源自武隆区各中小学、中等职业学校对照《中小学校体育工作评估指标体系》完成自评后，在“重庆市学生运动与体质健康监测管理平台”上报的《中小学校体育工作评估自评结果报表》数据。全区39所具有独立法人资格的中小学(村校等非独立法人资格中小学参加所在学区中心校评估)参加了学校体育工作评估，其中，普通小学27所，普通初中7所，中职学校1所，普通高中4所，见表66。

表 66　2017 年武隆区学校体育工作自评审核结果

| 学校类别 | 学校总数 | 优秀等级学校 | 良好等级学校 | 合格等级学校 | 不合格学校 | 加分学校 |
|---|---|---|---|---|---|---|
| 普通小学 | 27 | 19 | 8 | 0 | 0 | 15 |
| 普通初中 | 7 | 5 | 2 | 0 | 0 | 6 |
| 中职学校 | 1 | 1 | 0 | 0 | 0 | 1 |
| 普通高中 | 4 | 4 | 0 | 0 | 0 | 3 |
| 合　计 | 39 | 29 | 10 | 0 | 0 | 25 |

注：九年一贯制学校计入普通初中，十二年一贯制学校和完全中学计入普通高中。

1. 学校体育工作自评等级结果总体良好

2017 年武隆区有自评优秀等级学校 29 所，占 74.36%，其中，中职学校和普通高中优秀等级学校比例最高，均为 100.00%，普通小学优秀等级学校比例最低，为 70.37%，如图 124 所示；良好等级学校 10 所，占 25.64%；无不合格等级学校。全区有加分学校 25 所，占 64.10%，其中，中职学校加分学校比例最高，为 100.00%；普通小学加分学校比例最低，为 55.56%，如图 125 所示。

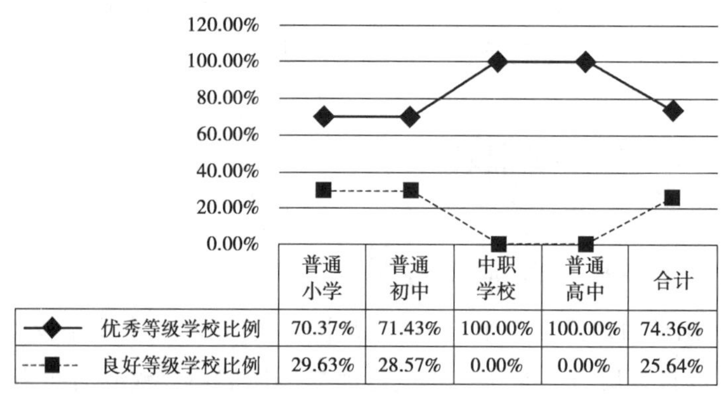


图 124　2017 年武隆区优秀和良好等级学校比例图

2. 不同学段的学校在各维度上的得分差异显著

从各维度来看，学校在组织管理维度上的得分率最高，为 94.90%，在学生体质维度上的得分率最低，为 88.05%。从学校类型来看，普通高中在组织管理、教育教学、条件保障维度上的得分率均最高，分别为 100.00%、98.33%、95.00%；职业学校在学生体质维度上的得分率最高，为 100.00%，如图 126 所示。

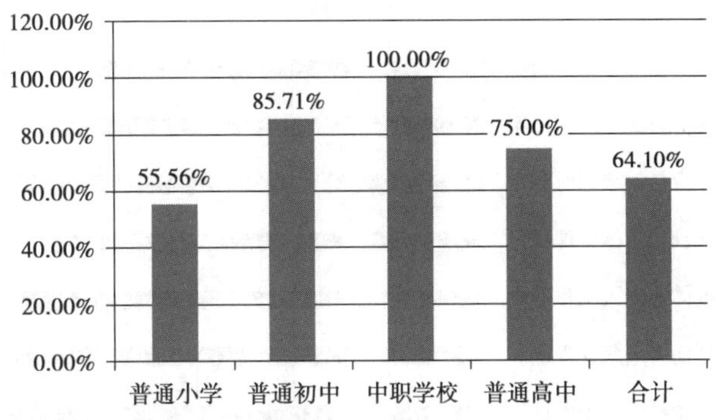


图 125　2017 年武隆区加分学校比例图

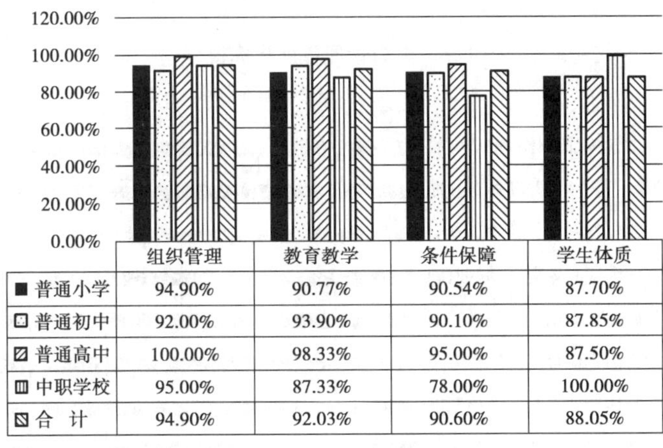


| | 组织管理 | 教育教学 | 条件保障 | 学生体质 |
|---|---|---|---|---|
| 普通小学 | 94.90% | 90.77% | 90.54% | 87.70% |
| 普通初中 | 92.00% | 93.90% | 90.10% | 87.85% |
| 普通高中 | 100.00% | 98.33% | 95.00% | 87.50% |
| 中职学校 | 95.00% | 87.33% | 78.00% | 100.00% |
| 合　计 | 94.90% | 92.03% | 90.60% | 88.05% |

图 126　不同学段的学校在各维度上的得分率情况

3. 各单项指标得分率差异明显

组织管理各项指标得分率如图 127 所示。全区学校组织管理基本到位，管理机制基本健全。绝大多数中小学校成立了由校级领导分管的体育工作领导小组，将体育工作纳入学校整体工作计划，建立了校园意外伤害事故应急管理机制，制订和实施体育安全管理工作方案，明确职责，落实分工，确保了学校体育工作正常有序开展。领导重视方面，各学校认真落实体育与健康课时规定，但是校领导每学期听体育课的次数还须进一步加强。监督检查方面，学校应进一步落实每学期通报一次学生体育活动情况。

教育教学各项指标得分率如图 128 所示。课程教学方面，体育教师能按照课程标准落实教学计划、单元计划、课时计划，组织体育教学，执行体育课考勤考核等完成教学任务，但体育教学研究和课程教学改革还须进一步提升。校园体育活动方面，制订阳光体育运动工作方案，组织形式多样、各具特色的大课间体育活动，对学生进行体育安全教育等方面落实较好，但"学校每年召开春、秋季运动会"还须进一步加强。

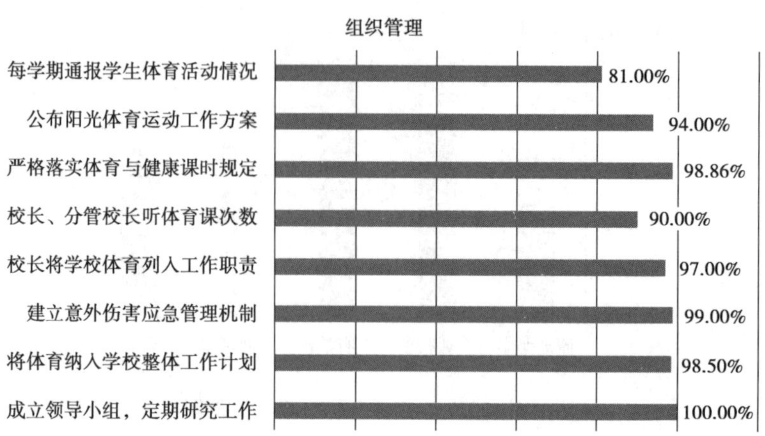


图 127　组织管理各项指标得分率

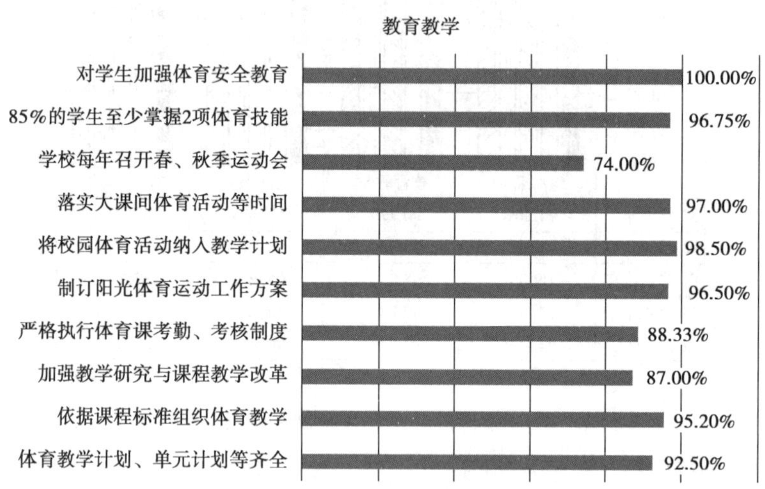


图 128　教育教学各项指标得分率

条件保障各项指标得分率如图 129 所示。教师队伍方面，体育教师职务评聘、工资待遇、集体备课、校本教研和教育培训落实较好，得分率较高，但体育教师开展课外体育活动，组织学生体质健康测试纳入教学工作量，以及体育教师配备还有待进一步加强。场地器材与经费方面，体育场地平整整洁、体育场地器材设施由专人负责、公用经费满足学校体育需要等落实较好，但体育场地、器材、设施达标还须进一步加强，课余和节假日体育场馆还须向学生全面开放。

学生体质各项指标得分率如图 130 所示。学生体质健康测试工作开展方面落实较好，保存和上报学生体质健康测试数据得分率较高。测试结果方面，40% 以上的学生达到标准良好等级得分率较低，学生体质健康水平还须进一步提高。测试评价方面，将学生体质健康水平纳入综合素质档案，分析学生体质健康测试结果，把握学生体质健康发展趋势得分率较低，学生体质健康测试结果还须有效运用。

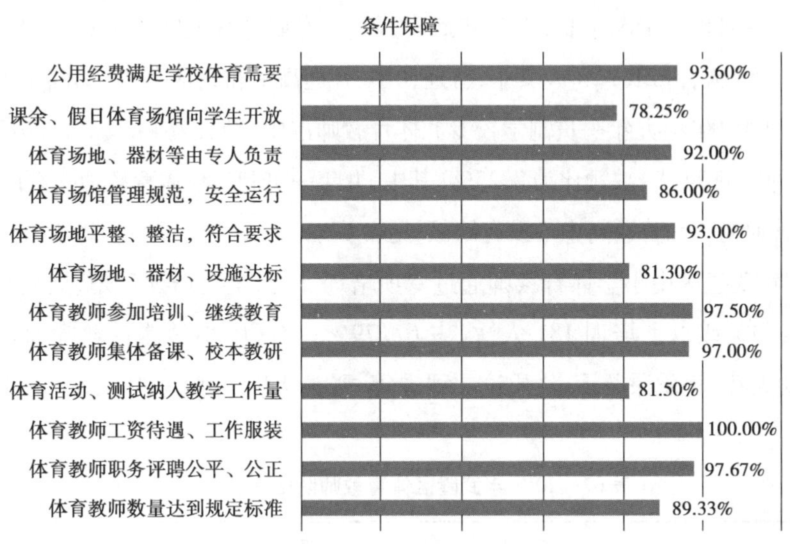


图 129　条件保障各项指标得分率

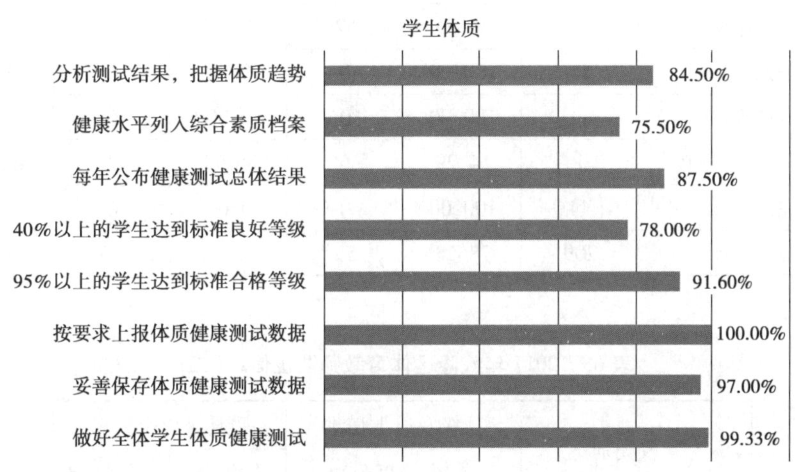


图 130　学生体质各项指标得分率

（二）中小学校体育工作年度报告情况

本部分数据源自武隆区各中小学、中等职业学校上报的《学校体育工作年度报告学校报表》数据。全区 39 所中小学校上报了学校体育工作年度报告数据，其中，普通小学 27 所，普通初中 6 所，普通高中 1 所，九年一贯制学校 1 所，完全中学 4 所。

1. 体育教师队伍建设有待加强

从武隆区中小学上报到"重庆市学生运动与体质健康监测管理平台"的学校体育工作年度报告区县汇总情况来看,2017 年武隆区共有专职体育教师 209 人,占78.28%;兼职体育教师 58 人,占 21.72%。其中,普通初中、普通高中和完全中学专职体育教师比例最高,均达 100.00%;九年一贯制学校专职体育教师占比最低,为 14.29%。2017 年武隆区体育教师缺额 24 人,缺额比为 8.25%,其中,九年一贯制学校体育教师缺额比最高,为 22.22%;普通初中和普通高中均没有缺额,见表 67。

2017 年武隆区中小学体育教师通过专项培训计划、全员培训计划、远程教育培训计划等,参与县级以上培训 181 人次,占 67.79%;全区中小学体育教师通过评优选好、基本功大赛、优质课展示、优质论文评选等,受县级以上表彰 99 人次,占 37.08%,见表 68。

表 67　2017 年武隆区体育教师队伍信息(一)

| 学校类别 | 专　职 | | 兼　职 | | 缺　额 | |
|---|---|---|---|---|---|---|
| | 人数/人 | 百分数/% | 人数/人 | 百分数/% | 人数/人 | 百分数/% |
| 普通小学 | 102 | 66.23 | 52 | 33.77 | 16 | 9.41 |
| 普通初中 | 51 | 100.00 | 0 | 0.00 | 0 | 0.00 |
| 普通高中 | 11 | 100.00 | 0 | 0.00 | 0 | 0.00 |
| 九年一贯制学校 | 1 | 14.29 | 6 | 85.71 | 2 | 22.22 |
| 完全中学 | 44 | 100.00 | 0 | 0.00 | 6 | 12.00 |
| 总　计 | 209 | 78.28 | 58 | 21.72 | 24 | 8.25 |

表 68　2017 年武隆区体育教师队伍信息(二)

| 学校类别 | 县级及以上培训 | | 受县级以上表彰 | |
|---|---|---|---|---|
| | 人次/人 | 百分数/% | 人次/人 | 百分数/% |
| 普通小学 | 99 | 64.29 | 53 | 34.42 |
| 普通初中 | 32 | 62.75 | 24 | 47.06 |
| 普通高中 | 11 | 100.00 | 5 | 45.45 |
| 九年一贯制学校 | 1 | 14.29 | 0 | 0.00 |
| 完全中学 | 38 | 86.36 | 17 | 38.64 |
| 总　计 | 181 | 67.79 | 99 | 37.08 |

2. 体育场地设施建设仍需完善

2017 年武隆区中小学校共有田径场 23 块(200 米田径场 21 块,300 米田径场 0 块,300 ~400 米田径场 0 块,400 米田径场 2 块),平均每校田径场的数量为 0. 59 块;篮球场 112 块,平均每校篮球场的数量为 2. 87 块;排球场 22 块,平均每校排球场的数量为 0. 56 块;学生体质测试室 35 间,平均每校学生体质测试室的数量为 0. 90 间,见表 69。

2017 年武隆区中小学共有体育馆 4 所,配有体育馆的学校比例为 10. 26%;无游泳池。全区中小学体育器材达标学校 38 所,达标学校比例为 97. 44%,见表 70。

表 69　2017 年武隆区体育场地器材信息(一)

| 学校类别 | 田径场 | | 篮球场 | | 排球场 | | 学生体质测试室 | |
|---|---|---|---|---|---|---|---|---|
| | 块数/块 | 校平均数/块 | 块数/块 | 校平均数/块 | 块数/块 | 校平均数/块 | 间数/间 | 校平均数/间 |
| 普通小学 | 12 | 0. 44 | 64 | 2. 37 | 14 | 0. 52 | 29 | 1. 07 |
| 普通初中 | 5 | 0. 83 | 21 | 3. 50 | 3 | 0. 50 | 3 | 0. 50 |
| 普通高中 | 1 | 1. 00 | 3 | 3. 00 | 1 | 1. 00 | 0 | 0. 00 |
| 九年一贯制学校 | 0 | 0. 00 | 2 | 2. 00 | 0 | 0. 00 | 0 | 0. 00 |
| 完全中学 | 5 | 1. 25 | 22 | 5. 50 | 4 | 1. 00 | 3 | 0. 75 |
| 总　计 | 23 | 0. 59 | 112 | 2. 87 | 22 | 0. 56 | 35 | 0. 90 |

表 70　2017 年武隆区体育场地器材信息(二)

| 学校类别 | 体育馆 | | 游泳池 | | 体育器材达标 | |
|---|---|---|---|---|---|---|
| | 所数/所 | 比例/% | 个数/个 | 比例/% | 学校/所 | 比例/% |
| 普通小学 | 2 | 7. 41 | 0 | 0. 00 | 26 | 96. 30 |
| 普通初中 | 0 | 0. 00 | 0 | 0. 00 | 6 | 100. 00 |
| 普通高中 | 0 | 0. 00 | 0 | 0. 00 | 1 | 100. 00 |
| 九年一贯制学校 | 0 | 0. 00 | 0 | 0. 00 | 1 | 100. 00 |
| 完全中学 | 2 | 50. 00 | 0 | 0. 00 | 4 | 100. 00 |
| 总　计 | 4 | 10. 26 | 0 | 0. 00 | 38 | 97. 44 |

## 二、学校体育工作现场评估情况

### (一)自评可信度

武隆区抽查学校总体自评可信度为97.69%,全市抽查区县学校自评可信度平均水平为96.91%。其中,全区中小学校体育工作的教育教学和学生体质方面的自评信度分别为98.53%、98.55%,均高于全市抽样区县平均水平;组织管理和条件保障的自评信度分别为95.56%、96.34%,均低于全市抽样区县平均水平,如图131所示。

抽查的6所学校分别为实验中学、仙女山镇中心小学、渝港小学、白马镇中心小学校、长坝中学、庙垭乡九年制学校,自评准确性均高于95.00%,见表71。

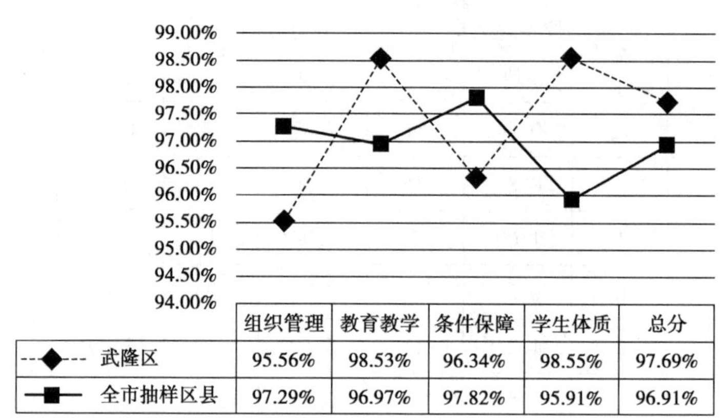


| | 组织管理 | 教育教学 | 条件保障 | 学生体质 | 总分 |
|---|---|---|---|---|---|
| 武隆区 | 95.56% | 98.53% | 96.34% | 98.55% | 97.69% |
| 全市抽样区县 | 97.29% | 96.97% | 97.82% | 95.91% | 96.91% |

图131　2017年武隆区与全市抽样区县体育工作各项指标自评信度比较

**表71　2017年武隆区体育工作评估审核结果**

| 学　校 | 自评得分/分 | 核实得分/分 | 自评可信度/% |
|---|---|---|---|
| 实验中学 | 95.2 | 87.6 | 95.84 |
| 仙女山镇中心小学 | 81 | 78.8 | 98.62 |
| 渝港小学 | 101 | 94.2 | 96.52 |
| 白马镇中心小学校 | 94 | 90 | 97.83 |
| 长坝中学 | 95 | 92 | 98.40 |
| 庙垭乡九年制学校 | 88 | 86.6 | 99.20 |

(二)专家核实得分率

经专家核实,武隆区组织管理、条件保障和学生体质指标的得分率分别为89.67%、82.67%和79.33%,比全市抽样区县平均水平分别低3.96、8和7.65个百分点。教育教学指标的得分率为90.89%,全市抽样区县平均水平为90.70%,如图132所示。

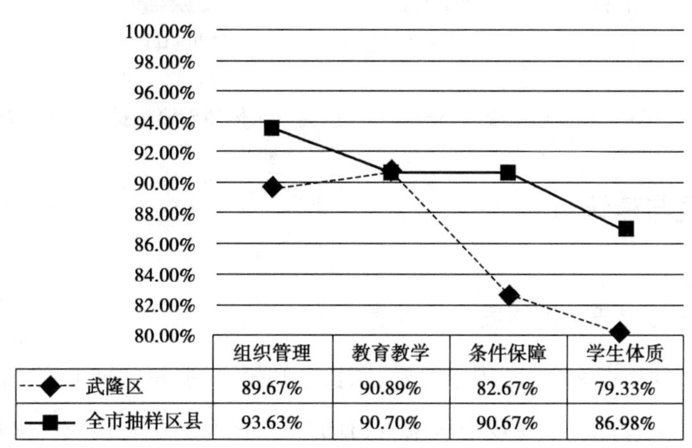


| | 组织管理 | 教育教学 | 条件保障 | 学生体质 |
|---|---|---|---|---|
| 武隆区 | 89.67% | 90.89% | 82.67% | 79.33% |
| 全市抽样区县 | 93.63% | 90.70% | 90.67% | 86.98% |

图132 2017年武隆区与全市抽样区县体育工作各项指标得分率比较

(三)学生体质健康测试可信度

本次现场抽测武隆区6所学校60名学生(每所学校抽测10名学生,其中,男生5名,女生5名)的体质健康情况,将抽查情况与学生体质健康监测原始数据进行对比,原始数据基本准确可信(可信度≥80.00%)的学校有5所,分别是仙女山镇中心小学、渝港小学、白马镇中心小学校、长坝中学和庙垭乡九年制学校,占抽查学校的83.33%;实验中学学生体质抽测数据与原始数据进行对比有较多明显差异,可信度低于50.00%。如实验中学一名初二年级的男生身高原记录为165厘米,专家抽查核实记录为155厘米,核实身高记录比上一次体测的身高原记录减少了10厘米等。

全区抽查原始数据可信率为83.33%,比全市抽查原始数据可信率高2.51个百分点,如图133所示。武隆区学生体质健康测试的数据较可信,区县还要进一步完善对学校体质健康测试工作的抽查制度,将学生体质健康测试工作落到实处。

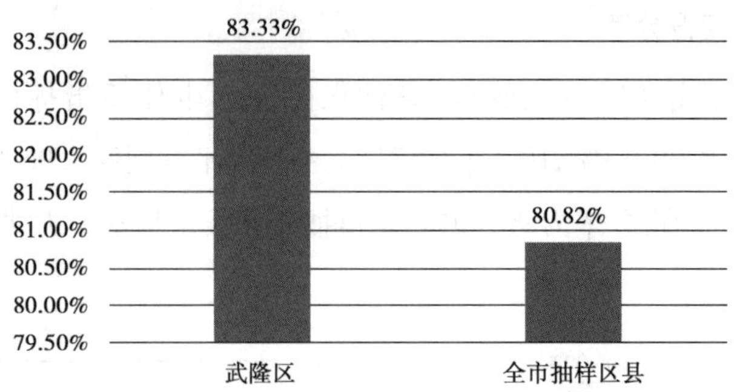


图 133　2017 年武隆区与全市抽样区县学生体质健康测试可信度比较

## 三、问题与建议

### (一)进一步完善监测结果公示制度

从全区自评情况来看,利用公告栏、家长会和校园网,每学期通报一次学生体育活动情况的得分率较低。从现场访谈来看,有的学校没有对学生体质健康总体结果进行公示。监督检查是开展学校体育工作的有效措施,建议区教委严格督查学校按时公布公示阳光体育运动方案、学生体育活动情况、学生体质健康测试总体结果等。

### (二)进一步加强体育师资队伍建设

2017 年武隆区普通小学共有专职体育教师 102 人,占 66.23%;体育教师缺额 16 人,缺额比为 9.41%。完校及村校基本上没有配置专业体育教师。建议进一步加大体育师资配备力度,招录专职体育教师进行补充,着实缓解学校体育教师的压力;推行基层体育教师"优良资源走教模式",以解决村小体育教师不足和教师水平低的问题。

### (三)进一步加强体育场地建设

通过全区自评情况来看,普通小学和普通初中校平均田径场不足 1 块,九年一贯制学校没有规范的田径场。实地考察也发现,部分学校没有规范的田径场,如渝港小学。由于学生流动,村完校的教学活动场地有保障,但乡镇和城区学校的运动场不足,不能满足体育教学活动,有时一个班教学只能占用半个篮球场,课程教学计划也受到影响。建议加大体育场地经费投入,改善校园体育场地设施,提高学校体育条件;加快推进中小学标准化建设,均衡配置教育资源。

（四）进一步重视学生体质健康测试工作

1. 个别学校学生体质健康未被认真监测，存在弄虚作假现象

通过现场抽测学生体质健康情况发现，虽然学生体质健康测试可信度高于全市抽查区县原始数据可信度，但仍有部分学校弄虚作假，其学生体质数据与现场测查结果进行一致性比对，有较多明显差异，如实验中学。该区应加大对所辖区域中小学生体质健康抽查复核的力度，督促学校认真监测学生体质健康状况，确保测试数据的真实性、完整性和有效性。

2. 学生体质健康水平有待提高

从全区自评情况来看，40%以上学生达到标准良好等级得分率较低。建议学校强化课程体系建设，严格执行国家体育课程方案和课程标准，开足开好体育课程，大力开展专项技能运动教学，切实提高学生的基本运动技能和专项运动能力，鼓励学生积极参加校外全民健身运动，确保课外锻炼时间，提高学生体质健康水平。

# 永川区

重庆市教育评估院受重庆市教育委员会委托，对重庆市永川区2017年学校体育工作进行专项评估。评估内容主要有区县和学校上报自评数据、材料评审和现场核查。2017年11月30日前，永川区124所中小学校在“重庆市学生运动与体质健康监测管理平台”完成了自评数据上报工作；12月，市教育评估院邀请了专家对永川区自评材料进行网络评审，并且组织专家赴永川区6所中小学校进行了现场核查。

评估采用定量分析与定性分析相结合的方式，定量分析的有关数据主要源自永川区上报的《中小学校体育工作评估自评结果报表》《学校体育工作年度报表》数据和专家现场核查数据；定性分析的信息样本主要源自永川区的自评报告、材料评审及专家现场核查的相关信息。现将永川区2017年度中小学校体育工作专项评估报告如下。

## 一、学校体育工作自评情况

### （一）中小学校体育工作评估自评结果

本部分数据源自永川区各中小学、中等职业学校对照《中小学校体育工作评估指标体系》完成自评后，在“重庆市学生运动与体质健康监测管理平台”上报的《中小学校体育工作评估自评结果报表》数据。全区124所具有独立法人资格的中小学（村校等非独立法人资格中小学参加所在学区中心校评估）参加了学校体育工作评估，其中，普通小学89所，普通初中26所，中职学校1所，普通高中8所，见表172。

1.学校体育工作自评等级结果总体良好

2017年永川区有自评优秀等级学校108所，占87.10%，其中，中职学校和普通高中优秀等级学校比例最高，均为100.00%，普通小学优秀等级学校比例最低，为85.39%，如图134所示；良好等级学校15所，占12.10%；合格等级学校1所，占0.81%；无不合格等级学校。全区有加分学校44所，占35.48%，其中，中职学校加分学校比例最高，为100.00%；普通小学加分学校比例最低，为31.46%，如图135所示。

表72　2017年永川区学校体育工作自评审核结果

| 学校类别 | 学校总数 | 优秀等级学校 | 良好等级学校 | 合格等级学校 | 不合格等级学校 | 加分学校 |
|---|---|---|---|---|---|---|
| 普通小学 | 89 | 76 | 12 | 1 | 0 | 28 |
| 普通初中 | 26 | 23 | 3 | 0 | 0 | 12 |
| 中职学校 | 1 | 1 | 0 | 0 | 0 | 1 |
| 普通高中 | 8 | 8 | 0 | 0 | 0 | 3 |
| 合　计 | 124 | 108 | 15 | 1 | 0 | 44 |

注：九年一贯制学校计入普通初中，十二年一贯制学校和完全中学计入普通高中。

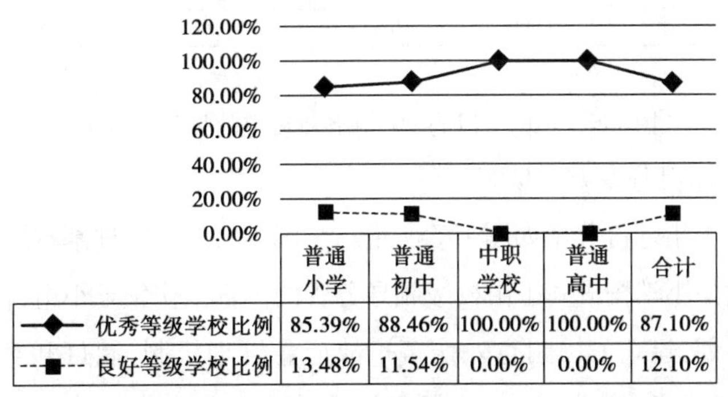


图134　2017年永川区优秀和良好等级学校比例图

2.不同学段的学校在各维度上的得分差异显著

从各维度来看，学校在学生体质维度上的得分率最高，为86.30%，在条件保障维度上的得分率最低，为80.41%。从学校类型来看，普通高中在组织管理和教育教学维度上的得分率最高，分别为86.90%、82.50%；职业学校在条件保障维度上的得分率最高，为98.33%；普通初中在学生体质维度上的得分率最高，为88.35%，如图136所示。

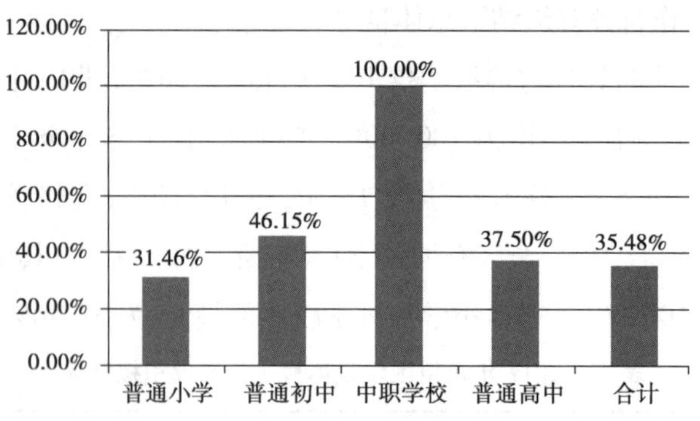


图 135　2017 年永川区加分学校比例图

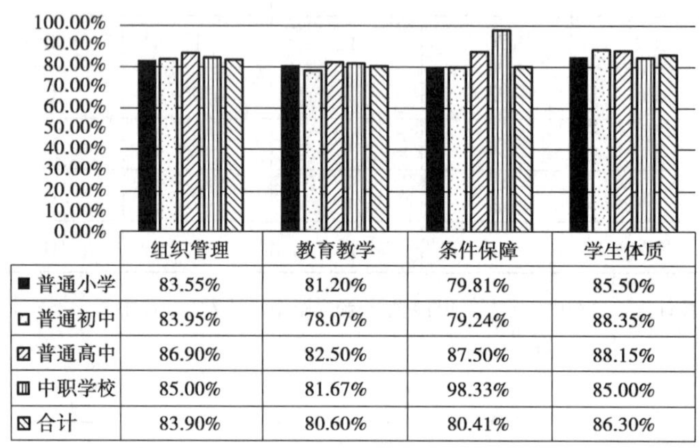


| | 组织管理 | 教育教学 | 条件保障 | 学生体质 |
|---|---|---|---|---|
| ■ 普通小学 | 83.55% | 81.20% | 79.81% | 85.50% |
| □ 普通初中 | 83.95% | 78.07% | 79.24% | 88.35% |
| ▨ 普通高中 | 86.90% | 82.50% | 87.50% | 88.15% |
| ▥ 中职学校 | 85.00% | 81.67% | 98.33% | 85.00% |
| ▧ 合计 | 83.90% | 80.60% | 80.41% | 86.30% |

图 136　不同学段的学校在各维度上的得分率情况

3. 各单项指标得分率差异明显

组织管理各项指标得分率如图 137 所示。全区学校组织管理基本到位,管理机制基本健全。大多数中小学校成立了由校级领导分管的体育工作领导小组,将体育工作纳入学校整体工作计划,建立了校园意外伤害事故应急管理机制,制订和实施体育安全管理工作方案,明确职责,落实分工,确保了学校体育工作正常有序开展。领导重视方面,校长、分校长听体育课次数的得分率较低,仅为 58. 00% ,学校领导重视程度需要进一步加强。监督检查方面,学校应进一步落实每学期通报一次学生体育活动情况。

教育教学各项指标得分率如图 138 所示。课程教学方面,多数中小学校体育与健康课程教学计划、单元计划、课时计划齐全,能依据课标组织体育教学,严格执行体育课考勤和考核登记制度,并将结果放入学生档案作为学生综合素质过程性评价的内容。但体育教学研究和课程教学改革的得分率较低,各中小学还须进一步提升。校园体育活动方面,制订阳光体育运动工作方案,将校园体育活动纳入教学计划,对学生进行体育安全教育等方面落实较好，但是落实大课间体育活动，学校每年召开春、秋季运动会，85%的学生至少掌握2项体育技能三方面还须进一步加强。

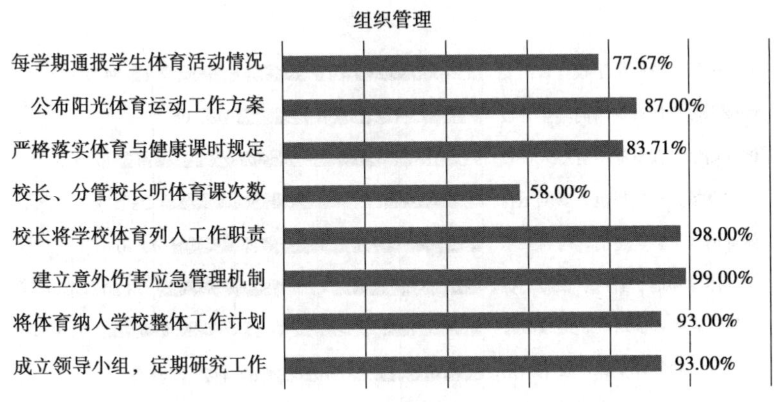


图137　组织管理各项指标得分率

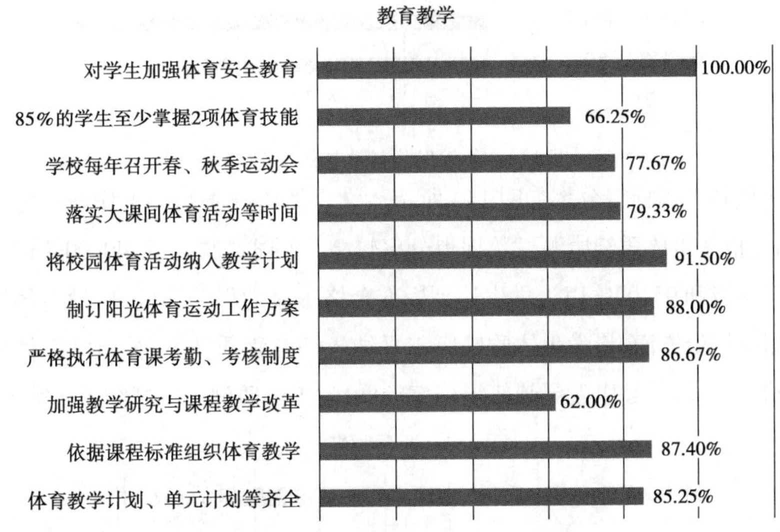


图138　教育教学各项指标得分率

条件保障各项指标得分率如图139所示。教师队伍方面，体育教师的工资待遇、职务评聘等与其他任课教师同等对待，组织学生课外辅导培训、体质健康测试等工作纳入教学工作量。区教委积极组织体育教师参加相关培训，举办体育教师专业技能考核大赛，体育教师论文评比等活动，有效地提升了体育教师的专业技能和专业素养。但体育教师数量达到规定标准和体育教师参加集体备课、校本教研两个指标的得分率较低，均为69.00%，各校还应进一步加强体育教学研究、加强体育教师配备。

场地器材与经费方面，体育场地器材设施由专人负责、公用经费满足学校体育需要等落实较好，但是体育场地、器材、设施达标，体育场地平整整洁符合要求，体育场馆管理规范还须进一步加强，课余和节假日体育场馆还须向学生全面开放。

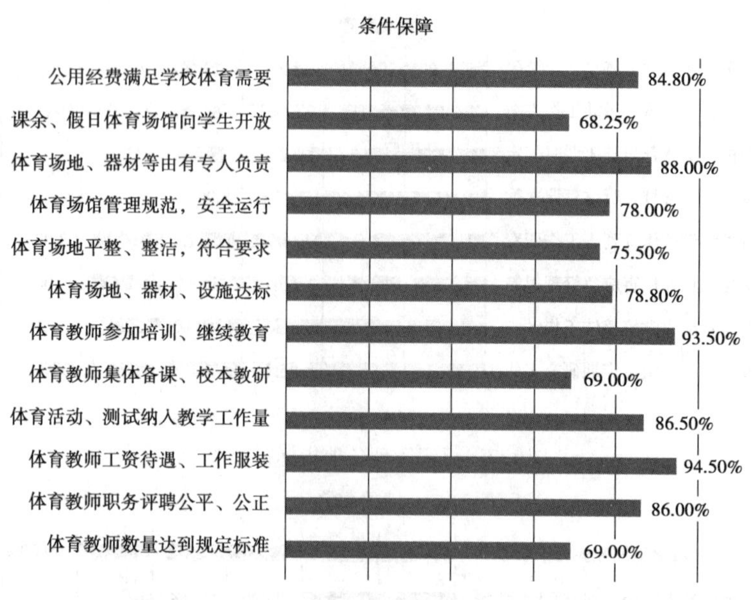


图 139　条件保障各项指标得分率

学生体质各项指标得分率如图 140 所示。学生体质健康测试工作开展方面落实较好，保存和上报学生体质健康测试数据得分率较高。测试结果方面，40.00% 以上学生达到标准良好等级和 95.00% 以上学生达到标准合格等级的得分率较高，学生体质健康水平良好。测试评价方面，将学生体质健康水平纳入综合素质档案，分析学生体质健康测试结果，把握学生体质健康发展趋势得分率较低，学生体质健康测试结果还须有效运用。

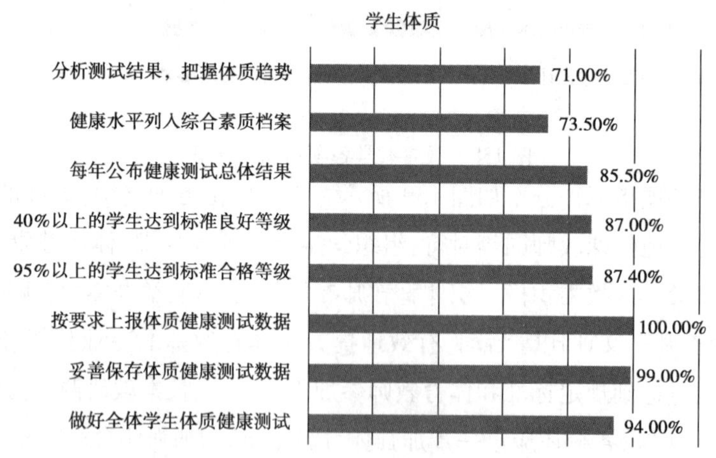


图 140　学生体质各项指标得分率

（二）中小学校体育工作年度报告情况

本部分数据源自永川区各中小学、中等职业学校上报的《学校体育工作年度报告学校报表》数据。全区124所中小学校上报了学校体育工作年度报告数据，其中，普通小学89所，普通初中26所，普通高中1所，十二年一贯制学校1所，完全中学7所。

1. 体育教师队伍建设有待加强

从永川区中小学上报到"重庆市学生运动与体质健康监测管理平台"的学校体育工作年度报告区县汇总情况来看，2017年永川区共有专职体育教师462人，占68.14%；兼职体育教师216人，占31.86%。其中，普通高中和十二年一贯制学校专职体育教师比例最高，均达100.00%；普通小学专职体育教师占比最低，为54.79%。2017年永川区体育教师缺额123人，缺额比为15.36%，其中，十二年一贯制学校体育教师缺额比最高，为33.33%；普通高中没有缺额，见表73。

2017年永川区中小学体育教师通过专项培训计划、全员培训计划、远程教育培训计划等，参与县级以上培训469人次，占69.17%；全区中小学体育教师通过评优选好、基本功大赛、优质课展示、优质论文评选等，受县级以上表彰175人次，占25.81%，见表74。

**表73　2017年永川区体育教师队伍信息（一）**

| 学校类别 | 专　职 | | 兼　职 | | 缺　额 | |
|---|---|---|---|---|---|---|
| | 人数/人 | 百分数/% | 人数/人 | 百分数/% | 人数/人 | 百分数/% |
| 普通小学 | 240 | 54.79 | 198 | 45.21 | 106 | 19.49 |
| 普通初中 | 93 | 85.32 | 16 | 14.68 | 14 | 11.38 |
| 普通高中 | 6 | 100.00 | 0 | 0.00 | 0 | 0.00 |
| 十二年一贯制学校 | 4 | 100.00 | 0 | 0.00 | 2 | 33.33 |
| 完全中学 | 119 | 98.35 | 2 | 1.65 | 1 | 0.82 |
| 总　计 | 462 | 68.14 | 216 | 31.86 | 123 | 15.36 |

**表74　2017年永川区体育教师队伍信息（二）**

| 学校类别 | 县级及以上培训 | | 受县级以上表彰 | |
|---|---|---|---|---|
| | 人次/人 | 百分数/% | 人次/人 | 百分数/% |
| 普通小学 | 269 | 61.42 | 86 | 19.63 |
| 普通初中 | 101 | 92.66 | 43 | 39.45 |

续表

| 学校类别 | 县级及以上培训 | | 受县级以上表彰 | |
|---|---|---|---|---|
| | 人次/人 | 百分数/% | 人次/人 | 百分数/% |
| 普通高中 | 6 | 100.00 | 6 | 100.00 |
| 十二年一贯制学校 | 3 | 75.00 | 0 | 0.00 |
| 完全中学 | 90 | 74.38 | 40 | 33.06 |
| 总　计 | 469 | 69.17 | 175 | 25.81 |

2. 体育场地设施建设仍需完善

2017 年永川区中小学校共有田径场 91 块(200 米田径场 60 块,300 米田径场 13 块,300 ~ 400 米田径场 9 块,400 米田径场 9 块),平均每校田径场的数量为 0.73 块;篮球场 244 块,平均每校篮球场的数量为 1.97 块;排球场 61 块,平均每校排球场的数量为 0.49 块;学生体质测试室 76 间,平均每校学生体质测试室的数量为 0.61 间,见表 75。

2017 年永川区中小学共有体育馆 15 所,配有体育馆的学校比例为 12.10%;共有游泳池 2 个,配有游泳池的学校比例为 1.61%。全区中小学体育器材达标学校 120 所,达标学校比例为 96.77%,见表 76。

**表 75　2017 年永川区体育场地器材信息(一)**

| 学校类别 | 田径场 | | 篮球场 | | 排球场 | | 学生体质测试室 | |
|---|---|---|---|---|---|---|---|---|
| | 块数/块 | 校平均数/块 | 块数/块 | 校平均数/块 | 块数/块 | 校平均数/块 | 间数/间 | 校平均数/间 |
| 普通小学 | 57 | 0.64 | 134 | 1.51 | 27 | 0.30 | 57 | 0.64 |
| 普通初中 | 21 | 0.81 | 59 | 2.27 | 13 | 0.50 | 10 | 0.38 |
| 普通高中 | 1 | 1.00 | 1 | 1.00 | 2 | 2.00 | 0 | 0.00 |
| 十二年一贯制学校 | 2 | 2.00 | 6 | 6.00 | 2 | 2.00 | 0 | 0.00 |
| 完全中学 | 10 | 1.43 | 44 | 6.29 | 17 | 2.43 | 9 | 1.29 |
| 总　计 | 91 | 0.73 | 244 | 1.97 | 61 | 0.49 | 76 | 0.61 |

表 76　2017 年永川区体育场地器材信息(二)

| 学校类别 | 体育馆 | | 游泳池 | | 体育器材达标 | |
|---|---|---|---|---|---|---|
| | 所数/所 | 比例/% | 个数/个 | 比例/% | 学校/所 | 比例/% |
| 普通小学 | 7 | 7.87 | 1 | 1.12 | 87 | 97.75 |
| 普通初中 | 1 | 3.85 | 0 | 0.00 | 24 | 92.31 |
| 普通高中 | 1 | 100.00 | 0 | 0.00 | 1 | 100.00 |
| 十二年一贯制学校 | 1 | 100.00 | 0 | 0.00 | 1 | 100.00 |
| 完全中学 | 5 | 71.43 | 1 | 14.29 | 7 | 100.00 |
| 总　计 | 15 | 12.10 | 2 | 1.61 | 120 | 96.77 |

## 二、学校体育工作现场评估情况

### (一)自评可信度

永川区抽查学校总体自评可信度为 94.54%,全市抽查区县学校自评可信度平均水平为 96.91%。其中,全区中小学校体育工作的组织管理、教育教学和条件保障方面的自评信度分别为 86.67%、96.51%、96.30%,均低于全市抽样区县平均水平;学生体质的自评信度分别为 96.61%,略高于全市抽样区县平均水平,如图 141 所示。

在抽查的 6 所学校中,大磨初级中学校、第十二中学校、北山中学、红旗小学、万寿小学的自评准确性均高于 90.00%,渝西艺术学校的自评可信度较低,为 83.90%,见表 77。

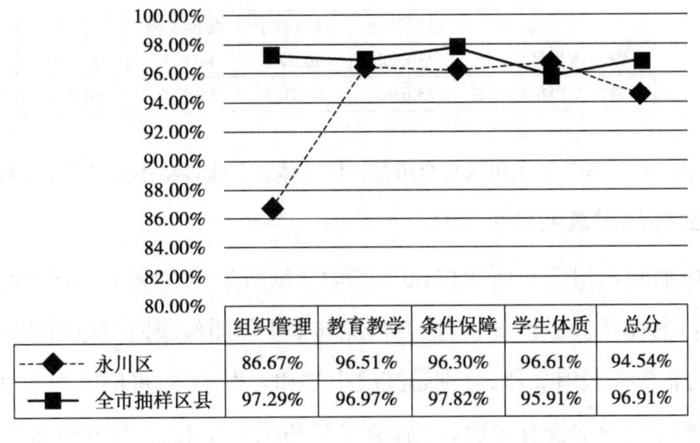


图 141　2017 年永川区与全市抽样区县体育工作各项指标自评信度比较

表 77　2017 年永川区体育工作评估审核结果

| 学　校 | 自评得分/分 | 核实得分/分 | 自评可信度/% |
|---|---|---|---|
| 大磨初级中学校 | 95 | 89.4 | 96.96 |
| 第十二中学校 | 98 | 93 | 97.38 |
| 北山中学 | 98 | 93.1 | 97.44 |
| 红旗小学 | 105 | 92.2 | 93.51 |
| 万寿小学 | 94 | 87.7 | 96.53 |
| 渝西艺术学校 | 93 | 67.2 | 83.90 |

（二）专家核实得分率

经专家核实，永川区组织管理、教育教学和条件保障指标的得分率分别为 75.84%、90.67% 和 86.67%，比全市抽样区县平均水平分别低 17.79、0.03 和 4 个百分点。学生体质指标的得分率为 90.33%，全市抽样区县平均水平为 86.98%，如图 142 所示。

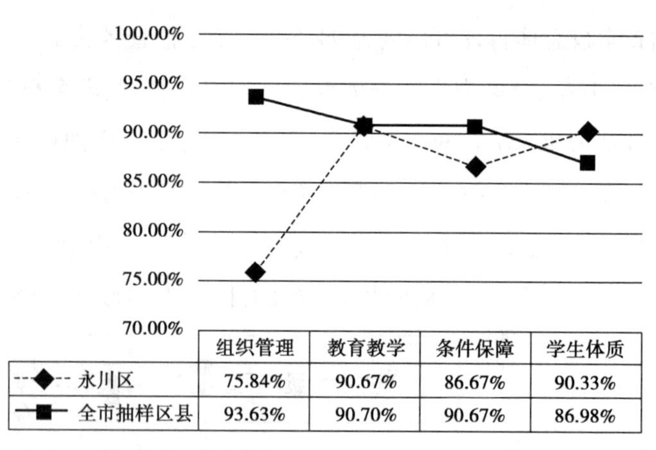


| | 组织管理 | 教育教学 | 条件保障 | 学生体质 |
|---|---|---|---|---|
| 永川区 | 75.84% | 90.67% | 86.67% | 90.33% |
| 全市抽样区县 | 93.63% | 90.70% | 90.67% | 86.98% |

图 142　2017 年永川区与全市抽样区县体育工作各项指标得分率比较

（三）学生体质健康测试可信度

本次现场抽测永川区 6 所学校 60 名学生（每所学校抽测 10 名学生，其中，男生 5 名，女生 5 名）的体质健康情况，将抽查情况与学生体质健康监测原始数据进行对比，原始数据准确可信的学校有 2 所，分别是红旗小学和万寿小学，可信度均为 100.00%；原始数据基本准确可信的学校有 3 所，分别是大磨初级中学校北山中学和渝西艺术学校，可信度分别为 90.00%、80.00% 和 70.00%；第十二中学校学生体质抽测数据与原始数据进行对比有较多明显差异,可信度为50.00%。如第十二中学一名初二年级的男生身高原记录为162厘米,专家抽查核实记录为148.5厘米,核实身高记录比上一次体测的身高原记录减少了13.5厘米;又如一名初二年级的男生身高原记录为148厘米,专家抽查核实记录为163厘米,原记录与核实数据相差15厘米等。

全区抽查原始数据可信率为81.67%,比全市抽查原始数据可信率高0.85个百分点,如图143所示。永川区学生体质健康测试的数据较可信,区县还要进一步完善对学校体质健康测试工作的抽查制度,将学生体质健康测试工作落到实处。

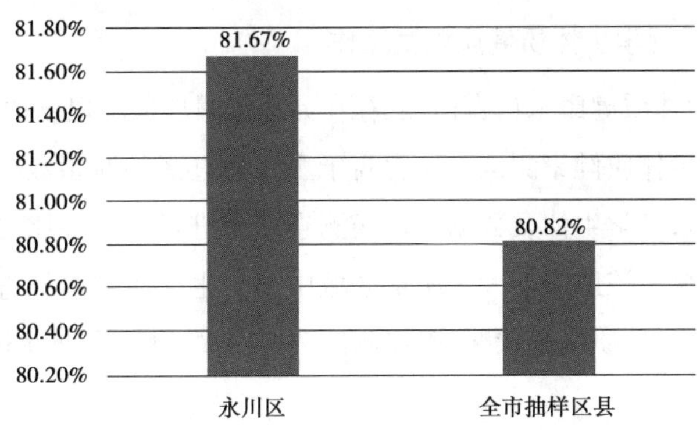


图143　2017年永川区与全市抽样区县学生体质健康测试可信度比较

## 三、问题与建议

### (一)进一步加强领导重视程度

从全区自评情况来看,每学期校长听体育课不少于4次及分管校长不少于6次的得分率较低,仅为58.00%。领导重视是开展学校体育工作的必备条件。建议区教委严格督查学校分管领导落实听体育课情况,各学校分管领导也应深入到体育工作中,联系教研组,走进体育课堂,走向运动场,扎实开展各项工作。

### (二)进一步加强体育师资队伍建设

体育师资队伍方面,一是永川区普通小学专职体育教师比例较低,为54.79%;二是普通小学体育教师缺额比例较高,为19.49%;三是由于新招聘的大学生流动性较大,致使部分学校体育课教学水平不高,体育活动开展缺乏常态化和专业化。建议进一步加大体育师资配备力度,招录专职体育教师进行补充,着实缓解学校体育教师的压力;推行基层体育教师“优良资源走教模式”,以解决村小体育教师不足和教师水平低的问题;构建"以老带新、新人领航"的体育教师专业成长模式,着力打造优秀的体育教师团队;进一步加大年轻体育教师培训力度,提升体育教师专业技能与素质。

(三)进一步加强体育场地建设

通过全区自评情况来看,普通小学和普通初中校平均田径场不足1个。实地考察发现,城区部分学校学生人数过多,生均体育场馆面积不足,学生大课间活动缺乏保障。建议加大体育场地经费投入,改善校园体育场地设施,提高学校体育条件;加快推进中小学标准化建设,均衡配置教育资源。

(四)进一步重视学生体质健康测试工作

个别学校学生体质健康未认真监测,存在弄虚作假现象。现场抽测学生体质健康情况发现,虽然学生体质健康测试可信度高于全市抽查区县原始数据可信度,但仍有部分学校弄虚作假,其学生体质数据与现场测查结果进行一致性比对,有较多明显差异,如第十二中学校。该区应加大对所辖区域中小学生体质健康抽查复核的力度,督促学校认真监测学生体质健康状况,确保测试数据的真实性、完整性和有效性。

# 渝北区

重庆市教育评估院受重庆市教育委员会委托，对重庆市渝北区2017年学校体育工作进行专项评估。评估内容主要有区县和学校上报的自评数据、材料评审和现场核查。2017年11月30日前，渝北区67所中小学校在“重庆市学生运动与体质健康监测管理平台”完成了自评数据上报工作；12月，市教育评估院邀请专家对渝北区自评材料进行网络评审，并且组织专家赴渝北区6所中小学校进行了现场核查。

评估采用定量分析与定性分析相结合的方式，定量分析的有关数据主要来源于渝北区上报的《中小学校体育工作评估自评结果报表》《学校体育工作年度报表》数据和专家现场核查数据；定性分析的信息样本主要来源于渝北区的自评报告、材料评审及专家现场核查的相关信息。现将渝北区2017年度中小学校体育工作专项评估报告如下。

## 一、学校体育工作自评情况

### （一）中小学校体育工作评估自评结果

从《渝北区2017年中小学体育工作专项评估自评报告》来看，渝北区共有公办中小学校81所，但渝北区仅有67所中小学、中等职业学校上报《中小学校体育工作评估自评结果报表》数据到“重庆市学生运动与体质健康监测管理平台”，其中，普通小学42所，普通初中16所，中职学校1所，普通高中8所，见表78。渝北区自评结果报告数据上报率为82.72%。下面仅以67所学校对照《中小学校体育工作评估指标体系》完成自评后的数据统计分析全区中小学校体育工作自评情况。

表78　2017 年渝北区学校体育工作自评审核结果

| 学校类别 | 学校总数/所 | 优秀等级学校/所 | 良好等级学校/所 | 合格等级学校/所 | 不合格学校/所 | 加分学校/所 |
|---|---|---|---|---|---|---|
| 普通小学 | 42 | 42 | 0 | 0 | 0 | 27 |
| 普通初中 | 16 | 16 | 0 | 0 | 0 | 9 |
| 中职学校 | 1 | 1 | 0 | 0 | 0 | 0 |
| 普通高中 | 8 | 8 | 0 | 0 | 0 | 7 |
| 合　计 | 67 | 67 | 0 | 0 | 0 | 43 |

注:九年一贯制学校计入普通初中,十二年一贯制学校和完全中学计入普通高中。

1. 学校体育工作自评等级结果总体良好

2017 年渝北区各类型学校自评优秀等级学校比例均为 100.00% ,如图 144 所示。全区有加分学校 43 所,占 64.18% ,其中,普通高中加分学校比例最高,为 87.50% ;中职学校无加分学校,如图 145 所示。

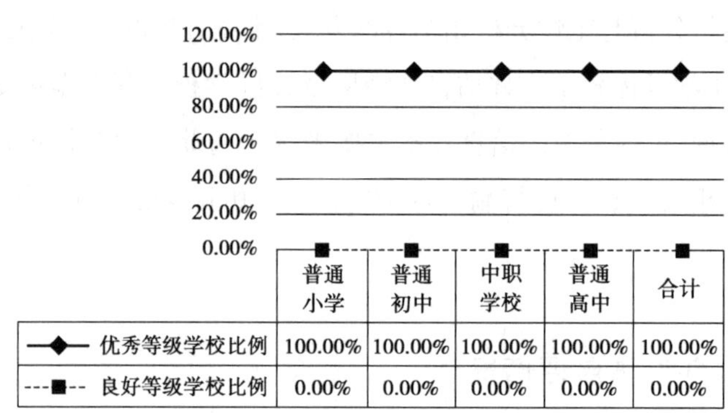


图 144　2017 年渝北区优秀和良好等级学校比例图

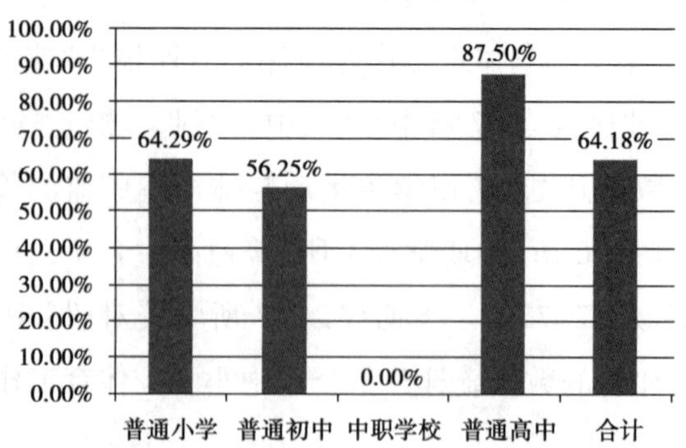


图 145　2017 年渝北区加分学校比例图

2. 不同学段的学校在各维度上的得分呈显著差异

从各维度来看，学校在组织管理维度上的得分率最高，为 98.65%，在条件保障维度上的得分率最低，为 94.56%。从学校类型来看，中职学校在组织管理、教育教学和学生体质维度上的得分率最高，均为 100.00%；普通高中在条件保障维度上的得分率最高，为 98.33%，如图 146 所示。

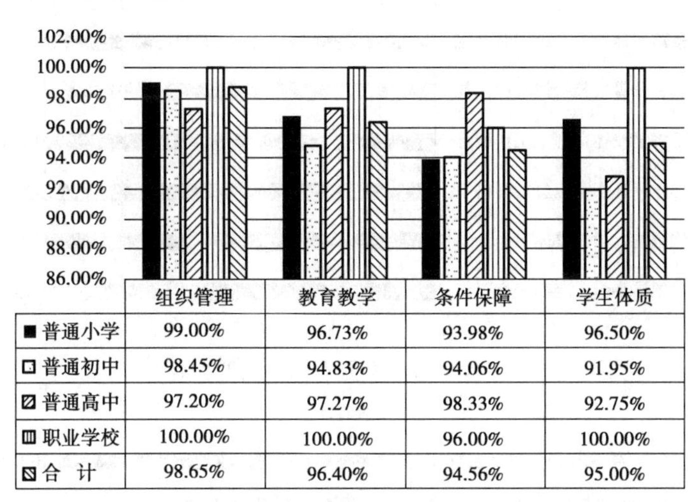

| | 组织管理 | 教育教学 | 条件保障 | 学生体质 |
|---|---|---|---|---|
| 普通小学 | 99.00% | 96.73% | 93.98% | 96.50% |
| 普通初中 | 98.45% | 94.83% | 94.06% | 91.95% |
| 普通高中 | 97.20% | 97.27% | 98.33% | 92.75% |
| 职业学校 | 100.00% | 100.00% | 96.00% | 100.00% |
| 合　计 | 98.65% | 96.40% | 94.56% | 95.00% |

图 146　不同学段的学校在各维度上的得分率情况

3. 各单项指标得分率差异明显

组织管理各项指标得分率如图 147 所示。全区学校组织管理基本到位，管理机制基本健全。绝大多数中小学校成立了由校级领导分管的体育工作领导小组，将体育工作纳入学校整体工作计划，建立了校园意外伤害事故应急管理机制，制订和实施体育安全管理工作方案，明确职责，落实分工，确保了学校体育工作正常有序开展。领导重视方面，大部分学校校领导落实了每学期听体育课次数，落实了国家体育与健康课时规定。监督检查方面，学校公布阳光体育运动工作方案和每学期通报一次学生体育活动情况落实较好。

教育教学各项指标得分率如图 148 所示。课程教学方面，多数中小学校体育与健康课程教学计划、单元计划、课时计划齐全，能依据课标组织体育教学，严格执行体育课考勤和考核登记制度，并将结果放入学生档案，作为学生综合素质过程性评价的内容。但体育教学研究和课程教学改革的得分率相对较低，各中小学还须进一步提升。校园体育活动方面，制订阳光体育运动工作方案、将校园体育活动纳入教学计划、落实大课间体育活动、学校每年召开春秋季运动会和对学生进行体育安全教育等方面落实较好，但85%的学生至少掌握2项体育技能的得分率相对较低，学校还须大力开展专项技能运动教学，切实提高学生的基本运动技能和专项运动能力。

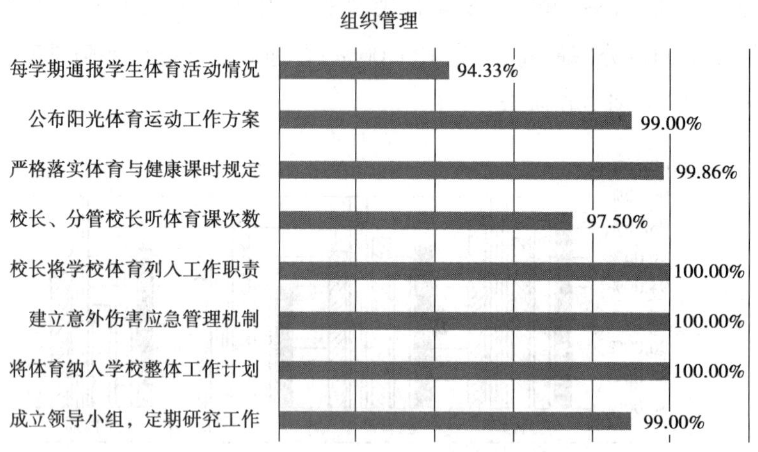


图147　组织管理各项指标得分率

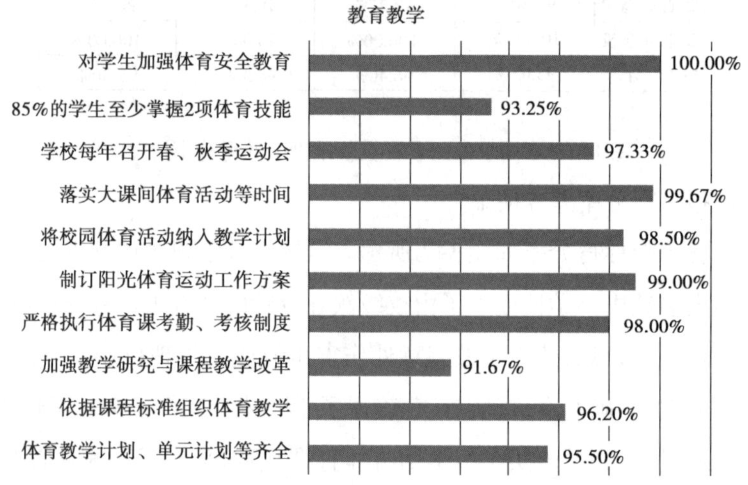


图148　教育教学各项指标得分率

条件保障各项指标得分率如图149所示。教师队伍方面，体育教师的工资待遇、职务评聘等与其他任课教师同等对待，组织学生开展课外体育活动、体质健康测试等工作纳入教学工作量。体育教师参加集体备课、校本研修、教育培训等落实较好，但体育教师数量达到规定标准的得分率较低，为81.00%，各校还应进一步加强体育教师配备。场地器材与经费方面，体育场地平整整洁、体育场馆管理规范、体育场地器材设施由专人负责、公用经费满足学校体育需要等落实较好，但体育场地、器材、设施达标还须进一步加强，课余和节假日体育场馆还须向学生全面开放。

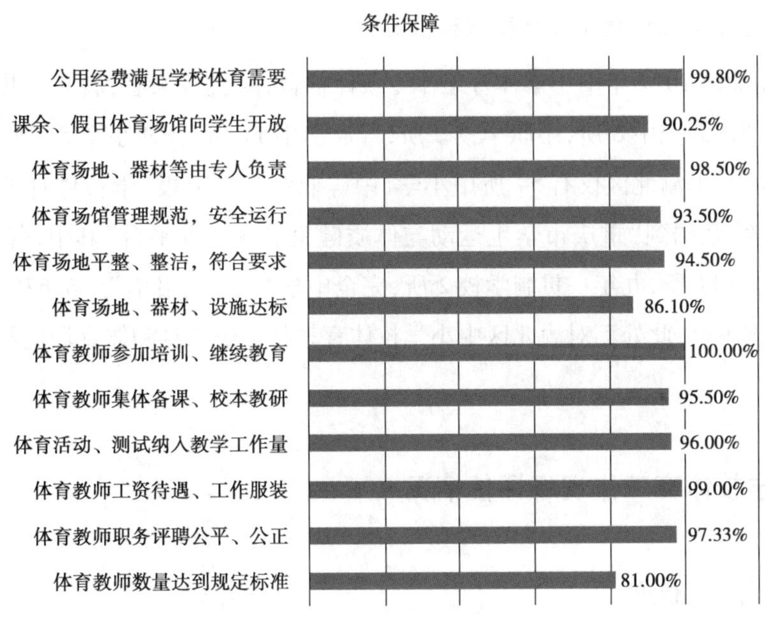


图 149　条件保障各项指标得分率

学生体质各项指标得分率如图 150 所示。学生体质健康测试工作开展方面落实较好,保存和上报学生体质健康测试数据得分率较高,均为 100.00%。测试结果方面,40% 以上学生达到标准良好等级的得分率相对较低,学生体质健康水平须进一步提升。测试评价方面,每年公布学生体质健康测试结果、将学生体质健康水平纳入综合素质档案、分析学生体质健康测试结果、把握学生体质健康发展趋势等落实较好。

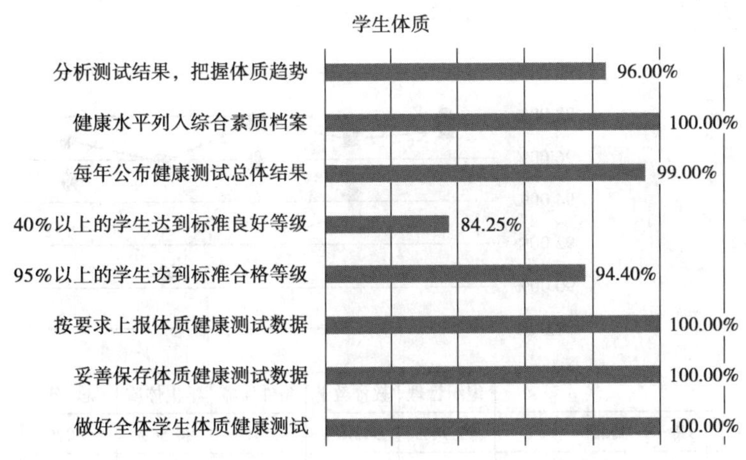


图 150　学生体质各项指标得分率

### (二)中小学校体育工作年度报告情况

从《渝北区 2017 年中小学体育工作专项评估自评报告》来看,渝北区共有公办中小学校 81 所(高完中 8 所,中职学校 2 所,普通初中 17 所,普通小学 51 所,九年一贯制学校 3 所),但渝北区仅有 54 所中小学、中等职业学校上报《学校体育工作年度报告学校报表》数据到"重庆市学生运动与体质健康监测管理平台"其中,普通小学 33 所,普通初中 11 所,九年一贯制学校 2 所,完全中学 8 所,上报率为 66.67%。由于学校上报数据不全,此处不对渝北区中小学校体育教师队伍信息和体育场地器材信息做统计分析。

## 二、学校体育工作现场评估情况

### (一)自评可信度

渝北区抽查学校总体自评可信度为 95.07%,全市抽查区县学校自评可信度平均水平为 96.91%。其中,全区中小学校体育工作的教育教学、条件保障和学生体质方面的自评信度分别为 94.36%、95.97%、90.56%,均低于全市抽样区县平均水平;组织管理的自评信度为 97.94%,略高于全市抽样区县平均水平,如图 151 所示。

在抽查的 6 所学校中,兴隆中心小学校、两江中学、大湾镇明德小学、统景职中和第三实验小学校的自评准确性均高于 95.00%,玉峰山中学的自评可信度较低,为 87.26%,见表 79。

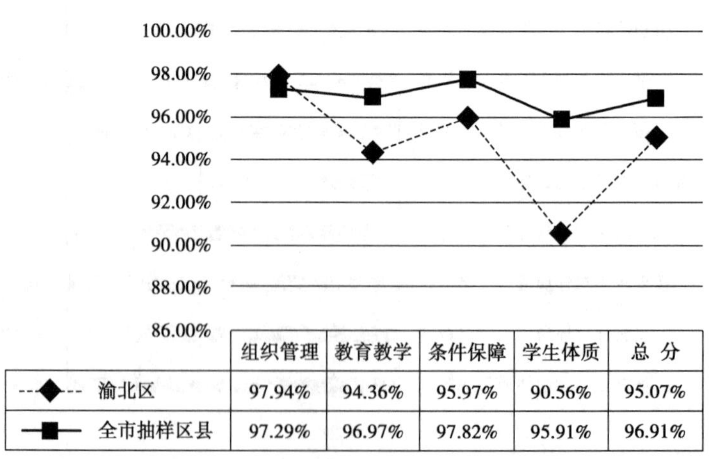


| | 组织管理 | 教育教学 | 条件保障 | 学生体质 | 总 分 |
|---|---|---|---|---|---|
| 渝北区 | 97.94% | 94.36% | 95.97% | 90.56% | 95.07% |
| 全市抽样区县 | 97.29% | 96.97% | 97.82% | 95.91% | 96.91% |

图 151 2017 年渝北区与全市抽样区县体育工作各项指标自评信度比较

表 79　2017 年渝北区体育工作评估审核结果

| 学　校 | 自评得分/分 | 核实得分/分 | 自评可信度/% |
|---|---|---|---|
| 兴隆中心小学校 | 104 | 96.2 | 96.10 |
| 玉峰山中学 | 100 | 77.4 | 87.26 |
| 两江中学 | 108 | 100.2 | 96.25 |
| 大湾镇明德小学 | 97 | 90.2 | 96.37 |
| 统景职中 | 98.8 | 90.6 | 95.67 |
| 第三实验小学校 | 96.2 | 92.6 | 98.09 |

(二)专家核实得分率

经专家核实,渝北区教育教学、条件保障和学生体质指标的得分率分别为 88.22%、87.33% 和 79.17%,比全市抽样区县平均水平分别低 2.48、3.34 和 7.81 个百分点。组织管理指标的得分率为 95.17%,全市抽样区县平均水平为 93.63%,如图 152 所示。

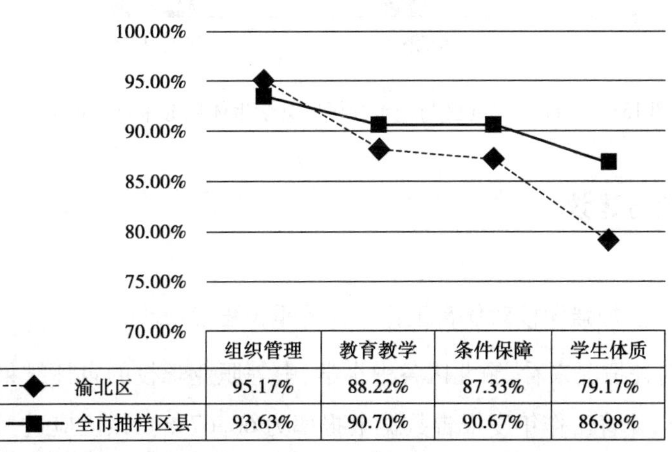


图 152　2017 年渝北区与全市抽样区县体育工作各项指标得分率比较

(三)学生体质健康测试可信度

本次现场抽测渝北区 6 所学校 60 名学生(每所学校抽测 10 名学生,其中,男生 5 名,女生 5 名)的体质健康情况,将抽查情况与学生体质健康监测原始数据进行对比,原始数据准确可信(可信度≥90.00%)的学校有 4 所,分别是玉峰山中学、统景职中、第三实验小学和两江中学;其余 2 所学校学生体质抽测数据与原始数据进行对比有较多明显差异,可信度低于 50.00%。如兴隆中心小学校一名五年级的女生身高原记录为146.8厘米，专家抽查核实记录为153.5厘米，原记录与核实数据相差6.7厘米。又如大湾镇明德小学一名五年级的女生身高原记录为136.8厘米，专家抽查核实记录为145厘米，原记录与核实数据相差8.2厘米等。

渝北区抽查原始数据可信率为75.00%，比全市抽查原始数据可信率低5.82个百分点，如图153所示。区教委应提高对学生体质健康测试的认识，切实加强对测试工作的组织和管理，并且进一步完善对学校体质健康测试工作的抽查制度，真正将学生体质健康测试工作落到实处。

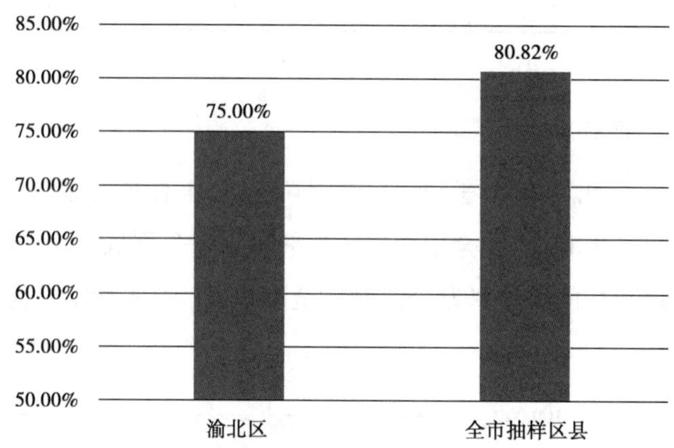


图153　2017年渝北区与全市抽样区县学生体质健康测试可信度比较

## 三、问题与建议

### （一）进一步加强学校对体育工作自评的重视程度

从全区自评情况来看，渝北区各中小学、中等职业学校的自评结果报告数据上报率为82.72%，体育工作年度报告数据上报率为66.67%。该区应进一步加强各校对自评工作的重视程度，督促学校实事求是，并按照标准自评，结合学校实际情况及时填报学校自评数据。

### （二）进一步加强体育师资队伍建设

体育师资队伍方面，体育教师数量达到规定标准的得分率较低，为81.00%。部分学校亟待补充专职体育教师。师资是提升体育教育发展水平的关键力量。建议进一步加大体育师资配备力度，招录专职体育教师进行补充，着实缓解学校体育教师的压力；推行基层体育教师“优良资源走教模式”，以弥补村小体育教师不足和教师水平低的问题。

(三)进一步加强体育场地建设

通过全区自评情况来看,体育场地、器材、设施达标得分率较低。少数学校体育场地严重不足,由于历史原因及学校周边环境限制,部分学校校园场地受到制约。体育场地器材是学校体育工作的基础。建议加大体育场地经费投入,改善校园体育场地设施,提高学校体育条件;加快推进中小学标准化建设,均衡配置教育资源。

(四)进一步重视学生体质健康测试工作

个别学校学生体质健康未认真监测,存在弄虚作假现象。现场抽测学生体质健康情况发现,兴隆中心小学校和大湾镇明德小学学生体质健康抽测数据与原始数据进行对比有较多明显差异,可信度低于50%。该区应加大对所辖区域中小学生体质健康抽查复核的力度,督促学校认真监测学生体质健康状况,确保测试数据的真实性、完整性和有效性。

# 附　录

中小学校体育工作评估审核结果报表万州区复核(2017 年)

| 学校类别 | 学校总数/所 | 优秀等级学校/所 | 比例/% | 良好等级学校/所 | 比例/% | 合格等级学校/所 | 比例/% | 不合格学校/所 | 比例/% | 加分学校/所 | 比例/% |
|---|---|---|---|---|---|---|---|---|---|---|---|
| 普通小学 | 61 | 58 | 95.08 | 3 | 4.92 | 0 | 0 | 0 | 0 | 37 | 60.66 |
| 普通初中 | 22 | 22 | 100.00 | 0 | 0 | 0 | 0 | 0 | 0 | 15 | 68.18 |
| 普通高中 | 2 | 2 | 100.00 | 0 | 0 | 0 | 0 | 0 | 0 | 2 | 100.00 |
| 职业学校 | 2 | 2 | 100.00 | 0 | 0 | 0 | 0 | 0 | 0 | 1 | 50.00 |
| 九年一贯制学校 | 14 | 13 | 92.86 | 1 | 7.14 | 0 | 0 | 0 | 0 | 11 | 78.57 |
| 十二年一贯制学校 | 1 | 1 | 100.00 | 0 | 0 | 0 | 0 | 0 | 0 | 1 | 100.00 |
| 完全中学 | 17 | 16 | 94.12 | 0 | 0 | 1 | 5.88 | 0 | 0 | 9 | 52.94 |
| 总 计 | 119 | 114 | 95.80 | 4 | 3.36 | 1 | 0.84 | 0 | 0 | 76 | 63.87 |

中小学校体育工作评估审核结果报表黔江区复核(2017 年)

| 学校类别 | 学校总数/所 | 优秀等级学校/所 | 比例/% | 良好等级学校/所 | 比例/% | 合格等级学校/所 | 比例/% | 不合格学校/所 | 比例/% | 加分学校/所 | 比例/% |
|---|---|---|---|---|---|---|---|---|---|---|---|
| 普通小学 | 32 | 27 | 84.38 | 5 | 15.63 | 0 | 0 | 0 | 0 | 10 | 31.25 |
| 普通初中 | 16 | 15 | 93.75 | 1 | 6.25 | 0 | 0 | 0 | 0 | 8 | 50.00 |
| 普通高中 | 3 | 2 | 66.67 | 1 | 33.33 | 0 | 0 | 0 | 0 | 2 | 66.67 |
| 九年一贯制学校 | 5 | 5 | 100.00 | 0 | 0 | 0 | 0 | 0 | 0 | 2 | 40.00 |
| 完全中学 | 1 | 1 | 100.00 | 0 | 0 | 0 | 0 | 0 | 0 | 0 | 0 |
| 总　计 | 57 | 50 | 87.72 | 7 | 12.28 | 0 | 0 | 0 | 0 | 22 | 38.60 |

**中小学校体育工作评估审核结果报表涪陵区复核(2017 年)**

| 学校类别 | 学校总数/所 | 优秀等级学校/所 | 比例/% | 良好等级学校/所 | 比例/% | 合格等级学校/所 | 比例/% | 不合格学校/所 | 比例/% | 加分学校/所 | 比例/% |
|---|---|---|---|---|---|---|---|---|---|---|---|
| 普通小学 | 92 | 44 | 47.83 | 25 | 27.17 | 4 | 4.35 | 0 | 0 | 30 | 32.61 |
| 普通初中 | 29 | 11 | 37.93 | 9 | 31.03 | 0 | 0 | 1 | 3.45 | 10 | 34.48 |
| 普通高中 | 4 | 3 | 75.00 | 0 | 0 | 0 | 0 | 0 | 0 | 3 | 75.00 |
| 职业学校 | 3 | 1 | 33.33 | 1 | 33.33 | 0 | 0 | 0 | 0 | 1 | 33.33 |
| 九年一贯制学校 | 14 | 9 | 64.29 | 0 | 0 | 1 | 7.14 | 0 | 0 | 4 | 28.57 |
| 十二年一贯制学校 | 1 | 1 | 100.00 | 0 | 0 | 0 | 0 | 0 | 0 | 1 | 100.00 |
| 完全中学 | 5 | 4 | 80.00 | 0 | 0 | 0 | 0 | 0 | 0 | 1 | 20.00 |
| 总　计 | 148 | 73 | 49.32 | 35 | 23.65 | 5 | 3.38 | 1 | 0.68 | 50 | 33.78 |

中小学校体育工作评估审核结果报表渝中区复核(2017 年)

| 学校类别 | 学校总数/所 | 优秀等级学校/所 | 比例/% | 良好等级学校/所 | 比例/% | 合格等级学校/所 | 比例/% | 不合格学校/所 | 比例/% | 加分学校/所 | 比例/% |
|---|---|---|---|---|---|---|---|---|---|---|---|
| 普通小学 | 30 | 27 | 90.00 | 3 | 10.00 | 0 | 0 | 0 | 0 | 21 | 70.00 |
| 普通初中 | 6 | 4 | 66.67 | 2 | 33.33 | 0 | 0 | 0 | 0 | 2 | 33.33 |
| 普通高中 | 1 | 1 | 100.00 | 0 | 0 | 0 | 0 | 0 | 0 | 0 | 0 |
| 职业学校 | 2 | 2 | 100.00 | 0 | 0 | 0 | 0 | 0 | 0 | 1 | 50.00 |
| 完全中学 | 6 | 5 | 83.33 | 1 | 16.67 | 0 | 0 | 0 | 0 | 5 | 83.33 |
| 总　计 | 45 | 39 | 86.67 | 6 | 13.33 | 0 | 0 | 0 | 0 | 29 | 64.44 |

**中小学校体育工作评估审核结果报表大渡口区复核(2017 年)**

| 学校类别 | 学校总数/所 | 优秀等级学校/所 | 比例/% | 良好等级学校/所 | 比例/% | 合格等级学校/所 | 比例/% | 不合格学校/所 | 比例/% | 加分学校/所 | 比例/% |
|---|---|---|---|---|---|---|---|---|---|---|---|
| 普通小学 | 17 | 11 | 64.71 | 6 | 35.29 | 0 | 0 | 0 | 0 | 14 | 82.35 |
| 普通初中 | 4 | 2 | 50.00 | 2 | 50.00 | 0 | 0 | 0 | 0 | 3 | 75.00 |
| 职业学校 | 2 | 1 | 50.00 | 1 | 50.00 | 0 | 0 | 0 | 0 | 1 | 50.00 |
| 九年一贯制学校 | 2 | 2 | 100.00 | 0 | 0 | 0 | 0 | 0 | 0 | 2 | 100.00 |
| 完全中学 | 2 | 2 | 100.00 | 0 | 0 | 0 | 0 | 0 | 0 | 2 | 100.00 |
| 总　计 | 27 | 18 | 66.67 | 9 | 33.33 | 0 | 0 | 0 | 0 | 22 | 81.48 |

中小学校体育工作评估审核结果报表江北区复核(2017 年)

| 学校类别 | 学校总数/所 | 优秀等级学校/所 | 比例/% | 良好等级学校/所 | 比例/% | 合格等级学校/所 | 比例/% | 不合格学校/所 | 比例/% | 加分学校/所 | 比例/% |
|---|---|---|---|---|---|---|---|---|---|---|---|
| 普通小学 | 34 | 34 | 100.00 | 0 | 0 | 0 | 0 | 0 | 0 | 29 | 85.29 |
| 普通初中 | 5 | 5 | 100.00 | 0 | 0 | 0 | 0 | 0 | 0 | 4 | 80.00 |
| 普通高中 | 1 | 1 | 100.00 | 0 | 0 | 0 | 0 | 0 | 0 | 1 | 100.00 |
| 职业学校 | 2 | 2 | 100.00 | 0 | 0 | 0 | 0 | 0 | 0 | 2 | 100.00 |
| 九年一贯制学校 | 6 | 6 | 100.00 | 0 | 0 | 0 | 0 | 0 | 0 | 4 | 66.67 |
| 完全中学 | 6 | 6 | 100.00 | 0 | 0 | 0 | 0 | 0 | 0 | 6 | 100.00 |
| 总　计 | 54 | 54 | 100.00 | 0 | 0 | 0 | 0 | 0 | 0 | 46 | 85.19 |

中小学校体育工作评估审核结果报表沙坪坝区复核(2017 年)

| 学校类别 | 学校总数/所 | 优秀等级学校/所 | 比例/% | 良好等级学校/所 | 比例/% | 合格等级学校/所 | 比例/% | 不合格学校/所 | 比例/% | 加分学校/所 | 比例/% |
|---|---|---|---|---|---|---|---|---|---|---|---|
| 普通小学 | 56 | 55 | 98.21 | 0 | 0 | 1 | 1.79 | 0 | 0 | 41 | 73.21 |
| 普通初中 | 14 | 14 | 100.00 | 0 | 0 | 0 | 0 | 0 | 0 | 10 | 71.43 |
| 普通高中 | 2 | 2 | 100.00 | 0 | 0 | 0 | 0 | 0 | 0 | 2 | 100.00 |
| 职业学校 | 1 | 1 | 100.00 | 0 | 0 | 0 | 0 | 0 | 0 | 1 | 100.00 |
| 九年一贯制学校 | 3 | 3 | 100.00 | 0 | 0 | 0 | 0 | 0 | 0 | 2 | 66.67 |
| 完全中学 | 8 | 8 | 100.00 | 0 | 0 | 0 | 0 | 0 | 0 | 7 | 87.50 |
| 总　计 | 84 | 83 | 98.81 | 0 | 0 | 1 | 1.19 | 0 | 0 | 63 | 75.00 |

中小学校体育工作评估审核结果报表九龙坡区复核(2017年)

| 学校类别 | 学校总数/所 | 优秀等级学校/所 | 比例/% | 良好等级学校/所 | 比例/% | 合格等级学校/所 | 比例/% | 不合格学校/所 | 比例/% | 加分学校/所 | 比例/% |
|---|---|---|---|---|---|---|---|---|---|---|---|
| 普通小学 | 46 | 40 | 86.96 | 5 | 10.87 | 0 | 0 | 0 | 0 | 30 | 65.22 |
| 普通初中 | 13 | 13 | 100.00 | 0 | 0 | 0 | 0 | 0 | 0 | 8 | 61.54 |
| 普通高中 | 2 | 2 | 100.00 | 0 | 0 | 0 | 0 | 0 | 0 | 1 | 50.00 |
| 职业学校 | 1 | 1 | 100.00 | 0 | 0 | 0 | 0 | 0 | 0 | 1 | 100.00 |
| 九年一贯制学校 | 8 | 8 | 100.00 | 0 | 0 | 0 | 0 | 0 | 0 | 5 | 62.50 |
| 完全中学 | 8 | 7 | 87.50 | 1 | 12.50 | 0 | 0 | 0 | 0 | 5 | 62.50 |
| 总　计 | 78 | 71 | 91.03 | 6 | 7.69 | 0 | 0 | 0 | 0 | 50 | 64.10 |

**中小学校体育工作评估审核结果报表南岸区复核(2017年)**

| 学校类别 | 学校总数/所 | 优秀等级学校/所 | 比例/% | 良好等级学校/所 | 比例/% | 合格等级学校/所 | 比例/% | 不合格学校/所 | 比例/% | 加分学校/所 | 比例/% |
|---|---|---|---|---|---|---|---|---|---|---|---|
| 普通小学 | 41 | 32 | 78.05 | 9 | 21.95 | 0 | 0 | 0 | 0 | 35 | 85.37 |
| 普通初中 | 12 | 11 | 91.67 | 1 | 8.33 | 0 | 0 | 0 | 0 | 11 | 91.67 |
| 职业学校 | 1 | 1 | 100.00 | 0 | 0 | 0 | 0 | 0 | 0 | 1 | 100.00 |
| 九年一贯制学校 | 6 | 5 | 83.33 | 1 | 16.67 | 0 | 0 | 0 | 0 | 4 | 66.67 |
| 完全中学 | 8 | 8 | 100.00 | 0 | 0 | 0 | 0 | 0 | 0 | 8 | 100.00 |
| 总计 | 68 | 57 | 83.82 | 11 | 16.18 | 0 | 0 | 0 | 0 | 59 | 86.76 |

中小学校体育工作评估审核结果报表北碚区复核(2017年)

| 学校类别 | 学校总数/所 | 优秀等级学校/所 | 比例/% | 良好等级学校/所 | 比例/% | 合格等级学校/所 | 比例/% | 不合格学校/所 | 比例/% | 加分学校/所 | 比例/% |
|---|---|---|---|---|---|---|---|---|---|---|---|
| 普通小学 | 47 | 47 | 100.00 | 0 | 0 | 0 | 0 | 0 | 0 | 45 | 95.74 |
| 普通初中 | 8 | 8 | 100.00 | 0 | 0 | 0 | 0 | 0 | 0 | 6 | 75.00 |
| 普通高中 | 2 | 2 | 100.00 | 0 | 0 | 0 | 0 | 0 | 0 | 1 | 50.00 |
| 职业学校 | 3 | 3 | 100.00 | 0 | 0 | 0 | 0 | 0 | 0 | 2 | 66.67 |
| 完全中学 | 7 | 7 | 100.00 | 0 | 0 | 0 | 0 | 0 | 0 | 6 | 85.71 |
| 总 计 | 67 | 67 | 100.00 | 0 | 0 | 0 | 0 | 0 | 0 | 60 | 89.55 |

中小学校体育工作评估审核结果报表渝北区复核(2017 年)

| 学校类别 | 学校总数/所 | 优秀等级学校/所 | 比例/% | 良好等级学校/所 | 比例/% | 合格等级学校/所 | 比例/% | 不合格学校/所 | 比例/% | 加分学校/所 | 比例/% |
|---|---|---|---|---|---|---|---|---|---|---|---|
| 普通小学 | 42 | 41 | 97.62 | 0 | 0 | 0 | 0 | 0 | 0 | 26 | 61.90 |
| 普通初中 | 14 | 14 | 100.00 | 0 | 0 | 0 | 0 | 0 | 0 | 7 | 50.00 |
| 职业学校 | 1 | 1 | 100.00 | 0 | 0 | 0 | 0 | 0 | 0 | 0 | 0 |
| 九年一贯制学校 | 2 | 2 | 100.00 | 0 | 0 | 0 | 0 | 0 | 0 | 2 | 100.00 |
| 完全中学 | 8 | 8 | 100.00 | 0 | 0 | 0 | 0 | 0 | 0 | 7 | 87.50 |
| 总　计 | 67 | 66 | 98.51 | 0 | 0 | 0 | 0 | 0 | 0 | 42 | 62.69 |

**中小学校体育工作评估审核结果报表巴南区复核(2017 年)**

| 学校类别 | 学校总数/所 | 优秀等级学校/所 | 比例/% | 良好等级学校/所 | 比例/% | 合格等级学校/所 | 比例/% | 不合格学校/所 | 比例/% | 加分学校/所 | 比例/% |
|---|---|---|---|---|---|---|---|---|---|---|---|
| 普通小学 | 58 | 49 | 84.48 | 9 | 15.52 | 0 | 0 | 0 | 0 | 45 | 77.59 |
| 普通初中 | 18 | 12 | 66.67 | 6 | 33.33 | 0 | 0 | 0 | 0 | 12 | 66.67 |
| 普通高中 | 3 | 2 | 66.67 | 1 | 33.33 | 0 | 0 | 0 | 0 | 2 | 66.67 |
| 职业学校 | 3 | 1 | 33.33 | 1 | 33.33 | 1 | 33.33 | 0 | 0 | 3 | 100.00 |
| 九年一贯制学校 | 8 | 6 | 75.00 | 2 | 25.00 | 0 | 0 | 0 | 0 | 4 | 50.00 |
| 十二年一贯制学校 | 1 | 0 | 0 | 1 | 100.00 | 0 | 0 | 0 | 0 | 1 | 100.00 |
| 完全中学 | 5 | 4 | 80.00 | 1 | 20.00 | 0 | 0 | 0 | 0 | 5 | 100.00 |
| 总　计 | 96 | 74 | 77.08 | 21 | 21.88 | 1 | 1.04 | 0 | 0 | 72 | 75.00 |

中小学校体育工作评估审核结果报表长寿区复核(2017 年)

| 学校类别 | 学校总数/所 | 优秀等级学校/所 | 比例/% | 良好等级学校/所 | 比例/% | 合格等级学校/所 | 比例/% | 不合格学校/所 | 比例/% | 加分学校/所 | 比例/% |
|---|---|---|---|---|---|---|---|---|---|---|---|
| 普通小学 | 37 | 29 | 78.38 | 7 | 18.92 | 1 | 2.70 | 0 | 0 | 22 | 59.46 |
| 普通初中 | 13 | 11 | 84.62 | 2 | 15.38 | 0 | 0 | 0 | 0 | 9 | 69.23 |
| 九年一贯制学校 | 7 | 3 | 42.86 | 4 | 57.14 | 0 | 0 | 0 | 0 | 6 | 85.71 |
| 完全中学 | 10 | 9 | 90.00 | 1 | 10.00 | 0 | 0 | 0 | 0 | 8 | 80.00 |
| 总　计 | 67 | 52 | 77.61 | 14 | 20.9 | 1 | 1.49 | 0 | 0 | 45 | 67.16 |

**中小学校体育工作评估审核结果报表江津区复核(2017 年)**

| 学校类别 | 学校总数/所 | 优秀等级学校/所 | 比例/% | 良好等级学校/所 | 比例/% | 合格等级学校/所 | 比例/% | 不合格学校/所 | 比例/% | 加分学校/所 | 比例/% |
|---|---|---|---|---|---|---|---|---|---|---|---|
| 普通小学 | 93 | 42 | 45.16 | 41 | 44.09 | 10 | 10.75 | 0 | 0 | 26 | 27.96 |
| 普通初中 | 18 | 8 | 44.44 | 9 | 50.00 | 1 | 5.56 | 0 | 0 | 9 | 50.00 |
| 普通高中 | 1 | 1 | 100.00 | 0 | 0 | 0 | 0 | 0 | 0 | 0 | 0 |
| 职业学校 | 2 | 0 | 0 | 2 | 100.00 | 0 | 0 | 0 | 0 | 0 | 0 |
| 九年一贯制学校 | 13 | 2 | 15.38 | 8 | 61.54 | 3 | 23.08 | 0 | 0 | 1 | 7.69 |
| 完全中学 | 10 | 6 | 60.00 | 4 | 40.00 | 0 | 0 | 0 | 0 | 5 | 50.00 |
| 总　计 | 137 | 59 | 43.07 | 64 | 46.72 | 14 | 10.22 | 0 | 0 | 41 | 29.93 |

中小学校体育工作评估审核结果报表合川区复核(2017 年)

| 学校类别 | 学校总数/所 | 优秀等级学校/所 | 比例/% | 良好等级学校/所 | 比例/% | 合格等级学校/所 | 比例/% | 不合格学校/所 | 比例/% | 加分学校/所 | 比例/% |
|---|---|---|---|---|---|---|---|---|---|---|---|
| 普通小学 | 116 | 15 | 12.93 | 92 | 79.31 | 9 | 7.76 | 0 | 0 | 17 | 14.66 |
| 普通初中 | 20 | 4 | 20.00 | 16 | 80.00 | 0 | 0 | 0 | 0 | 5 | 25.00 |
| 普通高中 | 1 | 0 | 0 | 1 | 100.00 | 0 | 0 | 0 | 0 | 0 | 0 |
| 职业学校 | 1 | 1 | 100.00 | 0 | 0 | 0 | 0 | 0 | 0 | 1 | 100.00 |
| 九年一贯制学校 | 4 | 0 | 0 | 3 | 75.00 | 1 | 25.00 | 0 | 0 | 1 | 25.00 |
| 完全中学 | 8 | 6 | 75.00 | 2 | 25.00 | 0 | 0 | 0 | 0 | 6 | 75.00 |
| 总　计 | 150 | 26 | 17.33 | 114 | 76.00 | 10 | 6.67 | 0 | 0 | 30 | 20.00 |

**中小学校体育工作评估审核结果报表永川区复核(2017 年)**

| 学校类别 | 学校总数/所 | 优秀等级学校/所 | 比例/% | 良好等级学校/所 | 比例/% | 合格等级学校/所 | 比例/% | 不合格学校/所 | 比例/% | 加分学校/所 | 比例/% |
|---|---|---|---|---|---|---|---|---|---|---|---|
| 普通小学 | 89 | 28 | 31.46 | 38 | 42.70 | 23 | 25.84 | 0 | 0 | 18 | 20.22 |
| 普通初中 | 26 | 5 | 19.23 | 16 | 61.54 | 5 | 19.23 | 0 | 0 | 9 | 34.62 |
| 普通高中 | 1 | 0 | 0 | 1 | 100.00 | 0 | 0 | 0 | 0 | 1 | 100.00 |
| 职业学校 | 1 | 1 | 100.00 | 0 | 0 | 0 | 0 | 0 | 0 | 1 | 100.00 |
| 十二年一贯制学校 | 1 | 0 | 0 | 0 | 0 | 1 | 100.00 | 0 | 0 | 0 | 0 |
| 完全中学 | 6 | 4 | 66.67 | 2 | 33.33 | 0 | 0 | 0 | 0 | 3 | 50.00 |
| 总　计 | 124 | 38 | 30.65 | 57 | 45.97 | 29 | 23.39 | 0 | 0 | 32 | 25.81 |

中小学校体育工作评估审核结果报表南川区复核（2017年）

| 学校类别 | 学校总数/所 | 优秀等级学校/所 | 比例/% | 良好等级学校/所 | 比例/% | 合格等级学校/所 | 比例/% | 不合格学校/所 | 比例/% | 加分学校/所 | 比例/% |
|---|---|---|---|---|---|---|---|---|---|---|---|
| 普通小学 | 48 | 41 | 85.42 | 7 | 14.58 | 0 | 0 | 0 | 0 | 35 | 72.92 |
| 普通初中 | 8 | 7 | 87.50 | 1 | 12.50 | 0 | 0 | 0 | 0 | 6 | 75.00 |
| 职业学校 | 1 | 1 | 100.00 | 0 | 0 | 0 | 0 | 0 | 0 | 1 | 100.00 |
| 九年一贯制学校 | 3 | 2 | 66.67 | 0 | 0 | 1 | 33.33 | 0 | 0 | 2 | 66.67 |
| 十二年一贯制学校 | 1 | 1 | 100.00 | 0 | 0 | 0 | 0 | 0 | 0 | 0 | 0 |
| 完全中学 | 5 | 5 | 100.00 | 0 | 0 | 0 | 0 | 0 | 0 | 5 | 100.00 |
| 总　计 | 66 | 57 | 86.36 | 8 | 12.12 | 1 | 1.52 | 0 | 0 | 49 | 74.24 |

中小学校体育工作评估审核结果报表綦江区复核(2017 年)

| 学校类别 | 学校总数/所 | 优秀等级学校/所 | 比例/% | 良好等级学校/所 | 比例/% | 合格等级学校/所 | 比例/% | 不合格学校/所 | 比例/% | 加分学校/所 | 比例/% |
|---|---|---|---|---|---|---|---|---|---|---|---|
| 普通小学 | 45 | 39 | 86.67 | 6 | 13.33 | 0 | 0 | 0 | 0 | 20 | 44.44 |
| 普通初中 | 18 | 16 | 88.89 | 2 | 11.11 | 0 | 0 | 0 | 0 | 7 | 38.89 |
| 普通高中 | 1 | 1 | 100.00 | 0 | 0 | 0 | 0 | 0 | 0 | 1 | 100.00 |
| 职业学校 | 3 | 0 | 0 | 2 | 66.67 | 1 | 33.33 | 0 | 0 | 1 | 33.33 |
| 九年一贯制学校 | 31 | 22 | 70.97 | 8 | 25.81 | 1 | 3.23 | 0 | 0 | 15 | 48.39 |
| 完全中学 | 5 | 5 | 100.00 | 0 | 0 | 0 | 0 | 0 | 0 | 4 | 80.00 |
| 总　计 | 103 | 83 | 80.58 | 18 | 17.48 | 2 | 1.94 | 0 | 0 | 48 | 46.60 |

中小学校体育工作评估审核结果报表大足区复核(2017 年)

| 学校类别 | 学校总数/所 | 优秀等级学校/所 | 比例/% | 良好等级学校/所 | 比例/% | 合格等级学校/所 | 比例/% | 不合格学校/所 | 比例/% | 加分学校/所 | 比例/% |
|---|---|---|---|---|---|---|---|---|---|---|---|
| 普通小学 | 70 | 58 | 82.86 | 10 | 14.29 | 2 | 2.86 | 0 | 0 | 36 | 51.43 |
| 普通初中 | 18 | 14 | 77.78 | 4 | 22.22 | 0 | 0 | 0 | 0 | 13 | 72.22 |
| 普通高中 | 2 | 2 | 100.00 | 0 | 0 | 0 | 0 | 0 | 0 | 1 | 50.00 |
| 职业学校 | 1 | 1 | 100.00 | 0 | 0 | 0 | 0 | 0 | 0 | 0 | 0 |
| 九年一贯制学校 | 5 | 4 | 80.00 | 1 | 20.00 | 0 | 0 | 0 | 0 | 2 | 40.00 |
| 完全中学 | 3 | 3 | 100.00 | 0 | 0 | 0 | 0 | 0 | 0 | 2 | 66.67 |
| 总　计 | 99 | 82 | 82.83 | 15 | 15.15 | 2 | 2.02 | 0 | 0 | 54 | 54.55 |

中小学校体育工作评估审核结果报表潼南区复核(2017 年)

| 学校类别 | 学校总数/所 | 优秀等级学校/所 | 比例/% | 良好等级学校/所 | 比例/% | 合格等级学校/所 | 比例/% | 不合格学校/所 | 比例/% | 加分学校/所 | 比例/% |
|---|---|---|---|---|---|---|---|---|---|---|---|
| 普通小学 | 66 | 55 | 83.33 | 10 | 15.15 | 1 | 1.52 | 0 | 0 | 34 | 51.52 |
| 普通初中 | 11 | 11 | 100.00 | 0 | 0 | 0 | 0 | 0 | 0 | 10 | 90.91 |
| 普通高中 | 2 | 2 | 100.00 | 0 | 0 | 0 | 0 | 0 | 0 | 2 | 100.00 |
| 职业学校 | 3 | 3 | 100.00 | 0 | 0 | 0 | 0 | 0 | 0 | 1 | 33.33 |
| 九年一贯制学校 | 7 | 7 | 100.00 | 0 | 0 | 0 | 0 | 0 | 0 | 5 | 71.43 |
| 完全中学 | 1 | 1 | 100.00 | 0 | 0 | 0 | 0 | 0 | 0 | 1 | 100.00 |
| 总　计 | 90 | 79 | 87.78 | 10 | 11.11 | 1 | 1.11 | 0 | 0 | 53 | 58.89 |

中小学校体育工作评估审核结果报表铜梁区复核(2017 年)

| 学校类别 | 学校总数/所 | 优秀等级学校/所 | 比例/% | 良好等级学校/所 | 比例/% | 合格等级学校/所 | 比例/% | 不合格学校/所 | 比例/% | 加分学校/所 | 比例/% |
|---|---|---|---|---|---|---|---|---|---|---|---|
| 普通小学 | 61 | 54 | 88.52 | 7 | 11.48 | 0 | 0 | 0 | 0 | 56 | 91.80 |
| 普通初中 | 16 | 12 | 75.00 | 3 | 18.75 | 1 | 6.25 | 0 | 0 | 14 | 87.50 |
| 普通高中 | 4 | 4 | 100.00 | 0 | 0 | 0 | 0 | 0 | 0 | 4 | 100.00 |
| 九年一贯制学校 | 1 | 0 | 0 | 1 | 100.00 | 0 | 0 | 0 | 0 | 1 | 100.00 |
| 完全中学 | 1 | 1 | 100.00 | 0 | 0 | 0 | 0 | 0 | 0 | 1 | 100.00 |
| 总　计 | 83 | 71 | 85.54 | 11 | 13.25 | 1 | 1.20 | 0 | 0 | 76 | 91.57 |

**中小学校体育工作评估审核结果报表荣昌区复核(2017 年)**

| 学校类别 | 学校总数/所 | 优秀等级学校/所 | 比例/% | 良好等级学校/所 | 比例/% | 合格等级学校/所 | 比例/% | 不合格学校/所 | 比例/% | 加分学校/所 | 比例/% |
|---|---|---|---|---|---|---|---|---|---|---|---|
| 普通小学 | 81 | 53 | 65.43 | 25 | 30.86 | 3 | 3.70 | 0 | 0 | 25 | 30.86 |
| 普通初中 | 16 | 15 | 93.75 | 1 | 6.25 | 0 | 0 | 0 | 0 | 7 | 43.75 |
| 职业学校 | 1 | 1 | 100.00 | 0 | 0 | 0 | 0 | 0 | 0 | 1 | 100.00 |
| 完全中学 | 4 | 4 | 100.00 | 0 | 0 | 0 | 0 | 0 | 0 | 4 | 100.00 |
| 总 计 | 102 | 73 | 71.57 | 26 | 25.49 | 3 | 2.94 | 0 | 0 | 37 | 36.27 |

中小学校体育工作评估审核结果报表璧山区复核(2017 年)

| 学校类别 | 学校总数/所 | 优秀等级学校/所 | 比例/% | 良好等级学校/所 | 比例/% | 合格等级学校/所 | 比例/% | 不合格学校/所 | 比例/% | 加分学校/所 | 比例/% |
|---|---|---|---|---|---|---|---|---|---|---|---|
| 普通小学 | 38 | 26 | 68.42 | 10 | 26.32 | 2 | 5.26 | 0 | 0 | 24 | 63.16 |
| 普通初中 | 14 | 5 | 35.71 | 8 | 57.14 | 1 | 7.14 | 0 | 0 | 8 | 57.14 |
| 职业学校 | 1 | 0 | 0 | 1 | 100.00 | 0 | 0 | 0 | 0 | 1 | 100.00 |
| 完全中学 | 3 | 3 | 100.00 | 0 | 0 | 0 | 0 | 0 | 0 | 1 | 33.33 |
| 总　计 | 56 | 34 | 60.71 | 19 | 33.93 | 3 | 5.36 | 0 | 0 | 34 | 60.71 |

**中小学校体育工作评估审核结果报表梁平区复核(2017年)**

| 学校类别 | 学校总数/所 | 优秀等级学校/所 | 比例/% | 良好等级学校/所 | 比例/% | 合格等级学校/所 | 比例/% | 不合格学校/所 | 比例/% | 加分学校/所 | 比例/% |
|---|---|---|---|---|---|---|---|---|---|---|---|
| 普通小学 | 68 | 36 | 52.94 | 30 | 44.12 | 2 | 2.94 | 0 | 0 | 39 | 57.35 |
| 普通初中 | 21 | 8 | 38.10 | 11 | 52.38 | 2 | 9.52 | 0 | 0 | 10 | 47.62 |
| 普通高中 | 2 | 2 | 100.00 | 0 | 0 | 0 | 0 | 0 | 0 | 2 | 100.00 |
| 职业学校 | 1 | 0 | 0 | 1 | 100.00 | 0 | 0 | 0 | 0 | 0 | 0 |
| 九年一贯制学校 | 4 | 1 | 25.00 | 2 | 50.00 | 1 | 25.00 | 0 | 0 | 2 | 50.00 |
| 完全中学 | 5 | 5 | 100.00 | 0 | 0 | 0 | 0 | 0 | 0 | 3 | 60.00 |
| 总　计 | 101 | 52 | 51.49 | 44 | 43.56 | 5 | 4.95 | 0 | 0 | 56 | 55.45 |

中小学校体育工作评估审核结果报表城口县复核(2017 年)

| 学校类别 | 学校总数/所 | 优秀等级学校/所 | 比例/% | 良好等级学校/所 | 比例/% | 合格等级学校/所 | 比例/% | 不合格学校/所 | 比例/% | 加分学校/所 | 比例/% |
|---|---|---|---|---|---|---|---|---|---|---|---|
| 普通小学 | 29 | 25 | 86.21 | 4 | 13.79 | 0 | 0 | 0 | 0 | 13 | 44.83 |
| 普通初中 | 4 | 4 | 100.00 | 0 | 0 | 0 | 0 | 0 | 0 | 2 | 50.00 |
| 职业学校 | 1 | 1 | 100.00 | 0 | 0 | 0 | 0 | 0 | 0 | 1 | 100.00 |
| 九年一贯制学校 | 2 | 1 | 50.00 | 1 | 50.00 | 0 | 0 | 0 | 0 | 1 | 50.00 |
| 完全中学 | 1 | 1 | 100.00 | 0 | 0 | 0 | 0 | 0 | 0 | 1 | 100.00 |
| 总 计 | 37 | 32 | 86.49 | 5 | 13.51 | 0 | 0 | 0 | 0 | 18 | 48.65 |

**中小学校体育工作评估审核结果报表丰都县复核(2017年)**

| 学校类别 | 学校总数/所 | 优秀等级学校/所 | 比例/% | 良好等级学校/所 | 比例/% | 合格等级学校/所 | 比例/% | 不合格学校/所 | 比例/% | 加分学校/所 | 比例/% |
| --- | --- | --- | --- | --- | --- | --- | --- | --- | --- | --- | --- |
| 普通小学 | 61 | 47 | 77.05 | 14 | 22.95 | 0 | 0 | 0 | 0 | 25 | 40.98 |
| 普通初中 | 24 | 22 | 91.67 | 2 | 8.33 | 0 | 0 | 0 | 0 | 7 | 29.17 |
| 普通高中 | 3 | 3 | 100.00 | 0 | 0 | 0 | 0 | 0 | 0 | 1 | 33.33 |
| 职业学校 | 1 | 1 | 100.00 | 0 | 0 | 0 | 0 | 0 | 0 | 1 | 100.00 |
| 九年一贯制学校 | 12 | 8 | 66.67 | 2 | 16.67 | 0 | 0 | 0 | 0 | 2 | 16.67 |
| 完全中学 | 4 | 3 | 75.00 | 1 | 25.00 | 0 | 0 | 0 | 0 | 0 | 0 |
| 总 计 | 105 | 84 | 80.00 | 19 | 18.10 | 0 | 0 | 0 | 0 | 36 | 34.29 |

中小学校体育工作评估审核结果报表垫江县复核(2017 年)

| 学校类别 | 学校总数/所 | 优秀等级学校/所 | 比例/% | 良好等级学校/所 | 比例/% | 合格等级学校/所 | 比例/% | 不合格学校/所 | 比例/% | 加分学校/所 | 比例/% |
|---|---|---|---|---|---|---|---|---|---|---|---|
| 普通小学 | 64 | 41 | 64.06 | 20 | 31.25 | 3 | 4.69 | 0 | 0 | 36 | 56.25 |
| 普通初中 | 12 | 10 | 83.33 | 2 | 16.67 | 0 | 0 | 0 | 0 | 4 | 33.33 |
| 职业学校 | 1 | 1 | 100.00 | 0 | 0 | 0 | 0 | 0 | 0 | 1 | 100.00 |
| 九年一贯制学校 | 3 | 2 | 66.67 | 1 | 33.33 | 0 | 0 | 0 | 0 | 3 | 100.00 |
| 完全中学 | 8 | 7 | 87.50 | 1 | 12.50 | 0 | 0 | 0 | 0 | 7 | 87.50 |
| 总　计 | 88 | 61 | 69.32 | 24 | 27.27 | 3 | 3.41 | 0 | 0 | 51 | 57.95 |

中小学校体育工作评估审核结果报表武隆区复核（2017 年）

| 学校类别 | 学校总数/所 | 优秀等级学校/所 | 比例/% | 良好等级学校/所 | 比例/% | 合格等级学校/所 | 比例/% | 不合格学校/所 | 比例/% | 加分学校/所 | 比例/% |
|---|---|---|---|---|---|---|---|---|---|---|---|
| 普通小学 | 27 | 19 | 70.37 | 8 | 29.63 | 0 | 0 | 0 | 0 | 15 | 55.56 |
| 普通初中 | 6 | 5 | 83.33 | 1 | 16.67 | 0 | 0 | 0 | 0 | 6 | 100.00 |
| 普通高中 | 1 | 1 | 100.00 | 0 | 0 | 0 | 0 | 0 | 0 | 1 | 100.00 |
| 职业学校 | 1 | 1 | 100.00 | 0 | 0 | 0 | 0 | 0 | 0 | 1 | 100.00 |
| 九年一贯制学校 | 1 | 0 | 0 | 1 | 100.00 | 0 | 0 | 0 | 0 | 0 | 0 |
| 完全中学 | 3 | 3 | 100.00 | 0 | 0 | 0 | 0 | 0 | 0 | 3 | 100.00 |
| 总 计 | 39 | 29 | 74.36 | 10 | 25.64 | 0 | 0 | 0 | 0 | 26 | 66.67 |

中小学校体育工作评估审核结果报表忠县复核(2017 年)

| 学校类别 | 学校总数/所 | 优秀等级学校/所 | 比例/% | 良好等级学校/所 | 比例/% | 合格等级学校/所 | 比例/% | 不合格学校/所 | 比例/% | 加分学校/所 | 比例/% |
|---|---|---|---|---|---|---|---|---|---|---|---|
| 普通小学 | 64 | 63 | 98.44 | 1 | 1.56 | 0 | 0 | 0 | 0 | 27 | 42.19 |
| 普通初中 | 15 | 14 | 93.33 | 1 | 6.67 | 0 | 0 | 0 | 0 | 4 | 26.67 |
| 职业学校 | 1 | 1 | 100.00 | 0 | 0 | 0 | 0 | 0 | 0 | 1 | 100.00 |
| 九年一贯制学校 | 2 | 1 | 50.00 | 1 | 50.00 | 0 | 0 | 0 | 0 | 0 | 0 |
| 完全中学 | 8 | 8 | 100.00 | 0 | 0 | 0 | 0 | 0 | 0 | 3 | 37.50 |
| 总 计 | 90 | 87 | 96.67 | 3 | 3.33 | 0 | 0 | 0 | 0 | 35 | 38.89 |

**中小学校体育工作评估审核结果报表开县复核(2017 年)**

| 学校类别 | 学校总数/所 | 优秀等级学校/所 | 比例/% | 良好等级学校/所 | 比例/% | 合格等级学校/所 | 比例/% | 不合格学校/所 | 比例/% | 加分学校/所 | 比例/% |
|---|---|---|---|---|---|---|---|---|---|---|---|
| 普通小学 | 70 | 45 | 64.29 | 24 | 34.29 | 1 | 1.43 | 0 | 0 | 41 | 58.57 |
| 普通初中 | 38 | 22 | 57.89 | 16 | 42.11 | 0 | 0 | 0 | 0 | 21 | 55.26 |
| 普通高中 | 2 | 2 | 100.00 | 0 | 0 | 0 | 0 | 0 | 0 | 1 | 50.00 |
| 职业学校 | 1 | 1 | 100.00 | 0 | 0 | 0 | 0 | 0 | 0 | 1 | 100.00 |
| 九年一贯制学校 | 11 | 5 | 45.45 | 6 | 54.55 | 0 | 0 | 0 | 0 | 5 | 45.45 |
| 完全中学 | 7 | 4 | 57.14 | 3 | 42.86 | 0 | 0 | 0 | 0 | 5 | 71.43 |
| 总　计 | 129 | 79 | 61.24 | 49 | 37.98 | 1 | 0.78 | 0 | 0 | 74 | 57.36 |

**中小学校体育工作评估审核结果报表云阳县复核(2017 年)**

| 学校类别 | 学校总数/所 | 优秀等级学校/所 | 比例/% | 良好等级学校/所 | 比例/% | 合格等级学校/所 | 比例/% | 不合格学校/所 | 比例/% | 加分学校/所 | 比例/% |
|---|---|---|---|---|---|---|---|---|---|---|---|
| 普通小学 | 115 | 97 | 84.35 | 18 | 15.65 | 0 | 0 | 0 | 0 | 38 | 33.04 |
| 普通初中 | 27 | 25 | 92.59 | 2 | 7.41 | 0 | 0 | 0 | 0 | 9 | 33.33 |
| 普通高中 | 2 | 2 | 100.00 | 0 | 0 | 0 | 0 | 0 | 0 | 1 | 50.00 |
| 九年一贯制学校 | 1 | 1 | 100.00 | 0 | 0 | 0 | 0 | 0 | 0 | 1 | 100.00 |
| 十二年一贯制学校 | 1 | 1 | 100.00 | 0 | 0 | 0 | 0 | 0 | 0 | 0 | 0 |
| 完全中学 | 4 | 4 | 100.00 | 0 | 0 | 0 | 0 | 0 | 0 | 3 | 75.00 |
| 总　计 | 150 | 130 | 86.67 | 20 | 13.33 | 0 | 0 | 0 | 0 | 52 | 34.67 |

**中小学校体育工作评估审核结果报表奉节县复核(2017年)**

| 学校类别 | 学校总数/所 | 优秀等级学校/所 | 比例/% | 良好等级学校/所 | 比例/% | 合格等级学校/所 | 比例/% | 不合格学校/所 | 比例/% | 加分学校/所 | 比例/% |
|---|---|---|---|---|---|---|---|---|---|---|---|
| 普通小学 | 94 | 60 | 63.83 | 32 | 34.04 | 2 | 2.13 | 0 | 0 | 37 | 39.36 |
| 普通初中 | 23 | 16 | 69.57 | 7 | 30.43 | 0 | 0 | 0 | 0 | 6 | 26.09 |
| 普通高中 | 2 | 2 | 100.00 | 0 | 0 | 0 | 0 | 0 | 0 | 1 | 50.00 |
| 职业学校 | 2 | 2 | 100.00 | 0 | 0 | 0 | 0 | 0 | 0 | 1 | 50.00 |
| 九年一贯制学校 | 3 | 1 | 33.33 | 1 | 33.33 | 1 | 33.33 | 0 | 0 | 1 | 33.33 |
| 完全中学 | 5 | 4 | 80.00 | 1 | 20.00 | 0 | 0 | 0 | 0 | 1 | 20.00 |
| 总　计 | 129 | 85 | 65.89 | 41 | 31.78 | 3 | 2.33 | 0 | 0 | 47 | 36.43 |

**中小学校体育工作评估审核结果报表巫山县复核(2017 年)**

| 学校类别 | 学校总数/所 | 优秀等级学校/所 | 比例/% | 良好等级学校/所 | 比例/% | 合格等级学校/所 | 比例/% | 不合格学校/所 | 比例/% | 加分学校/所 | 比例/% |
|---|---|---|---|---|---|---|---|---|---|---|---|
| 普通小学 | 84 | 10 | 11.90 | 56 | 66.67 | 18 | 21.43 | 0 | 0 | 24 | 28.57 |
| 普通初中 | 15 | 3 | 20.00 | 10 | 66.67 | 2 | 13.33 | 0 | 0 | 7 | 46.67 |
| 普通高中 | 2 | 2 | 100.00 | 0 | 0 | 0 | 0 | 0 | 0 | 1 | 50.00 |
| 职业学校 | 2 | 1 | 50.00 | 1 | 50.00 | 0 | 0 | 0 | 0 | 1 | 50.00 |
| 九年一贯制学校 | 2 | 1 | 50.00 | 1 | 50.00 | 0 | 0 | 0 | 0 | 0 | 0 |
| 完全中学 | 1 | 0 | 0 | 1 | 100.00 | 0 | 0 | 0 | 0 | 0 | 0 |
| 总　计 | 106 | 17 | 16.04 | 69 | 65.09 | 20 | 18.87 | 0 | 0 | 33 | 31.13 |

**中小学校体育工作评估审核结果报表巫溪县复核(2017年)**

| 学校类别 | 学校总数/所 | 优秀等级学校/所 | 比例/% | 良好等级学校/所 | 比例/% | 合格等级学校/所 | 比例/% | 不合格学校/所 | 比例/% | 加分学校/所 | 比例/% |
|---|---|---|---|---|---|---|---|---|---|---|---|
| 普通小学 | 68 | 3 | 4.41 | 28 | 41.18 | 37 | 54.41 | 0 | 0 | 16 | 23.53 |
| 普通初中 | 15 | 0 | 0 | 10 | 66.67 | 5 | 33.33 | 0 | 0 | 6 | 40.00 |
| 职业学校 | 1 | 0 | 0 | 1 | 100.00 | 0 | 0 | 0 | 0 | 1 | 100.00 |
| 九年一贯制学校 | 1 | 0 | 0 | 0 | 0 | 1 | 100.00 | 0 | 0 | 0 | 0 |
| 完全中学 | 3 | 2 | 66.67 | 1 | 33.33 | 0 | 0 | 0 | 0 | 1 | 33.33 |
| 总　计 | 88 | 5 | 5.68 | 40 | 45.45 | 43 | 48.86 | 0 | 0 | 24 | 27.27 |

中小学校体育工作评估审核结果报表石柱土家族自治县复核(2017 年)

| 学校类别 | 学校总数/所 | 优秀等级学校/所 | 比例/% | 良好等级学校/所 | 比例/% | 合格等级学校/所 | 比例/% | 不合格学校/所 | 比例/% | 加分学校/所 | 比例/% |
|---|---|---|---|---|---|---|---|---|---|---|---|
| 普通小学 | 71 | 59 | 83.10 | 12 | 16.90 | 0 | 0 | 0 | 0 | 22 | 30.99 |
| 普通初中 | 12 | 11 | 91.67 | 1 | 8.33 | 0 | 0 | 0 | 0 | 4 | 33.33 |
| 普通高中 | 1 | 1 | 100.00 | 0 | 0 | 0 | 0 | 0 | 0 | 1 | 100.00 |
| 职业学校 | 1 | 1 | 100.00 | 0 | 0 | 0 | 0 | 0 | 0 | 0 | 0 |
| 九年一贯制学校 | 3 | 3 | 100.00 | 0 | 0 | 0 | 0 | 0 | 0 | 1 | 33.33 |
| 完全中学 | 2 | 2 | 100.00 | 0 | 0 | 0 | 0 | 0 | 0 | 2 | 100.00 |
| 总　计 | 90 | 77 | 85.56 | 13 | 14.44 | 0 | 0 | 0 | 0 | 30 | 33.33 |

中小学校体育工作评估审核结果报表秀山土家族自治县复核(2017 年)

| 学校类别 | 学校总数/所 | 优秀等级学校/所 | 比例/% | 良好等级学校/所 | 比例/% | 合格等级学校/所 | 比例/% | 不合格学校/所 | 比例/% | 加分学校/所 | 比例/% |
|---|---|---|---|---|---|---|---|---|---|---|---|
| 普通小学 | 44 | 37 | 84.09 | 5 | 11.36 | 1 | 2.27 | 0 | 0 | 20 | 45.45 |
| 普通初中 | 15 | 13 | 86.67 | 2 | 13.33 | 0 | 0 | 0 | 0 | 7 | 46.67 |
| 普通高中 | 1 | 1 | 100.00 | 0 | 0 | 0 | 0 | 0 | 0 | 0 | 0 |
| 职业学校 | 1 | 1 | 100.00 | 0 | 0 | 0 | 0 | 0 | 0 | 1 | 100.00 |
| 九年一贯制学校 | 3 | 1 | 33.33 | 2 | 66.67 | 0 | 0 | 0 | 0 | 2 | 66.67 |
| 完全中学 | 1 | 1 | 100.00 | 0 | 0 | 0 | 0 | 0 | 0 | 1 | 100.00 |
| 总 计 | 65 | 54 | 83.08 | 9 | 13.85 | 1 | 1.54 | 0 | 0 | 31 | 47.69 |

**中小学校体育工作评估审核结果报表酉阳土家族自治县复核(2017年)**

| 学校类别 | 学校总数/所 | 优秀等级学校/所 | 比例/% | 良好等级学校/所 | 比例/% | 合格等级学校/所 | 比例/% | 不合格学校/所 | 比例/% | 加分学校/所 | 比例/% |
|---|---|---|---|---|---|---|---|---|---|---|---|
| 普通小学 | 42 | 33 | 78.57 | 8 | 19.05 | 0 | 0 | 0 | 0 | 18 | 42.86 |
| 普通初中 | 15 | 14 | 93.33 | 0 | 0 | 0 | 0 | 0 | 0 | 4 | 26.67 |
| 普通高中 | 1 | 1 | 100.00 | 0 | 0 | 0 | 0 | 0 | 0 | 0 | 0 |
| 职业学校 | 1 | 1 | 100.00 | 0 | 0 | 0 | 0 | 0 | 0 | 0 | 0 |
| 完全中学 | 3 | 2 | 66.67 | 1 | 33.33 | 0 | 0 | 0 | 0 | 1 | 33.33 |
| 总　计 | 62 | 51 | 82.26 | 9 | 14.52 | 0 | 0 | 0 | 0 | 23 | 37.10 |

**中小学校体育工作评估审核结果报表彭水苗族土家族自治县复核(2017 年)**

| 学校类别 | 学校总数/所 | 优秀等级学校/所 | 比例/% | 良好等级学校/所 | 比例/% | 合格等级学校/所 | 比例/% | 不合格学校/所 | 比例/% | 加分学校/所 | 比例/% |
|---|---|---|---|---|---|---|---|---|---|---|---|
| 普通小学 | 72 | 48 | 66.67 | 22 | 30.56 | 2 | 2.78 | 0 | 0 | 34 | 47.22 |
| 普通初中 | 16 | 12 | 75.00 | 4 | 25.00 | 0 | 0 | 0 | 0 | 10 | 62.50 |
| 普通高中 | 2 | 2 | 100.00 | 0 | 0 | 0 | 0 | 0 | 0 | 1 | 50.00 |
| 职业学校 | 1 | 1 | 100.00 | 0 | 0 | 0 | 0 | 0 | 0 | 0 | 0 |
| 九年一贯制学校 | 3 | 1 | 33.33 | 2 | 66.67 | 0 | 0 | 0 | 0 | 2 | 66.67 |
| 完全中学 | 1 | 1 | 100.00 | 0 | 0 | 0 | 0 | 0 | 0 | 1 | 100.00 |
| 总　计 | 95 | 65 | 68.42 | 28 | 29.47 | 2 | 2.11 | 0 | 0 | 48 | 50.53 |

中小学校体育工作评估审核结果报表两江新区复核(2017 年)

| 学校类别 | 学校总数/所 | 优秀等级学校/所 | 比例/% | 良好等级学校/所 | 比例/% | 合格等级学校/所 | 比例/% | 不合格学校/所 | 比例/% | 加分学校/所 | 比例/% |
|---|---|---|---|---|---|---|---|---|---|---|---|
| 普通小学 | 14 | 12 | 85.71 | 0 | 0 | 2 | 14.29 | 0 | 0 | 12 | 85.71 |
| 普通初中 | 1 | 1 | 100.00 | 0 | 0 | 0 | 0 | 0 | 0 | 0 | 0 |
| 九年一贯制学校 | 5 | 4 | 80.00 | 0 | 0 | 1 | 20.00 | 0 | 0 | 5 | 100.00 |
| 十二年一贯制学校 | 1 | 0 | 0 | 0 | 0 | 1 | 100.00 | 0 | 0 | 0 | 0 |
| 完全中学 | 3 | 1 | 33.33 | 1 | 33.33 | 1 | 33.33 | 0 | 0 | 1 | 33.33 |
| 总　计 | 24 | 18 | 75.00 | 1 | 4.17 | 5 | 20.83 | 0 | 0 | 18 | 75.00 |

**中小学校体育工作评估审核结果报表万盛经开区复核(2017 年)**

| 学校类别 | 学校总数/所 | 优秀等级学校/所 | 比例/% | 良好等级学校/所 | 比例/% | 合格等级学校/所 | 比例/% | 不合格学校/所 | 比例/% | 加分学校/所 | 比例/% |
|---|---|---|---|---|---|---|---|---|---|---|---|
| 普通小学 | 15 | 13 | 86.67 | 2 | 13.33 | 0 | 0 | 0 | 0 | 13 | 86.67 |
| 普通初中 | 7 | 4 | 57.14 | 3 | 42.86 | 0 | 0 | 0 | 0 | 6 | 85.71 |
| 职业学校 | 1 | 1 | 100.00 | 0 | 0 | 0 | 0 | 0 | 0 | 0 | 0 |
| 九年一贯制学校 | 4 | 4 | 100.00 | 0 | 0 | 0 | 0 | 0 | 0 | 4 | 100.00 |
| 完全中学 | 2 | 2 | 100.00 | 0 | 0 | 0 | 0 | 0 | 0 | 2 | 100.00 |
| 总　计 | 29 | 24 | 82.76 | 5 | 17.24 | 0 | 0 | 0 | 0 | 25 | 86.21 |

附录 2

万州区学校体育工作年度

| 办学层次 | 学校/所 | 在校学生数/人 | 教学班数/个 | 体育课开足数/所 | 落实每天一小时体育锻炼数/所 | 组织大课间体育活动数/所 | 体育教师人数/人 | | 体育教师缺额比/% | 体育教师缺额数/人 | 体育教师师生比 | 体育教师参训人数/人 | 教师受县级以上表彰人数/人 | 田径场/块 | | | | 篮球场/块 | 排球场/块 | 器械体操及游戏区面积/平方米 | 体育馆 | | 游泳池 | |
|---|---|---|---|---|---|---|---|---|---|---|---|---|---|---|---|---|---|---|---|---|---|---|---|---|
| | | | | | | | 专职 | 兼职 | | | | | | 200米 | 300米 | 300~400米 | 400米 | | | | 个数/个 | 总面积/平方米 | 个数/个 | 总面积/平方米 |
| 普通小学 | 51 | 70 740 | 1 410 | 51 | 51 | 51 | 215 | 184 | 17.39 | 84 | 1:177 | 260 | 89 | 47 | 4 | 3 | 4 | 110 | 32 | 87 697 | 5 | 1 750 | 0 | 0 |
| 普通初中 | 21 | 10 876 | 236 | 21 | 21 | 21 | 71 | 11 | 6.82 | 6 | 1:133 | 66 | 43 | 19 | 4 | 1 | 1 | 50 | 13 | 7 980 | 5 | 7 200 | 0 | 0 |
| 普通高中 | 2 | 6 541 | 126 | 2 | 2 | 2 | 23 | 0 | 11.54 | 3 | 1:284 | 23 | 6 | 1 | 1 | 0 | 1 | 7 | 7 | 5 000 | 0 | 0 | 0 | 0 |
| 职业学校 | 2 | 8 558 | 163 | 2 | 2 | 2 | 15 | 3 | 10.00 | 2 | 1:475 | 10 | 4 | 0 | 2 | 0 | 0 | 6 | 2 | 1 000 | 0 | 0 | 0 | 0 |
| 九年一贯制学校 | 14 | 7 414 | 206 | 14 | 14 | 14 | 23 | 38 | 24.69 | 20 | 1:122 | 35 | 6 | 16 | 1 | 1 | 1 | 28 | 11 | 32 116 | 1 | 108 | 0 | 0 |
| 十二年一贯制学校 | 1 | 2 070 | 46 | 1 | 1 | 1 | 5 | 0 | 16.67 | 1 | 1:414 | 5 | 3 | 1 | 1 | 1 | 1 | 5 | 1 | 600 | 1 | 2 947 | 1 | 573 |
| 完全中学 | 15 | 55 966 | 1 028 | 15 | 15 | 15 | 188 | 2 | 6.40 | 13 | 1:295 | 166 | 51 | 9 | 8 | 1 | 5 | 66 | 20 | 15 473 | 4 | 6 200 | 0 | 0 |
| 合计 | 106 | 162 165 | 3 215 | 106 | 106 | 106 | 540 | 238 | 14.22 | 129 | 1:208 | 565 | 202 | 93 | 21 | 7 | 13 | 272 | 86 | 149 866 | 16 | 18 205 | 1 | 573 |

报告汇总表(2017 年)

| 学生体质测试室/个 | 体育器材达标数/个 | 学校体育工作等级评估 | | | | | | | | 各级专职体育教研员人数/人 | 学校体育经费支出情况/万元 | | | | 体育中考实施情况 | | | | 建立体育专项督导制度 | | 制订体育活动意外伤害保障措施 | |
|---|---|---|---|---|---|---|---|---|---|---|---|---|---|---|---|---|---|---|---|---|---|---|
| | | 优秀 | | 良好 | | 及格 | | 不及格 | | | 支出总额 | 体育场地经费支出 | 专用器材经费支出 | 体育工作经费 | 是 | | | 否 | | | | |
| | | 所 | % | 所 | % | 所 | % | 所 | % | | | | | | 地区覆盖率/% | 分值/分 | 分值占总分比例/% | | 是 | 否 | 是 | 否 |
| 32 | 49 | 48 | 94.12 | 3 | 5.88 | 0 | 0 | 0 | 0 | — | 541.143 8 | 373.458 8 | 107.204 4 | 60.107 6 | — | — | — | — | — | — | 51 | 0 |
| 13 | 20 | 21 | 100 | 0 | 0 | 0 | 0 | 0 | 0 | — | 3 180.078 6 | 1 481.75 | 4 880.851 3 | 819.806 8 | — | — | — | — | — | — | 21 | 0 |
| 0 | 2 | 2 | 100 | 0 | 0 | 0 | 0 | 0 | 0 | — | 34 | 3.5 | 22.5 | 8 | — | — | — | — | — | — | 2 | 0 |
| 1 | 2 | 2 | 100 | 0 | 0 | 0 | 0 | 0 | 0 | — | 315 | 302 | 5 | 8 | — | — | — | — | — | — | 2 | 0 |
| 15 | 14 | 13 | 92.86 | 1 | 7.14 | 0 | 0 | 0 | 0 | — | 104.01 | 60.92 | 24.66 | 17.63 | — | — | — | — | — | — | 14 | 0 |
| 2 | 1 | 1 | 100 | 0 | 0 | 0 | 0 | 0 | 0 | — | 45 | 3 | 3 | 4 | — | — | — | — | — | — | 1 | 0 |
| 10 | 15 | 15 | 100 | 0 | 0 | 0 | 0 | 0 | 0 | — | 189.15 | 74.25 | 44.6 | 70.3 | — | — | — | — | — | — | 15 | 0 |
| 73 | 103 | 102 | 96.22 | 4 | 3.77 | 0 | 0 | 0 | 0 | 2 | 4 408.382 4 | 2 298.878 8 | 5 087.815 7 | 987.844 4 | 100 | 50 | 6.67 | 0 | 1 | 0 | 106 | 0 |

黔江区学校体育工作年度

| 办学层次 | 学校/所 | 在校学生数/人 | 教学班数/个 | 体育课开足数 | 落实每天一小时体育锻炼数 | 组织大课间体育活动数 | 体育教师人数/人 | | 体育教师缺额比/% | 体育教师缺额数/人 | 体育教师师生比 | 体育教师参训人数/人 | 教师受县级以上表彰人数/人 | 田径场/块 | | | | 篮球场/块 | 排球场/块 | 器械体操及游戏区面积/平方米 | 体育馆 | | 游泳池 | |
|---|---|---|---|---|---|---|---|---|---|---|---|---|---|---|---|---|---|---|---|---|---|---|---|---|
| | | | | | | | 专职 | 兼职 | | | | | | 200米 | 300米 | 300~400米 | 400米 | | | | 个数/个 | 总面积/平方米 | 个数/个 | 总面积/平方米 |
| 普通小学 | 32 | 38 847 | 866 | 32 | 32 | 32 | 90 | 167 | 21.65 | 71 | 1:151 | 101 | 37 | 24 | 1 | 0 | 1 | 54 | 15 | 25 452 | 2 | 40 | 0 | 0 |
| 普通初中 | 16 | 17 117 | 346 | 16 | 16 | 16 | 74 | 7 | 10.00 | 9 | 1:211 | 67 | 24 | 10 | 3 | 0 | 1 | 44 | 5 | 15 685 | 0 | 0 | 0 | 0 |
| 普通高中 | 3 | 13 218 | 207 | 3 | 3 | 3 | 32 | 0 | 25.58 | 11 | 1:413 | 28 | 17 | 1 | 1 | 2 | 3 | 11 | 4 | 1 400 | 0 | 0 | 0 | 0 |
| 职业学校 | 0 | 0 | 0 | 0 | 0 | 0 | 0 | 0 | 0 | 0 | 0 | 0 | 0 | 0 | 0 | 0 | 0 | 0 | 0 | 0 | 0 | 0 | 0 | 0 |
| 九年一贯制学校 | 5 | 5 104 | 134 | 5 | 5 | 5 | 20 | 16 | 14.29 | 6 | 1:142 | 19 | 4 | 6 | 1 | 1 | 0 | 13 | 6 | 12 100 | 1 | 209 | 0 | 0 |
| 十二年一贯制学校 | 0 | 0 | 0 | 0 | 0 | 0 | 0 | 0 | 0 | 0 | 0 | 0 | 0 | 0 | 0 | 0 | 0 | 0 | 0 | 0 | 0 | 0 | 0 | 0 |
| 完全中学 | 1 | 7 272 | 177 | 1 | 1 | 1 | 18 | 0 | 0 | 0 | 1:404 | 4 | 1 | 0 | 0 | 0 | 1 | 12 | 4 | 300 | 0 | 0 | 0 | 0 |
| 合计 | 57 | 81 558 | 1 730 | 57 | 57 | 57 | 234 | 190 | 18.61 | 97 | 1:192 | 219 | 83 | 41 | 6 | 3 | 6 | 134 | 34 | 54 937 | 3 | 249 | 0 | 0 |

**报告汇总表(2017 年)**

| 学生体质测试室/个 | 体育器材达标数/个 | 学校体育工作等级评估 | | | | | | | | 各级专职体育教研员人数/人 | 学校体育经费支出情况/万元 | | | | 体育中考实施情况 | | | | 建立体育专项督导制度 | | 制订体育活动意外伤害保障措施 | |
|---|---|---|---|---|---|---|---|---|---|---|---|---|---|---|---|---|---|---|---|---|---|---|
| | | 优秀 | | 良好 | | 及格 | | 不及格 | | | 支出总额 | 体育场地经费支出 | 专用器材经费支出 | 体育工作经费 | 是 | | | 否 | | | | |
| | | 所 | % | 所 | % | 所 | % | 所 | % | | | | | | 地区覆盖率/% | 分值/分 | 分值占总分比例/% | | 是 | 否 | 是 | 否 |
| 34 | 31 | 29 | 90.63 | 3 | 9.38 | 0 | 0 | 0 | 0 | — | 492.99 | 314.08 | 82.29 | 106.32 | — | — | — | — | — | — | 32 | 0 |
| 14 | 14 | 15 | 93.75 | 1 | 6.25 | 0 | 0 | 0 | 0 | — | 144.9 | 60.1 | 32.791 6 | 35.86 | — | — | — | — | — | — | 16 | 0 |
| 3 | 3 | 2 | 66.67 | 1 | 33.33 | 0 | 0 | 0 | 0 | — | 81 | 44 | 11 | 26 | — | — | — | — | — | — | 3 | 0 |
| 0 | 0 | 0 | 0 | 0 | 0 | 0 | 0 | 0 | 0 | — | 0 | 0 | 0 | 0 | — | — | — | — | — | — | 0 | 0 |
| 3 | 5 | 5 | 100 | 0 | 0 | 0 | 0 | 0 | 0 | — | 99.5 | 39 | 16 | 10.5 | — | — | — | — | — | — | 5 | 0 |
| 0 | 0 | 0 | 0 | 0 | 0 | 0 | 0 | 0 | 0 | — | 0 | 0 | 0 | 0 | — | — | — | — | — | — | 0 | 0 |
| 2 | 1 | 1 | 100 | 0 | 0 | 0 | 0 | 0 | 0 | — | 30 | 4 | 10 | 16 | — | — | — | — | — | — | 1 | 0 |
| 56 | 54 | 52 | 91.22 | 5 | 8.77 | 0 | 0 | 0 | 0 | 2 | 848.39 | 461.18 | 152.081 6 | 194.68 | 100 | 50 | 6 | 0 | 1 | 0 | 57 | 0 |

涪陵区学校体育工作年度

| 办学层次 | 学校/所 | 在校学生数/人 | 教学班数/个 | 体育课开足数 | 落实每天一小时体育锻炼数 | 组织大课间体育活动数 | 体育教师人数/人 | | 体育教师缺额比/% | 体育教师缺额数/人 | 体育教师师生比 | 体育教师参训人数/人 | 教师受县级以上表彰人数/人 | 田径场/块 | | | | 篮球场/块 | 排球场/块 | 器械体操及游戏区面积/平方米 | 体育馆 | | 游泳池 | |
|---|---|---|---|---|---|---|---|---|---|---|---|---|---|---|---|---|---|---|---|---|---|---|---|---|
| | | | | | | | 专职 | 兼职 | | | | | | 200米 | 300米 | 300~400米 | 400米 | | | | 个数/个 | 总面积/平方米 | 个数/个 | 总面积/平方米 |
| 普通小学 | 90 | 66 182 | 1 365 | 90 | 90 | 89 | 205 | 205 | 21.61 | 113 | 1:161 | 198 | 73 | 46 | 2 | 1 | 1 | 134 | 32 | 83 958 | 4 | 1 695 | 0 | 0 |
| 普通初中 | 26 | 20 745 | 440 | 26 | 26 | 26 | 99 | 9 | 15.63 | 20 | 1:192 | 88 | 29 | 19 | 3 | 1 | 2 | 53 | 20 | 11 330 | 0 | 0 | 0 | 0 |
| 普通高中 | 3 | 12 543 | 208 | 3 | 3 | 3 | 30 | 1 | 13.89 | 5 | 1:405 | 8 | 4 | 1 | 0 | 0 | 2 | 11 | 4 | 12 950 | 0 | 0 | 0 | 0 |
| 职业学校 | 3 | 5 104 | 113 | 3 | 3 | 3 | 16 | 1 | 10.53 | 2 | 1:300 | 12 | 8 | 1 | 3 | 0 | 0 | 14 | 2 | 11 560 | 0 | 0 | 0 | 0 |
| 九年一贯制学校 | 13 | 8 040 | 192 | 13 | 13 | 13 | 30 | 23 | 18.46 | 12 | 1:152 | 31 | 10 | 6 | 1 | 0 | 1 | 24 | 8 | 12 005 | 1 | 100 | 0 | 0 |
| 十二年一贯制学校 | 1 | 909 | 27 | 1 | 1 | 1 | 6 | 0 | 25.00 | 2 | 1:152 | 6 | 0 | 0 | 0 | 1 | 0 | 9 | 2 | 5 000 | 0 | 0 | 0 | 0 |
| 完全中学 | 4 | 5 764 | 121 | 4 | 4 | 4 | 27 | 0 | 0 | 0 | 1:213 | 20 | 13 | 2 | 1 | 0 | 2 | 18 | 7 | 1 130 | 2 | 1172 | 0 | 0 |
| 合计 | 140 | 119 287 | 2 466 | 140 | 140 | 139 | 413 | 239 | 19.10 | 154 | 1:182 | 363 | 137 | 75 | 10 | 3 | 8 | 263 | 75 | 137 933 | 7 | 2 967 | 0 | 0 |

报告汇总表(2017 年)

| 学生体质测试室/个 | 体育器材达标数/个 | 学校体育工作等级评估 | | | | | | | | 各级专职体育教研员人数/人 | 学校体育经费支出情况/万元 | | | | 体育中考实施情况 | | | | 建立体育专项督导制度 | | 制订体育活动意外伤害保障措施 | |
|---|---|---|---|---|---|---|---|---|---|---|---|---|---|---|---|---|---|---|---|---|---|---|
| | | 优秀 | | 良好 | | 及格 | | 不及格 | | | 支出总额 | 体育场地经费支出 | 专用器材经费支出 | 体育工作经费 | 是 | | | 否 | | | | |
| | | 所 | % | 所 | % | 所 | % | 所 | % | | | | | | 地区覆盖率/% | 分值/分 | 分值占总分比例/% | | 是 | 否 | 是 | 否 |
| 52 | 83 | 60 | 66.67 | 28 | 31.11 | 2 | 2.22 | 0 | 0 | — | 3 399.327 | 1 213.8758 | 1 609.619 5 | 572.129 7 | — | — | — | — | — | — | 90 | 0 |
| 18 | 23 | 19 | 73.08 | 7 | 26.92 | 0 | 0 | 0 | 0 | — | 241.340 4 | 188.346 | 31.202 3 | 21.682 1 | — | — | — | — | — | — | 26 | 0 |
| 2 | 3 | 3 | 100 | 0 | 0 | 0 | 0 | 0 | 0 | — | 59.668 9 | 32.466 5 | 13.402 4 | 13.8 | — | — | — | — | — | — | 3 | 0 |
| 4 | 3 | 2 | 66.67 | 1 | 33.33 | 0 | 0 | 0 | 0 | — | 150.8 | 113 | 26 | 11.8 | — | — | — | — | — | — | 3 | 0 |
| 12 | 13 | 12 | 92.31 | 1 | 7.69 | 0 | 0 | 0 | 0 | — | 71.7 | 50.3 | 12.2 | 9.7 | — | — | — | — | — | — | 13 | 0 |
| 2 | 1 | 1 | 100 | 0 | 0 | 0 | 0 | 0 | 0 | — | 120 | 115 | 3 | 2 | — | — | — | — | — | — | 1 | 0 |
| 5 | 4 | 4 | 100 | 0 | 0 | 0 | 0 | 0 | 0 | — | 29.2 | 9 | 12.4 | 7.8 | — | — | — | — | — | — | 4 | 0 |
| 95 | 130 | 101 | 72.14 | 37 | 26.42 | 2 | 1.42 | 0 | 0 | 0 | 4 072.036 3 | 1 721.988 3 | 1 707.824 2 | 638.911 8 | 0 | 0 | 0 | 0 | 0 | 0 | 140 | 0 |

**渝中区学校体育工作年度**

| 办学层次 | 学校/所 | 在校学生数/人 | 教学班数/个 | 体育课开足数 | 落实每天一小时体育锻炼数 | 组织大课间体育活动数 | 体育教师人数/人 | | 体育教师缺额比/% | 体育教师缺额数/人 | 体育教师师生比 | 体育教师参训人数/人 | 教师受县级以上表彰人数/人 | 田径场/块 | | | | 篮球场/块 | 排球场/块 | 器械体操及游戏区面积/平方米 | 体育馆 | | 游泳池 | |
|---|---|---|---|---|---|---|---|---|---|---|---|---|---|---|---|---|---|---|---|---|---|---|---|---|
| | | | | | | | 专职 | 兼职 | | | | | | 200米 | 300米 | 300~400米 | 400米 | | | | 个数/个 | 总面积/平方米 | 个数/个 | 总面积/平方米 |
| 普通小学 | 30 | 28 678 | 724 | 30 | 30 | 30 | 169 | 31 | 4.31 | 9 | 1∶143 | 161 | 51 | 11 | 1 | 1 | 0 | 35 | 22 | 26 654 | 8 | 6 767.12 | 4 | 1 500 |
| 普通初中 | 6 | 3 742 | 117 | 6 | 6 | 6 | 37 | 0 | 0 | 0 | 1∶101 | 22 | 9 | 3 | 0 | 0 | 0 | 8 | 3 | 1 851 | 2 | 1 046 | 2 | 325 |
| 普通高中 | 1 | 3 000 | 54 | 1 | 1 | 1 | 10 | 0 | 0 | 0 | 1∶300 | 10 | 5 | 0 | 1 | 0 | 0 | 6 | 2 | 1 000 | 1 | 10 000 | 0 | 0 |
| 职业学校 | 2 | 2 410 | 73 | 2 | 2 | 2 | 21 | 0 | 0 | 0 | 1∶115 | 19 | 6 | 2 | 0 | 0 | 0 | 4 | 3 | 820 | 1 | 110 | 0 | 0 |
| 九年一贯制学校 | 0 | 0 | 0 | 0 | 0 | 0 | 0 | 0 | 0 | 0 | 0 | 0 | 0 | 0 | 0 | 0 | 0 | 0 | 0 | 0 | 0 | 0 | 0 | 0 |
| 十二年一贯制学校 | 0 | 0 | 0 | 0 | 0 | 0 | 0 | 0 | 0 | 0 | 0 | 0 | 0 | 0 | 0 | 0 | 0 | 0 | 0 | 0 | 0 | 0 | 0 | 0 |
| 完全中学 | 6 | 14 270 | 336 | 6 | 6 | 6 | 71 | 7 | 2.50 | 2 | 1∶183 | 77 | 33 | 6 | 1 | 0 | 1 | 30 | 11 | 32 994 | 6 | 3 580 | 2 | 1 920 |
| 合计 | 45 | 52 100 | 1 304 | 45 | 45 | 45 | 308 | 38 | 3.08 | 11 | 1∶150 | 289 | 104 | 22 | 3 | 1 | 1 | 83 | 41 | 63 319 | 18 | 21 503.12 | 8 | 3 745 |

**报告汇总表(2017 年)**

| 学生体质测试室/个 | 体育器材达标数/个 | 学校体育工作等级评估 | | | | | | | | 各级专职体育教研员人数/人 | 学校体育经费支出情况/万元 | | | | 体育中考实施情况 | | | | 建立体育专项督导制度 | | 制订体育活动意外伤害保障措施 | |
|---|---|---|---|---|---|---|---|---|---|---|---|---|---|---|---|---|---|---|---|---|---|---|
| | | 优秀 | | 良好 | | 及格 | | 不及格 | | | 支出总额 | 体育场地经费支出 | 专用器材经费支出 | 体育工作经费 | 是 | | | 否 | | | | |
| | | 所 | % | 所 | % | 所 | % | 所 | % | | | | | | 地区覆盖率/% | 分值/分 | 分值占总分比例/% | | 是 | 否 | 是 | 否 |
| 14 | 29 | 30 | 100 | 0 | 0 | 0 | 0 | 0 | 0 | — | 400.798 4 | 186.121 2 | 68.538 2 | 147.819 | — | — | — | — | — | — | 30 | 0 |
| 3 | 6 | 4 | 66.67 | 2 | 33.33 | 0 | 0 | 0 | 0 | — | 53.337 2 | 18.17 | 7.407 3 | 16.438 4 | — | — | — | — | — | — | 6 | 0 |
| 0 | 1 | 1 | 100 | 0 | 0 | 0 | 0 | 0 | 0 | — | 40 | 8 | 7 | 15 | — | — | — | — | — | — | 1 | 0 |
| 2 | 2 | 2 | 100 | 0 | 0 | 0 | 0 | 0 | 0 | — | 63.6 | 42 | 5.5 | 16.1 | — | — | — | — | — | — | 2 | 0 |
| 0 | 0 | 0 | 0 | 0 | 0 | 0 | 0 | 0 | 0 | — | 0 | 0 | 0 | 0 | — | — | — | — | — | — | 0 | 0 |
| 0 | 0 | 0 | 0 | 0 | 0 | 0 | 0 | 0 | 0 | — | 0 | 0 | 0 | 0 | — | — | — | — | — | — | 0 | 0 |
| 5 | 6 | 5 | 83.33 | 1 | 16.67 | 0 | 0 | 0 | 0 | — | 230.599 | 70.8 | 19.5 | 139.47 | — | — | — | — | — | — | 6 | 0 |
| 24 | 44 | 42 | 93.33 | 3 | 6.66 | 0 | 0 | 0 | 0 | 1 | 788.334 6 | 325.091 2 | 107.945 5 | 334.827 4 | 100 | 50 | 6.67 | 0 | 1 | 0 | 45 | 0 |

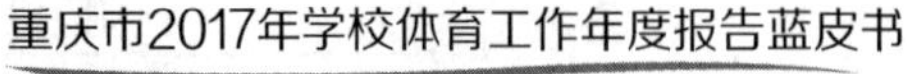

大渡口区学校体育工作年度

| 办学层次 | 学校/所 | 在校学生数/人 | 教学班数/个 | 体育课开足数 | 落实每天一小时体育锻炼数 | 组织大课间体育活动数 | 体育教师人数/人 | | 体育教师缺额比/% | 体育教师缺额数/人 | 体育教师师生比 | 体育教师参训人数/人 | 教师受县级以上表彰人数/人 | 田径场/块 | | | | 篮球场/块 | 排球场/块 | 器械体操及游戏区面积/平方米 | 体育馆 | | 游泳池 | |
|---|---|---|---|---|---|---|---|---|---|---|---|---|---|---|---|---|---|---|---|---|---|---|---|---|
| | | | | | | | 专职 | 兼职 | | | | | | 200米 | 300米 | 300~400米 | 400米 | | | | 个数/个 | 总面积/平方米 | 个数/个 | 总面积/平方米 |
| 普通小学 | 17 | 17 429 | 380 | 17 | 17 | 17 | 71 | 13 | 16.83 | 17 | 1:207 | 77 | 23 | 12 | 0 | 0 | 0 | 25 | 2 | 21 895 | 5 | 8 323 | 0 | 0 |
| 普通初中 | 4 | 4 209 | 96 | 4 | 4 | 4 | 24 | 1 | 0 | 0 | 1:168 | 15 | 10 | 3 | 0 | 0 | 0 | 6 | 2 | 730.75 | 3 | 2 656 | 0 | 0 |
| 普通高中 | 0 | 0 | 0 | 0 | 0 | 0 | 0 | 0 | 0 | 0 | 0 | 0 | 0 | 0 | 0 | 0 | 0 | 0 | 0 | 0 | 0 | 0 | 0 | 0 |
| 职业学校 | 2 | 5 008 | 124 | 2 | 2 | 2 | 13 | 3 | 0 | 0 | 1:313 | 0 | 6 | 0 | 0 | 0 | 2 | 8 | 1 | 350 | 0 | 0 | 0 | 0 |
| 九年一贯制学校 | 2 | 2 816 | 71 | 2 | 2 | 2 | 17 | 0 | 0 | 0 | 1:166 | 16 | 8 | 2 | 0 | 0 | 0 | 4 | 2 | 4 620 | 0 | 0 | 0 | 0 |
| 十二年一贯制学校 | 0 | 0 | 0 | 0 | 0 | 0 | 0 | 0 | 0 | 0 | 0 | 0 | 0 | 0 | 0 | 0 | 0 | 0 | 0 | 0 | 0 | 0 | 0 | 0 |
| 完全中学 | 2 | 6 530 | 131 | 2 | 2 | 2 | 23 | 0 | 0 | 0 | 1:284 | 18 | 15 | 1 | 0 | 1 | 0 | 6 | 2 | 400 | 6 | 5 000 | 0 | 0 |
| 合计 | 27 | 35 992 | 802 | 27 | 27 | 27 | 148 | 17 | 9.34 | 17 | 1:218 | 126 | 62 | 18 | 0 | 1 | 2 | 49 | 9 | 27 995.75 | 14 | 15 979 | 0 | 0 |

报告汇总表(2017 年)

| 学生体质测试室/个 | 体育器材达标数/个 | 学校体育工作等级评估 | | | | | | | | 各级专职体育教研员人数/人 | 学校体育经费支出情况/万元 | | | | 体育中考实施情况 | | | | 建立体育专项督导制度 | | 制订体育活动意外伤害保障措施 | |
|---|---|---|---|---|---|---|---|---|---|---|---|---|---|---|---|---|---|---|---|---|---|---|
| | | 优秀 | | 良好 | | 及格 | | 不及格 | | | 支出总额 | 体育场地经费支出 | 专用器材经费支出 | 体育工作经费 | 是 | | | 否 | | | | |
| | | 所 | % | 所 | % | 所 | % | 所 | % | | | | | | 地区覆盖率/% | 分值/分 | 分值占总分比例/% | | 是 | 否 | 是 | 否 |
| 6 | 13 | 11 | 64.71 | 6 | 35.29 | 0 | 0 | 0 | 0 | — | 317.731 2 | 219.028 4 | 48.572 8 | 49.594 6 | — | — | — | — | — | — | 17 | 0 |
| 3 | 4 | 4 | 100 | 0 | 0 | 0 | 0 | 0 | 0 | — | 887.311 7 | 832 | 37.035 | 18.276 7 | — | — | — | — | — | — | 4 | 0 |
| 0 | 0 | 0 | 0 | 0 | 0 | 0 | 0 | 0 | 0 | — | 0 | 0 | 0 | 0 | — | — | — | — | — | — | 0 | 0 |
| 1 | 2 | 1 | 50 | 1 | 50 | 0 | 0 | 0 | 0 | — | 75.8 | 47.3 | 3.3 | 25.3 | — | — | — | — | — | — | 2 | 0 |
| 1 | 2 | 2 | 100 | 0 | 0 | 0 | 0 | 0 | 0 | — | 79.789 | 74.96 | 2.28 | 1.949 | — | — | — | — | — | — | 2 | 0 |
| 0 | 0 | 0 | 0 | 0 | 0 | 0 | 0 | 0 | 0 | — | 0 | 0 | 0 | 0 | — | — | — | — | — | — | 0 | 0 |
| 2 | 2 | 1 | 50 | 1 | 50 | 0 | 0 | 0 | 0 | — | 17.676 7 | 6.68 | 6.103 9 | 4.892 8 | — | — | — | — | — | — | 2 | 0 |
| 13 | 23 | 19 | 70.37 | 8 | 29.62 | 0 | 0 | 0 | 0 | 0 | 1 378.308 6 | 1 179.968 4 | 97.291 7 | 100.013 1 | 0 | 0 | 0 | 0 | 0 | 0 | 27 | 0 |

江北区学校体育工作年度

| 办学层次 | 学校/所 | 在校学生数/人 | 教学班数/个 | 体育课开足数 | 落实每天一小时体育锻炼数 | 组织大课间体育活动数 | 体育教师人数/人 | | 体育教师缺额比/% | 体育教师缺额数/人 | 体育教师师生比 | 体育教师参训人数/人 | 教师受县级以上表彰人数/人 | 田径场/块 | | | | 篮球场/块 | 排球场/块 | 器械体操及游戏区面积/平方米 | 体育馆 | | 游泳池 | |
|---|---|---|---|---|---|---|---|---|---|---|---|---|---|---|---|---|---|---|---|---|---|---|---|---|
| | | | | | | | 专职 | 兼职 | | | | | | 200米 | 300米 | 300~400米 | 400米 | | | | 个数/个 | 总面积/平方米 | 个数/个 | 总面积/平方米 |
| 普通小学 | 34 | 30 568 | 714 | 34 | 34 | 34 | 144 | 24 | 10.64 | 20 | 1:182 | 133 | 30 | 16 | 2 | 1 | 2 | 35 | 10 | 34 738 | 6 | 8 321 | 4 | 2 325 |
| 普通初中 | 5 | 8 503 | 169 | 5 | 5 | 5 | 41 | 0 | 2.38 | 1 | 1:207 | 34 | 20 | 2 | 1 | 1 | 0 | 14 | 3 | 201 | 1 | 200 | 1 | 200 |
| 普通高中 | 1 | 5 198 | 96 | 1 | 1 | 1 | 20 | 0 | 0 | 0 | 1:260 | 20 | 1 | 1 | 0 | 0 | 1 | 5 | 4 | 500 | 0 | 0 | 0 | 0 |
| 职业学校 | 2 | 5 966 | 139 | 2 | 2 | 2 | 15 | 5 | 9.09 | 2 | 1:298 | 19 | 7 | 0 | 1 | 0 | 1 | 10 | 9 | 22 030 | 1 | 3 850 | 0 | 0 |
| 九年一贯制学校 | 6 | 6 509 | 155 | 6 | 6 | 6 | 28 | 6 | 12.82 | 5 | 1:191 | 28 | 7 | 3 | 1 | 1 | 0 | 15 | 2 | 18 406 | 1 | 0 | 1 | 1 024 |
| 十二年一贯制学校 | 0 | 0 | 0 | 0 | 0 | 0 | 0 | 0 | 0 | 0 | 0 | 0 | 0 | 0 | 0 | 0 | 0 | 0 | 0 | 0 | 0 | 0 | 0 | 0 |
| 完全中学 | 6 | 22 827 | 463 | 6 | 6 | 6 | 74 | 0 | 5.13 | 4 | 1:308 | 48 | 10 | 4 | 0 | 0 | 4 | 30 | 8 | 28 193 | 4 | 3 922.88 | 2 | 1 712.88 |
| 合计 | 54 | 79 571 | 1736 | 54 | 54 | 54 | 322 | 35 | 8.22 | 32 | 1:222 | 282 | 75 | 26 | 5 | 3 | 8 | 109 | 36 | 104 068 | 13 | 16 293.88 | 8 | 5 261.88 |

报告汇总表(2017 年)

| 学生体质测试室/个 | 体育器材达标数/个 | 学校体育工作等级评估 | | | | | | | | 各级专职体育教研员人数/人 | 学校体育经费支出情况/万元 | | | | 体育中考实施情况 | | | | 建立体育专项督导制度 | | 制订体育活动意外伤害保障措施 | |
|---|---|---|---|---|---|---|---|---|---|---|---|---|---|---|---|---|---|---|---|---|---|---|
| | | 优秀 | | 良好 | | 及格 | | 不及格 | | | 支出总额 | 体育场地经费支出 | 专用器材经费支出 | 体育工作经费 | 是 | | | 否 | | | | |
| | | 所 | % | 所 | % | 所 | % | 所 | % | | | | | | 地区覆盖率/% | 分值/分 | 分值占总分比例/% | | 是 | 否 | 是 | 否 |
| 18 | 33 | 34 | 100 | 0 | 0 | 0 | 0 | 0 | 0 | — | 1 286.640 9 | 1 047.065 3 | 76.095 9 | 153.119 7 | — | — | — | — | — | — | 34 | 0 |
| 5 | 5 | 4 | 80 | 1 | 20 | 0 | 0 | 0 | 0 | — | 65.28 | 26.72 | 25.84 | 21.72 | — | — | — | — | — | — | 5 | 0 |
| 2 | 1 | 1 | 100 | 0 | 0 | 0 | 0 | 0 | 0 | — | 70 | 10 | 30 | 0 | — | — | — | — | — | — | 1 | 0 |
| 1 | 2 | 2 | 100 | 0 | 0 | 0 | 0 | 0 | 0 | — | 42.52 | 10.7 | 7.92 | 23.9 | — | — | — | — | — | — | 2 | 0 |
| 6 | 6 | 6 | 100 | 0 | 0 | 0 | 0 | 0 | 0 | — | 131.253 6 | 96.853 6 | 12.9 | 21.5 | — | — | — | — | — | — | 6 | 0 |
| 0 | 0 | 0 | 0 | 0 | 0 | 0 | 0 | 0 | 0 | — | 0 | 0 | 0 | 0 | — | — | — | — | — | — | 0 | 0 |
| 3 | 6 | 6 | 100 | 0 | 0 | 0 | 0 | 0 | 0 | — | 275.691 2 | 162.5 | 40.7005 | 72.490 7 | — | — | — | — | — | — | 6 | 0 |
| 35 | 53 | 53 | 98.14 | 1 | 1.85 | 0 | 0 | 0 | 0 | 2 | 1 871.385 7 | 1 353.838 9 | 193.456 4 | 292.730 4 | 100 | 50 | 15 | 0 | 1 | 0 | 54 | 0 |

沙坪坝区学校体育工作年度

| 办学层次 | 学校/所 | 在校学生数/人 | 教学班数/个 | 体育课开足数 | 落实每天一小时体育锻炼数 | 组织大课间体育活动数 | 体育教师人数/人 | | 体育教师缺额比/% | 体育教师缺额数/人 | 体育教师师生比 | 体育教师参训人数/人 | 教师受县级以上表彰人数/人 | 田径场/块 | | | | 篮球场/块 | 排球场/块 | 器械体操及游戏区面积/平方米 | 体育馆 | | 游泳池 | |
|---|---|---|---|---|---|---|---|---|---|---|---|---|---|---|---|---|---|---|---|---|---|---|---|---|
| | | | | | | | 专职 | 兼职 | | | | | | 200米 | 300米 | 300~400米 | 400米 | | | | 个数/个 | 总面积/平方米 | 个数/个 | 总面积/平方米 |
| 普通小学 | 56 | 62 339 | 1 352 | 56 | 56 | 56 | 232 | 72 | 12.39 | 43 | 1:205 | 238 | 96 | 41 | 0 | 0 | 0 | 61 | 20 | 64 261 | 11 | 10 180 | 1 | 200 |
| 普通初中 | 14 | 8 550 | 227 | 14 | 14 | 14 | 52 | 3 | 8.33 | 5 | 1:155 | 45 | 31 | 9 | 2 | 0 | 1 | 24 | 10 | 5 292 | 3 | 512 | 1 | 2 |
| 普通高中 | 2 | 7 190 | 132 | 2 | 2 | 2 | 27 | 0 | 0 | 0 | 1:266 | 16 | 13 | 1 | 0 | 0 | 2 | 12 | 7 | 1 500 | 3 | 7 200 | 2 | 7 000 |
| 职业学校 | 1 | 5 290 | 106 | 1 | 1 | 1 | 11 | 1 | 0 | 0 | 1:441 | 11 | 0 | 1 | 1 | 0 | 0 | 8 | 0 | 80 | 0 | 0 | 0 | 0 |
| 九年一贯制学校 | 3 | 3 570 | 83 | 3 | 3 | 3 | 15 | 2 | 26.09 | 6 | 1:210 | 19 | 9 | 3 | 0 | 0 | 0 | 6 | 3 | 600 | 1 | 300 | 0 | 0 |
| 十二年一贯制学校 | 0 | 0 | 0 | 0 | 0 | 0 | 0 | 0 | 0 | 0 | 0 | 0 | 0 | 0 | 0 | 0 | 0 | 0 | 0 | 0 | 0 | 0 | 0 | 0 |
| 完全中学 | 8 | 19 474 | 411 | 8 | 8 | 8 | 83 | 5 | 7.37 | 7 | 1:221 | 81 | 25 | 4 | 3 | 0 | 2 | 26 | 9 | 2 770 | 5 | 6 030.66 | 0 | 0 |
| 合计 | 84 | 106 413 | 2 311 | 84 | 84 | 84 | 420 | 83 | 10.81 | 61 | 1:211 | 410 | 174 | 59 | 6 | 0 | 5 | 137 | 49 | 74 503 | 23 | 24 222.66 | 4 | 7 202 |

**报告汇总表(2017 年)**

| 学生体质测试室/个 | 体育器材达标数/个 | 学校体育工作等级评估 | | | | | | | | 各级专职体育教研员人数/人 | 学校体育经费支出情况/万元 | | | | 体育中考实施情况 | | | | 建立体育专项督导制度 | | 制订体育活动意外伤害保障措施 | |
|---|---|---|---|---|---|---|---|---|---|---|---|---|---|---|---|---|---|---|---|---|---|---|
| | | 优秀 | | 良好 | | 及格 | | 不及格 | | | 支出总额 | 体育场地经费支出 | 专用器材经费支出 | 体育工作经费 | 是 | | | 否 | | | | |
| | | 所 | % | 所 | % | 所 | % | 所 | % | | | | | | 地区覆盖率/% | 分值/分 | 分值占总分比例/% | | 是 | 否 | 是 | 否 |
| 31 | 56 | 55 | 98.21 | 1 | 1.79 | 0 | 0 | 0 | 0 | — | 837.666 2 | 533.928 8 | 121.167 | 138.920 3 | — | — | — | — | — | — | 56 | 0 |
| 8 | 14 | 14 | 100 | 0 | 0 | 0 | 0 | 0 | 0 | — | 188.248 8 | 118 | 43.313 2 | 36.935 6 | — | — | — | — | — | — | 14 | 0 |
| 3 | 2 | 2 | 100 | 0 | 0 | 0 | 0 | 0 | 0 | — | 769.3 | 518.73 | 48.27 | 115.3 | — | — | — | — | — | — | 2 | 0 |
| 0 | 1 | 1 | 100 | 0 | 0 | 0 | 0 | 0 | 0 | — | 20 | 0 | 10 | 10 | — | — | — | — | — | — | 1 | 0 |
| 1 | 3 | 3 | 100 | 0 | 0 | 0 | 0 | 0 | 0 | — | 32.106 | 16.8 | 5.648 6 | 9.95 | — | — | — | — | — | — | 3 | 0 |
| 0 | 0 | 0 | 0 | 0 | 0 | 0 | 0 | 0 | 0 | — | 0 | 0 | 0 | 0 | — | — | — | — | — | — | 0 | 0 |
| 10 | 8 | 8 | 100 | 0 | 0 | 0 | 0 | 0 | 0 | — | 679.021 7 | 469.729 4 | 71.563 | 137.729 2 | — | — | — | — | — | — | 8 | 0 |
| 53 | 84 | 83 | 98.8 | 1 | 1.19 | 0 | 0 | 0 | 0 | 2 | 2 526.342 7 | 1 657.188 2 | 299.961 8 | 448.835 1 | 100 | 50 | 6.67 | 0 | 1 | 0 | 84 | 0 |

九龙坡区学校体育工作年度

| 办学层次 | 学校/所 | 在校学生数/人 | 教学班数/个 | 体育课开足数 | 落实每天一小时体育锻炼数 | 组织大课间体育活动数 | 体育教师人数/人 | | 体育教师缺额比/% | 体育教师缺额数/人 | 体育教师师生比 | 体育教师参训人数/人 | 教师受县级以上表彰人数/人 | 田径场/块 | | | | 篮球场/块 | 排球场/块 | 器械体操及游戏区面积/平方米 | 体育馆 | | 游泳池 | |
|---|---|---|---|---|---|---|---|---|---|---|---|---|---|---|---|---|---|---|---|---|---|---|---|---|
| | | | | | | | 专职 | 兼职 | | | | | | 200米 | 300米 | 300~400米 | 400米 | | | | 个数/个 | 总面积/平方米 | 个数/个 | 总面积/平方米 |
| 普通小学 | 46 | 67 513 | 1 396 | 46 | 46 | 46 | 276 | 72 | 16.95 | 71 | 1:194 | 264 | 89 | 31 | 0 | 1 | 1 | 55 | 30 | 57 373.5 | 12 | 17 132.3 | 3 | 4 000 |
| 普通初中 | 13 | 10 918 | 247 | 13 | 13 | 13 | 50 | 5 | 19.12 | 13 | 1:199 | 35 | 25 | 8 | 2 | 0 | 0 | 23 | 7 | 19 920 | 2 | 2 688 | 0 | 0 |
| 普通高中 | 2 | 7 999 | 131 | 2 | 2 | 2 | 53 | 0 | 0 | 0 | 1:151 | 15 | 13 | 1 | 2 | 0 | 0 | 7 | 4 | 800 | 0 | 0 | 0 | 0 |
| 职业学校 | 1 | 4 856 | 134 | 1 | 1 | 1 | 17 | 0 | 10.53 | 2 | 1:286 | 8 | 3 | 0 | 0 | 0 | 1 | 4 | 0 | 0 | 0 | 0 | 0 | 0 |
| 九年一贯制学校 | 8 | 14 128 | 289 | 8 | 8 | 8 | 51 | 15 | 17.5 | 14 | 1:214 | 44 | 24 | 6 | 1 | 0 | 0 | 15 | 6 | 12 295 | 1 | 1 200 | 0 | 0 |
| 十二年一贯制学校 | 0 | 0 | 0 | 0 | 0 | 0 | 0 | 0 | 0 | 0 | 0 | 0 | 0 | 0 | 0 | 0 | 0 | 0 | 0 | 0 | 0 | 0 | 0 | 0 |
| 完全中学 | 8 | 35 735 | 671 | 8 | 8 | 8 | 170 | 2 | 1.71 | 3 | 1:208 | 275 | 82 | 4 | 6 | 1 | 4 | 49 | 11 | 10 160 | 8 | 30 734.12 | 0 | 0 |
| 合计 | 78 | 141 149 | 2 868 | 78 | 78 | 78 | 617 | 94 | 12.65 | 103 | 1:198 | 641 | 236 | 50 | 11 | 2 | 6 | 153 | 58 | 100 548.5 | 23 | 51 754.42 | 3 | 4 000 |

报告汇总表(2017 年)

| 学生体质测试室/个 | 体育器材达标数/个 | 学校体育工作等级评估 | | | | | | | | 各级专职体育教研员人数/人 | 学校体育经费支出情况/万元 | | | | 体育中考实施情况 | | | | 建立体育专项督导制度 | | 制订体育活动意外伤害保障措施 | |
|---|---|---|---|---|---|---|---|---|---|---|---|---|---|---|---|---|---|---|---|---|---|---|
| | | 优秀 | | 良好 | | 及格 | | 不及格 | | | 支出总额 | 体育场地经费支出 | 专用器材经费支出 | 体育工作经费 | 是 | | | 否 | 是 | 否 | 是 | 否 |
| | | 所 | % | 所 | % | 所 | % | 所 | % | | | | | | 地区覆盖率/% | 分值/分 | 分值占总分比例/% | | | | | |
| 30 | 46 | 45 | 97.83 | 1 | 2.17 | 0 | 0 | 0 | 0 | — | 3 184.270 7 | 2 775.539 5 | 150.977 9 | 201.479 1 | — | — | — | — | — | — | 46 | 0 |
| 6 | 13 | 13 | 100 | 0 | 0 | 0 | 0 | 0 | 0 | — | 96.17 | 30 | 41.38 | 24.89 | — | — | — | — | — | — | 13 | 0 |
| 3 | 2 | 2 | 100 | 0 | 0 | 0 | 0 | 0 | 0 | — | 750 | 310 | 335 | 105 | — | — | — | — | — | — | 2 | 0 |
| 0 | 1 | 1 | 100 | 0 | 0 | 0 | 0 | 0 | 0 | — | 4.5 | 0.5 | 1.5 | 2.5 | — | — | — | — | — | — | 1 | 0 |
| 8 | 7 | 8 | 100 | 0 | 0 | 0 | 0 | 0 | 0 | — | 57.194 2 | 29.33 | 18.034 2 | 9.83 | — | — | — | — | — | — | 8 | 0 |
| 0 | 0 | 0 | 0 | 0 | 0 | 0 | 0 | 0 | 0 | — | 0 | 0 | 0 | 0 | — | — | — | — | — | — | 0 | 0 |
| 10 | 8 | 7 | 87.5 | 1 | 12.5 | 0 | 0 | 0 | 0 | — | 915.696 6 | 329 | 370.003 6 | 216.693 | — | — | — | — | — | — | 8 | 0 |
| 57 | 77 | 76 | 97.43 | 2 | 2.56 | 0 | 0 | 0 | 0 | 2 | 5 007.831 5 | 3 474.369 5 | 916.895 7 | 560.392 1 | 100 | 5 | 5 | 0 | 1 | 0 | 78 | 0 |

南岸区学校体育工作年度

| 办学层次 | 学校/所 | 在校学生数/人 | 教学班数/个 | 体育课开足数 | 落实每天一小时体育锻炼数 | 组织大课间体育活动数 | 体育教师人数/人 | | 体育教师缺额比/% | 体育教师缺额数/人 | 体育教师师生比 | 体育教师参训人数/人 | 教师受县级以上表彰人数/人 | 田径场/块 | | | | 篮球场/块 | 排球场/块 | 器械体操及游戏区面积/平方米 | 体育馆 | | 游泳池 | |
|---|---|---|---|---|---|---|---|---|---|---|---|---|---|---|---|---|---|---|---|---|---|---|---|---|
| | | | | | | | 专职 | 兼职 | | | | | | 200米 | 300米 | 300~400米 | 400米 | | | | 个数/个 | 总面积/平方米 | 个数/个 | 总面积/平方米 |
| 普通小学 | 41 | 49 229 | 1 094 | 41 | 41 | 41 | 194 | 50 | 17.01 | 50 | 1:202 | 272 | 30 | 31 | 0 | 1 | 0 | 82 | 20 | 64 749 | 15 | 21 137 | 2 | 500 |
| 普通初中 | 12 | 10 092 | 228 | 12 | 12 | 12 | 56 | 0 | 8.2 | 5 | 1:180 | 50 | 6 | 10 | 3 | 0 | 0 | 27 | 10 | 30 440 | 4 | 9 500 | 0 | 0 |
| 普通高中 | 0 | 0 | 0 | 0 | 0 | 0 | 0 | 0 | 0 | 0 | 0 | 0 | 0 | 0 | 0 | 0 | 0 | 0 | 0 | 0 | 0 | 0 | 0 | 0 |
| 职业学校 | 1 | 5 810 | 107 | 1 | 1 | 1 | 17 | 0 | 5.56 | 1 | 1:342 | 16 | 0 | 0 | 0 | 0 | 1 | 0 | 0 | 150 | 0 | 0 | 0 | 0 |
| 九年一贯制学校 | 6 | 6 390 | 150 | 6 | 6 | 6 | 32 | 2 | 15 | 6 | 1:188 | 34 | 15 | 6 | 2 | 1 | 1 | 19 | 7 | 9 725 | 1 | 2 200 | 0 | 0 |
| 十二年一贯制学校 | 0 | 0 | 0 | 0 | 0 | 0 | 0 | 0 | 0 | 0 | 0 | 0 | 0 | 0 | 0 | 0 | 0 | 0 | 0 | 0 | 0 | 0 | 0 | 0 |
| 完全中学 | 8 | 26 762 | 541 | 8 | 8 | 8 | 91 | 5 | 11.11 | 12 | 1:279 | 71 | 27 | 2 | 1 | 1 | 5 | 52 | 17 | 18 036 | 8 | 8 546 | 2 | 2 100 |
| 合计 | 68 | 98 283 | 2 120 | 68 | 68 | 68 | 390 | 57 | 14.2 | 74 | 1:219 | 443 | 78 | 49 | 6 | 3 | 7 | 180 | 54 | 123 100 | 28 | 41 383 | 4 | 2 600 |

**报告汇总表(2017 年)**

| 学生体质测试室/个 | 体育器材达标数/个 | 学校体育工作等级评估 | | | | | | | | 各级专职体育教研员人数/人 | 学校体育经费支出情况/万元 | | | | 体育中考实施情况 | | | | 建立体育专项督导制度 | | 制订体育活动意外伤害保障措施 | |
|---|---|---|---|---|---|---|---|---|---|---|---|---|---|---|---|---|---|---|---|---|---|---|
| | | 优秀 | | 良好 | | 及格 | | 不及格 | | | 支出总额 | 体育场地经费支出 | 专用器材经费支出 | 体育工作经费 | 是 | | | 否 | | | | |
| | | 所 | % | 所 | % | 所 | % | 所 | % | | | | | | 地区覆盖率/% | 分值/分 | 分值占总分比例/% | | 是 | 否 | 是 | 否 |
| 22 | 41 | 40 | 97.56 | 1 | 2.44 | 0 | 0 | 0 | 0 | — | 1 645.508 6 | 959.16 | 208.829 4 | 228.691 2 | — | — | — | — | — | — | 41 | 0 |
| 6 | 12 | 12 | 100 | 0 | 0 | 0 | 0 | 0 | 0 | — | 955.449 8 | 199.783 5 | 634.402 5 | 121.258 8 | — | — | — | — | — | — | 12 | 0 |
| 0 | 0 | 0 | 0 | 0 | 0 | 0 | 0 | 0 | 0 | — | 0 | 0 | 0 | 0 | — | — | — | — | — | — | 0 | 0 |
| 0 | 1 | 1 | 100 | 0 | 0 | 0 | 0 | 0 | 0 | — | 7.1 | 0 | 3.1 | 4 | — | — | — | — | — | — | 1 | 0 |
| 1 | 6 | 6 | 100 | 0 | 0 | 0 | 0 | 0 | 0 | — | 105.27 | 66.65 | 22.55 | 16.07 | — | — | — | — | — | — | 6 | 0 |
| 0 | 0 | 0 | 0 | 0 | 0 | 0 | 0 | 0 | 0 | — | 0 | 0 | 0 | 0 | — | — | — | — | — | — | 0 | 0 |
| 9 | 8 | 8 | 100 | 0 | 0 | 0 | 0 | 0 | 0 | — | 833.2 | 540.8 | 54.4 | 180 | — | — | — | — | — | — | 8 | 0 |
| 38 | 68 | 67 | 98.52 | 1 | 1.47 | 0 | 0 | 0 | 0 | 1 | 3 546.528 4 | 1 766.393 5 | 923.281 9 | 550.02 | 100 | 50 | 7.14 | 0 | 1 | 0 | 68 | 0 |

北碚区学校体育工作年度

| 办学层次 | 学校/所 | 在校学生数/人 | 教学班数/个 | 体育课开足数 | 落实每天一小时体育锻炼数 | 组织大课间体育活动数 | 体育教师人数/人 | | 体育教师缺额比/% | 体育教师缺额数/人 | 体育教师师生比 | 体育教师参训人数/人 | 教师受县级以上表彰人数/人 | 田径场/块 | | | | 篮球场/块 | 排球场/块 | 器械体操及游戏区面积/平方米 | 体育馆 | | 游泳池 | |
|---|---|---|---|---|---|---|---|---|---|---|---|---|---|---|---|---|---|---|---|---|---|---|---|---|
| | | | | | | | 专职 | 兼职 | | | | | | 200米 | 300米 | 300~400米 | 400米 | | | | 个数/个 | 总面积/平方米 | 个数/个 | 总面积/平方米 |
| 普通小学 | 47 | 31 448 | 798 | 47 | 47 | 47 | 168 | 49 | 2.25 | 5 | 1:145 | 209 | 66 | 34 | 3 | 0 | 0 | 70 | 31 | 50 542 | 7 | 11 410 | 3 | 1 363 |
| 普通初中 | 8 | 3 196 | 92 | 8 | 8 | 8 | 29 | 4 | 0 | 0 | 1:97 | 44 | 17 | 6 | 1 | 0 | 0 | 17 | 8 | 4 850 | 1 | 986 | 0 | 0 |
| 普通高中 | 2 | 7 661 | 146 | 2 | 2 | 2 | 27 | 0 | 0 | 0 | 1:284 | 24 | 16 | 0 | 0 | 0 | 1 | 12 | 6 | 500 | 2 | 1 000 | 0 | 0 |
| 职业学校 | 3 | 13 278 | 277 | 3 | 3 | 3 | 26 | 7 | 0 | 0 | 1:402 | 27 | 7 | 1 | 0 | 0 | 2 | 16 | 7 | 932 | 2 | 1 176 | 0 | 0 |
| 九年一贯制学校 | 0 | 0 | 0 | 0 | 0 | 0 | 0 | 0 | 0 | 0 | 0 | 0 | 0 | 0 | 0 | 0 | 0 | 0 | 0 | 0 | 0 | 0 | 0 | 0 |
| 十二年一贯制学校 | 0 | 0 | 0 | 0 | 0 | 0 | 0 | 0 | 0 | 0 | 0 | 0 | 0 | 0 | 0 | 0 | 0 | 0 | 0 | 0 | 0 | 0 | 0 | 0 |
| 完全中学 | 7 | 19 915 | 421 | 7 | 7 | 7 | 89 | 1 | 7.22 | 7 | 1:221 | 76 | 29 | 1 | 2 | 1 | 2 | 28 | 9 | 26 060 | 4 | 4 100 | 2 | 11 250 |
| 合计 | 67 | 75 498 | 1 734 | 67 | 67 | 67 | 339 | 61 | 2.91 | 12 | 1:188 | 380 | 135 | 42 | 6 | 1 | 5 | 143 | 61 | 82 884 | 16 | 18 672 | 5 | 12 613 |

报告汇总表(2017 年)

| 学生体质测试室/个 | 体育器材达标数/个 | 学校体育工作等级评估 优秀 所 | 优秀 % | 良好 所 | 良好 % | 及格 所 | 及格 % | 不及格 所 | 不及格 % | 各级专职体育教研员人数/人 | 学校体育经费支出情况/万元 支出总额 | 体育场地经费支出 | 专用器材经费支出 | 体育工作经费 | 体育中考实施情况 是 地区覆盖率/% | 是 分值/分 | 是 分值占总分比例/% | 否 | 建立体育专项督导制度 是 | 否 | 制订体育活动意外伤害保障措施 是 | 否 |
|---|---|---|---|---|---|---|---|---|---|---|---|---|---|---|---|---|---|---|---|---|---|---|
| 42 | 47 | 47 | 100 | 0 | 0 | 0 | 0 | 0 | 0 | — | 590.318 8 | 347.647 | 155.697 | 80.282 9 | — | — | — | — | — | — | 47 | 0 |
| 20 | 8 | 8 | 100 | 0 | 0 | 0 | 0 | 0 | 0 | — | 52.316 2 | 32.16 | 15.517 8 | 4.642 4 | — | — | — | — | — | — | 8 | 0 |
| 2 | 2 | 2 | 100 | 0 | 0 | 0 | 0 | 0 | 0 | — | 43.7 | 11 | 17 | 15.6 | — | — | — | — | — | — | 2 | 0 |
| 2 | 3 | 3 | 100 | 0 | 0 | 0 | 0 | 0 | 0 | — | 111.156 4 | 37.233 | 26.476 1 | 78.476 3 | — | — | — | — | — | — | 3 | 0 |
| 0 | 0 | 0 | 0 | 0 | 0 | 0 | 0 | 0 | 0 | — | 0 | 0 | 0 | 0 | — | — | — | — | — | — | 0 | 0 |
| 0 | 0 | 0 | 0 | 0 | 0 | 0 | 0 | 0 | 0 | — | 0 | 0 | 0 | 0 | — | — | — | — | — | — | 0 | 0 |
| 10 | 7 | 7 | 100 | 0 | 0 | 0 | 0 | 0 | 0 | — | 387.4 | 187.5 | 124.7 | 68.2 | — | — | — | — | — | — | 7 | 0 |
| 76 | 67 | 67 | 100 | 0 | 0 | 0 | 0 | 0 | 0 | 2 | 1 184.891 4 | 615.54 | 339.390 9 | 247.201 6 | 100 | 50 | 6.67 | 0 | 1 | 0 | 67 | 0 |

渝北区学校体育工作年度

| 办学层次 | 学校/所 | 在校学生数/人 | 教学班数/个 | 体育课开足数 | 落实每天一小时体育锻炼数 | 组织大课间体育活动数 | 体育教师人数/人 | | 体育教师缺额比/% | 体育教师缺额数/人 | 体育教师师生比 | 体育教师参训人数/人 | 教师受县级以上表彰人数/人 | 田径场/块 | | | | 篮球场/块 | 排球场/块 | 器械体操及游戏区面积/平方米 | 体育馆 | | 游泳池 | |
|---|---|---|---|---|---|---|---|---|---|---|---|---|---|---|---|---|---|---|---|---|---|---|---|---|
| | | | | | | | 专职 | 兼职 | | | | | | 200米 | 300米 | 300~400米 | 400米 | | | | 个数/个 | 总面积/平方米 | 个数/个 | 总面积/平方米 |
| 普通小学 | 33 | 41 021 | 843 | 32 | 33 | 33 | 143 | 107 | 13.49 | 39 | 1:164 | 164 | 50 | 26 | 2 | 3 | 5 | 63 | 18 | 41 910 | 9 | 6 968.92 | 1 | 436 |
| 普通初中 | 11 | 10 876 | 230 | 11 | 11 | 11 | 51 | 13 | 8.57 | 6 | 1:170 | 50 | 9 | 10 | 1 | 0 | 1 | 27 | 5 | 16 750 | 4 | 3 684.75 | 0 | 0 |
| 普通高中 | 0 | 0 | 0 | 0 | 0 | 0 | 0 | 0 | 0 | 0 | 0 | 0 | 0 | 0 | 0 | 0 | 0 | 0 | 0 | 0 | 0 | 0 | 0 | 0 |
| 职业学校 | 1 | 1 557 | 31 | 1 | 1 | 1 | 6 | 0 | 0 | 0 | 1:260 | 6 | 5 | 1 | 0 | 0 | 0 | 2 | 1 | 200 | 0 | 0 | 0 | 0 |
| 九年一贯制学校 | 2 | 4 244 | 86 | 2 | 2 | 2 | 15 | 0 | 11.76 | 2 | 1:283 | 15 | 1 | 1 | 1 | 0 | 0 | 8 | 2 | 2 542 | 1 | 4 092 | 0 | 0 |
| 十二年一贯制学校 | 0 | 0 | 0 | 0 | 0 | 0 | 0 | 0 | 0 | 0 | 0 | 0 | 0 | 0 | 0 | 0 | 0 | 0 | 0 | 0 | 0 | 0 | 0 | 0 |
| 完全中学 | 8 | 32 384 | 613 | 8 | 8 | 8 | 122 | 0 | 4.69 | 6 | 1:265 | 100 | 30 | 5 | 3 | 2 | 5 | 82 | 36 | 3 450 | 11 | 26 200 | 0 | 0 |
| 合计 | 55 | 90 082 | 1 803 | 54 | 55 | 55 | 337 | 120 | 10.39 | 53 | 1:197 | 335 | 95 | 43 | 7 | 5 | 11 | 182 | 62 | 64 852 | 25 | 40 945.67 | 1 | 436 |

报告汇总表(2017 年)

| 学生体质测试室/个 | 体育器材达标数/个 | 学校体育工作等级评估 | | | | | | | | 各级专职体育教研员人数/人 | 学校体育经费支出情况/万元 | | | | 体育中考实施情况 | | | | 建立体育专项督导制度 | | 制订体育活动意外伤害保障措施 | |
|---|---|---|---|---|---|---|---|---|---|---|---|---|---|---|---|---|---|---|---|---|---|---|
| | | 优秀 | | 良好 | | 及格 | | 不及格 | | | 支出总额 | 体育场地经费支出 | 专用器材经费支出 | 体育工作经费 | 是 | | | 否 | | | | |
| | | 所 | % | 所 | % | 所 | % | 所 | % | | | | | | 地区覆盖率/% | 分值/分 | 分值占总分比例/% | | 是 | 否 | 是 | 否 |
| 26 | 33 | 33 | 100 | 0 | 0 | 0 | 0 | 0 | 0 | — | 764.158 3 | 228.68 | 169.051 7 | 56.916 9 | — | — | — | — | — | — | 33 | 0 |
| 7 | 11 | 11 | 100 | 0 | 0 | 0 | 0 | 0 | 0 | — | 208.017 2 | 177.896 3 | 11.643 8 | 18.267 1 | — | — | — | — | — | — | 11 | 0 |
| 0 | 0 | 0 | 0 | 0 | 0 | 0 | 0 | 0 | 0 | — | 0 | 0 | 0 | 0 | — | — | — | — | — | — | 0 | 0 |
| 1 | 1 | 1 | 100 | 0 | 0 | 0 | 0 | 0 | 0 | — | 800 000 | 720 000 | 30 000 | 50 000 | — | — | — | — | — | — | 1 | 0 |
| 1 | 2 | 2 | 100 | 0 | 0 | 0 | 0 | 0 | 0 | — | 14.3 | 0.4 | 4.4 | 9.5 | — | — | — | — | — | — | 2 | 0 |
| 0 | 0 | 0 | 0 | 0 | 0 | 0 | 0 | 0 | 0 | — | 0 | 0 | 0 | 0 | — | — | — | — | — | — | 0 | 0 |
| 15 | 8 | 8 | 100 | 0 | 0 | 0 | 0 | 0 | 0 | — | 3 094.799 | 2911 | 118.59 | 65.209 | — | — | — | — | — | — | 8 | 0 |
| 50 | 55 | 55 | 100 | 0 | 0 | 0 | 0 | 0 | 0 | 0 | 804 081.274 5 | 723 317.976 3 | 30 303.685 5 | 50 149.893 | 0 | 0 | 0 | 0 | 0 | 0 | 55 | 0 |

巴南区学校体育工作年度

| 办学层次 | 学校/所 | 在校学生数/人 | 教学班数/个 | 体育课开足数 | 落实每天一小时体育锻炼数 | 组织大课间体育活动数 | 体育教师人数/人 | | 体育教师缺额比/% | 体育教师缺额数/人 | 体育教师师生比 | 体育教师参训人数/人 | 教师受县级以上表彰人数/人 | 田径场/块 | | | | 篮球场/块 | 排球场/块 | 器械体操及游戏区面积/平方米 | 体育馆 | | 游泳池 | |
|---|---|---|---|---|---|---|---|---|---|---|---|---|---|---|---|---|---|---|---|---|---|---|---|---|
| | | | | | | | 专职 | 兼职 | | | | | | 200米 | 300米 | 300~400米 | 400米 | | | | 个数/个 | 总面积/平方米 | 个数/个 | 总面积/平方米 |
| 普通小学 | 58 | 48 362 | 1 137 | 58 | 58 | 58 | 186 | 132 | 10.17 | 36 | 1:152 | 230 | 50 | 38 | 0 | 2 | 1 | 96 | 32 | 93 693 | 9 | 7 272 | 1 | 200 |
| 普通初中 | 18 | 12 632 | 291 | 18 | 18 | 18 | 67 | 14 | 5.81 | 5 | 1:156 | 67 | 33 | 11 | 2 | 0 | 0 | 48 | 11 | 2 965 | 4 | 5 162.05 | 1 | 1 800 |
| 普通高中 | 3 | 6 604 | 130 | 3 | 3 | 3 | 26 | 1 | 6.9 | 2 | 1:245 | 19 | 22 | 2 | 0 | 0 | 2 | 21 | 4 | 1 300 | 2 | 4 286 | 2 | 4 400 |
| 职业学校 | 3 | 7 823 | 174 | 3 | 3 | 3 | 14 | 1 | 0 | 0 | 1:522 | 14 | 9 | 2 | 0 | 1 | 0 | 12 | 5 | 5 200 | 0 | 0 | 0 | 0 |
| 九年一贯制学校 | 8 | 7 608 | 189 | 8 | 8 | 8 | 33 | 19 | 10.34 | 6 | 1:146 | 33 | 9 | 5 | 0 | 1 | 0 | 22 | 7 | 12 624 | 0 | 0 | 0 | 0 |
| 十二年一贯制学校 | 1 | 803 | 36 | 1 | 1 | 1 | 6 | 0 | 0 | 0 | 1:134 | 6 | 1 | 0 | 1 | 0 | 0 | 4 | 2 | 1 000 | 1 | 850 | 1 | 800 |
| 完全中学 | 5 | 11 786 | 251 | 5 | 5 | 5 | 56 | 0 | 9.68 | 6 | 1:210 | 54 | 37 | 3 | 2 | 0 | 1 | 23 | 7 | 29 974 | 0 | 0 | 0 | 0 |
| 合计 | 96 | 95 618 | 2 208 | 96 | 96 | 96 | 388 | 167 | 9.01 | 55 | 1:172 | 423 | 161 | 61 | 5 | 4 | 4 | 226 | 68 | 146 756 | 16 | 17 570.05 | 5 | 7 200 |

报告汇总表(2017年)

| 学生体质测试室/个 | 体育器材达标数/个 | 学校体育工作等级评估 | | | | | | | | 各级专职体育教研员人数/人 | 学校体育经费支出情况/万元 | | | | 体育中考实施情况 | | | | 建立体育专项督导制度 | | 制订体育活动意外伤害保障措施 | |
|---|---|---|---|---|---|---|---|---|---|---|---|---|---|---|---|---|---|---|---|---|---|---|
| | | 优秀 | | 良好 | | 及格 | | 不及格 | | | 支出总额 | 体育场地经费支出 | 专用器材经费支出 | 体育工作经费 | 是 | | | 否 | | | | |
| | | 所 | % | 所 | % | 所 | % | 所 | % | | | | | | 地区覆盖率/% | 分值/分 | 分值占总分比例/% | | 是 | 否 | 是 | 否 |
| 30 | 55 | 54 | 93.1 | 4 | 6.9 | 0 | 0 | 0 | 0 | — | 571.623 5 | 343.718 | 145.982 1 | 80.896 5 | — | — | — | — | — | — | 58 | 0 |
| 12 | 17 | 17 | 94.44 | 1 | 5.56 | 0 | 0 | 0 | 0 | — | 119.33 | 53.18 | 25.6 | 40.35 | — | — | — | — | — | — | 18 | 0 |
| 2 | 3 | 3 | 100 | 0 | 0 | 0 | 0 | 0 | 0 | — | 193.6 | 120 | 10.6 | 63 | — | — | — | — | — | — | 3 | 0 |
| 4 | 3 | 2 | 66.67 | 1 | 33.33 | 0 | 0 | 0 | 0 | — | 40.6 | 17 | 4.6 | 19 | — | — | — | — | — | — | 3 | 0 |
| 3 | 8 | 7 | 87.5 | 1 | 12.5 | 0 | 0 | 0 | 0 | — | 20.780 8 | 3.95 | 8.910 8 | 7.92 | — | — | — | — | — | — | 8 | 0 |
| 0 | 1 | 1 | 100 | 0 | 0 | 0 | 0 | 0 | 0 | — | 55 | 2 | 3 | 50 | — | — | — | — | — | — | 1 | 0 |
| 7 | 5 | 4 | 80 | 1 | 20 | 0 | 0 | 0 | 0 | — | 108.3 | 58 | 26.1 | 25.2 | — | — | — | — | — | — | 5 | 0 |
| 58 | 92 | 88 | 91.66 | 8 | 8.33 | 0 | 0 | 0 | 0 | 1 | 1 109.234 3 | 597.848 | 224.792 9 | 286.366 5 | 100 | 50 | 6.67 | 0 | 1 | 0 | 96 | 0 |

长寿区学校体育工作年度

| 办学层次 | 学校/所 | 在校学生数/人 | 教学班数/个 | 体育课开足数 | 落实每天一小时体育锻炼数 | 组织大课间体育活动数 | 体育教师人数/人 | | 体育教师缺额比/% | 体育教师缺额数/人 | 体育教师师生比 | 体育教师参训人数/人 | 教师受县级以上表彰人数/人 | 田径场/块 | | | | 篮球场/块 | 排球场/块 | 器械体操及游戏区面积/平方米 | 体育馆 | | 游泳池 | |
|---|---|---|---|---|---|---|---|---|---|---|---|---|---|---|---|---|---|---|---|---|---|---|---|---|
| | | | | | | | 专职 | 兼职 | | | | | | 200米 | 300米 | 300~400米 | 400米 | | | | 个数/个 | 总面积/平方米 | 个数/个 | 总面积/平方米 |
| 普通小学 | 37 | 32 119 | 772 | 37 | 37 | 37 | 153 | 98 | 10.99 | 31 | 1:128 | 180 | 50 | 28 | 0 | 0 | 1 | 72 | 6 | 62 554 | 8 | 1 600 | 1 | 500 |
| 普通初中 | 13 | 6 314 | 152 | 12 | 13 | 13 | 43 | 12 | 8.33 | 5 | 1:115 | 33 | 20 | 10 | 1 | 0 | 0 | 28 | 1 | 22 884 | 1 | 450 | 0 | 0 |
| 普通高中 | 0 | 0 | 0 | 0 | 0 | 0 | 0 | 0 | 0 | 0 | 0 | 0 | 0 | 0 | 0 | 0 | 0 | 0 | 0 | 0 | 0 | 0 | 0 | 0 |
| 九年一贯制学校 | 7 | 5 681 | 134 | 7 | 7 | 7 | 27 | 25 | 16.13 | 10 | 1:109 | 24 | 8 | 4 | 1 | 2 | 2 | 15 | 4 | 6 300 | 2 | 450 | 0 | 0 |
| 十二年一贯制学校 | 0 | 0 | 0 | 0 | 0 | 0 | 0 | 0 | 0 | 0 | 0 | 0 | 0 | 0 | 0 | 0 | 0 | 0 | 0 | 0 | 0 | 0 | 0 | 0 |
| 完全中学 | 10 | 27 927 | 539 | 10 | 10 | 10 | 132 | 2 | 1.47 | 2 | 1:208 | 128 | 42 | 5 | 1 | 0 | 5 | 50 | 4 | 1 810 | 3 | 2 052 | 1 | 525 |
| 职业学校 | 0 | 0 | 0 | 0 | 0 | 0 | 0 | 0 | 0 | 0 | 0 | 0 | 0 | 0 | 0 | 0 | 0 | 0 | 0 | 0 | 0 | 0 | 0 | 0 |
| 合计 | 67 | 72 041 | 1 597 | 66 | 67 | 67 | 355 | 137 | 8.88 | 48 | 1:146 | 365 | 120 | 47 | 3 | 2 | 8 | 165 | 15 | 93 548 | 14 | 4 552 | 2 | 1 025 |

**报告汇总表(2017 年)**

| 学生体质测试室/个 | 体育器材达标数/个 | 学校体育工作等级评估 | | | | | | | | 各级专职体育教研员人数/人 | 学校体育经费支出情况/万元 | | | | 体育中考实施情况 | | | | 建立体育专项督导制度 | | 制订体育活动意外伤害保障措施 | |
|---|---|---|---|---|---|---|---|---|---|---|---|---|---|---|---|---|---|---|---|---|---|---|
| | | 优秀 | | 良好 | | 及格 | | 不及格 | | | 支出总额 | 体育场地经费支出 | 专用器材经费支出 | 体育工作经费 | 是 | | | 否 | | | | |
| | | 所 | % | 所 | % | 所 | % | 所 | % | | | | | | 地区覆盖率/% | 分值/分 | 分值占总分比例/% | | 是 | 否 | 是 | 否 |
| 70 | 35 | 31 | 83.78 | 5 | 13.51 | 1 | 2.7 | 0 | 0 | — | 161.551 4 | 38.61 | 49.286 | 73.715 4 | — | — | — | — | — | — | 37 | 0 |
| 6 | 11 | 11 | 84.62 | 2 | 15.38 | 0 | 0 | 0 | 0 | — | 226.841 3 | 186.558 3 | 20.65 | 18.472 | — | — | — | — | — | — | 13 | 0 |
| 0 | 0 | 0 | 0 | 0 | 0 | 0 | 0 | 0 | 0 | — | 0 | 0 | 0 | 0 | — | — | — | — | — | — | 0 | 0 |
| 4 | 7 | 3 | 42.86 | 4 | 57.14 | 0 | 0 | 0 | 0 | — | 46.129 6 | 8.2 | 14.395 4 | 23.534 2 | — | — | — | — | — | — | 7 | 0 |
| 0 | 0 | 0 | 0 | 0 | 0 | 0 | 0 | 0 | 0 | — | 0 | 0 | 0 | 0 | — | — | — | — | — | — | 0 | 0 |
| 7 | 10 | 9 | 90 | 1 | 10 | 0 | 0 | 0 | 0 | — | 165.869 8 | 43.47 | 47.461 4 | 74.938 4 | — | — | — | — | — | — | 10 | 0 |
| 0 | 0 | 0 | 0 | 0 | 0 | 0 | 0 | 0 | 0 | — | 0 | 0 | 0 | 0 | — | — | — | — | — | — | 0 | 0 |
| 87 | 63 | 54 | 80.59 | 12 | 17.91 | 1 | 1.49 | 0 | 0 | 68 | 600.392 1 | 276.838 3 | 131.792 8 | 190.66 | 100 | 50 | 6.67 | 0 | 1 | 0 | 67 | 0 |

**江津区学校体育工作年度**

| 办学层次 | 学校/所 | 在校学生数/人 | 教学班数/个 | 体育课开足数 | 落实每天一小时体育锻炼数 | 组织大课间体育活动数 | 体育教师人数/人 | | 体育教师缺额比/% | 体育教师缺额数/人 | 体育教师师生比 | 体育教师参训人数/人 | 教师受县级以上表彰人数/人 | 田径场/块 | | | | 篮球场/块 | 排球场/块 | 器械体操及游戏区面积/平方米 | 体育馆 | | 游泳池 | |
|---|---|---|---|---|---|---|---|---|---|---|---|---|---|---|---|---|---|---|---|---|---|---|---|---|
| | | | | | | | 专职 | 兼职 | | | | | | 200米 | 300米 | 300~400米 | 400米 | | | | 个数/个 | 总面积/平方米 | 个数/个 | 总面积/平方米 |
| 普通小学 | 93 | 72 852 | 1 617 | 93 | 93 | 93 | 268 | 225 | 13.51 | 77 | 1:148 | 288 | 80 | 64 | 5 | 1 | 1 | 173 | 124 | 158 459.61 | 5 | 2 885 | 1 | 0 |
| 普通初中 | 18 | 16 888 | 343 | 18 | 18 | 18 | 78 | 11 | 12.75 | 13 | 1:190 | 70 | 23 | 13 | 4 | 1 | 0 | 56 | 42 | 49 531 | 0 | 0 | 0 | 0 |
| 普通高中 | 1 | 2 878 | 50 | 1 | 1 | 1 | 10 | 0 | 23.08 | 3 | 1:288 | 10 | 0 | 0 | 1 | 0 | 0 | 5 | 4 | 50 | 0 | 0 | 0 | 0 |
| 职业学校 | 2 | 18 537 | 365 | 2 | 2 | 2 | 30 | 0 | 25 | 10 | 1:618 | 30 | 1 | 0 | 0 | 0 | 3 | 26 | 6 | 500 | 0 | 0 | 0 | 0 |
| 九年一贯制学校 | 13 | 10 099 | 240 | 13 | 13 | 13 | 39 | 27 | 19.51 | 16 | 1:153 | 49 | 15 | 13 | 0 | 0 | 0 | 33 | 15 | 21 461 | 0 | 0 | 0 | 0 |
| 十二年一贯制学校 | 0 | 0 | 0 | 0 | 0 | 0 | 0 | 0 | 0 | 0 | 0 | 0 | 0 | 0 | 0 | 0 | 0 | 0 | 0 | 0 | 0 | 0 | 0 | 0 |
| 完全中学 | 10 | 42 270 | 768 | 9 | 10 | 10 | 153 | 2 | 6.06 | 10 | 1:273 | 134 | 44 | 5 | 2 | 0 | 6 | 63 | 28 | 97 669.8 | 4 | 12 838.8 | 1 | 2 750 |
| 合计 | 137 | 163 524 | 3 383 | 136 | 137 | 137 | 578 | 265 | 13.27 | 129 | 1:193 | 581 | 163 | 95 | 12 | 2 | 10 | 356 | 219 | 327 671.41 | 9 | 15 723.8 | 2 | 2 750 |

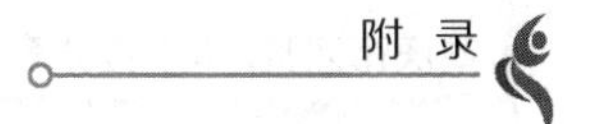

报告汇总表(2017 年)

| 学生体质测试室/个 | 体育器材达标数/个 | 学校体育工作等级评估 | | | | | | | | 各级专职体育教研员人数/人 | 学校体育经费支出情况/万元 | | | | 体育中考实施情况 | | | | 建立体育专项督导制度 | | 制订体育活动意外伤害保障措施 | |
|---|---|---|---|---|---|---|---|---|---|---|---|---|---|---|---|---|---|---|---|---|---|---|
| | | 优秀 | | 良好 | | 及格 | | 不及格 | | | 支出总额 | 体育场地经费支出 | 专用器材经费支出 | 体育工作经费 | 是 | | | 否 | | | | |
| | | 所 | % | 所 | % | 所 | % | 所 | % | | | | | | 地区覆盖率/% | 分值/分 | 分值占总分比例/% | | 是 | 否 | 是 | 否 |
| 95 | 92 | 86 | 92.47 | 7 | 7.53 | 0 | 0 | 0 | 0 | — | 1 450.285 9 | 1 238.294 8 | 150.582 2 | 88.207 9 | — | — | — | — | — | — | 92 | 1 |
| 19 | 17 | 18 | 100 | 0 | 0 | 0 | 0 | 0 | 0 | — | 301.37 | 226.68 | 49.03 | 26.46 | — | — | — | — | — | — | 18 | 0 |
| 1 | 0 | 1 | 100 | 0 | 0 | 0 | 0 | 0 | 0 | — | 8.5 | 2.5 | 2 | 4 | — | — | — | — | — | — | 1 | 0 |
| 1 | 2 | 2 | 100 | 0 | 0 | 0 | 0 | 0 | 0 | — | 201.3 | 180 | 15.5 | 5.8 | — | — | — | — | — | — | 2 | 0 |
| 15 | 13 | 12 | 92.31 | 1 | 7.69 | 0 | 0 | 0 | 0 | — | 88.2 | 29.4 | 39.15 | 19.75 | — | — | — | — | — | — | 13 | 0 |
| 0 | 0 | 0 | 0 | 0 | 0 | 0 | 0 | 0 | 0 | — | 0 | 0 | 0 | 0 | — | — | — | — | — | — | 0 | 0 |
| 12 | 9 | 10 | 100 | 0 | 0 | 0 | 0 | 0 | 0 | — | 429.872 | 101.535 4 | 94.165 | 234.126 6 | — | — | — | — | — | — | 10 | 0 |
| 143 | 133 | 129 | 94.16 | 8 | 5.83 | 0 | 0 | 0 | 0 | 3 | 2 479.527 9 | 1 778.410 2 | 350.427 2 | 378.344 5 | 100 | 50 | 6.67 | 0 | 1 | 0 | 136 | 1 |

合川区学校体育工作年度

| 办学层次 | 学校/所 | 在校学生数/人 | 教学班数/个 | 体育课开足数 | 落实每天一小时体育锻炼数 | 组织大课间体育活动数 | 体育教师人数/人 | | 体育教师缺额比/% | 体育教师缺额数/人 | 体育教师师生比 | 体育教师参训人数/人 | 教师受县级以上表彰人数/人 | 田径场/块 | | | | 篮球场/块 | 排球场/块 | 器械体操及游戏区面积/平方米 | 体育馆 | | 游泳池 | |
|---|---|---|---|---|---|---|---|---|---|---|---|---|---|---|---|---|---|---|---|---|---|---|---|---|
| | | | | | | | 专职 | 兼职 | | | | | | 200米 | 300米 | 300~400米 | 400米 | | | | 个数/个 | 总面积/平方米 | 个数/个 | 总面积/平方米 |
| 普通小学 | 116 | 68 480 | 1 538 | 116 | 115 | 116 | 256 | 138 | 20.56 | 102 | 1:174 | 275 | 41 | 47 | 1 | 1 | 0 | 167 | 35 | 199 453.1 | 5 | 10 696.68 | 1 | 350.32 |
| 普通初中 | 20 | 16 984 | 367 | 20 | 20 | 20 | 90 | 13 | 6.36 | 7 | 1:165 | 72 | 9 | 14 | 3 | 0 | 0 | 55 | 14 | 53 273 | 2 | 330 | 0 | 0 |
| 普通高中 | 1 | 1 221 | 27 | 1 | 1 | 1 | 6 | 0 | 0 | 0 | 1:204 | 6 | 0 | 1 | 0 | 0 | 0 | 2 | 1 | 294 | 0 | 0 | 0 | 0 |
| 职业学校 | 1 | 5 655 | 136 | 1 | 1 | 1 | 21 | 0 | 0 | 0 | 1:269 | 21 | 6 | 0 | 0 | 0 | 1 | 8 | 2 | 300 | 0 | 0 | 0 | 0 |
| 九年一贯制学校 | 4 | 5 397 | 114 | 4 | 4 | 4 | 26 | 4 | 3.23 | 1 | 1:180 | 21 | 5 | 3 | 0 | 0 | 0 | 15 | 3 | 11 825 | 0 | 0 | 0 | 0 |
| 十二年一贯制学校 | 0 | 0 | 0 | 0 | 0 | 0 | 0 | 0 | 0 | 0 | 0 | 0 | 0 | 0 | 0 | 0 | 0 | 0 | 0 | 0 | 0 | 0 | 0 | 0 |
| 完全中学 | 8 | 29 915 | 557 | 8 | 7 | 8 | 115 | 9 | 2.36 | 3 | 1:241 | 95 | 31 | 3 | 0 | 0 | 5 | 54 | 8 | 47 750 | 1 | 1 470 | 1 | 2 500 |
| 合计 | 150 | 127 652 | 2 739 | 150 | 148 | 150 | 514 | 164 | 14.28 | 113 | 1:188 | 490 | 92 | 68 | 4 | 1 | 6 | 301 | 63 | 312 895.1 | 8 | 12 496.68 | 2 | 2 850.32 |

报告汇总表(2017 年)

| 学生体质测试室/个 | 体育器材达标数/个 | 学校体育工作等级评估 | | | | | | | | 各级专职体育教研员人数/人 | 学校体育经费支出情况/万元 | | | | 体育中考实施情况 | | | | 建立体育专项督导制度 | | 制订体育活动意外伤害保障措施 | |
|---|---|---|---|---|---|---|---|---|---|---|---|---|---|---|---|---|---|---|---|---|---|---|
| | | 优秀 | | 良好 | | 及格 | | 不及格 | | | | | | | 是 | | | 否 | | | | |
| | | 所 | % | 所 | % | 所 | % | 所 | % | | 支出总额 | 体育场地经费支出 | 专用器材经费支出 | 体育工作经费 | 地区覆盖率/% | 分值/分 | 分值占总分比例/% | | 是 | 否 | 是 | 否 |
| 100 | 114 | 34 | 29.31 | 74 | 63.79 | 8 | 6.9 | 0 | 0 | — | 720.143 | 443.765 5 | 151.323 1 | 124.394 4 | — | — | — | — | — | — | 116 | 0 |
| 19 | 20 | 11 | 55 | 9 | 45 | 0 | 0 | 0 | 0 | — | 270.045 3 | 199.676 2 | 26.155 5 | 43.163 6 | — | — | — | — | — | — | 20 | 0 |
| 1 | 1 | 0 | 0 | 1 | 100 | 0 | 0 | 0 | 0 | — | 5.6 | 3.6 | 1.2 | 0.8 | — | — | — | — | — | — | 1 | 0 |
| 3 | 1 | 1 | 100 | 0 | 0 | 0 | 0 | 0 | 0 | — | 8.2 | 0.2 | 6.2 | 1.8 | — | — | — | — | — | — | 1 | 0 |
| 3 | 4 | 1 | 25 | 3 | 75 | 0 | 0 | 0 | 0 | — | 174.284 4 | 150.3 | 9 | 14.984 4 | — | — | — | — | — | — | 4 | 0 |
| 0 | 0 | 0 | 0 | 0 | 0 | 0 | 0 | 0 | 0 | — | 0 | 0 | 0 | 0 | — | — | — | — | — | — | 0 | 0 |
| 11 | 7 | 6 | 75 | 2 | 25 | 0 | 0 | 0 | 0 | — | 573.348 2 | 455.2 | 56 | 61.148 2 | — | — | — | — | — | — | 8 | 0 |
| 137 | 147 | 53 | 35.33 | 89 | 59.33 | 8 | 5.33 | 0 | 0 | 4 | 1 751.620 9 | 1 252.741 7 | 249.878 6 | 246.290 6 | 100 | 50 | 6.67 | 0 | 1 | 0 | 150 | 0 |

**永川区学校体育工作年度**

| 办学层次 | 学校/所 | 在校学生数/人 | 教学班数/个 | 体育课开足数 | 落实每天一小时体育锻炼数 | 组织大课间体育活动数 | 体育教师人数/人 | | 体育教师缺额比/% | 体育教师缺额数/人 | 体育教师师生比 | 体育教师参训人数/人 | 教师受县级以上表彰人数/人 | 田径场/块 | | | | 篮球场/块 | 排球场/块 | 器械体操及游戏区面积/平方米 | 体育馆 | | 游泳池 | |
|---|---|---|---|---|---|---|---|---|---|---|---|---|---|---|---|---|---|---|---|---|---|---|---|---|
| | | | | | | | 专职 | 兼职 | | | | | | 200米 | 300米 | 300~400米 | 400米 | | | | 个数/个 | 总面积/平方米 | 个数/个 | 总面积/平方米 |
| 普通小学 | 89 | 82 279 | 1 645 | 89 | 89 | 89 | 240 | 198 | 19.49 | 106 | 1∶188 | 269 | 86 | 44 | 5 | 8 | 0 | 134 | 27 | 103 025 | 7 | 8 354 | 1 | 100 |
| 普通初中 | 26 | 20 715 | 409 | 26 | 26 | 26 | 93 | 16 | 11.38 | 14 | 1∶190 | 101 | 43 | 12 | 5 | 1 | 3 | 59 | 13 | 32 455.95 | 1 | 1 890.56 | 0 | 0 |
| 普通高中 | 1 | 1 707 | 32 | 1 | 1 | 1 | 6 | 0 | 0 | 0 | 1∶285 | 6 | 6 | 0 | 1 | 0 | 0 | 1 | 2 | 15 000 | 1 | 5 000 | 0 | 0 |
| 职业学校 | 1 | 3 654 | 75 | 1 | 1 | 1 | 26 | 2 | 0 | 0 | 1∶131 | 4 | 1 | 4 | 0 | 0 | 0 | 5 | 4 | 100 | 0 | 0 | 0 | 0 |
| 九年一贯制学校 | 0 | 0 | 0 | 0 | 0 | 0 | 0 | 0 | 0 | 0 | 0 | 0 | 0 | 0 | 0 | 0 | 0 | 0 | 0 | 0 | 0 | 0 | 0 | 0 |
| 十二年一贯制学校 | 1 | 1 504 | 52 | 1 | 1 | 1 | 4 | 0 | 33.33 | 2 | 1∶376 | 3 | 0 | 0 | 1 | 0 | 1 | 6 | 2 | 3 | 1 | 4 355.21 | 0 | 0 |
| 完全中学 | 6 | 29 486 | 488 | 6 | 6 | 6 | 93 | 0 | 1.06 | 1 | 1∶317 | 86 | 39 | 0 | 1 | 0 | 5 | 39 | 13 | 50 624 | 5 | 14 616 | 1 | 300 |
| 合计 | 124 | 139 345 | 2701 | 124 | 124 | 124 | 462 | 216 | 15.35 | 123 | 1∶205 | 469 | 175 | 60 | 13 | 9 | 9 | 244 | 61 | 201 207.95 | 15 | 34 215.77 | 2 | 400 |

**报告汇总表(2017 年)**

| 学生体质测试室/个 | 体育器材达标数/个 | 学校体育工作等级评估 | | | | | | | | 各级专职体育教研员人数/人 | 学校体育经费支出情况/万元 | | | | 体育中考实施情况 | | | | 建立体育专项督导制度 | | 制订体育活动意外伤害保障措施 | |
|---|---|---|---|---|---|---|---|---|---|---|---|---|---|---|---|---|---|---|---|---|---|---|
| | | 优秀 | | 良好 | | 及格 | | 不及格 | | | 支出总额 | 体育场地经费支出 | 专用器材经费支出 | 体育工作经费 | 是 | | | 否 | 是 | 否 | 是 | 否 |
| | | 所 | % | 所 | % | 所 | % | 所 | % | | | | | | 地区覆盖率/% | 分值/分 | 分值占总分比例/% | | | | | |
| 57 | 87 | 76 | 85.39 | 12 | 13.48 | 1 | 1.12 | 0 | 0 | — | 1 384.962 9 | 1 088.935 | 193.957 4 | 105.705 4 | — | — | — | — | — | — | 89 | 0 |
| 10 | 24 | 23 | 88.46 | 3 | 11.54 | 0 | 0 | 0 | 0 | — | 1 027.134 7 | 932.739 | 59.976 2 | 43.069 5 | — | — | — | — | — | — | 26 | 0 |
| 0 | 1 | 1 | 100 | 0 | 0 | 0 | 0 | 0 | 0 | — | 8 | 2 | 1 | 5 | — | — | — | — | — | — | 1 | 0 |
| 2 | 1 | 1 | 100 | 0 | 0 | 0 | 0 | 0 | 0 | — | 29.4 | 5.4 | 4.1 | 5.3 | — | — | — | — | — | — | 1 | 0 |
| 0 | 0 | 0 | 0 | 0 | 0 | 0 | 0 | 0 | 0 | — | 0 | 0 | 0 | 0 | — | — | — | — | — | — | 0 | 0 |
| 0 | 1 | 1 | 100 | 0 | 0 | 0 | 0 | 0 | 0 | — | 3 | 0 | 3 | 0 | — | — | — | — | — | — | 1 | 0 |
| 7 | 6 | 6 | 100 | 0 | 0 | 0 | 0 | 0 | 0 | — | 131 | 71.24 | 36.8 | 22.96 | — | — | — | — | — | — | 6 | 0 |
| 76 | 120 | 108 | 87.09 | 15 | 12.09 | 1 | 0.8 | 0 | 0 | 1 | 2 583.497 6 | 2 100.314 | 298.833 6 | 182.034 9 | 100 | 50 | 6.67 | 0 | 1 | 0 | 124 | 0 |

南川区学校体育工作年度

| 办学层次 | 学校/所 | 在校学生数/人 | 教学班数/个 | 体育课开足数 | 落实每天一小时体育锻炼数 | 组织大课间体育活动数 | 体育教师人数/人 | | 体育教师缺额比/% | 体育教师缺额数/人 | 体育教师师生比 | 体育教师参训人数/人 | 教师受县级以上表彰人数/人 | 田径场/块 | | | | 篮球场/块 | 排球场/块 | 器械体操及游戏区面积/平方米 | 体育馆 | | 游泳池 | |
|---|---|---|---|---|---|---|---|---|---|---|---|---|---|---|---|---|---|---|---|---|---|---|---|---|
| | | | | | | | 专职 | 兼职 | | | | | | 200米 | 300米 | 300~400米 | 400米 | | | | 个数/个 | 总面积/平方米 | 个数/个 | 总面积/平方米 |
| 普通小学 | 48 | 42 747 | 876 | 48 | 48 | 48 | 143 | 77 | 6.78 | 16 | 1:194 | 120 | 23 | 33 | 1 | 0 | 1 | 92 | 16 | 95 543 | 5 | 10 203 | 0 | 0 |
| 普通初中 | 8 | 5 830 | 113 | 8 | 8 | 8 | 22 | 6 | 6.67 | 2 | 1:208 | 21 | 3 | 4 | 1 | 0 | 1 | 19 | 7 | 9 764 | 1 | 3 196 | 0 | 0 |
| 普通高中 | 0 | 0 | 0 | 0 | 0 | 0 | 0 | 0 | 0 | 0 | 0 | 0 | 0 | 0 | 0 | 0 | 0 | 0 | 0 | 0 | 0 | 0 | 0 | 0 |
| 职业学校 | 1 | 4 312 | 72 | 1 | 1 | 1 | 10 | 0 | 0 | 0 | 1:431 | 10 | 3 | 0 | 0 | 0 | 1 | 2 | 0 | 600 | 0 | 0 | 0 | 0 |
| 九年一贯制学校 | 3 | 2 686 | 64 | 3 | 3 | 3 | 11 | 4 | 0 | 0 | 1:179 | 9 | 1 | 2 | 1 | 0 | 0 | 5 | 2 | 7 700 | 0 | 0 | 0 | 0 |
| 完全中学 | 5 | 21 614 | 390 | 5 | 5 | 5 | 61 | 5 | 5.71 | 4 | 1:327 | 49 | 11 | 2 | 0 | 0 | 4 | 31 | 9 | 1 200 | 0 | 0 | 0 | 0 |
| 十二年一贯制学校 | 1 | 904 | 23 | 1 | 1 | 1 | 6 | 0 | 0 | 0 | 1:151 | 6 | 1 | 0 | 0 | 0 | 0 | 4 | 2 | 1 000 | 0 | 0 | 0 | 0 |
| 合计 | 66 | 78 093 | 1 538 | 66 | 66 | 66 | 253 | 92 | 5.99 | 22 | 1:226 | 215 | 42 | 41 | 3 | 0 | 7 | 153 | 36 | 115 807 | 6 | 13 399 | 0 | 0 |

报告汇总表(2017 年)

| 学生体质测试室/个 | 体育器材达标数/个 | 学校体育工作等级评估 | | | | | | | | 各级专职体育教研员人数/人 | 学校体育经费支出情况/万元 | | | | 体育中考实施情况 | | | | 建立体育专项督导制度 | | 制订体育活动意外伤害保障措施 | |
|---|---|---|---|---|---|---|---|---|---|---|---|---|---|---|---|---|---|---|---|---|---|---|
| | | 优秀 | | 良好 | | 及格 | | 不及格 | | | | | | | 是 | | | 否 | | | | |
| | | 所 | % | 所 | % | 所 | % | 所 | % | | 支出总额 | 体育场地经费支出 | 专用器材经费支出 | 体育工作经费 | 地区覆盖率/% | 分值/分 | 分值占总分比例/% | | 是 | 否 | 是 | 否 |
| 50 | 48 | 47 | 97.92 | 1 | 2.08 | 0 | 0 | 0 | 0 | — | 1 992.457 6 | 1 816.181 8 | 115.001 2 | 61.086 1 | — | — | — | — | — | — | 48 | 0 |
| 8 | 8 | 8 | 100 | 0 | 0 | 0 | 0 | 0 | 0 | — | 180.360 7 | 135.78 | 27.633 5 | 17.047 2 | — | — | — | — | — | — | 8 | 0 |
| 0 | 0 | 0 | 0 | 0 | 0 | 0 | 0 | 0 | 0 | — | 0 | 0 | 0 | 0 | — | — | — | — | — | — | 0 | 0 |
| 1 | 1 | 1 | 100 | 0 | 0 | 0 | 0 | 0 | 0 | — | 10.532 4 | 2 | 1.01 | 7.522 4 | — | — | — | — | — | — | 1 | 0 |
| 4 | 3 | 3 | 100 | 0 | 0 | 0 | 0 | 0 | 0 | — | 81.541 6 | 68 | 7.789 | 5.752 6 | — | — | — | — | — | — | 3 | 0 |
| 6 | 5 | 5 | 100 | 0 | 0 | 0 | 0 | 0 | 0 | — | 210.827 4 | 140.249 8 | 29.716 | 40.861 6 | — | — | — | — | — | — | 5 | 0 |
| 1 | 1 | 1 | 100 | 0 | 0 | 0 | 0 | 0 | 0 | — | 17.1 | 2.5 | 12.6 | 2 | — | — | — | — | — | — | 1 | 0 |
| 70 | 66 | 65 | 98.48 | 1 | 1.51 | 0 | 0 | 0 | 0 | 1 | 2 492.819 7 | 2 164.711 6 | 193.749 7 | 134.269 9 | 100 | 50 | 5.88 | 0 | 1 | 0 | 66 | 0 |

綦江区学校体育工作年度

| 办学层次 | 学校/所 | 在校学生数/人 | 教学班数/个 | 体育课开足数 | 落实每天一小时体育锻炼数 | 组织大课间体育活动数 | 体育教师人数/人 | | 体育教师缺额比/% | 体育教师缺额数/人 | 体育教师师生比 | 体育教师参训人数/人 | 教师受县级以上表彰人数/人 | 田径场/块 | | | | 篮球场/块 | 排球场/块 | 器械体操及游戏区面积/平方米 | 体育馆 | | 游泳池 | |
|---|---|---|---|---|---|---|---|---|---|---|---|---|---|---|---|---|---|---|---|---|---|---|---|---|
| | | | | | | | 专职 | 兼职 | | | | | | 200米 | 300米 | 300~400米 | 400米 | | | | 个数/个 | 总面积/平方米 | 个数/个 | 总面积/平方米 |
| 普通小学 | 44 | 35 393 | 822 | 44 | 44 | 44 | 142 | 69 | 17.25 | 44 | 1:168 | 136 | 70 | 24 | 0 | 0 | 3 | 80 | 9 | 73 565 | 2 | 6 050 | 2 | 6 050 |
| 普通初中 | 16 | 10 546 | 243 | 16 | 16 | 16 | 53 | 12 | 5.8 | 4 | 1:162 | 54 | 21 | 10 | 1 | 1 | 0 | 38 | 10 | 3 560 | 2 | 100 | 0 | 0 |
| 普通高中 | 1 | 3 424 | 64 | 1 | 1 | 1 | 15 | 0 | 0 | 0 | 1:228 | 12 | 10 | 0 | 1 | 0 | 0 | 5 | 2 | 12 000 | 1 | 1 486 | 0 | 0 |
| 职业学校 | 2 | 4 041 | 104 | 2 | 2 | 2 | 13 | 4 | 0 | 0 | 1:238 | 7 | 3 | 3 | 0 | 0 | 0 | 4 | 3 | 570 | 1 | 0 | 0 | 0 |
| 九年一贯制学校 | 31 | 15 754 | 496 | 31 | 31 | 31 | 85 | 43 | 20.5 | 33 | 1:123 | 78 | 23 | 15 | 4 | 2 | 2 | 63 | 7 | 32 483 | 0 | 0 | 0 | 0 |
| 十二年一贯制学校 | 0 | 0 | 0 | 0 | 0 | 0 | 0 | 0 | 0 | 0 | 0 | 0 | 0 | 0 | 0 | 0 | 0 | 0 | 0 | 0 | 0 | 0 | 0 | 0 |
| 完全中学 | 5 | 18 542 | 367 | 5 | 5 | 5 | 83 | 1 | 5.62 | 5 | 1:221 | 72 | 46 | 4 | 0 | 0 | 2 | 33 | 5 | 3 200 | 0 | 0 | 0 | 0 |
| 合计 | 99 | 87 700 | 2 096 | 99 | 99 | 99 | 391 | 129 | 14.19 | 86 | 1:168 | 359 | 173 | 56 | 6 | 3 | 7 | 223 | 36 | 125 378 | 6 | 7 636 | 2 | 6 050 |

报告汇总表(2017 年)

| 学生体质测试室/个 | 体育器材达标数/个 | 学校体育工作等级评估 | | | | | | | | 各级专职体育教研员人数/人 | 学校体育经费支出情况/万元 | | | | 体育中考实施情况 | | | | 建立体育专项督导制度 | | 制订体育活动意外伤害保障措施 | |
|---|---|---|---|---|---|---|---|---|---|---|---|---|---|---|---|---|---|---|---|---|---|---|
| | | 优秀 | | 良好 | | 及格 | | 不及格 | | | 支出总额 | 体育场地经费支出 | 专用器材经费支出 | 体育工作经费 | 是 | | | 否 | | | | |
| | | 所 | % | 所 | % | 所 | % | 所 | % | | | | | | 地区覆盖率/% | 分值/分 | 分值占总分比例/% | | 是 | 否 | 是 | 否 |
| 26 | 42 | 40 | 90.91 | 4 | 9.09 | 0 | 0 | 0 | 0 | — | 661.771 1 | 518.775 | 90.096 1 | 50.5 | — | — | — | — | — | — | 44 | 0 |
| 8 | 15 | 15 | 93.75 | 1 | 6.25 | 0 | 0 | 0 | 0 | — | 72.253 4 | 35.8 | 20.363 | 18.390 4 | — | — | — | — | — | — | 16 | 0 |
| 0 | 1 | 1 | 100 | 0 | 0 | 0 | 0 | 0 | 0 | — | 138 | 100 | 20 | 5 | — | — | — | — | — | — | 1 | 0 |
| 4 | 0 | 0 | 0 | 1 | 50 | 1 | 50 | 0 | 0 | — | 66.9 | 50.5 | 10.6 | 5.8 | — | — | — | — | — | — | 2 | 0 |
| 14 | 29 | 23 | 74.19 | 8 | 25.81 | 0 | 0 | 0 | 0 | — | 242.342 2 | 20 155.969 7 | 34.214 5 | 21.29 | — | — | — | — | — | — | 31 | 0 |
| 0 | 0 | 0 | 0 | 0 | 0 | 0 | 0 | 0 | 0 | — | 0 | 0 | 0 | 0 | — | — | — | — | — | — | 0 | 0 |
| 2 | 4 | 5 | 100 | 0 | 0 | 0 | 0 | 0 | 0 | — | 150.34 | 76.3 | 26.12 | 47.92 | — | — | — | — | — | — | 5 | 0 |
| 54 | 91 | 84 | 84.84 | 14 | 14.14 | 1 | 1.01 | 0 | 0 | 0 | 1 331.606 7 | 20 937.344 7 | 201.393 6 | 148.900 4 | 0 | 0 | 0 | 0 | 0 | 0 | 99 | 0 |

## 大足区学校体育工作年度

| 办学层次 | 学校/所 | 在校学生数/人 | 教学班数/个 | 体育课开足数 | 落实每天一小时体育锻炼数 | 组织大课间体育活动数 | 体育教师人数/人 | | 体育教师缺额比/% | 体育教师缺额数/人 | 体育教师师生比 | 体育教师参训人数/人 | 教师受县级以上表彰人数/人 | 田径场/块 | | | | 篮球场/块 | 排球场/块 | 器械体操及游戏区面积/平方米 | 体育馆 | | 游泳池 | |
|---|---|---|---|---|---|---|---|---|---|---|---|---|---|---|---|---|---|---|---|---|---|---|---|---|
| | | | | | | | 专职 | 兼职 | | | | | | 200米 | 300米 | 300~400米 | 400米 | | | | 个数/个 | 总面积/平方米 | 个数/个 | 总面积/平方米 |
| 普通小学 | 69 | 67 413 | 1 337 | 69 | 69 | 69 | 224 | 123 | 23.23 | 105 | 1:194 | 233 | 101 | 41 | 4 | 3 | 2 | 123 | 31 | 91 197 | 2 | 6 780 | 1 | 0 |
| 普通初中 | 18 | 16 237 | 343 | 18 | 18 | 18 | 105 | 14 | 7.03 | 9 | 1:136 | 95 | 49 | 10 | 5 | 0 | 1 | 55 | 20 | 15 003 | 0 | 0 | 0 | 0 |
| 普通高中 | 2 | 6 707 | 115 | 2 | 2 | 2 | 28 | 0 | 6.67 | 2 | 1:240 | 27 | 19 | 0 | 0 | 0 | 2 | 10 | 2 | 150 | 1 | 0 | 0 | 0 |
| 职业学校 | 1 | 3 659 | 116 | 1 | 1 | 1 | 21 | 0 | 0 | 0 | 1:174 | 15 | 9 | 0 | 0 | 0 | 1 | 8 | 1 | 80 | 0 | 0 | 0 | 0 |
| 九年一贯制学校 | 5 | 5 165 | 120 | 5 | 5 | 5 | 22 | 16 | 28.3 | 15 | 1:136 | 32 | 17 | 5 | 1 | 0 | 0 | 16 | 6 | 6 850 | 1 | 220 | 1 | 160 |
| 十二年一贯制学校 | 0 | 0 | 0 | 0 | 0 | 0 | 0 | 0 | 0 | 0 | 0 | 0 | 0 | 0 | 0 | 0 | 0 | 0 | 0 | 0 | 0 | 0 | 0 | 0 |
| 完全中学 | 3 | 18 458 | 292 | 3 | 3 | 3 | 48 | 0 | 0 | 0 | 1:385 | 48 | 39 | 1 | 3 | 0 | 1 | 23 | 3 | 1 300 | 2 | 1 380 | 1 | 1 150 |
| 合计 | 98 | 117 639 | 2 323 | 98 | 98 | 98 | 448 | 153 | 17.89 | 131 | 1:195 | 450 | 234 | 57 | 13 | 3 | 7 | 235 | 63 | 114 580 | 6 | 8 380 | 3 | 1 310 |

报告汇总表(2017 年)

| 学生体质测试室/个 | 体育器材达标数/个 | 学校体育工作等级评估 | | | | | | | | 各级专职体育教研员人数/人 | 学校体育经费支出情况/万元 | | | | 体育中考实施情况 | | | | 建立体育专项督导制度 | | 制订体育活动意外伤害保障措施 | |
|---|---|---|---|---|---|---|---|---|---|---|---|---|---|---|---|---|---|---|---|---|---|---|
| | | 优秀 | | 良好 | | 及格 | | 不及格 | | | 支出总额 | 体育场地经费支出 | 专用器材经费支出 | 体育工作经费 | 是 | | | 否 | | | | |
| | | 所 | % | 所 | % | 所 | % | 所 | % | | | | | | 地区覆盖率/% | 分值/分 | 分值占总分比例/% | | 是 | 否 | 是 | 否 |
| 45 | 66 | 64 | 92.75 | 5 | 7.25 | 0 | 0 | 0 | 0 | — | 963.783 1 | 598.006 2 | 193.288 7 | 151.458 7 | — | — | — | — | — | — | 69 | 0 |
| 17 | 17 | 15 | 83.33 | 3 | 16.67 | 0 | 0 | 0 | 0 | — | 271.765 2 | 198.91 | 38.186 2 | 35.279 | — | — | — | — | — | — | 18 | 0 |
| 0 | 2 | 2 | 100 | 0 | 0 | 0 | 0 | 0 | 0 | — | 14.5 | 8 | 4.5 | 2 | — | — | — | — | — | — | 2 | 0 |
| 1 | 1 | 1 | 100 | 0 | 0 | 0 | 0 | 0 | 0 | — | 4.68 | 1.38 | 0.72 | 1.94 | — | — | — | — | — | — | 1 | 0 |
| 10 | 5 | 4 | 80 | 1 | 20 | 0 | 0 | 0 | 0 | — | 23.86 | 6.5 | 5.86 | 11.5 | — | — | — | — | — | — | 5 | 0 |
| 0 | 0 | 0 | 0 | 0 | 0 | 0 | 0 | 0 | 0 | — | 0 | 0 | 0 | 0 | — | — | — | — | — | — | 0 | 0 |
| 11 | 3 | 3 | 100 | 0 | 0 | 0 | 0 | 0 | 0 | — | 46 | 14.2 | 17.8 | 14 | — | — | — | — | — | — | 3 | 0 |
| 84 | 94 | 89 | 90.81 | 9 | 9.18 | 0 | 0 | 0 | 0 | 100 | 1 324.588 3 | 826.996 2 | 260.354 9 | 216.177 7 | 100 | 50 | 6.67 | 0 | 1 | 0 | 98 | 0 |

潼南区学校体育工作年度

| 办学层次 | 学校/所 | 在校学生数/人 | 教学班数/个 | 体育课开足数 | 落实每天一小时体育锻炼数 | 组织大课间体育活动数 | 体育教师人数/人 | | 体育教师缺额比/% | 体育教师缺额数/人 | 体育教师师生比 | 体育教师参训人数/人 | 教师受县级以上表彰人数/人 | 田径场/块 | | | | 篮球场/块 | 排球场/块 | 器械体操及游戏区面积/平方米 | 体育馆 | | 游泳池 | |
|---|---|---|---|---|---|---|---|---|---|---|---|---|---|---|---|---|---|---|---|---|---|---|---|---|
| | | | | | | | 专职 | 兼职 | | | | | | 200米 | 300米 | 300~400米 | 400米 | | | | 个数/个 | 总面积/平方米 | 个数/个 | 总面积/平方米 |
| 普通小学 | 66 | 41 864 | 938 | 66 | 66 | 66 | 135 | 158 | 12.8 | 43 | 1:143 | 149 | 62 | 32 | 2 | 2 | 1 | 88 | 65 | 89 958 | 1 | 1 010 | 0 | 0 |
| 普通初中 | 11 | 15 270 | 293 | 11 | 11 | 11 | 59 | 20 | 15.96 | 15 | 1:193 | 35 | 32 | 11 | 3 | 3 | 3 | 36 | 21 | 8 600 | 0 | 0 | 0 | 0 |
| 普通高中 | 2 | 10 655 | 169 | 2 | 2 | 2 | 35 | 0 | 0 | 0 | 1:304 | 35 | 26 | 0 | 0 | 0 | 2 | 12 | 6 | 3 000 | 0 | 0 | 0 | 0 |
| 职业学校 | 3 | 2 027 | 58 | 3 | 3 | 3 | 14 | 0 | 0 | 0 | 1:145 | 13 | 8 | 3 | 0 | 0 | 0 | 6 | 2 | 8 500 | 0 | 0 | 0 | 0 |
| 九年一贯制学校 | 7 | 7 786 | 180 | 7 | 7 | 7 | 22 | 23 | 21.05 | 12 | 1:173 | 20 | 9 | 4 | 0 | 0 | 1 | 14 | 10 | 13 806 | 0 | 0 | 0 | 0 |
| 十二年一贯制学校 | 0 | 0 | 0 | 0 | 0 | 0 | 0 | 0 | 0 | 0 | 0 | 0 | 0 | 0 | 0 | 0 | 0 | 0 | 0 | 0 | 0 | 0 | 0 | 0 |
| 完全中学 | 1 | 6 841 | 111 | 1 | 1 | 1 | 33 | 0 | 0 | 0 | 1:207 | 8 | 9 | 0 | 0 | 0 | 1 | 4 | 2 | 1 000 | 0 | 0 | 0 | 0 |
| 合计 | 90 | 84 443 | 1 749 | 90 | 90 | 90 | 298 | 201 | 12.3 | 70 | 1:169 | 260 | 146 | 50 | 5 | 5 | 8 | 160 | 106 | 124 864 | 1 | 1 010 | 0 | 0 |

报告汇总表(2017 年)

| 学生体质测试室/个 | 体育器材达标数/个 | 学校体育工作等级评估 | | | | | | | | 各级专职体育教研员人数/人 | 学校体育经费支出情况/万元 | | | | 体育中考实施情况 | | | | 建立体育专项督导制度 | | 制订体育活动意外伤害保障措施 | |
|---|---|---|---|---|---|---|---|---|---|---|---|---|---|---|---|---|---|---|---|---|---|---|
| | | 优秀 | | 良好 | | 及格 | | 不及格 | | | 支出总额 | 体育场地经费支出 | 专用器材经费支出 | 体育工作经费 | 是 | | | 否 | | | | |
| | | 所 | % | 所 | % | 所 | % | 所 | % | | | | | | 地区覆盖率/% | 分值/分 | 分值占总分比例/% | | 是 | 否 | 是 | 否 |
| 49 | 63 | 55 | 83.33 | 10 | 15.15 | 1 | 1.52 | 0 | 0 | — | 290.721 9 | 148.54 | 80.325 9 | 58.116 | — | — | — | — | — | — | 66 | 0 |
| 8 | 10 | 11 | 100 | 0 | 0 | 0 | 0 | 0 | 0 | — | 79.06 | 32.86 | 23.52 | 22.68 | — | — | — | — | — | — | 11 | 0 |
| 2 | 2 | 2 | 100 | 0 | 0 | 0 | 0 | 0 | 0 | — | 246 | 171 | 47 | 28 | — | — | — | — | — | — | 2 | 0 |
| 3 | 3 | 3 | 100 | 0 | 0 | 0 | 0 | 0 | 0 | — | 13.5413 | 4 | 6.381 3 | 3.16 | — | — | — | — | — | — | 3 | 0 |
| 7 | 7 | 7 | 100 | 0 | 0 | 0 | 0 | 0 | 0 | — | 30.19 | 8.79 | 11.5 | 9.9 | — | — | — | — | — | — | 7 | 0 |
| 0 | 0 | 0 | 0 | 0 | 0 | 0 | 0 | 0 | 0 | — | 0 | 0 | 0 | 0 | — | — | — | — | — | — | 0 | 0 |
| 1 | 1 | 1 | 100 | 0 | 0 | 0 | 0 | 0 | 0 | — | 77 | 27 | 45 | 5 | — | — | — | — | — | — | 1 | 0 |
| 70 | 86 | 79 | 87.77 | 10 | 11.11 | 1 | 1.11 | 0 | 0 | 2 | 736.513 2 | 392.19 | 213.727 2 | 126.856 | 100 | 50 | 6.67 | 0 | 1 | 0 | 90 | 0 |

铜梁区学校体育工作年度

| 办学层次 | 学校/所 | 在校学生数/人 | 教学班数/个 | 体育课开足数 | 落实每天一小时体育锻炼数 | 组织大课间体育活动数 | 体育教师人数/人 | | 体育教师缺额比/% | 体育教师缺额数/人 | 体育教师师生比 | 体育教师参训人数/人 | 教师受县级以上表彰人数/人 | 田径场/块 | | | | 篮球场/块 | 排球场/块 | 器械体操及游戏区面积/平方米 | 体育馆 | | 游泳池 | |
|---|---|---|---|---|---|---|---|---|---|---|---|---|---|---|---|---|---|---|---|---|---|---|---|---|
| | | | | | | | 专职 | 兼职 | | | | | | 200米 | 300米 | 300~400米 | 400米 | | | | 个数/个 | 总面积/平方米 | 个数/个 | 总面积/平方米 |
| 普通小学 | 61 | 49 859 | 966 | 61 | 61 | 61 | 141 | 147 | 12.99 | 43 | 1:173 | 222 | 90 | 281 | 4 | 2 | 0 | 112 | 49 | 92 720.9 | 2 | 3 062 | 1 | 200 |
| 普通初中 | 16 | 22 381 | 451 | 16 | 16 | 16 | 125 | 5 | 5.11 | 7 | 1:172 | 114 | 49 | 14 | 2 | 1 | 3 | 63 | 28 | 19 722 | 0 | 0 | 0 | 0 |
| 普通高中 | 4 | 15 415 | 273 | 4 | 4 | 4 | 47 | 0 | 0 | 0 | 1:328 | 47 | 34 | 0 | 1 | 1 | 4 | 36 | 26 | 400 | 3 | 6 860 | 3 | 2 650 |
| 职业学校 | 0 | 0 | 0 | 0 | 0 | 0 | 0 | 0 | 0 | 0 | 0 | 0 | 0 | 0 | 0 | 0 | 0 | 0 | 0 | 0 | 0 | 0 | 0 | 0 |
| 九年一贯制学校 | 1 | 652 | 15 | 1 | 1 | 1 | 3 | 2 | 0 | 0 | 1:130 | 5 | 3 | 1 | 0 | 0 | 0 | 3 | 0 | 0 | 0 | 0 | 0 | 0 |
| 十二年一贯制学校 | 0 | 0 | 0 | 0 | 0 | 0 | 0 | 0 | 0 | 0 | 0 | 0 | 0 | 0 | 0 | 0 | 0 | 0 | 0 | 0 | 0 | 0 | 0 | 0 |
| 完全中学 | 1 | 2 758 | 49 | 1 | 1 | 1 | 15 | 0 | 0 | 0 | 1:184 | 15 | 3 | 0 | 0 | 0 | 1 | 9 | 2 | 0 | 0 | 0 | 0 | 0 |
| 合计 | 83 | 91 065 | 1 754 | 83 | 83 | 83 | 331 | 154 | 9.34 | 50 | 1:187 | 403 | 179 | 296 | 7 | 4 | 8 | 223 | 105 | 112 842.9 | 5 | 9 922 | 4 | 2 850 |

报告汇总表(2017 年)

| 学生体质测试室/个 | 体育器材达标数/个 | 学校体育工作等级评估 | | | | | | | | 各级专职体育教研员人数/人 | 学校体育经费支出情况/万元 | | | | 体育中考实施情况 | | | | 建立体育专项督导制度 | | 制订体育活动意外伤害保障措施 | |
|---|---|---|---|---|---|---|---|---|---|---|---|---|---|---|---|---|---|---|---|---|---|---|
| | | 优秀 | | 良好 | | 及格 | | 不及格 | | | 支出总额 | 体育场地经费支出 | 专用器材经费支出 | 体育工作经费 | 是 | | | 否 | | | | |
| | | 所 | % | 所 | % | 所 | % | 所 | % | | | | | | 地区覆盖率/% | 分值/分 | 分值占总分比例/% | | 是 | 否 | 是 | 否 |
| 50 | 56 | 58 | 95.08 | 3 | 4.92 | 0 | 0 | 0 | 0 | — | 1 325.802 4 | 1 118.974 | 119.053 | 95.735 4 | — | — | — | — | — | — | 61 | 0 |
| 17 | 15 | 16 | 100 | 0 | 0 | 0 | 0 | 0 | 0 | — | 558.811 | 476.788 8 | 44.081 2 | 39.521 | — | — | — | — | — | — | 16 | 0 |
| 6 | 4 | 4 | 100 | 0 | 0 | 0 | 0 | 0 | 0 | — | 282 | 199 | 55 | 28 | — | — | — | — | — | — | 4 | 0 |
| 0 | 0 | 0 | 0 | 0 | 0 | 0 | 0 | 0 | 0 | — | 0 | 0 | 0 | 0 | — | — | — | — | — | — | 0 | 0 |
| 0 | 1 | 0 | 0 | 1 | 100 | 0 | 0 | 0 | 0 | — | 3 | 1 | 2 | 0.5 | — | — | — | — | — | — | 1 | 0 |
| 0 | 0 | 0 | 0 | 0 | 0 | 0 | 0 | 0 | 0 | — | 0 | 0 | 0 | 0 | — | — | — | — | — | — | 0 | 0 |
| 1 | 1 | 1 | 100 | 0 | 0 | 0 | 0 | 0 | 0 | — | 156.279 1 | 150 | 0.735 | 3.544 1 | — | — | — | — | — | — | 1 | 0 |
| 74 | 77 | 79 | 95.18 | 4 | 4.81 | 0 | 0 | 0 | 0 | 0 | 2 325.892 5 | 1 945.762 8 | 220.869 2 | 167.300 5 | 100 | 50 | 6.67 | 0 | 1 | 0 | 83 | 0 |

**荣昌区学校体育工作年度**

| 办学层次 | 学校/所 | 在校学生数/人 | 教学班数/个 | 体育课开足数 | 落实每天一小时体育锻炼数 | 组织大课间体育活动数 | 体育教师人数/人 | | 体育教师缺额比/% | 体育教师缺额数/人 | 体育教师生比 | 体育教师参训人数/人 | 教师受县级以上表彰人数/人 | 田径场/块 | | | | 篮球场/块 | 排球场/块 | 器械体操及游戏区面积/平方米 | 体育馆 | | 游泳池 | |
|---|---|---|---|---|---|---|---|---|---|---|---|---|---|---|---|---|---|---|---|---|---|---|---|---|
| | | | | | | | 专职 | 兼职 | | | | | | 200米 | 300米 | 300~400米 | 400米 | | | | 个数/个 | 总面积/平方米 | 个数/个 | 总面积/平方米 |
| 普通初中 | 16 | 23 735 | 463 | 16 | 16 | 16 | 92 | 20 | 11.81 | 15 | 1:212 | 99 | 32 | 8 | 2 | 0 | 3 | 39 | 24 | 32 323.8 | 2 | 290 | 0 | 0 |
| 普通高中 | 0 | 0 | 0 | 0 | 0 | 0 | 0 | 0 | 0 | 0 | 0 | 0 | 0 | 0 | 0 | 0 | 0 | 0 | 0 | 0 | 0 | 0 | 0 | 0 |
| 职业学校 | 1 | 4 790 | 117 | 1 | 1 | 1 | 21 | 0 | 0 | 0 | 1:228 | 21 | 4 | 0 | 0 | 0 | 1 | 6 | 2 | 500 | 0 | 0 | 1 | 1 250 |
| 九年一贯制学校 | 0 | 0 | 0 | 0 | 0 | 0 | 0 | 0 | 0 | 0 | 0 | 0 | 0 | 0 | 0 | 0 | 0 | 0 | 0 | 0 | 0 | 0 | 0 | 0 |
| 十二年一贯制学校 | 0 | 0 | 0 | 0 | 0 | 0 | 0 | 0 | 0 | 0 | 0 | 0 | 0 | 0 | 0 | 0 | 0 | 0 | 0 | 0 | 0 | 0 | 0 | 0 |
| 完全中学 | 4 | 14 350 | 255 | 4 | 4 | 4 | 59 | 2 | 0 | 0 | 1:235 | 45 | 3 | 1 | 1 | 0 | 3 | 18 | 12 | 1 700 | 2 | 4 984 | 0 | 0 |
| 普通小学 | 81 | 47 788 | 1 298 | 81 | 81 | 81 | 135 | 374 | 15.03 | 90 | 1:94 | 273 | 45 | 30 | 2 | 1 | 1 | 101 | 19 | 117 979.5 | 1 | 5 000 | 0 | 0 |
| 合计 | 102 | 90 663 | 2 133 | 102 | 102 | 102 | 307 | 396 | 12.99 | 105 | 1:128 | 438 | 84 | 39 | 5 | 1 | 8 | 164 | 57 | 152 503.3 | 5 | 10 274 | 1 | 1 250 |

报告汇总表(2017 年)

| 学生体质测试室/个 | 体育器材达标数/个 | 学校体育工作等级评估 | | | | | | | | 各级专职体育教研员人数/人 | 学校体育经费支出情况/万元 | | | | 体育中考实施情况 | | | | 建立体育专项督导制度 | | 制订体育活动意外伤害保障措施 | |
|---|---|---|---|---|---|---|---|---|---|---|---|---|---|---|---|---|---|---|---|---|---|---|
| | | 优秀 | | 良好 | | 及格 | | 不及格 | | | 支出总额 | 体育场地经费支出 | 专用器材经费支出 | 体育工作经费 | 是 | | | 否 | | | | |
| | | 所 | % | 所 | % | 所 | % | 所 | % | | | | | | 地区覆盖率/% | 分值/分 | 分值占总分比例/% | | 是 | 否 | 是 | 否 |
| 15 | 16 | 15 | 93.75 | 1 | 6.25 | 0 | 0 | 0 | 0 | — | 513.947 5 | 458.83 | 31.83 | 23.287 5 | — | — | — | — | — | — | 16 | 0 |
| 0 | 0 | 0 | 0 | 0 | 0 | 0 | 0 | 0 | 0 | — | 0 | 0 | 0 | 0 | — | — | — | — | — | — | 0 | 0 |
| 1 | 1 | 1 | 100 | 0 | 0 | 0 | 0 | 0 | 0 | — | 8 | 0 | 5 | 3 | — | — | — | — | — | — | 1 | 0 |
| 0 | 0 | 0 | 0 | 0 | 0 | 0 | 0 | 0 | 0 | — | 0 | 0 | 0 | 0 | — | — | — | — | — | — | 0 | 0 |
| 0 | 0 | 0 | 0 | 0 | 0 | 0 | 0 | 0 | 0 | — | 0 | 0 | 0 | 0 | — | — | — | — | — | — | 0 | 0 |
| 4 | 4 | 4 | 100 | 0 | 0 | 0 | 0 | 0 | 0 | — | 99.472 5 | 17.638 6 | 56.592 | 25.241 9 | — | — | — | — | — | — | 4 | 0 |
| 50 | 79 | 45 | 55.56 | 33 | 40.74 | 3 | 3.7 | 0 | 0 | — | 1 002.951 5 | 848.091 8 | 105.044 2 | 49.815 5 | — | — | — | — | — | — | 81 | 0 |
| 70 | 100 | 65 | 63.72 | 34 | 33.33 | 3 | 2.94 | 0 | 0 | 13 | 1 624.371 5 | 1 324.560 4 | 198.466 2 | 101.344 9 | 100 | 50 | 6.67 | 0 | 1 | 0 | 102 | 0 |

## 璧山区学校体育工作年度

| 办学层次 | 学校/所 | 在校学生数/人 | 教学班数/个 | 体育课开足数 | 落实每天一小时体育锻炼数 | 组织大课间体育活动数 | 体育教师人数/人 | | 体育教师缺额比/% | 体育教师缺额数/人 | 体育教师师生比 | 体育教师参训人数/人 | 教师受县级以上表彰人数/人 | 田径场/块 | | | | 篮球场/块 | 排球场/块 | 器械体操及游戏区面积/平方米 | 体育馆 | | 游泳池 | |
|---|---|---|---|---|---|---|---|---|---|---|---|---|---|---|---|---|---|---|---|---|---|---|---|---|
| | | | | | | | 专职 | 兼职 | | | | | | 200米 | 300米 | 300~400米 | 400米 | | | | 个数/个 | 总面积/平方米 | 个数/个 | 总面积/平方米 |
| 普通小学 | 38 | 40 506 | 830 | 38 | 38 | 38 | 153 | 63 | 13.25 | 33 | 1:188 | 156 | 55 | 19 | 1 | 1 | 0 | 79 | 15 | 82 433 | 3 | 2 386.35 | 0 | 0 |
| 普通初中 | 14 | 10797 | 230 | 14 | 14 | 14 | 52 | 2 | 10 | 6 | 1:200 | 50 | 26 | 9 | 1 | 0 | 0 | 37 | 7 | 9 676 | 1 | 600 | 0 | 0 |
| 普通高中 | 0 | 0 | 0 | 0 | 0 | 0 | 0 | 0 | 0 | 0 | 0 | 0 | 0 | 0 | 0 | 0 | 0 | 0 | 0 | 0 | 0 | 0 | 0 | 0 |
| 职业学校 | 1 | 1 700 | 48 | 1 | 1 | 1 | 5 | 1 | 25 | 2 | 1:283 | 6 | 4 | 0 | 1 | 0 | 0 | 4 | 0 | 1 000 | 0 | 0 | 0 | 0 |
| 十二年一贯制学校 | 0 | 0 | 0 | 0 | 0 | 0 | 0 | 0 | 0 | 0 | 0 | 0 | 0 | 0 | 0 | 0 | 0 | 0 | 0 | 0 | 0 | 0 | 0 | 0 |
| 完全中学 | 3 | 15 330 | 285 | 3 | 3 | 3 | 60 | 0 | 0 | 0 | 1:256 | 49 | 17 | 0 | 2 | 0 | 2 | 35 | 3 | 5 500 | 2 | 15 000 | 2 | 4 150 |
| 九年一贯制学校 | 0 | 0 | 0 | 0 | 0 | 0 | 0 | 0 | 0 | 0 | 0 | 0 | 0 | 0 | 0 | 0 | 0 | 0 | 0 | 0 | 0 | 0 | 0 | 0 |
| 合计 | 56 | 68 333 | 1 393 | 56 | 56 | 56 | 270 | 66 | 10.87 | 41 | 1:203 | 261 | 102 | 28 | 5 | 1 | 2 | 155 | 25 | 98 609 | 6 | 17 986.35 | 2 | 4 150 |

**报告汇总表(2017 年)**

| 学生体质测试室/个 | 体育器材达标数/个 | 学校体育工作等级评估 | | | | | | | | 各级专职体育教研员人数/人 | 学校体育经费支出情况/万元 | | | | 体育中考实施情况 | | | | 建立体育专项督导制度 | | 制订体育活动意外伤害保障措施 | |
|---|---|---|---|---|---|---|---|---|---|---|---|---|---|---|---|---|---|---|---|---|---|---|
| | | 优秀 | | 良好 | | 及格 | | 不及格 | | | 支出总额 | 体育场地经费支出 | 专用器材经费支出 | 体育工作经费 | 是 | | | 否 | | | | |
| | | 所 | % | 所 | % | 所 | % | 所 | % | | | | | | 地区覆盖率/% | 分值/分 | 分值占总分比例/% | | 是 | 否 | 是 | 否 |
| 31 | 38 | 37 | 97.37 | 1 | 2.63 | 0 | 0 | 0 | 0 | — | 898.964 6 | 700.499 | 145.97 | 53.325 1 | — | — | — | — | — | — | 38 | 0 |
| 10 | 14 | 14 | 100 | 0 | 0 | 0 | 0 | 0 | 0 | — | 174.285 1 | 119.697 | 13.466 1 | 52.07 | — | — | — | — | — | — | 14 | 0 |
| 0 | 0 | 0 | 0 | 0 | 0 | 0 | 0 | 0 | 0 | — | 0 | 0 | 0 | 0 | — | — | — | — | — | — | 0 | 0 |
| 1 | 1 | 1 | 100 | 0 | 0 | 0 | 0 | 0 | 0 | — | 6.5 | 0.5 | 3 | 3 | — | — | — | — | — | — | 1 | 0 |
| 0 | 0 | 0 | 0 | 0 | 0 | 0 | 0 | 0 | 0 | — | 0 | 0 | 0 | 0 | — | — | — | — | — | — | 0 | 0 |
| 7 | 3 | 3 | 100 | 0 | 0 | 0 | 0 | 0 | 0 | — | 632.2 | 511.64 | 49.76 | 70.8 | — | — | — | — | — | — | 3 | 0 |
| 0 | 0 | 0 | 0 | 0 | 0 | 0 | 0 | 0 | 0 | — | 0 | 0 | 0 | 0 | — | — | — | — | — | — | 0 | 0 |
| 49 | 56 | 55 | 98.21 | 1 | 1.78 | 0 | 0 | 0 | 0 | 1 | 1 711.949 7 | 1 332.336 | 212.196 1 | 179.195 1 | 100 | 50 | 6.67 | 0 | 1 | 0 | 56 | 0 |

**梁平区学校体育工作年度**

| 办学层次 | 学校/所 | 在校学生数/人 | 教学班数/个 | 体育课开足数 | 落实每天一小时体育锻炼数 | 组织大课间体育活动数 | 体育教师人数/人 | | 体育教师缺额比/% | 体育教师缺额数/人 | 体育教师师生比 | 体育教师参训人数/人 | 教师受县级以上表彰人数/人 | 田径场/块 | | | | 篮球场/块 | 排球场/块 | 器械体操及游戏区面积/平方米 | 体育馆 | | 游泳池 | |
|---|---|---|---|---|---|---|---|---|---|---|---|---|---|---|---|---|---|---|---|---|---|---|---|---|
| | | | | | | | 专职 | 兼职 | | | | | | 200米 | 300米 | 300~400米 | 400米 | | | | 个数/个 | 总面积/平方米 | 个数/个 | 总面积/平方米 |
| 普通小学 | 58 | 45 950 | 1 009 | 58 | 58 | 58 | 145 | 103 | 15.93 | 47 | 1:185 | 123 | 28 | 28 | 2 | 3 | 3 | 81 | 15 | 92 318.82 | 5 | 10 600 | 0 | 1 |
| 普通初中 | 20 | 15 616 | 330 | 20 | 20 | 20 | 63 | 12 | 15.73 | 14 | 1:208 | 59 | 48 | 11 | 2 | 0 | 0 | 48 | 17 | 49137 | 0 | 0 | 0 | 0 |
| 普通高中 | 2 | 9 354 | 152 | 2 | 2 | 2 | 30 | 0 | 0 | 0 | 1:312 | 26 | 7 | 0 | 0 | 1 | 1 | 23 | 6 | 2 560 | 2 | 4 300 | 1 | 3 500 |
| 职业学校 | 1 | 4 089 | 79 | 1 | 1 | 1 | 8 | 3 | 8.33 | 1 | 1:372 | 8 | 2 | 0 | 0 | 0 | 1 | 3 | 0 | 1 000 | 0 | 0 | 0 | 0 |
| 九年一贯制学校 | 3 | 2 568 | 59 | 3 | 3 | 3 | 11 | 1 | 7.69 | 1 | 1:214 | 5 | 2 | 6 | 0 | 0 | 0 | 9 | 3 | 6 500 | 0 | 0 | 0 | 0 |
| 十二年一贯制学校 | 1 | 561 | 15 | 1 | 1 | 1 | 3 | 0 | 0 | 0 | 1:187 | 0 | 0 | 4 | 0 | 0 | 0 | 2 | 0 | 5 800 | 0 | 0 | 0 | 0 |
| 完全中学 | 5 | 14 980 | 251 | 5 | 5 | 5 | 46 | 2 | 4 | 2 | 1:312 | 31 | 17 | 3 | 2 | 1 | 1 | 14 | 7 | 59 250 | 0 | 0 | 0 | 0 |
| 合计 | 90 | 93 118 | 1 895 | 90 | 90 | 90 | 306 | 121 | 13.21 | 65 | 1:218 | 252 | 104 | 52 | 6 | 5 | 6 | 180 | 48 | 216 565.82 | 7 | 14 900 | 1 | 3 501 |

报告汇总表(2017 年)

| 学生体质测试室/个 | 体育器材达标数/个 | 学校体育工作等级评估 | | | | | | | | 各级专职体育教研员人数/人 | 学校体育经费支出情况/万元 | | | | 体育中考实施情况 | | | | 建立体育专项督导制度 | | 制订体育活动意外伤害保障措施 | |
|---|---|---|---|---|---|---|---|---|---|---|---|---|---|---|---|---|---|---|---|---|---|---|
| | | 优秀 | | 良好 | | 及格 | | 不及格 | | | 支出总额 | 体育场地经费支出 | 专用器材经费支出 | 体育工作经费 | 是 | | | 否 | | | | |
| | | 所 | % | 所 | % | 所 | % | 所 | % | | | | | | 地区覆盖率/% | 分值/分 | 分值占总分比例/% | | 是 | 否 | 是 | 否 |
| 39 | 57 | 45 | 77.59 | 13 | 22.41 | 0 | 0 | 0 | 0 | — | 2 605.984 2 | 6 055.078 1 | 1 413.033 5 | 972.647 | — | — | — | — | — | — | 58 | 0 |
| 25 | 19 | 16 | 80 | 3 | 15 | 1 | 5 | 0 | 0 | — | 131.956 7 | 36.81 | 29.877 5 | 27.129 2 | — | — | — | — | — | — | 20 | 0 |
| 3 | 2 | 2 | 100 | 0 | 0 | 0 | 0 | 0 | 0 | — | 165.5 | 113.3 | 25.6 | 26.6 | — | — | — | — | — | — | 2 | 0 |
| 1 | 1 | 0 | 0 | 1 | 100 | 0 | 0 | 0 | 0 | — | 45 | 3.5 | 23.5 | 18 | — | — | — | — | — | — | 1 | 0 |
| 4 | 3 | 2 | 66.67 | 1 | 33.33 | 0 | 0 | 0 | 0 | — | 64.11 | 59.73 | 3.72 | 0.66 | — | — | — | — | — | — | 3 | 0 |
| 2 | 1 | 0 | 0 | 1 | 100 | 0 | 0 | 0 | 0 | — | 1.62 | 0.5 | 1 | 0.12 | — | — | — | — | — | — | 1 | 0 |
| 4 | 5 | 5 | 100 | 0 | 0 | 0 | 0 | 0 | 0 | — | 78.58 | 37.4 | 16.5 | 19.68 | — | — | — | — | — | — | 5 | 0 |
| 78 | 88 | 70 | 77.77 | 19 | 21.11 | 1 | 1.11 | 0 | 0 | 1 | 3 092.750 9 | 6 306.318 1 | 1 513.231 | 1 064.836 2 | 100 | 50 | 6.67 | 0 | 1 | 0 | 90 | 0 |

**城口县学校体育工作年度**

| 办学层次 | 学校/所 | 在校学生数/人 | 教学班数/个 | 体育课开足数 | 落实每天一小时体育锻炼数 | 组织大课间体育活动数 | 体育教师人数/人 | | 体育教师缺额比/% | 体育教师缺额数/人 | 体育教师师生比 | 体育教师参训人数/人 | 教师受县级以上表彰人数/人 | 田径场/块 | | | | 篮球场/块 | 排球场/块 | 器械体操及游戏区面积/平方米 | 体育馆 | | 游泳池 | |
|---|---|---|---|---|---|---|---|---|---|---|---|---|---|---|---|---|---|---|---|---|---|---|---|---|
| | | | | | | | 专职 | 兼职 | | | | | | 200米 | 300米 | 300~400米 | 400米 | | | | 个数/个 | 总面积/平方米 | 个数/个 | 总面积/平方米 |
| 普通小学 | 29 | 18 059 | 433 | 29 | 29 | 29 | 47 | 122 | 19.14 | 40 | 1:107 | 48 | 20 | 10 | 0 | 0 | 0 | 31 | 3 | 31 039.28 | 1 | 0 | 0 | 0 |
| 普通初中 | 4 | 4 430 | 81 | 4 | 4 | 4 | 17 | 2 | 5 | 1 | 1:233 | 19 | 7 | 4 | 0 | 0 | 0 | 13 | 2 | 1 250 | 0 | 0 | 0 | 0 |
| 普通高中 | 0 | 0 | 0 | 0 | 0 | 0 | 0 | 0 | 0 | 0 | 0 | 0 | 0 | 0 | 0 | 0 | 0 | 0 | 0 | 0 | 0 | 0 | 0 | 0 |
| 职业学校 | 1 | 1 727 | 38 | 1 | 1 | 1 | 6 | 0 | 0 | 0 | 1:288 | 6 | 1 | 0 | 0 | 0 | 1 | 4 | 1 | 400 | 0 | 0 | 0 | 0 |
| 九年一贯制学校 | 2 | 3 429 | 71 | 2 | 2 | 2 | 13 | 0 | 7.14 | 1 | 1:264 | 13 | 6 | 2 | 0 | 0 | 0 | 5 | 0 | 1 500 | 0 | 0 | 0 | 0 |
| 十二年一贯制学校 | 0 | 0 | 0 | 0 | 0 | 0 | 0 | 0 | 0 | 0 | 0 | 0 | 0 | 0 | 0 | 0 | 0 | 0 | 0 | 0 | 0 | 0 | 0 | 0 |
| 完全中学 | 1 | 4 113 | 64 | 1 | 1 | 1 | 14 | 0 | 0 | 0 | 1:294 | 14 | 13 | 1 | 0 | 0 | 0 | 6 | 2 | 400 | 0 | 0 | 0 | 0 |
| 合计 | 37 | 31 758 | 687 | 37 | 37 | 37 | 97 | 124 | 15.96 | 42 | 1:143 | 100 | 47 | 17 | 0 | 0 | 1 | 59 | 8 | 34 589.28 | 1 | 0 | 0 | 0 |

**报告汇总表(2017 年)**

| 学生体质测试室/个 | 体育器材达标数/个 | 学校体育工作等级评估 | | | | | | | | 各级专职体育教研员人数/人 | 学校体育经费支出情况/万元 | | | | 体育中考实施情况 | | | | 建立体育专项督导制度 | | 制订体育活动意外伤害保障措施 | |
|---|---|---|---|---|---|---|---|---|---|---|---|---|---|---|---|---|---|---|---|---|---|---|
| | | 优秀 | | 良好 | | 及格 | | 不及格 | | | | | | | 是 | | | 否 | | | | |
| | | 所 | % | 所 | % | 所 | % | 所 | % | | 支出总额 | 体育场地经费支出 | 专用器材经费支出 | 体育工作经费 | 地区覆盖率/% | 分值/分 | 分值占总分比例/% | | 是 | 否 | 是 | 否 |
| 13 | 27 | 25 | 86.21 | 4 | 13.79 | 0 | 0 | 0 | 0 | — | 169.71 | 69.23 | 30.976 | 68.514 | — | — | — | — | — | — | 28 | 1 |
| 4 | 100 | 0 | 0 | 0 | 0 | 0 | 0 | — | 38 | 7 | 11 | 20 | — | — | — | — | — | — | 4 | 0 | | |
| 0 | 0 | 0 | 0 | 0 | 0 | 0 | 0 | 0 | 0 | — | 0 | 0 | 0 | 0 | — | — | — | — | — | — | 0 | 0 |
| 0 | 0 | 1 | 100 | 0 | 0 | 0 | 0 | 0 | 0 | — | 45.651 5 | 9.328 | 3.444 1 | 32.879 4 | — | — | — | — | — | — | 1 | 0 |
| 1 | 2 | 1 | 50 | 1 | 50 | 0 | 0 | 0 | 0 | — | 15 | 3.5 | 4.5 | 7 | — | — | — | — | — | — | 2 | 0 |
| 0 | 0 | 0 | 0 | 0 | 0 | 0 | 0 | 0 | 0 | — | 0 | 0 | 0 | 0 | — | — | — | — | — | — | 0 | 0 |
| 1 | 1 | 1 | 100 | 0 | 0 | 0 | 0 | 0 | 0 | — | 38.6 | 19.5 | 7.1 | 12 | — | — | — | — | — | — | 1 | 0 |
| 19 | 33 | 32 | 86.48 | 5 | 13.51 | 0 | 0 | 0 | 0 | 5 | 306.961 5 | 108.558 | 57.020 1 | 140.393 4 | 100 | 50 | 6.67 | 0 | 1 | 0 | 36 | 1 |

**丰都县学校体育工作年度**

| 办学层次 | 学校/所 | 在校学生数/人 | 教学班数/个 | 体育课开足数 | 落实每天一小时体育锻炼数 | 组织大课间体育活动数 | 体育教师人数/人 | | 体育教师缺额比/% | 体育教师缺额数/人 | 体育教师师生比 | 体育教师参训人数/人 | 教师受县级以上表彰人数/人 | 田径场/块 | | | | 篮球场/块 | 排球场/块 | 器械体操及游戏区面积/平方米 | 体育馆 | | 游泳池 | |
|---|---|---|---|---|---|---|---|---|---|---|---|---|---|---|---|---|---|---|---|---|---|---|---|---|
| | | | | | | | 专职 | 兼职 | | | | | | 200米 | 300米 | 300~400米 | 400米 | | | | 个数/个 | 总面积/平方米 | 个数/个 | 总面积/平方米 |
| 普通小学 | 61 | 41 384 | 988 | 60 | 61 | 61 | 119 | 133 | 21.5 | 69 | 1∶164 | 150 | 58 | 35 | 5 | 5 | 2 | 87 | 37 | 71 799 | 7 | 3 706 | 2 | 1 330 |
| 普通初中 | 24 | 18 679 | 365 | 24 | 24 | 24 | 65 | 17 | 9.89 | 9 | 1∶228 | 64 | 17 | 17 | 0 | 0 | 1 | 49 | 15 | 30 278 | 2 | 400 | 1 | 400 |
| 普通高中 | 3 | 10 592 | 189 | 3 | 3 | 3 | 29 | 0 | 12.12 | 4 | 1∶365 | 18 | 20 | 1 | 2 | 0 | 1 | 19 | 2 | 2 600 | 0 | 0 | 0 | 0 |
| 职业学校 | 1 | 2 652 | 57 | 1 | 1 | 1 | 6 | 1 | 12.5 | 1 | 1∶379 | 6 | 3 | 0 | 1 | 0 | 0 | 3 | 1 | 80 | 0 | 0 | 0 | 0 |
| 九年一贯制学校 | 12 | 11 147 | 246 | 12 | 12 | 12 | 39 | 14 | 17.19 | 11 | 1∶210 | 28 | 12 | 9 | 3 | 0 | 0 | 23 | 7 | 12 236 | 1 | 450 | 0 | 0 |
| 十二年一贯制学校 | 0 | 0 | 0 | 0 | 0 | 0 | 0 | 0 | 0 | 0 | 0 | 0 | 0 | 0 | 0 | 0 | 0 | 0 | 0 | 0 | 0 | 0 | 0 | 0 |
| 完全中学 | 4 | 10 921 | 191 | 4 | 4 | 4 | 30 | 1 | 16.22 | 6 | 1∶352 | 28 | 20 | 2 | 2 | 1 | 2 | 18 | 7 | 500 | 0 | 0 | 0 | 0 |
| 合计 | 105 | 95 375 | 2 036 | 104 | 105 | 105 | 288 | 166 | 18.05 | 100 | 1∶210 | 294 | 130 | 64 | 13 | 6 | 6 | 199 | 69 | 117 493 | 10 | 4 556 | 3 | 1 730 |

报告汇总表(2017 年)

| 学生体质测试室/个 | 体育器材达标数/个 | 学校体育工作等级评估 | | | | | | | | 各级专职体育教研员人数/人 | 学校体育经费支出情况/万元 | | | | 体育中考实施情况 | | | | 建立体育专项督导制度 | | 制订体育活动意外伤害保障措施 | |
|---|---|---|---|---|---|---|---|---|---|---|---|---|---|---|---|---|---|---|---|---|---|---|
| | | 优秀 | | 良好 | | 及格 | | 不及格 | | | 支出总额 | 体育场地经费支出 | 专用器材经费支出 | 体育工作经费 | 是 | | | 否 | | | | |
| | | 所 | % | 所 | % | 所 | % | 所 | % | | | | | | 地区覆盖率/% | 分值/分 | 分值占总分比例/% | | 是 | 否 | 是 | 否 |
| 38 | 58 | 46 | 75.41 | 15 | 24.59 | 0 | 0 | 0 | 0 | — | 6 177.796 | 1 902.980 1 | 4 255.853 2 | 131.96 | — | — | — | — | — | — | 61 | 0 |
| 18 | 23 | 21 | 87.5 | 3 | 12.5 | 0 | 0 | 0 | 0 | — | 313.265 5 | 253.331 5 | 39.006 | 22.428 | — | — | — | — | — | — | 24 | 0 |
| 2 | 2 | 3 | 100 | 0 | 0 | 0 | 0 | 0 | 0 | — | 21.5 | 9 | 3 | 9.5 | — | — | — | — | — | — | 3 | 0 |
| 0 | 1 | 1 | 100 | 0 | 0 | 0 | 0 | 0 | 0 | — | 4 | 0.3 | 3 | 0.7 | — | — | — | — | — | — | 1 | 0 |
| 7 | 12 | 8 | 66.67 | 3 | 25 | 1 | 8.33 | 0 | 0 | — | 568.367 2 | 240.45 | 21.984 6 | 12.932 6 | — | — | — | — | — | — | 12 | 0 |
| 0 | 0 | 0 | 0 | 0 | 0 | 0 | 0 | 0 | 0 | — | 0 | 0 | 0 | 0 | — | — | — | — | — | — | 0 | 0 |
| 3 | 4 | 3 | 75 | 1 | 25 | 0 | 0 | 0 | 0 | — | 132.6 | 84 | 26 | 22.6 | — | — | — | — | — | — | 4 | 0 |
| 68 | 100 | 82 | 78.09 | 22 | 20.95 | 1 | 0.95 | 0 | 0 | 0 | 7 217.528 7 | 2 490.061 6 | 4 348.843 8 | 200.120 6 | 0 | 0 | 0 | 0 | 0 | 0 | 105 | 0 |

## 垫江县学校体育工作年度

| 办学层次 | 学校/所 | 在校学生数/人 | 教学班数/个 | 体育课开足数 | 落实每天一小时体育锻炼数 | 组织大课间体育活动数 | 体育教师人数/人 | | 体育教师缺额比/% | 体育教师缺额数/人 | 体育教师生比 | 体育教师参训人数/人 | 教师受县级以上表彰人数/人 | 田径场/块 | | | | 篮球场/块 | 排球场/块 | 器械体操及游戏区面积/平方米 | 体育馆 | | 游泳池 | |
|---|---|---|---|---|---|---|---|---|---|---|---|---|---|---|---|---|---|---|---|---|---|---|---|---|
| | | | | | | | 专职 | 兼职 | | | | | | 200米 | 300米 | 300~400米 | 400米 | | | | 个数/个 | 总面积/平方米 | 个数/个 | 总面积/平方米 |
| 普通小学 | 64 | 53 924 | 1159 | 64 | 64 | 63 | 162 | 182 | 19.81 | 85 | 1:157 | 184 | 80 | 39 | 0 | 1 | 0 | 104 | 23 | 77 152.75 | 5 | 6 621 | 0 | 0 |
| 普通初中 | 12 | 17 300 | 302 | 12 | 12 | 12 | 51 | 9 | 23.08 | 18 | 1:288 | 26 | 14 | 9 | 1 | 0 | 3 | 37 | 14 | 38 220 | 2 | 380 | 2 | 620 |
| 普通高中 | 0 | 0 | 0 | 0 | 0 | 0 | 0 | 0 | 0 | 0 | 0 | 0 | 0 | 0 | 0 | 0 | 0 | 0 | 0 | 0 | 0 | 0 | 0 | 0 |
| 职业学校 | 1 | 4 556 | 63 | 1 | 1 | 1 | 14 | 0 | 0 | 0 | 1:325 | 14 | 4 | 0 | 0 | 0 | 1 | 6 | 1 | 124 | 0 | 0 | 0 | 0 |
| 九年一贯制学校 | 3 | 1 779 | 44 | 3 | 3 | 3 | 7 | 8 | 6.25 | 1 | 1:119 | 11 | 7 | 3 | 0 | 0 | 0 | 6 | 2 | 2 700 | 0 | 0 | 0 | 0 |
| 十二年一贯制学校 | 0 | 0 | 0 | 0 | 0 | 0 | 0 | 0 | 0 | 0 | 0 | 0 | 0 | 0 | 0 | 0 | 0 | 0 | 0 | 0 | 0 | 0 | 0 | 0 |
| 完全中学 | 8 | 35 146 | 559 | 7 | 8 | 8 | 96 | 4 | 9.91 | 11 | 1:351 | 61 | 44 | 3 | 1 | 0 | 4 | 46 | 13 | 10 055.3 | 1 | 800 | 0 | 0 |
| 合计 | 88 | 112 705 | 2 127 | 87 | 88 | 87 | 330 | 203 | 17.74 | 115 | 1:211 | 296 | 149 | 54 | 2 | 1 | 8 | 199 | 53 | 128 252.05 | 8 | 7 801 | 2 | 620 |

报告汇总表(2017 年)

| 学生体质测试室/个 | 体育器材达标数/个 | 学校体育工作等级评估 | | | | | | | | 各级专职体育教研员人数/人 | 学校体育经费支出情况/万元 | | | | 体育中考实施情况 | | | | 建立体育专项督导制度 | | 制订体育活动意外伤害保障措施 | |
|---|---|---|---|---|---|---|---|---|---|---|---|---|---|---|---|---|---|---|---|---|---|---|
| | | 优秀 | | 良好 | | 及格 | | 不及格 | | | 支出总额 | 体育场地经费支出 | 专用器材经费支出 | 体育工作经费 | 是 | | | 否 | | | | |
| | | 所 | % | 所 | % | 所 | % | 所 | % | | | | | | 地区覆盖率/% | 分值/分 | 分值占总分比例/% | | 是 | 否 | 是 | 否 |
| 44 | 63 | 47 | 73.44 | 15 | 23.44 | 2 | 3.13 | 0 | 0 | — | 1 252.288 1 | 998.562 6 | 117.323 | 91.002 5 | — | — | — | — | — | — | 64 | 0 |
| 13 | 11 | 11 | 91.67 | 1 | 8.33 | 0 | 0 | 0 | 0 | — | 634.139 1 | 570.264 6 | 50.763 3 | 43.101 2 | — | — | — | — | — | — | 12 | 0 |
| 0 | 0 | 0 | 0 | 0 | 0 | 0 | 0 | 0 | 0 | — | 0 | 0 | 0 | 0 | — | — | — | — | — | — | 0 | 0 |
| 0 | 1 | 1 | 100 | 0 | 0 | 0 | 0 | 0 | 0 | — | 4.959 9 | 0 | 1.661 9 | 3.298 | — | — | — | — | — | — | 1 | 0 |
| 3 | 3 | 2 | 66.67 | 1 | 33.33 | 0 | 0 | 0 | 0 | — | 12.7 | 6.3 | 2.8 | 3.6 | — | — | — | — | — | — | 3 | 0 |
| 0 | 0 | 0 | 0 | 0 | 0 | 0 | 0 | 0 | 0 | — | 0 | 0 | 0 | 0 | — | — | — | — | — | — | 0 | 0 |
| 8 | 7 | 7 | 87.5 | 1 | 12.5 | 0 | 0 | 0 | 0 | — | 198.438 9 | 85.67 | 49.926 4 | 62.842 5 | — | — | — | — | — | — | 8 | 0 |
| 68 | 85 | 68 | 77.27 | 18 | 20.45 | 2 | 2.27 | 0 | 0 | 10 | 2 102.526 | 1 660.797 2 | 222.474 6 | 203.844 2 | 100 | 50 | 6.2 | 0 | 1 | 0 | 88 | 0 |

**武隆区学校体育工作年度**

| 办学层次 | 学校/所 | 在校学生数/人 | 教学班数/个 | 体育课开足数 | 落实每天一小时体育锻炼数 | 组织大课间体育活动数 | 体育教师人数/人 | | 体育教师缺额比/% | 体育教师缺额数/人 | 体育教师师生比 | 体育教师参训人数/人 | 教师受县级以上表彰人数/人 | 田径场/块 | | | | 篮球场/块 | 排球场/块 | 器械体操及游戏区面积/平方米 | 体育馆 | | 游泳池 | |
|---|---|---|---|---|---|---|---|---|---|---|---|---|---|---|---|---|---|---|---|---|---|---|---|---|
| | | | | | | | 专职 | 兼职 | | | | | | 200米 | 300米 | 300~400米 | 400米 | | | | 个数/个 | 总面积/平方米 | 个数/个 | 总面积/平方米 |
| 普通小学 | 27 | 24 165 | 573 | 27 | 27 | 27 | 102 | 52 | 9.41 | 16 | 1:157 | 99 | 53 | 12 | 0 | 0 | 0 | 64 | 14 | 34 173.5 | 2 | 1 375 | 0 | 0 |
| 普通初中 | 6 | 9 135 | 176 | 6 | 6 | 6 | 51 | 0 | 0 | 0 | 1:179 | 32 | 24 | 5 | 0 | 0 | 0 | 21 | 3 | 4 330 | 0 | 0 | 0 | 0 |
| 普通高中 | 1 | 2 337 | 45 | 1 | 1 | 1 | 11 | 0 | 0 | 0 | 1:212 | 11 | 5 | 0 | 0 | 0 | 1 | 3 | 1 | 0 | 0 | 0 | 0 | 0 |
| 职业学校 | 1 | 1 857 | 47 | 1 | 1 | 1 | 9 | 0 | 0 | 0 | 1:206 | 9 | 9 | 1 | 0 | 0 | 0 | 3 | 0 | 0 | 0 | 0 | 0 | 0 |
| 九年一贯制学校 | 1 | 486 | 13 | 1 | 1 | 1 | 1 | 6 | 22.22 | 2 | 1:69 | 1 | 0 | 0 | 0 | 0 | 0 | 2 | 0 | 0 | 0 | 0 | 0 | 0 |
| 十二年一贯制学校 | 0 | 0 | 0 | 0 | 0 | 0 | 0 | 0 | 0 | 0 | 0 | 0 | 0 | 0 | 0 | 0 | 0 | 0 | 0 | 0 | 0 | 0 | 0 | 0 |
| 完全中学 | 3 | 8 352 | 154 | 3 | 3 | 3 | 35 | 0 | 14.63 | 6 | 1:239 | 29 | 8 | 3 | 0 | 0 | 1 | 19 | 4 | 2 050 | 2 | 5 230 | 0 | 0 |
| 合计 | 39 | 46 332 | 1 008 | 39 | 39 | 39 | 209 | 58 | 8.24 | 24 | 1:173 | 181 | 99 | 21 | 0 | 0 | 2 | 112 | 22 | 40 553.5 | 4 | 6 605 | 0 | 0 |

报告汇总表(2017年)

| 学生体质测试室/个 | 体育器材达标数/个 | 学校体育工作等级评估 | | | | | | | | 各级专职体育教研员人数/人 | 学校体育经费支出情况/万元 | | | | 体育中考实施情况 | | | | 建立体育专项督导制度 | | 制订体育活动意外伤害保障措施 | |
|---|---|---|---|---|---|---|---|---|---|---|---|---|---|---|---|---|---|---|---|---|---|---|
| | | 优秀 | | 良好 | | 及格 | | 不及格 | | | 支出总额 | 体育场地经费支出 | 专用器材经费支出 | 体育工作经费 | 是 | | | 否 | 是 | 否 | 是 | 否 |
| | | 所 | % | 所 | % | 所 | % | 所 | % | | | | | | 地区覆盖率/% | 分值/分 | 分值占总分比例/% | | | | | |
| 29 | 26 | 19 | 70.37 | 8 | 29.63 | 0 | 0 | 0 | 0 | — | 472.919 5 | 284.029 5 | 1 037.791 8 | 107.502 4 | — | — | — | — | — | — | 27 | 0 |
| 3 | 6 | 5 | 83.33 | 1 | 16.67 | 0 | 0 | 0 | 0 | — | 64.367 5 | 13 | 13.709 5 | 37.658 | — | — | — | — | — | — | 6 | 0 |
| 0 | 1 | 1 | 100 | 0 | 0 | 0 | 0 | 0 | 0 | — | 728 | 720 | 7 | 1 | — | — | — | — | — | — | 1 | 0 |
| 1 | 1 | 1 | 100 | 0 | 0 | 0 | 0 | 0 | 0 | — | 58.2 | 50 | 2.19 | 6.01 | — | — | — | — | — | — | 1 | 0 |
| 0 | 1 | 0 | 0 | 1 | 100 | 0 | 0 | 0 | 0 | — | 18 | 15 | 1 | 2 | — | — | — | — | — | — | 1 | 0 |
| 0 | 0 | 0 | 0 | 0 | 0 | 0 | 0 | 0 | 0 | — | 0 | 0 | 0 | 0 | — | — | — | — | — | — | 0 | 0 |
| 2 | 3 | 3 | 100 | 0 | 0 | 0 | 0 | 0 | 0 | — | 2 021 | 1 805 | 204 | 62 | — | — | — | — | — | — | 3 | 0 |
| 35 | 38 | 29 | 74.35 | 10 | 25.64 | 0 | 0 | 0 | 0 | 0 | 3 362.487 | 2 887.029 5 | 1 265.691 3 | 216.170 4 | 100 | 50 | 6 | 0 | 1 | 0 | 39 | 0 |

忠县学校体育工作年度

| 办学层次 | 学校/所 | 在校学生数/人 | 教学班数/个 | 体育课开足数 | 落实每天一小时体育锻炼数 | 组织大课间体育活动数 | 体育教师人数/人 | | 体育教师缺额比/% | 体育教师缺额数/人 | 体育教师师生比 | 体育教师参训人数/人 | 教师受县级以上表彰人数/人 | 田径场/块 | | | | 篮球场/块 | 排球场/块 | 器械体操及游戏区面积/平方米 | 体育馆 | | 游泳池 | |
|---|---|---|---|---|---|---|---|---|---|---|---|---|---|---|---|---|---|---|---|---|---|---|---|---|
| | | | | | | | 专职 | 兼职 | | | | | | 200米 | 300米 | 300~400米 | 400米 | | | | 个数/个 | 总面积/平方米 | 个数/个 | 总面积/平方米 |
| 普通小学 | 64 | 62 666 | 1 205 | 64 | 64 | 64 | 202 | 64 | 19.64 | 65 | 1:236 | 185 | 79 | 45 | 6 | 3 | 5 | 113 | 36 | 55 060 | 4 | 350 | 1 | 500 |
| 普通初中 | 15 | 13 643 | 246 | 15 | 15 | 15 | 58 | 7 | 12.16 | 9 | 1:210 | 60 | 29 | 14 | 2 | 0 | 0 | 43 | 18 | 14 374 | 10 | 0 | 0 | 0 |
| 普通高中 | 0 | 0 | 0 | 0 | 0 | 0 | 0 | 0 | 0 | 0 | 0 | 0 | 0 | 0 | 0 | 0 | 0 | 0 | 0 | 0 | 0 | 0 | 0 | 0 |
| 职业学校 | 1 | 2 210 | 49 | 1 | 1 | 1 | 6 | 0 | 0 | 0 | 1:368 | 6 | 3 | 8 | 8 | 8 | 8 | 7 | 2 | 200 | 1 | 400 | 0 | 0 |
| 九年一贯制学校 | 2 | 1 923 | 39 | 2 | 2 | 2 | 7 | 2 | 18.18 | 2 | 1:214 | 8 | 4 | 2 | 0 | 0 | 0 | 3 | 2 | 528 | 0 | 0 | 0 | 0 |
| 十二年一贯制学校 | 0 | 0 | 0 | 0 | 0 | 0 | 0 | 0 | 0 | 0 | 0 | 0 | 0 | 0 | 0 | 0 | 0 | 0 | 0 | 0 | 0 | 0 | 0 | 0 |
| 完全中学 | 8 | 31 274 | 564 | 8 | 8 | 8 | 119 | 1 | 0 | 0 | 1:261 | 67 | 39 | 10 | 2 | 1 | 4 | 35 | 17 | 23 970 | 2 | 1 000 | 0 | 0 |
| 合计 | 90 | 111 716 | 2 103 | 90 | 90 | 90 | 392 | 74 | 14.02 | 76 | 1:239 | 326 | 154 | 79 | 18 | 12 | 17 | 201 | 75 | 94 132 | 17 | 1 750 | 1 | 500 |

报告汇总表(2017 年)

| 学生体质测试室/个 | 体育器材达标数/个 | 学校体育工作等级评估 | | | | | | | | 各级专职体育教研员人数/人 | 学校体育经费支出情况/万元 | | | | 体育中考实施情况 | | | | 建立体育专项督导制度 | | 制订体育活动意外伤害保障措施 | |
|---|---|---|---|---|---|---|---|---|---|---|---|---|---|---|---|---|---|---|---|---|---|---|
| | | 优秀 | | 良好 | | 及格 | | 不及格 | | | 支出总额 | 体育场地经费支出 | 专用器材经费支出 | 体育工作经费 | 是 | | | 否 | | | | |
| | | 所 | % | 所 | % | 所 | % | 所 | % | | | | | | 地区覆盖率/% | 分值/分 | 分值占总分比例/% | | 是 | 否 | 是 | 否 |
| 40 | 62 | 63 | 98.44 | 1 | 1.56 | 0 | 0 | 0 | 0 | — | 541.330 7 | 1 147.333 9 | 132.819 5 | 66.277 3 | — | — | — | — | — | — | 64 | 0 |
| 11 | 13 | 14 | 93.33 | 1 | 6.67 | 0 | 0 | 0 | 0 | — | 128.25 | 90.34 | 28.47 | 19.04 | — | — | — | — | — | — | 15 | 0 |
| 0 | 0 | 0 | 0 | 0 | 0 | 0 | 0 | 0 | 0 | — | 0 | 0 | 0 | 0 | — | — | — | — | — | — | 0 | 0 |
| 4 | 1 | 1 | 100 | 0 | 0 | 0 | 0 | 0 | 0 | — | 675 | 500 | 138 | 37 | — | — | — | — | — | — | 1 | 0 |
| 2 | 2 | 1 | 50 | 1 | 50 | 0 | 0 | 0 | 0 | — | 121.684 9 | 112.871 8 | 6.485 9 | 2.327 2 | — | — | — | — | — | — | 2 | 0 |
| 0 | 0 | 0 | 0 | 0 | 0 | 0 | 0 | 0 | 0 | — | 0 | 0 | 0 | 0 | — | — | — | — | — | — | 0 | 0 |
| 7 | 8 | 8 | 100 | 0 | 0 | 0 | 0 | 0 | 0 | — | 1 380.68 | 1319.45 | 34.88 | 33.35 | — | — | — | — | — | — | 8 | 0 |
| 64 | 86 | 87 | 96.66 | 3 | 3.33 | 0 | 0 | 0 | 0 | 1 | 2 846.945 6 | 3 169.995 7 | 340.655 4 | 157.994 5 | 100 | 50 | 15 | 0 | 1 | 0 | 90 | 0 |

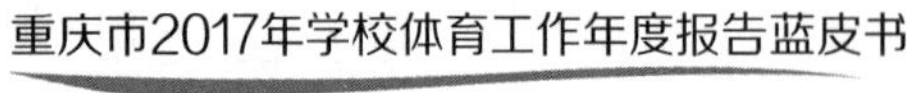

开州区学校体育工作年度

| 办学层次 | 学校/所 | 在校学生数/人 | 教学班数/个 | 体育课开足数 | 落实每天一小时体育锻炼数 | 组织大课间体育活动数 | 体育教师人数/人 | | 体育教师缺额比/% | 体育教师缺额数/人 | 体育教师师生比 | 体育教师参训人数/人 | 教师受县级以上表彰人数/人 | 田径场/块 | | | | 篮球场/块 | 排球场/块 | 器械体操及游戏区面积/平方米 | 体育馆 | | 游泳池 | |
|---|---|---|---|---|---|---|---|---|---|---|---|---|---|---|---|---|---|---|---|---|---|---|---|---|
| | | | | | | | 专职 | 兼职 | | | | | | 200米 | 300米 | 300~400米 | 400米 | | | | 个数/个 | 总面积/平方米 | 个数/个 | 总面积/平方米 |
| 普通小学 | 58 | 76 456 | 1 563 | 57 | 58 | 58 | 213 | 197 | 18.16 | 91 | 1:186 | 214 | 66 | 32 | 1 | 0 | 0 | 116 | 24 | 80 722 | 2 | 1 000 | 0 | 0 |
| 普通初中 | 33 | 39 702 | 726 | 33 | 33 | 33 | 165 | 27 | 10.28 | 22 | 1:207 | 165 | 56 | 20 | 7 | 0 | 0 | 89 | 24 | 48 854 | 3 | 3 045 | 0 | 0 |
| 普通高中 | 2 | 9 690 | 160 | 2 | 2 | 2 | 34 | 0 | 5.56 | 2 | 1:285 | 13 | 8 | 0 | 0 | 0 | 2 | 11 | 3 | 100 | 2 | 2 700 | 0 | 0 |
| 职业学校 | 1 | 6 970 | 142 | 1 | 1 | 1 | 18 | 0 | 0 | 0 | 1:387 | 10 | 4 | 0 | 0 | 0 | 1 | 4 | 0 | 350 | 0 | 0 | 0 | 0 |
| 九年一贯制学校 | 11 | 10 257 | 249 | 11 | 11 | 11 | 27 | 48 | 23.47 | 23 | 1:137 | 37 | 6 | 5 | 0 | 0 | 0 | 26 | 3 | 15 855 | 0 | 0 | 0 | 0 |
| 十二年一贯制学校 | 0 | 0 | 0 | 0 | 0 | 0 | 0 | 0 | 0 | 0 | 0 | 0 | 0 | 0 | 0 | 0 | 0 | 0 | 0 | 0 | 0 | 0 | 0 | 0 |
| 完全中学 | 7 | 26 377 | 455 | 7 | 7 | 7 | 96 | 1 | 1.02 | 1 | 1:272 | 96 | 36 | 5 | 2 | 1 | 3 | 34 | 7 | 30 215 | 0 | 0 | 0 | 0 |
| 合计 | 112 | 169 452 | 3 295 | 111 | 112 | 112 | 553 | 273 | 14.4 | 139 | 1:205 | 535 | 176 | 62 | 10 | 1 | 6 | 280 | 61 | 176 096 | 7 | 6 745 | 0 | 0 |

报告汇总表(2017 年)

| 学生体质测试室/个 | 体育器材达标数/个 | 学校体育工作等级评估 | | | | | | | | 各级专职体育教研员人数/人 | 学校体育经费支出情况/万元 | | | | 体育中考实施情况 | | | | 建立体育专项督导制度 | | 制订体育活动意外伤害保障措施 | |
|---|---|---|---|---|---|---|---|---|---|---|---|---|---|---|---|---|---|---|---|---|---|---|
| | | 优秀 | | 良好 | | 及格 | | 不及格 | | | 支出总额 | 体育场地经费支出 | 专用器材经费支出 | 体育工作经费 | 是 | | | 否 | | | | |
| | | 所 | % | 所 | % | 所 | % | 所 | % | | | | | | 地区覆盖率/% | 分值/分 | 分值占总分比例/% | | 是 | 否 | 是 | 否 |
| 43 | 56 | 50 | 86.21 | 8 | 13.79 | 0 | 0 | 0 | 0 | — | 783.201 2 | 552.006 5 | 130.007 2 | 80.074 1 | — | — | — | — | — | — | 58 | 0 |
| 24 | 32 | 32 | 96.97 | 1 | 3.03 | 0 | 0 | 0 | 0 | — | 1 016.893 9 | 836.91 | 88.848 6 | 37.8353 | — | — | — | — | — | — | 33 | 0 |
| 1 | 2 | 2 | 100 | 0 | 0 | 0 | 0 | 0 | 0 | — | 10 | 3 | 3 | 4 | — | — | — | — | — | — | 2 | 0 |
| 1 | 1 | 1 | 100 | 0 | 0 | 0 | 0 | 0 | 0 | — | 35.6 | 27.4 | 2.4 | 5.8 | — | — | — | — | — | — | 1 | 0 |
| 6 | 10 | 11 | 100 | 0 | 0 | 0 | 0 | 0 | 0 | — | 68.722 2 | 34.445 | 29.61 | 4.667 2 | — | — | — | — | — | — | 11 | 0 |
| 0 | 0 | 0 | 0 | 0 | 0 | 0 | 0 | 0 | 0 | 0 | 0 | — | 0 | 0 | 0 | 0 | — | — | — | — | — | — |
| 4 | 7 | 7 | 100 | 0 | 0 | 0 | 0 | 0 | 0 | — | 169.07 | 90.5 | 33.63 | 33.38 | — | — | — | — | — | — | 7 | 0 |
| 79 | 108 | 103 | 91.96 | 9 | 8.03 | 0 | 0 | 0 | 0 | 0 | 2 083.487 3 | 1 544.261 5 | 287.495 8 | 165.756 6 | 0 | 0 | 0 | 0 | 0 | 0 | 112 | 0 |

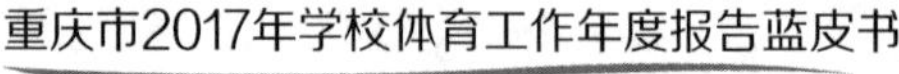

## 云阳县学校体育工作年度

| 办学层次 | 学校/所 | 在校学生数/人 | 教学班数/个 | 体育课开足数 | 落实每天一小时体育锻炼数 | 组织大课间体育活动数 | 体育教师人数/人 | | 体育教师缺额比/% | 体育教师缺额数/人 | 体育教师师生比 | 体育教师参训人数/人 | 教师受县级以上表彰人数/人 | 田径场/块 | | | | 篮球场/块 | 排球场/块 | 器械体操及游戏区面积/平方米 | 体育馆 | | 游泳池 | |
|---|---|---|---|---|---|---|---|---|---|---|---|---|---|---|---|---|---|---|---|---|---|---|---|---|
| | | | | | | | 专职 | 兼职 | | | | | | 200米 | 300米 | 300~400米 | 400米 | | | | 个数/个 | 总面积/平方米 | 个数/个 | 总面积/平方米 |
| 普通小学 | 113 | 59 075 | 1 409 | 113 | 113 | 113 | 227 | 126 | 18.48 | 80 | 1:167 | 246 | 40 | 60 | 12 | 10 | 4 | 182 | 47 | 124 624.66 | 11 | 3 530 | 2 | 450 |
| 普通初中 | 26 | 26 651 | 548 | 26 | 26 | 26 | 122 | 9 | 7.09 | 10 | 1:203 | 195 | 35 | 16 | 5 | 3 | 2 | 83 | 12 | 17 385 | 5 | 2 616 | 0 | 0 |
| 普通高中 | 2 | 7 928 | 140 | 2 | 2 | 2 | 18 | 1 | 13.64 | 3 | 1:417 | 19 | 13 | 1 | 0 | 0 | 1 | 9 | 0 | 100 | 0 | 0 | 0 | 0 |
| 职业学校 | 0 | 0 | 0 | 0 | 0 | 0 | 0 | 0 | 0 | 0 | 0 | 0 | 0 | 0 | 0 | 0 | 0 | 0 | 0 | 0 | 0 | 0 | 0 | 0 |
| 九年一贯制学校 | 1 | 1 265 | 27 | 1 | 1 | 1 | 6 | 0 | 14.29 | 1 | 1:211 | 6 | 0 | 1 | 0 | 0 | 0 | 3 | 0 | 10 655 | 0 | 0 | 0 | 0 |
| 十二年一贯制学校 | 1 | 5 302 | 109 | 1 | 1 | 1 | 18 | 0 | 18.18 | 4 | 1:295 | 10 | 2 | 1 | 0 | 1 | 1 | 12 | 2 | 2 000 | 0 | 0 | 0 | 0 |
| 完全中学 | 4 | 13 603 | 239 | 4 | 4 | 4 | 46 | 0 | 9.8 | 5 | 1:296 | 36 | 14 | 3 | 1 | 0 | 2 | 31 | 5 | 4 920 | 0 | 0 | 0 | 0 |
| 合计 | 147 | 113 824 | 2 472 | 147 | 147 | 147 | 437 | 136 | 15.23 | 103 | 1:198 | 512 | 104 | 82 | 18 | 14 | 10 | 320 | 66 | 159 684.66 | 16 | 6146 | 2 | 450 |

**报告汇总表(2017 年)**

| 学生体质测试室/个 | 体育器材达标数/个 | 学校体育工作等级评估 | | | | | | | | 各级专职体育教研员人数/人 | 学校体育经费支出情况/万元 | | | | 体育中考实施情况 | | | | 建立体育专项督导制度 | | 制订体育活动意外伤害保障措施 | |
|---|---|---|---|---|---|---|---|---|---|---|---|---|---|---|---|---|---|---|---|---|---|---|
| | | 优秀 | | 良好 | | 及格 | | 不及格 | | | | | | | 是 | | | 否 | | | | |
| | | 所 | % | 所 | % | 所 | % | 所 | % | | 支出总额 | 体育场地经费支出 | 专用器材经费支出 | 体育工作经费 | 地区覆盖率/% | 分值/分 | 分值占总分比例/% | | 是 | 否 | 是 | 否 |
| 81 | 109 | 97 | 85.84 | 16 | 14.16 | 0 | 0 | 0 | 0 | — | 23 261.079 1 | 8 624.346 9 | 12 397.827 8 | 2 238.18 | — | — | — | — | — | — | 112 | 1 |
| 19 | 26 | 24 | 92.31 | 2 | 7.69 | 0 | 0 | 0 | 0 | — | 990.307 7 | 730.57 | 98.017 7 | 167.72 | — | — | — | — | — | — | 26 | 0 |
| 1 | 2 | 2 | 100 | 0 | 0 | 0 | 0 | 0 | 0 | — | 25 | 25 | 6 | 5 | — | — | — | — | — | — | 2 | 0 |
| 0 | 0 | 0 | 0 | 0 | 0 | 0 | 0 | 0 | 0 | — | 0 | 0 | 0 | 0 | — | — | — | — | — | — | 0 | 0 |
| 1 | 1 | 1 | 100 | 0 | 0 | 0 | 0 | 0 | 0 | — | 109.3 | 100 | 8.3 | 1 | — | — | — | — | — | — | 1 | 0 |
| 1 | 1 | 1 | 100 | 0 | 0 | 0 | 0 | 0 | 0 | — | 560 | 500 | 50 | 10 | — | — | — | — | — | — | 1 | 0 |
| 4 | 4 | 4 | 100 | 0 | 0 | 0 | 0 | 0 | 0 | — | 156.3 | 85.8 | 24.5 | 46 | — | — | — | — | — | — | 4 | 0 |
| 107 | 143 | 129 | 87.75 | 18 | 12.24 | 0 | 0 | 0 | 0 | 1 | 25 101.986 8 | 10 065.716 9 | 12 584.645 5 | 2 467.9 | 100 | 50 | 6.67 | 0 | 1 | 0 | 146 | 1 |

奉节县学校体育工作年度

| 办学层次 | 学校/所 | 在校学生数/人 | 教学班数/个 | 体育课开足数 | 落实每天一小时体育锻炼数 | 组织大课间体育活动数 | 体育教师人数/人 | | 体育教师缺额比/% | 体育教师缺额数/人 | 体育教师师生比 | 体育教师参训人数/人 | 教师受县级以上表彰人数/人 | 田径场/块 | | | | 篮球场/块 | 排球场/块 | 器械体操及游戏区面积/平方米 | 体育馆 | | 游泳池 | |
|---|---|---|---|---|---|---|---|---|---|---|---|---|---|---|---|---|---|---|---|---|---|---|---|---|
| | | | | | | | 专职 | 兼职 | | | | | | 200米 | 300米 | 300~400米 | 400米 | | | | 个数/个 | 总面积/平方米 | 个数/个 | 总面积/平方米 |
| 普通小学 | 94 | 58 186 | 1 657 | 94 | 92 | 94 | 200 | 376 | 9.29 | 59 | 1:101 | 164 | 80 | 28 | 0 | 0 | 0 | 182 | 13 | 173 776 | 2 | 990 | 1 | 0 |
| 普通初中 | 23 | 23 550 | 501 | 23 | 23 | 22 | 121 | 13 | 4.29 | 6 | 1:176 | 106 | 48 | 15 | 4 | 0 | 1 | 72 | 14 | 70 506.35 | 0 | 0 | 0 | 0 |
| 普通高中 | 2 | 9 379 | 173 | 2 | 2 | 2 | 31 | 0 | 0 | 0 | 1:303 | 22 | 21 | 1 | 0 | 0 | 1 | 21 | 2 | 12 365 | 0 | 0 | 0 | 0 |
| 职业学校 | 2 | 6 918 | 143 | 2 | 2 | 2 | 24 | 5 | 0 | 0 | 1:239 | 8 | 22 | 2 | 0 | 0 | 1 | 9 | 2 | 9 740.8 | 0 | 0 | 0 | 0 |
| 九年一贯制学校 | 3 | 1 441 | 48 | 3 | 3 | 3 | 6 | 13 | 0 | 0 | 1:76 | 3 | 2 | 1 | 0 | 0 | 0 | 8 | 0 | 9 824 | 0 | 0 | 0 | 0 |
| 十二年一贯制学校 | 0 | 0 | 0 | 0 | 0 | 0 | 0 | 0 | 0 | 0 | 0 | 0 | 0 | 0 | 0 | 0 | 0 | 0 | 0 | 0 | 0 | 0 | 0 | 0 |
| 完全中学 | 5 | 14 847 | 273 | 5 | 5 | 5 | 51 | 6 | 5 | 3 | 1:260 | 23 | 24 | 2 | 2 | 0 | 1 | 25 | 6 | 16 420 | 0 | 0 | 0 | 0 |
| 合计 | 129 | 114 321 | 2 795 | 129 | 127 | 128 | 433 | 413 | 7.43 | 68 | 1:135 | 326 | 197 | 49 | 6 | 0 | 4 | 317 | 37 | 292 632.15 | 2 | 990 | 1 | 0 |

**报告汇总表(2017 年)**

| 学生体质测试室/个 | 体育器材达标数/个 | 学校体育工作等级评估 | | | | | | | | 各级专职体育教研员人数/人 | 学校体育经费支出情况/万元 | | | | 体育中考实施情况 | | | | 建立体育专项督导制度 | | 制订体育活动意外伤害保障措施 | |
|---|---|---|---|---|---|---|---|---|---|---|---|---|---|---|---|---|---|---|---|---|---|---|
| | | 优秀 | | 良好 | | 及格 | | 不及格 | | | 支出总额 | 体育场地经费支出 | 专用器材经费支出 | 体育工作经费 | 是 | | | 否 | | | | |
| | | 所 | % | 所 | % | 所 | % | 所 | % | | | | | | 地区覆盖率/% | 分值/分 | 分值占总分比例/% | | 是 | 否 | 是 | 否 |
| 81 | 94 | 56 | 59.57 | 36 | 38.3 | 2 | 2.13 | 0 | 0 | — | 1 615.882 | 1 176.769 7 | 248.629 5 | 190.584 | — | — | — | — | — | — | 94 | 0 |
| 15 | 23 | 17 | 73.91 | 6 | 26.09 | 0 | 0 | 0 | 0 | — | 518.321 4 | 261.697 5 | 51.551 5 | 83.142 4 | — | — | — | — | — | — | 23 | 0 |
| 2 | 2 | 2 | 100 | 0 | 0 | 0 | 0 | 0 | 0 | — | 113.33 | 17.87 | 12.79 | 82.67 | — | — | — | — | — | — | 2 | 0 |
| 7 | 2 | 2 | 100 | 0 | 0 | 0 | 0 | 0 | 0 | — | 85 | 12 | 28 | 45 | — | — | — | — | — | — | 2 | 0 |
| 2 | 3 | 2 | 66.67 | 0 | 0 | 1 | 33.33 | 0 | 0 | — | 8.750 6 | 0.2 | 6.550 6 | 2 | — | — | — | — | — | — | 3 | 0 |
| 0 | 0 | 0 | 0 | 0 | 0 | 0 | 0 | 0 | 0 | — | 0 | 0 | 0 | 0 | — | — | — | — | — | — | 0 | 0 |
| 0 | 9 | 5 | 5 | 100 | 0 | 0 | 0 | 0 | 0 | 0 | — | 116.88 | 13.5 | 32.58 | 70.8 | — | — | — | — | — | — | 5 |
| 116 | 129 | 84 | 65.11 | 42 | 32.55 | 3 | 2.32 | 0 | 0 | 7 | 2 458.164 | 1 482.037 2 | 380.101 6 | 474.196 4 | 100 | 50 | 6.25 | 0 | 1 | 0 | 129 | 0 |

巫山县学校体育工作年度

| 办学层次 | 学校/所 | 在校学生数/人 | 教学班数/个 | 体育课开足数 | 落实每天一小时体育锻炼数 | 组织大课间体育活动数 | 体育教师人数/人 | | 体育教师缺额比/% | 体育教师缺额数/人 | 体育教师师生比 | 体育教师参训人数/人 | 教师受县级以上表彰人数/人 | 田径场/块 | | | | 篮球场/块 | 排球场/块 | 器械体操及游戏区面积/平方米 | 体育馆 | | 游泳池 | |
|---|---|---|---|---|---|---|---|---|---|---|---|---|---|---|---|---|---|---|---|---|---|---|---|---|
| | | | | | | | 专职 | 兼职 | | | | | | 200米 | 300米 | 300~400米 | 400米 | | | | 个数/个 | 总面积/平方米 | 个数/个 | 总面积/平方米 |
| 普通小学 | 84 | 38 329 | 1 311 | 84 | 84 | 84 | 112 | 359 | 13.42 | 73 | 1:81 | 147 | 11 | 65 | 8 | 27 | 12 | 145 | 15 | 110 749 | 0 | 0 | 0 | 0 |
| 普通初中 | 15 | 18 657 | 383 | 15 | 15 | 15 | 90 | 8 | 10.09 | 11 | 1:190 | 62 | 14 | 11 | 6 | 4 | 5 | 50 | 7 | 30 316 | 0 | 0 | 0 | 0 |
| 普通高中 | 2 | 9 308 | 158 | 2 | 2 | 2 | 31 | 0 | 3.13 | 1 | 1:300 | 31 | 4 | 0 | 0 | 0 | 3 | 23 | 4 | 4 200 | 0 | 0 | 1 | 4 000 |
| 职业学校 | 2 | 3 196 | 64 | 2 | 2 | 2 | 13 | 2 | 6.25 | 1 | 1:213 | 5 | 8 | 0 | 0 | 0 | 2 | 12 | 2 | 0 | 1 | 8 839 | 0 | 0 |
| 九年一贯制学校 | 2 | 811 | 25 | 2 | 2 | 2 | 5 | 0 | 16.67 | 1 | 1:162 | 3 | 1 | 2 | 0 | 0 | 0 | 4 | 1 | 500 | 0 | 0 | 0 | 0 |
| 十二年一贯制学校 | 0 | 0 | 0 | 0 | 0 | 0 | 0 | 0 | 0 | 0 | 0 | 0 | 0 | 0 | 0 | 0 | 0 | 0 | 0 | 0 | 0 | 0 | 0 | 0 |
| 完全中学 | 1 | 4 404 | 83 | 1 | 1 | 1 | 16 | 0 | 5.88 | 1 | 1:275 | 2 | 2 | 1 | 0 | 0 | 1 | 7 | 1 | 35 899 | 0 | 0 | 0 | 0 |
| 合计 | 106 | 74 705 | 2 024 | 106 | 106 | 106 | 267 | 369 | 12.15 | 88 | 1:117 | 250 | 40 | 79 | 14 | 31 | 23 | 241 | 30 | 181 664 | 1 | 8 839 | 1 | 4 000 |

报告汇总表(2017 年)

| 学生体质测试室/个 | 体育器材达标数/个 | 学校体育工作等级评估 | | | | | | | | 各级专职体育教研员人数/人 | 学校体育经费支出情况/万元 | | | | 体育中考实施情况 | | | | 建立体育专项督导制度 | | 制订体育活动意外伤害保障措施 | |
|---|---|---|---|---|---|---|---|---|---|---|---|---|---|---|---|---|---|---|---|---|---|---|
| | | 优秀 | | 良好 | | 及格 | | 不及格 | | | 支出总额 | 体育场地经费支出 | 专用器材经费支出 | 体育工作经费 | 是 | | | 否 | | | | |
| | | 所 | % | 所 | % | 所 | % | 所 | % | | | | | | 地区覆盖率/% | 分值/分 | 分值占总分比例/% | | 是 | 否 | 是 | 否 |
| 69 | 84 | 71 | 84.52 | 13 | 15.48 | 0 | 0 | 0 | 0 | — | 583.935 5 | 408.477 2 | 124.995 5 | 58.97 | — | — | — | — | — | — | 84 | 0 |
| 13 | 15 | 15 | 100 | 0 | 0 | 0 | 0 | 0 | 0 | — | 443.56 | 378.87 | 39.79 | 27.9 | — | — | — | — | — | — | 15 | 0 |
| 4 | 2 | 2 | 100 | 0 | 0 | 0 | 0 | 0 | 0 | — | 76 | 11 | 15 | 38 | — | — | — | — | — | — | 2 | 0 |
| 1 | 2 | 2 | 100 | 0 | 0 | 0 | 0 | 0 | 0 | — | 7.9723 | 0.8 | 4.1873 | 2.99 | — | — | — | — | — | — | 2 | 0 |
| 2 | 2 | 2 | 100 | 0 | 0 | 0 | 0 | 0 | 0 | — | 9.228 | 2.228 | 3.14 | 2.06 | — | — | — | — | — | — | 2 | 0 |
| 0 | 0 | 0 | 0 | 0 | 0 | 0 | 0 | 0 | 0 | — | 0 | 0 | 0 | 0 | — | — | — | — | — | — | 0 | 0 |
| 1 | 1 | 1 | 100 | 0 | 0 | 0 | 0 | 0 | 0 | — | 17 | 10 | 5 | 2 | — | — | — | — | — | — | 1 | 0 |
| 90 | 106 | 93 | 87.73 | 13 | 12.26 | 0 | 0 | 0 | 0 | 1 | 1 137.695 8 | 811.375 2 | 192.112 8 | 131.92 | 100 | 50 | 6.67 | 0 | 1 | 0 | 106 | 0 |

巫溪县学校体育工作年度

| 办学层次 | 学校/所 | 在校学生数/人 | 教学班数/个 | 体育课开足数 | 落实每天一小时体育锻炼数 | 组织大课间体育活动数 | 体育教师人数/人 | | 体育教师缺额比/% | 体育教师缺额数/人 | 体育教师师生比 | 体育教师参训人数/人 | 教师受县级以上表彰人数/人 | 田径场/块 | | | | 篮球场/块 | 排球场/块 | 器械体操及游戏区面积/平方米 | 体育馆 | | 游泳池 | |
|---|---|---|---|---|---|---|---|---|---|---|---|---|---|---|---|---|---|---|---|---|---|---|---|---|
| | | | | | | | 专职 | 兼职 | | | | | | 200米 | 300米 | 300~400米 | 400米 | | | | 个数/个 | 总面积/平方米 | 个数/个 | 总面积/平方米 |
| 普通小学 | 62 | 28 462 | 658 | 58 | 60 | 60 | 128 | 75 | 17.48 | 43 | 1:140 | 113 | 23 | 27 | 2 | 5 | 2 | 1 164 | 609 | 37 003 | 2 | 2 300 | 1 | 1 000 |
| 普通初中 | 14 | 12 337 | 270 | 14 | 14 | 14 | 67 | 8 | 8.54 | 7 | 1:164 | 63 | 33 | 10 | 1 | 0 | 2 | 41 | 9 | 8 500 | 1 | 100 | 0 | 0 |
| 普通高中 | 0 | 0 | 0 | 0 | 0 | 0 | 0 | 0 | 0 | 0 | 0 | 0 | 0 | 0 | 0 | 0 | 0 | 0 | 0 | 0 | 0 | 0 | 0 | 0 |
| 职业学校 | 1 | 2 070 | 43 | 1 | 1 | 1 | 7 | 0 | 0 | 0 | 1:296 | 7 | 0 | 0 | 0 | 0 | 1 | 3 | 0 | 0 | 0 | 0 | 0 | 0 |
| 九年一贯制学校 | 1 | 227 | 9 | 1 | 1 | 1 | 4 | 0 | 0 | 0 | 1:57 | 2 | 0 | 1 | 1 | 1 | 1 | 1 | 1 | 0 | 0 | 0 | 0 | 0 |
| 十二年一贯制学校 | 0 | 0 | 0 | 0 | 0 | 0 | 0 | 0 | 0 | 0 | 0 | 0 | 0 | 0 | 0 | 0 | 0 | 0 | 0 | 0 | 0 | 0 | 0 | 0 |
| 完全中学 | 2 | 9 817 | 175 | 2 | 2 | 2 | 35 | 0 | 0 | 0 | 1:280 | 25 | 11 | 0 | 2 | 0 | 1 | 8 | 0 | 220 | 0 | 0 | 0 | 0 |
| 合计 | 80 | 52 913 | 1 155 | 76 | 78 | 78 | 241 | 83 | 13.36 | 50 | 1:163 | 210 | 67 | 38 | 6 | 6 | 7 | 1 217 | 619 | 45 723 | 3 | 2 400 | 1 | 1 000 |

**报告汇总表(2017 年)**

| 学生体质测试室/个 | 体育器材达标数/个 | 学校体育工作等级评估 | | | | | | | | 各级专职体育教研员人数/人 | 学校体育经费支出情况/万元 | | | | 体育中考实施情况 | | | | 建立体育专项督导制度 | | 制订体育活动意外伤害保障措施 | |
|---|---|---|---|---|---|---|---|---|---|---|---|---|---|---|---|---|---|---|---|---|---|---|
| | | 优秀 | | 良好 | | 及格 | | 不及格 | | | 支出总额 | 体育场地经费支出 | 专用器材经费支出 | 体育工作经费 | 是 | | | 否 | | | | |
| | | 所 | % | 所 | % | 所 | % | 所 | % | | | | | | 地区覆盖率/% | 分值/分 | 分值占总分比例/% | | 是 | 否 | 是 | 否 |
| 18 | 43 | 9 | 14.52 | 32 | 51.61 | 21 | 33.87 | 0 | 0 | — | 15 344.833 3 | 2 217.785 | 12 049.764 3 | 1 056.324 | — | — | — | — | — | — | 62 | 0 |
| 4 | 10 | 2 | 14.29 | 6 | 42.86 | 6 | 42.86 | 0 | 0 | — | 153.98 | 112.21 | 18.77 | 23 | — | — | — | — | — | — | 14 | 0 |
| 0 | 0 | 0 | 0 | 0 | 0 | 0 | 0 | 0 | 0 | — | 0 | 0 | 0 | 0 | — | — | — | — | — | — | 0 | 0 |
| 1 | 1 | 0 | 0 | 1 | 100 | 0 | 0 | 0 | 0 | — | 50 | 50 | 1 | 1 | — | — | — | — | — | — | 1 | 0 |
| 1 | 1 | 1 | 100 | 0 | 0 | 0 | 0 | 0 | 0 | — | 2.2 | 0 | 1.2 | 1 | — | — | — | — | — | — | 1 | 0 |
| 0 | 0 | 0 | 0 | 0 | 0 | 0 | 0 | 0 | 0 | — | 0 | 0 | 0 | 0 | — | — | — | — | — | — | 0 | 0 |
| 0 | 2 | 1 | 50 | 1 | 50 | 0 | 0 | 0 | 0 | — | 96 | 46 | 35 | 15 | — | — | — | — | — | — | 2 | 0 |
| 24 | 57 | 13 | 16.25 | 40 | 50 | 27 | 33.75 | 0 | 0 | 0 | 15 647.013 3 | 2 425.995 | 12 105.734 3 | 1 096.324 | 0 | 0 | 0 | 0 | 0 | 0 | 80 | 0 |

### 石柱土家族自治县学校体育工作年度

| 办学层次 | 学校/所 | 在校学生数/人 | 教学班数/个 | 体育课开足数 | 落实每天一小时体育锻炼数 | 组织大课间体育活动数 | 体育教师人数/人 | | 体育教师缺额比/% | 体育教师缺额数/人 | 体育教师师生比 | 体育教师参训人数/人 | 教师受县级以上表彰人数/人 | 田径场/块 | | | | 篮球场/块 | 排球场/块 | 器械体操及游戏区面积/平方米 | 体育馆 | | 游泳池 | |
|---|---|---|---|---|---|---|---|---|---|---|---|---|---|---|---|---|---|---|---|---|---|---|---|---|
| | | | | | | | 专职 | 兼职 | | | | | | 200米 | 300米 | 300~400米 | 400米 | | | | 个数/个 | 总面积/平方米 | 个数/个 | 总面积/平方米 |
| 普通小学 | 71 | 30 507 | 825 | 71 | 71 | 71 | 117 | 118 | 22.95 | 70 | 1∶130 | 89 | 38 | 28 | 2 | 3 | 3 | 633 | 60 | 47 122.52 | 4 | 1 930 | 2 | 325 |
| 普通初中 | 12 | 14 289 | 302 | 12 | 12 | 12 | 73 | 2 | 1.32 | 1 | 1∶191 | 44 | 9 | 8 | 3 | 1 | 2 | 43 | 16 | 20 890.45 | 1 | 6000 | 0 | 2 500 |
| 普通高中 | 1 | 6 491 | 112 | 1 | 1 | 1 | 20 | 0 | 0 | 0 | 1∶325 | 20 | 15 | 0 | 0 | 0 | 1 | 9 | 8 | 1 500 | 1 | 2 000 | 0 | 0 |
| 职业学校 | 1 | 3 055 | 80 | 1 | 1 | 1 | 10 | 0 | 16.67 | 2 | 1∶306 | 10 | 3 | 0 | 0 | 0 | 1 | 6 | 2 | 230 | 0 | 0 | 0 | 0 |
| 九年一贯制学校 | 3 | 1 915 | 54 | 3 | 3 | 3 | 7 | 19 | 0 | 0 | 1∶74 | 3 | 2 | 1 | 1 | 0 | 0 | 7 | 5 | 4 420 | 1 | 620 | 0 | 0 |
| 十二年一贯制学校 | 0 | 0 | 0 | 0 | 0 | 0 | 0 | 0 | 0 | 0 | 0 | 0 | 0 | 0 | 0 | 0 | 0 | 0 | 0 | 0 | 0 | 0 | 0 | 0 |
| 完全中学 | 2 | 8 554 | 145 | 2 | 2 | 2 | 30 | 0 | 3.23 | 1 | 1∶285 | 13 | 12 | 1 | 1 | 0 | 2 | 5 | 3 | 536 | 0 | 0 | 0 | 0 |
| 合计 | 90 | 64 811 | 1518 | 90 | 90 | 90 | 257 | 139 | 15.74 | 74 | 1∶163 | 179 | 79 | 38 | 7 | 4 | 9 | 703 | 94 | 74 698.97 | 7 | 10 550 | 2 | 2 825 |

报告汇总表(2017 年)

| 学生体质测试室/个 | 体育器材达标数/个 | 学校体育工作等级评估 | | | | | | | | 各级专职体育教研员人数/人 | 学校体育经费支出情况/万元 | | | | 体育中考实施情况 | | | | 建立体育专项督导制度 | | 制订体育活动意外伤害保障措施 | |
|---|---|---|---|---|---|---|---|---|---|---|---|---|---|---|---|---|---|---|---|---|---|---|
| | | 优秀 所 | 优秀 % | 良好 所 | 良好 % | 及格 所 | 及格 % | 不及格 所 | 不及格 % | | 支出总额 | 体育场地经费支出 | 专用器材经费支出 | 体育工作经费 | 是 地区覆盖率/% | 是 分值/分 | 是 分值占总分比例/% | 否 | 是 | 否 | 是 | 否 |
| 50 | 70 | 61 | 85.92 | 10 | 14.08 | 0 | 0 | 0 | 0 | — | 9 803.754 | 3 473.562 | 4 126.652 | 1 057.98 | — | — | — | — | — | — | 71 | 0 |
| 6 | 12 | 11 | 91.67 | 1 | 8.33 | 0 | 0 | 0 | 0 | — | 460.694 3 | 340.49 | 75.487 4 | 40.716 9 | — | — | — | — | — | — | 12 | 0 |
| 8 | 0 | 1 | 100 | 0 | 0 | 0 | 0 | 0 | 0 | — | 220 | 188 | 11 | 20 | — | — | — | — | — | — | 1 | 0 |
| 1 | 1 | 1 | 100 | 0 | 0 | 0 | 0 | 0 | 0 | — | 18.9 | 3.1 | 5.2 | 10.6 | — | — | — | — | — | — | 1 | 0 |
| 4 | 3 | 3 | 100 | 0 | 0 | 0 | 0 | 0 | 0 | — | 155.9 | 148.3 | 3.4 | 4.2 | — | — | — | — | — | — | 3 | 0 |
| 0 | 0 | 0 | 0 | 0 | 0 | 0 | 0 | 0 | 0 | — | 0 | 0 | 0 | 0 | — | — | — | — | — | — | 0 | 0 |
| 2 | 2 | 2 | 100 | 0 | 0 | 0 | 0 | 0 | 0 | — | 23.591 6 | 1.4 | 11.004 8 | 11.186 8 | — | — | — | — | — | — | 2 | 0 |
| 71 | 88 | 79 | 87.77 | 11 | 12.22 | 0 | 0 | 0 | 0 | 1 | 10 682.839 9 | 4 154.852 | 4 232.744 2 | 1 144.683 7 | 100 | 50 | 6.67 | 0 | 1 | 0 | 90 | 0 |

秀山土家族苗族自治县学校体育工作

| 办学层次 | 学校/所 | 在校学生数/人 | 教学班数/个 | 体育课开足数 | 落实每天一小时体育锻炼数 | 组织大课间体育活动数 | 体育教师人数/人 | | 体育教师缺额比/% | 体育教师缺额数/人 | 体育教师师生比 | 体育教师参训人数/人 | 教师受县级以上表彰人数/人 | 田径场/块 | | | | 篮球场/块 | 排球场/块 | 器械体操及游戏区面积/平方米 | 体育馆 | | 游泳池 | |
|---|---|---|---|---|---|---|---|---|---|---|---|---|---|---|---|---|---|---|---|---|---|---|---|---|
| | | | | | | | 专职 | 兼职 | | | | | | 200米 | 300米 | 300~400米 | 400米 | | | | 个数/个 | 总面积/平方米 | 个数/个 | 总面积/平方米 |
| 普通小学 | 44 | 32 625 | 770 | 44 | 44 | 44 | 109 | 177 | 14.88 | 50 | 1:114 | 101 | 23 | 29 | 6 | 6 | 3 | 48 | 10 | 72 453.6 | 1 | 3 720 | 0 | 0 |
| 普通初中 | 15 | 13 711 | 307 | 15 | 15 | 15 | 78 | 8 | 3.37 | 3 | 1:159 | 63 | 13 | 12 | 1 | 0 | 2 | 36 | 10 | 76 819 | 2 | 562 | 2 | 500 |
| 普通高中 | 1 | 3 787 | 75 | 1 | 1 | 1 | 10 | 0 | 16.67 | 2 | 1:379 | 10 | 2 | 0 | 0 | 0 | 1 | 5 | 2 | 6 000 | 0 | 0 | 0 | 0 |
| 职业学校 | 1 | 3 915 | 82 | 1 | 1 | 1 | 13 | 0 | 0 | 0 | 1:301 | 13 | 8 | 0 | 0 | 0 | 1 | 6 | 1 | 485 | 0 | 0 | 0 | 0 |
| 九年一贯制学校 | 3 | 5 075 | 123 | 3 | 3 | 3 | 18 | 13 | 26.19 | 11 | 1:164 | 18 | 3 | 1 | 0 | 0 | 0 | 8 | 0 | 16 091 | 1 | 360 | 0 | 0 |
| 十二年一贯制学校 | 0 | 0 | 0 | 0 | 0 | 0 | 0 | 0 | 0 | 0 | 0 | 0 | 0 | 0 | 0 | 0 | 0 | 0 | 0 | 0 | 0 | 0 | 0 | 0 |
| 完全中学 | 1 | 2 205 | 44 | 1 | 1 | 1 | 9 | 0 | 0 | 0 | 1:245 | 9 | 4 | 0 | 0 | 0 | 0 | 3 | 2 | 9 756 | 0 | 0 | 0 | 0 |
| 合计 | 65 | 61 318 | 1 401 | 65 | 65 | 65 | 237 | 198 | 13.17 | 66 | 1:140 | 214 | 53 | 42 | 7 | 6 | 7 | 106 | 25 | 181 604.6 | 4 | 4 642 | 2 | 500 |

**年度报告汇总表(2017 年)**

| 学生体质测试室/个 | 体育器材达标数/个 | 学校体育工作等级评估 | | | | | | | | 各级专职体育教研员人数/人 | 学校体育经费支出情况/万元 | | | | 体育中考实施情况 | | | | 建立体育专项督导制度 | | 制订体育活动意外伤害保障措施 | |
|---|---|---|---|---|---|---|---|---|---|---|---|---|---|---|---|---|---|---|---|---|---|---|
| | | 优秀 | | 良好 | | 及格 | | 不及格 | | | | | | | 是 | | | 否 | | | | |
| | | 所 | % | 所 | % | 所 | % | 所 | % | | 支出总额 | 体育场地经费支出 | 专用器材经费支出 | 体育工作经费 | 地区覆盖率/% | 分值/分 | 分值占总分比例/% | | 是 | 否 | 是 | 否 |
| 29 | 44 | 37 | 84.09 | 6 | 13.64 | 1 | 2.27 | 0 | 0 | — | 1 579.024 4 | 1 437.74 | 79.425 9 | 59.523 5 | — | — | — | — | — | — | 44 | 0 |
| 9 | 15 | 13 | 86.67 | 2 | 13.33 | 0 | 0 | 0 | 0 | — | 332.27 | 265.3 | 28.77 | 31.2 | — | — | — | — | — | — | 15 | 0 |
| 1 | 1 | 1 | 100 | 0 | 0 | 0 | 0 | 0 | 0 | — | 6 | 3 | 2 | 1 | — | — | — | — | — | — | 1 | 0 |
| 0 | 1 | 1 | 100 | 0 | 0 | 0 | 0 | 0 | 0 | — | 44 | 3 | 6 | 35 | — | — | — | — | — | — | 1 | 0 |
| 1 | 3 | 1 | 33.33 | 2 | 66.67 | 0 | 0 | 0 | 0 | — | 118.9 | 105.3 | 5.1 | 6.226 | — | — | — | — | — | — | 3 | 0 |
| 0 | 0 | 0 | 0 | 0 | 0 | 0 | 0 | 0 | 0 | — | 0 | 0 | 0 | 0 | — | — | — | — | — | — | 0 | 0 |
| 1 | 1 | 1 | 100 | 0 | 0 | 0 | 0 | 0 | 0 | — | 9.492 1 | 1.75 | 3.656 | 4.086 1 | — | — | — | — | — | — | 1 | 0 |
| 41 | 65 | 54 | 83.07 | 10 | 15.38 | 1 | 1.53 | 0 | 0 | 0 | 2 089.686 5 | 1 816.09 | 124.951 9 | 137.035 6 | 0 | 0 | 0 | 0 | 0 | 0 | 65 | 0 |

**酉阳土家族苗族自治县学校体育**

| 办学层次 | 学校/所 | 在校学生数/人 | 教学班数/个 | 体育课开足数 | 落实每天一小时体育锻炼数 | 组织大课间体育活动数 | 体育教师人数/人 | | 体育教师缺额比/% | 体育教师缺额数/人 | 体育教师师生比 | 体育教师参训人数/人 | 教师受县级以上表彰人数/人 | 田径场/块 | | | | 篮球场/块 | 排球场/块 | 器械体操及游戏区面积/平方米 | 体育馆 | | 游泳池 | |
|---|---|---|---|---|---|---|---|---|---|---|---|---|---|---|---|---|---|---|---|---|---|---|---|---|
| | | | | | | | 专职 | 兼职 | | | | | | 200米 | 300米 | 300~400米 | 400米 | | | | 个数/个 | 总面积/平方米 | 个数/个 | 总面积/平方米 |
| 普通小学 | 42 | 46 791 | 837 | 42 | 42 | 42 | 95 | 220 | 27.42 | 119 | 1:149 | 245 | 46 | 28 | 10 | 7 | 5 | 78 | 29 | 47 568 | 2 | 4 668 | 0 | 0 |
| 普通初中 | 15 | 19 032 | 378 | 15 | 15 | 15 | 85 | 8 | 14.68 | 16 | 1:205 | 3 041 | 27 | 11 | 4 | 1 | 3 | 53 | 15 | 14 342 | 1 | 200 | 1 | 200 |
| 普通高中 | 1 | 7 169 | 105 | 1 | 1 | 1 | 22 | 0 | 0 | 0 | 1:326 | 3 | 1 | 0 | 0 | 0 | 1 | 6 | 1 | 2 000 | 0 | 0 | 0 | 0 |
| 职业学校 | 1 | 3 686 | 81 | 1 | 1 | 1 | 13 | 0 | 0 | 0 | 1:284 | 6 | 10 | 0 | 0 | 0 | 1 | 4 | 0 | 300 | 1 | 300 | 0 | 0 |
| 九年一贯制学校 | 0 | 0 | 0 | 0 | 0 | 0 | 0 | 0 | 0 | 0 | 0 | 0 | 0 | 0 | 0 | 0 | 0 | 0 | 0 | 0 | 0 | 0 | 0 | 0 |
| 十二年一贯制学校 | 0 | 0 | 0 | 0 | 0 | 0 | 0 | 0 | 0 | 0 | 0 | 0 | 0 | 0 | 0 | 0 | 0 | 0 | 0 | 0 | 0 | 0 | 0 | 0 |
| 完全中学 | 3 | 15 832 | 247 | 3 | 3 | 3 | 54 | 0 | 3.57 | 2 | 1:293 | 19 | 9 | 2 | 2 | 0 | 1 | 22 | 6 | 350 | 2 | 1 200 | 2 | 2 200 |
| 合计 | 62 | 92 510 | 1 648 | 62 | 62 | 62 | 269 | 228 | 21.6 | 137 | 1:186 | 3 314 | 93 | 41 | 16 | 8 | 11 | 163 | 51 | 64 560 | 6 | 6 368 | 3 | 2 400 |

工作年度报告汇总表(2017 年)

| 学生体质测试室/个 | 体育器材达标数/个 | 学校体育工作等级评估 | | | | | | | | 各级专职体育教研员人数/人 | 学校体育经费支出情况/万元 | | | | 体育中考实施情况 | | | | 建立体育专项督导制度 | | 制订体育活动意外伤害保障措施 | |
|---|---|---|---|---|---|---|---|---|---|---|---|---|---|---|---|---|---|---|---|---|---|---|
| | | 优秀 | | 良好 | | 及格 | | 不及格 | | | 支出总额 | 体育场地经费支出 | 专用器材经费支出 | 体育工作经费 | 是 | | | 否 | | | | |
| | | 所 | % | 所 | % | 所 | % | 所 | % | | | | | | 地区覆盖率/% | 分值/分 | 分值占总分比例/% | | 是 | 否 | 是 | 否 |
| 51 | 41 | 34 | 80.95 | 7 | 16.67 | 1 | 2.38 | 0 | 0 | — | 556.465 | 336.45 | 121.255 | 114.8 | — | — | — | — | — | — | 42 | 0 |
| 18 | 15 | 15 | 100 | 0 | 0 | 0 | 0 | 0 | 0 | — | 400.42 | 305.92 | 46.9 | 42.9 | — | — | — | — | — | — | 15 | 0 |
| 3 | 1 | 1 | 100 | 0 | 0 | 0 | 0 | 0 | 0 | — | 64.7 | 29.5 | 0.8 | 34.4 | — | — | — | — | — | — | 1 | 0 |
| 1 | 0 | 1 | 100 | 0 | 0 | 0 | 0 | 0 | 0 | — | 8 | 2 | 1 | 5 | — | — | — | — | — | — | 1 | 0 |
| 0 | 0 | 0 | 0 | 0 | 0 | 0 | 0 | 0 | 0 | — | 0 | 0 | 0 | 0 | — | — | — | — | — | — | 0 | 0 |
| 0 | 0 | 0 | 0 | 0 | 0 | 0 | 0 | 0 | 0 | — | 0 | 0 | 0 | 0 | — | — | — | — | — | — | 0 | 0 |
| 3 | 3 | 2 | 66.67 | 1 | 33.33 | 0 | 0 | 0 | 0 | — | 303 | 210 | 30 | 63 | — | — | — | — | — | — | 3 | 0 |
| 76 | 60 | 53 | 85.48 | 8 | 12.9 | 1 | 1.61 | 0 | 0 | 1 | 1 332.585 | 883.87 | 199.955 | 260.1 | 100 | 50 | 6.7 | 0 | 1 | 0 | 62 | 0 |